U0884098

职业教育电子商务专业改革创新教材

电子商务基础

（理实一体化教材）

第3版

主　编　韩　林
副主编　丁　莎
参　编　宋一炜　唐秋妹　吴媚媚
周艳红　朱小宇

机　械　工　业　出　版　社

本书从消费者的角度出发，以“职业体验”入手，以《中华人民共和国电子商务法》《电子商务师国家职业标准》为依据，以电子商务职业活动为主线，注重“做中教”与“做中学”。本书主要由主教材、学习指导工作页、教学资源包三部分构成，既方便学生自主学习，又为师生提供了丰富的教学资源。

本书可作为职业院校电子商务专业及市场营销专业、物流专业相关课程的教学用书，同时也可作为农村劳动力转移和电商从业人员的自学或培训用书。

图书在版编目（CIP）数据

电子商务基础：理实一体化教材 / 韩林主编. —3 版.
—北京：机械工业出版社，2021.7（2025.5 重印）
职业教育电子商务专业改革创新教材
ISBN 978-7-111-68767-2

Ⅰ. ①电…　Ⅱ. ①韩…　Ⅲ. ①电子商务—中等专业学校—教材
Ⅳ. ① F713.36

中国版本图书馆 CIP 数据核字（2021）第 144066 号

机械工业出版社（北京市百万庄大街22号　邮政编码100037）
策划编辑：李　兴　　责任编辑：李　兴　邢小兵
责任校对：孙莉萍　　封面设计：鞠　杨
责任印制：常天培

河北虎彩印刷有限公司印刷

2025 年 5 月第 3 版第 6 次印刷
184mm×260mm・20.5印张・447千字
标准书号：ISBN 978-7-111-68767-2
定价：49.80元（含工作页）

电话服务	网络服务
客服电话：010-88361066	机　工　官　网：www.cmpbook.com
010-88379833	机　工　官　博：weibo.com/cmp1952
010-68326294	金　　书　　网：www.golden-book.com
封底无防伪标均为盗版	机工教育服务网：www.cmpedu.com

前 言

近年来，在国家大力推进信息化和工业化融合的环境下，我国电子商务正在进入密集创新和快速扩张的新阶段，成为拉动我国消费需求、促进传统产业升级、发展现代服务业的重要引擎。电子商务应用需求变得日益强劲，电子商务发展环境不断改善，全社会电子商务应用意识不断增强，应用技能得到有效提高，政府相关部门协同推进电子商务发展的工作机制初步建立，围绕电子认证、网络购物等主题，出台了一系列政策、规章和标准规范，为构建良好的电子商务发展环境进行了积极探索。党的二十大报告提出，加快发展数字经济，促进数字经济和实体经济深度融合，打造具有国际竞争力的数字产业集群。电子商务是数字经济产业中的一个重要领域，它利用互联网技术和数字化工具，改变了传统的商业模式和经济活动方式，促进了商品和服务的创造、销售、交付和交换，为数字经济的快速发展提供了强大的支撑。在这样的大环境下，电子商务专业教材也需与时俱进。

“电子商务基础”是职业教育电子商务专业的一门核心课程，主要介绍电子商务的基本理论、基础知识和基本技能。本书根据职业院校学生（以下简称职校生）的特点和《中华人民共和国电子商务法》（以下简称《电子商务法》）、《电子商务师国家职业标准》、1+X职业技能等级证书的基本要求，力求反映电子商务领域的最新发展成果，体现理论与实践相结合的编写指导思想，使学生在学习了本书之后，对电子商务专业的基本框架和轮廓以及相关知识和技能有一个较为全面的掌握，为后续专业课程的学习打下坚实的基础。

一、本书的结构

根据《国家职业教育改革实施方案》提出的“三教”改革要求，即教师、教材、教法的改革，本书立足于培养适应行业企业需求的复合型、创新型高素质技术技能人才，提升学生的综合职业能力；在教材的编写上贴近企业实际，注重学生技能的提升，及时将行业的新技术、新工艺、新规范作为内容模块融入教材中。

1. 第一个层次—— 总体结构

从“三教”改革任务出发，本书由主教材（纸质）、学习指导工作页（纸质）、教学资源包（电子）三部分组成，三者之间相互联系又互为补充，既有学习用的教材，又有辅助教学、教法的学习指导与练习，同时又为教师的“教”和学生的“学”提供了丰富的教学资源。

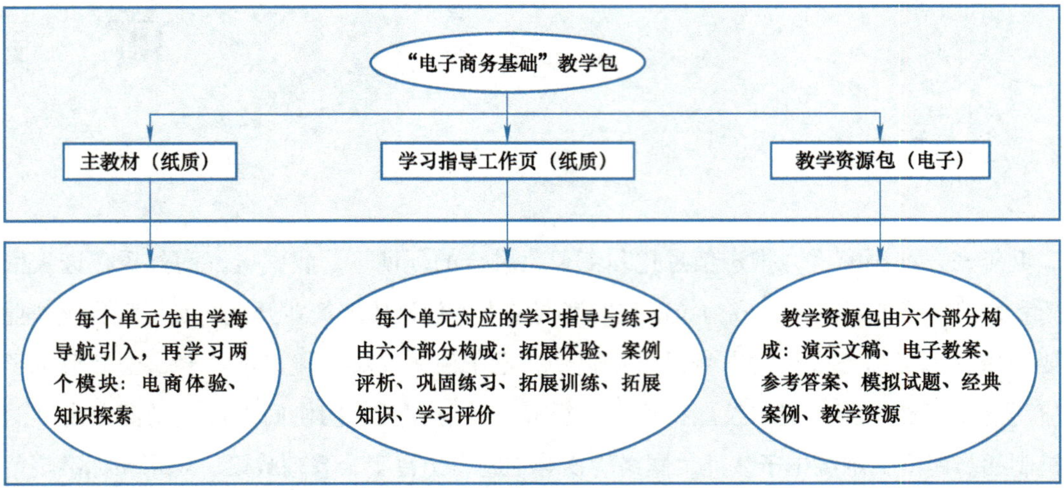

2. 第二个层次—— 每一部分的具体结构

（1）主教材　每个单元先由学海导航引入，再学习两个模块：模块一为“电商体验”，活动分为三个主要环节，即情景设置、操作指南、体验报告，在个别单元还有购物流程图的环节；模块二为“知识探索”。

（2）学习指导工作页　用于巩固和拓展主教材的学习，每单元由六个部分构成：拓展体验、案例评析、巩固练习、拓展训练、拓展知识、学习评价。

（3）教学资源包　它是解决学生如何学、教师如何教的“帮手”，由六个部分构成：演示文稿、电子教案、参考答案、模拟试题、经典案例、教学资源。在第3版修订时，编者又新增了12个二维码微课视频，以便学生更好地学习本书的知识内容。

二、本书的特色

本书主要以我国电子商务的实际业务为背景，以电子商务活动为主线，以培养电子商务技能型人才为目标，紧密结合职校生的实际和现代职场的业态变化，深入浅出，图文并茂，其特色主要体现在以下三个方面。

1. 编写依据

（1）以职业教育电子商务专业的培养目标和职业定位的要求为依据。

（2）以《电子商务法》《电子商务师国家职业标准》1+X职业技能等级证书的要求为主要依据。

（3）以中国电子商务行业的最新业态变化和工作过程为主线。

2. 编写思路

主要体现以学生为本、以实践为导向的指导思想，遵循学生的认知规律，按照“体验”→“认知”→“实践”的思路来编排教材内容。因此，主教材的每个单元分为两个模块：

模块一主要从消费者的角度出发，进行电子商务体验；模块二是在体验的基础上，轻松走进电子商务的知识殿堂，进行电子商务相关知识的学习和探索。最后在学习指导与练习中，设计了拓展体验电子商务的活动，以进一步加强职业技能的训练，巩固和加深对电子商务相关知识的理解。

3. 配套资源

学习指导与练习作为附录放在主教材后面。教学资源包含有大量的学生学习资源和教师教学资源，为提高学生自主学习能力和方便教师教学提供了有力的支持，这也是本书的一大特色。选用本书作为教材的教师，可通过机械工业出版社教育服务网（http://www.cmpedu.com）注册并下载教学资源包或加入电子商务专业教师交流群（QQ 群：832803236）获取。

三、本书的定位

本书主要是针对职业院校电子商务专业的学生，也适合职业院校营销和物流等专业相关课程的教学，同时也可作为农村劳动力转移和电商从业人员自学或培训用书。

四、本书内容

全书共分九个单元，共计 68 学时，建议每周安排 4 学时。具体学时分配如下：

篇　章	内　容	理论学时	实训学时	学时合计
第一单元	走进电子商务	4	2	6
第二单元	了解电子商务的分类	4	2	6
第三单元	了解第三方电子商务平台	5	3	8
第四单元	探索电子支付系统	4	2	6
第五单元	初识物流支撑体系	4	2	6
第六单元	走进电子商务安全	5	3	8
第七单元	知悉电子商务法规与职业道德	6	3	9
第八单元	掌握电子商务的应用	5	3	8
第九单元	走进“互联网 +”	6	3	9
机动			2	2
总计学时		43	25	68

五、编写分工

本书由武汉市财政学校韩林任主编，武汉市财政学校丁莎任副主编。韩林编写了第六单元；广西水产畜牧学校朱小宇编写了第一、二单元；广西华侨学校唐秋妹编写了第三、四单元；南宁市第六职业技术学校吴媚媚编写了第五单元；广西水产畜牧学校宋一炜编写了第七单元；武汉市供销商业学校周艳红编写了第八单元；武汉市财政学校丁莎编写了第九单元；全书由韩林统稿。

本书在编写过程中得到了武汉市财政学校、广西水产畜牧学校、广西华侨学校、南宁市第六职业技术学校和武汉市供销商业学校的大力支持；另外，本书在编写过程中参考了一些电子商务网站的资料和书籍。在此，一并表示衷心的感谢！

由于编者水平所限，书中难免有不足之处，恳请读者提出宝贵意见或建议。

编　者

二维码索引

目录

第一单元
走进电子商务

知识目标

通过网上购买一件商品，零距离体验电子商务，初识一种全新的商业模式。

本单元重点介绍的内容有电子商务的基本概念、电子商务的基本特点、电子商务的基本组成要素、电子商务的基本功能、电子商务对社会经济的影响、电子商务从业人员的职业规划等基础知识，其目的是为学习本书后续单元做铺垫。

能力目标

学会查询网上商品信息；熟练掌握网上购物步骤。

学海导航 ››››

1. 知识卡片

电子商务是交易当事人或参与人，利用计算机技术和网络技术等现代信息技术进行的各类商务活动。电子商务的概念有广义和狭义之分。广义的电子商务是指包括互联网、企业内部网、局域网等各种不同形式网络在内的，一切计算机网络进行的商务活动。狭义的电子商务仅仅是指通过互联网进行的商务活动。

EDI 是将业务文件按一个公认的标准从一台计算机传输到另一台计算机上去的电子传输技术。由于 EDI 技术大大减少了纸张票据，因此，人们也形象地称之为“无纸贸易”或“无纸交易”。

互联网又称因特网、国际互联网，是指全球范围内的计算机系统联网。它是世界上最大的计算机网络，是一个将全球成千上万的计算机网络连接起来而形成的全球性计算机网络系统。

网络用户是指连接在互联网上的法人和自然人，其构成了电子商务交易的主体。法人是指具有民事权利能力和民事行为能力，依法独立享有民事权利能力和承担民事义务的组织，包括企业或公司、事业单位、行政单位等。自然人是相对法人而言的，是指基于自然出生而依法在民事上享有权利和承担义务的个人。

2. 概念地图

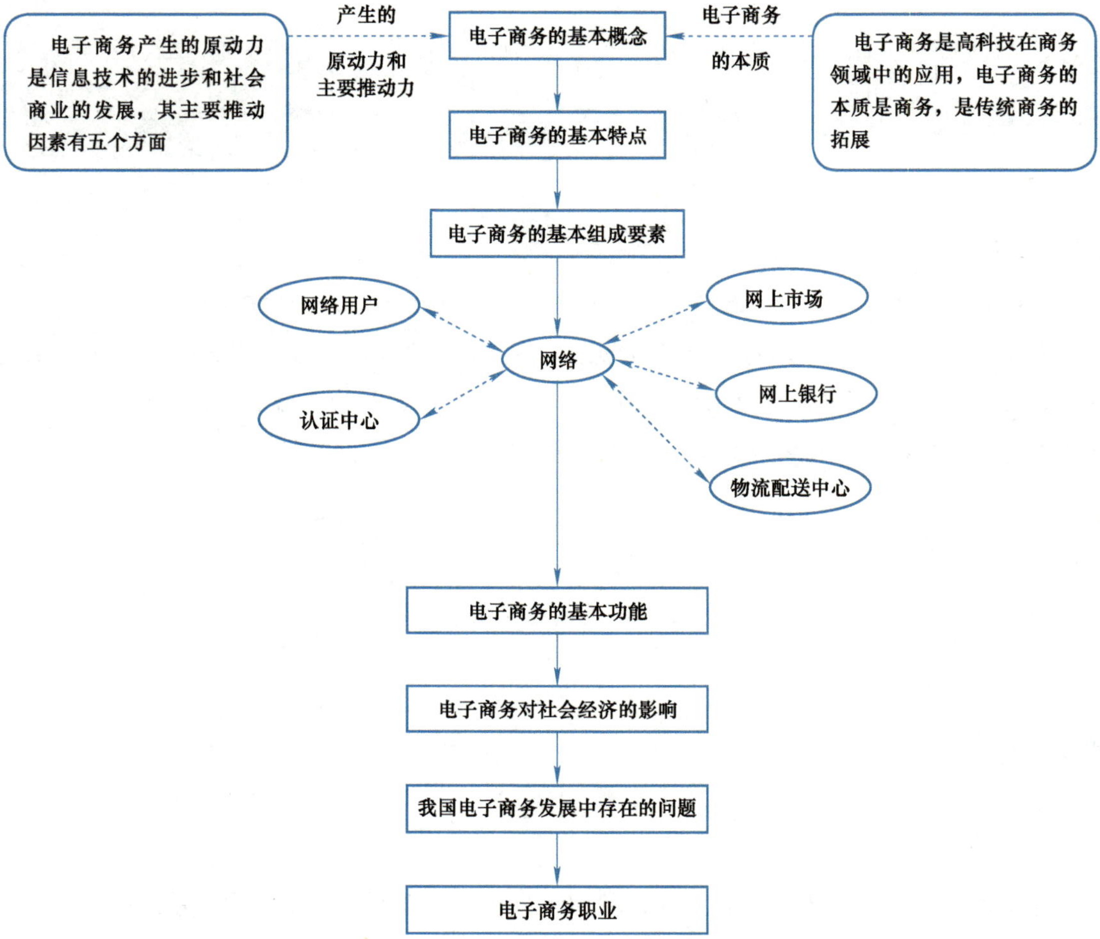

要点提示

本单元的内容主要是围绕“电子商务”这一核心概念展开的，“概念地图”所展示的逻辑关系反映的是本单元知识及其内在联系，下面进行分别说明。

（1）要深入全面地理解“电子商务”的内涵，就必须对电子商务产生和发展的原动力、主要推动力以及电子商务的本质有一定的了解。

（2）通过电子商务与传统商务相比所具有的六个基本特点，了解“电子商务”的外延。

（3）“电子商务的基本组成要素”是本书的核心概念，它们一起构成了电子商务的运行环境，即电子商务的总体框架结构。同时，它们也构成了本书的主要内容。其中，“网络用户”要素在第二单元中进一步介绍；“网上市场”要素在第三单元中进一步介绍；“网上银行”要素在第四单元中进一步介绍；“物流配送中心”要素在第五单元中进一步介绍；“认证中心”要素在第六单元中进一步介绍。

（4）“电子商务的基本功能”体现在基于互联网的电子商务可提供网上交易和管理等全过程的服务中。随着电子商务的发展，其所提供的功能也将不断地完善和发展。

（5）“电子商务对社会经济的影响”主要列举了六个方面。电子商务带来的一场史无前例的革命，其对社会经济的影响会远远超过商务本身。除了这些影响外，它还将对就业、法律制度、文化教育等方面产生巨大的影响。

（6）“我国电子商务发展中存在的问题”主要列举了六个问题。

（7）“电子商务职业”主要介绍了电子商务的相关岗位和职业前景。

3. 为您支招

（1）本单元通过网上购物的体验来导入电子商务知识的学习，让您初识电子商务并逐步地深入学习。本单元主要介绍的是电子商务的基础知识和基本理论，学好本单元对学好后续单元具有重要的意义。

（2）在学习中，建议重点掌握“体验式学习”的方法，这一方法将贯穿在本单元的整个学习过程中。

体验式学习是通过个人在活动中的充分参与获得个人的体验，然后在教师（培训师）的指导下，通过学习者（受训者）之间交流来分享个人体验、提升能力的一种学习方式。体验式学习要坚持两个原则：一是“做中学”，二是项目的进行要有系统性。

“阅读的信息，人们能记得10%；听到的信息，人们能记得20%；但所经历过的事，人们却能记得80%。”体验式学习以其独特的魅力和效果持久的优势证明了其是一种有效的学习方式。体验式学习法包括：项目体验、小组研讨、深度会谈、情景活动、角色扮演、作业练习、行动指南等。其由既独立又密切关联的五个环节组成，又称“体验式学习圈”，如图 A-1 所示。

（3）在学习中，要多参与电子商务的实践，多收集案例和参与案例分析等实践训练，不断积累和提高电子商务的专业技能和技巧。

（4）借助“概念地图”正确理解和掌握本单元的主要专业术语、知识要点和各知识要点之间的内在逻辑联系，通过联想记忆、归纳等学习方法提高学习能力。

（5）通过电子商务网站，了解 3 ～ 5 个著名的网上商城的经营特点，以及给人们的生活及企业带来的便利，加深对电子商务的理解，从而增强对所学课程、专业的热爱，激发学习的热情并明确学习的目的。

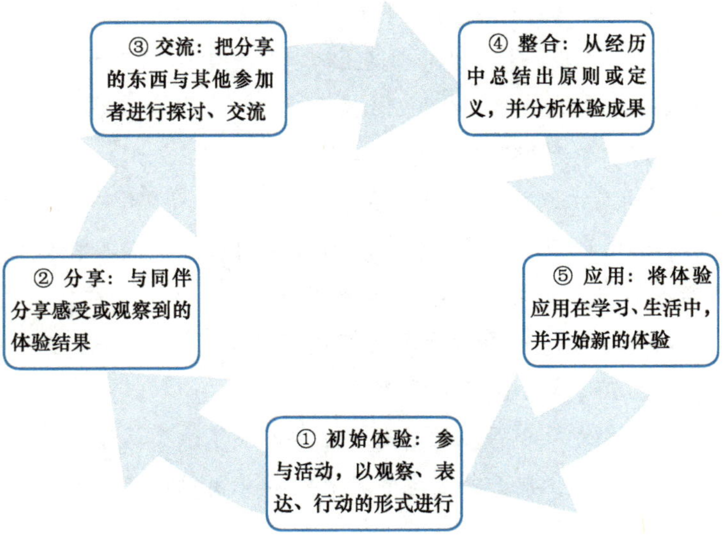

图 A-1 体验式学习圈

（6）通过经常访问电子商务的相关网站，可以及时了解国内外电子商务发展的动态、我国电子商务师培训和认证的有关政策、我国电子商务领域的重大活动和我国电子商务法律等大量的相关信息，同时还可以在网络营销学习中得到帮助。

一些常用的电子商务相关网站：中国电子商务网（http://www.cebn.cn）、中国国际电子商务网（http://www.ec.com.cn）。

模块一 电商体验：网上购物1——网上支付

您知道什么是“电子商务”吗？让我先陪您到网上商店去逛一逛，尝试一下网上购物，也许会给您带来一种全新的体验——足不出户便可轻松购物。

情景设置

网上商城越来越多，只要您进去逛一逛，就会看到许多虚拟的综合商店和各种专卖店。而且同一商品在不同商城里，价格可能会有差异，“货比多家”，您一定能买到价廉物美的商品！假如您现在需要购买一本电子商务专业的参考书，请到“网上书城”——当当网（http://www.dangdang.com）去看一看，体验一下如何网上购书。

操作指南 ››››

体验活动内容：西西同学经比较，决定在当当网购买一本电子商务专业的参考书，其操作有如下 13 个步骤。

步骤一：上网。双击桌面上的 IE 图标，启动浏览器，登录当当网主页，如图 1-1 所示。

图 1-1　登录当当网主页

步骤二：搜索商品大类。在当当网主页的“全部商品分类”下拉菜单中选择“图书”选项，然后单击“高级搜索”按钮，如图 1-2 所示。

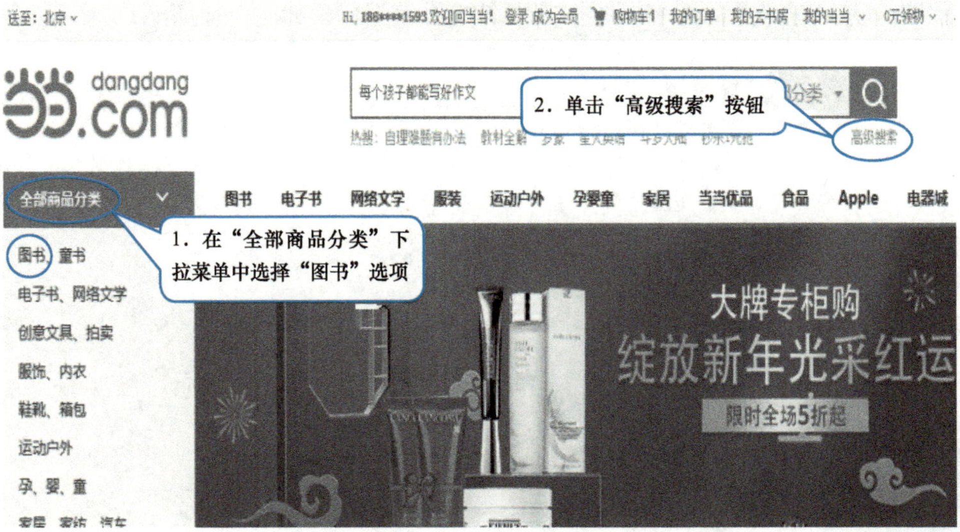

图 1-2　选择“图书”选项和“高级搜索”按钮

步骤三：填写商品名目。在“图书”栏目下输入书名、出版社名或作译者姓名，并单击“搜索”按钮，如图 1-3 所示。

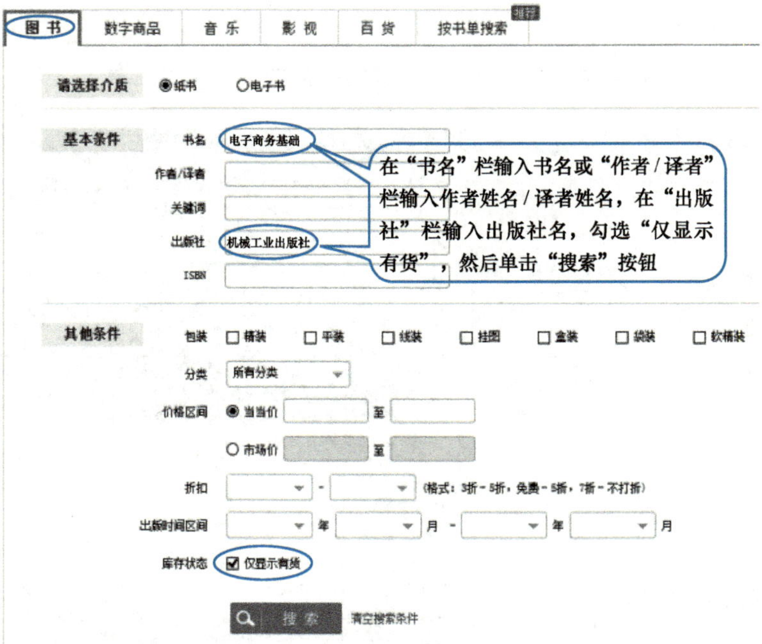

图 1-3 填写详细的商品名目

提示

在“图书”栏目下填写的内容越详细，搜索范围就越小，搜索速度就越快，搜索结果也就越精确。

步骤四：选择感兴趣的图书，单击其书名或封面图标，如图 1-4 所示。

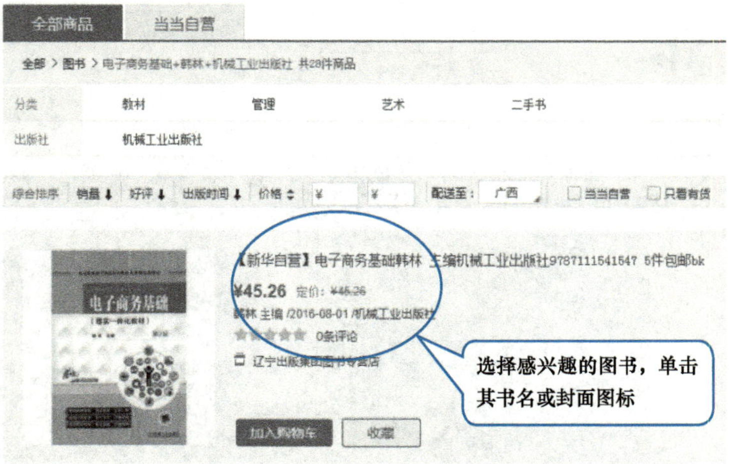

图 1-4 选择感兴趣的商品并单击

提示

搜索同一书名（如“电子商务基础”）可能会出现同一书名的多种版本，从中挑选直到选中满意的图书为止。

步骤五：了解个体商品信息。在详细了解个体商品的相关信息后，决定是否购买。如果需要购买，按收货地区查询是否有货，之后单击“加入购物车”或“立即购买”按钮下单，如图 1-5 所示。

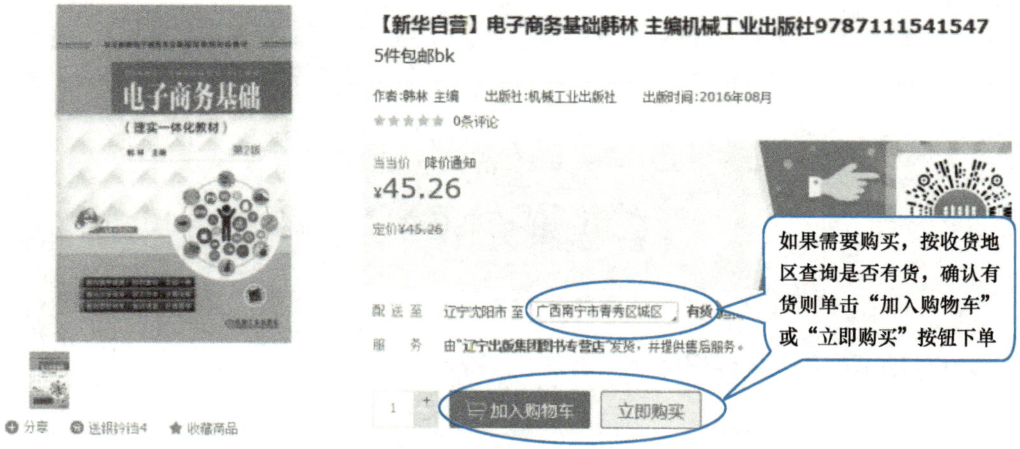

图 1-5 了解个体商品的相关信息

步骤六：核对预订的商品数量与价格信息是否正确。在“我的购物车”栏目中核对无误后，单击“结算”按钮，如图 1-6 所示。

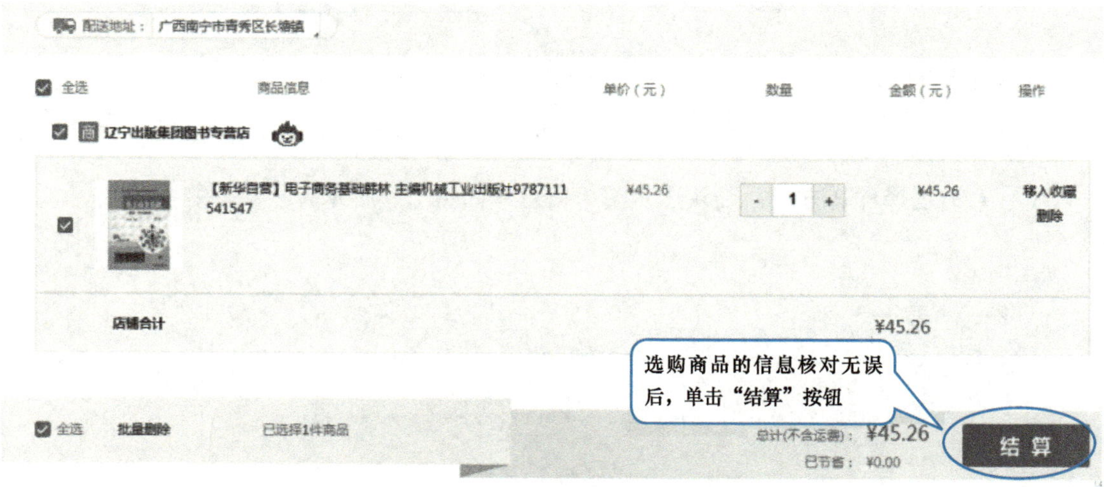

图 1-6 单击“结算”按钮

步骤七：注册。第一次在当当网上购物的用户，在“注册”栏目下填写有关的资料，如图 1-7 所示。

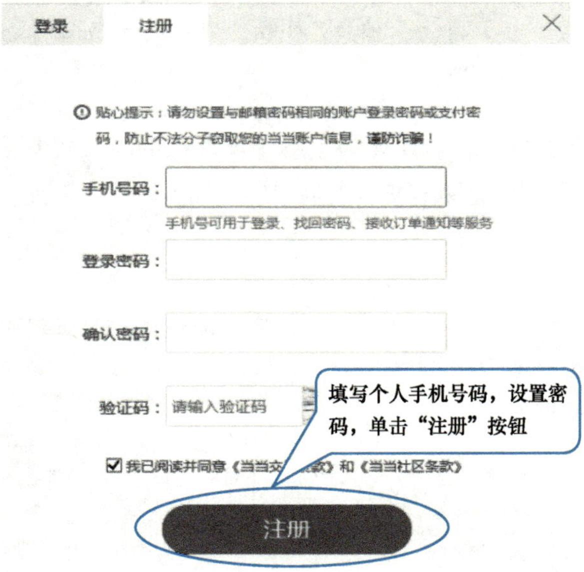

图 1-7 注册新用户

步骤八：填写收货人的详细地址，如图 1-8 所示。

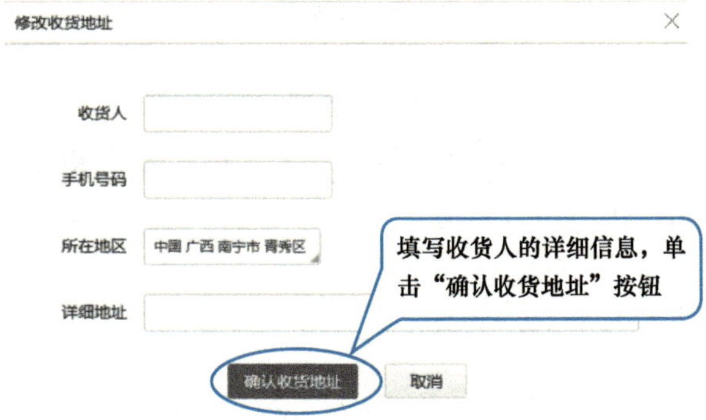

图 1-8 填写收货人的详细地址

步骤九：选择配送方式，确认送货清单信息，如图 1-9 所示。

图 1-9 选择配送方式

步骤十：选择支付方式，如图 1-10 所示。支付方式包括网上支付、货到付款和银行转账。

图 1-10　选择支付方式

步骤十一：确认订单内容，如图 1-11 所示。主要核对收货人信息、配送方式、送货清单、支付方式、发票信息和实付金额等内容，确认无误后，填写“发票抬头”栏和“发票内容”栏的内容，最后单击“去支付”按钮。

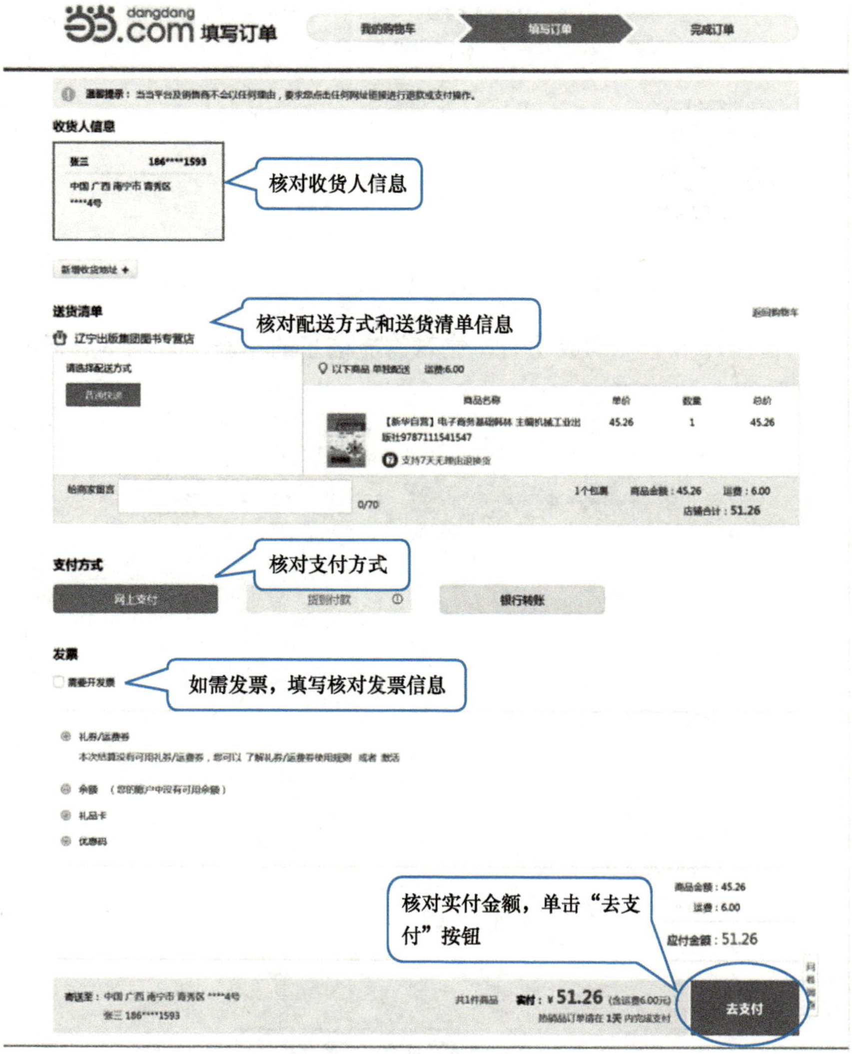

图 1-11　确认订单内容

步骤十二：支付订单。在当当收银台选择支付方式，单击“立即支付”完成购物，如图 1-12 所示。

图 1-12　支付订单

步骤十三：售后评价。购物成功后，注意物流信息的更新，收到货物后确认收货，并进行售后评价，如图 1-13 所示。

图 1-13　售后评价

购物流程图

在当当网购物的一般流程图，如图 1-14 所示。

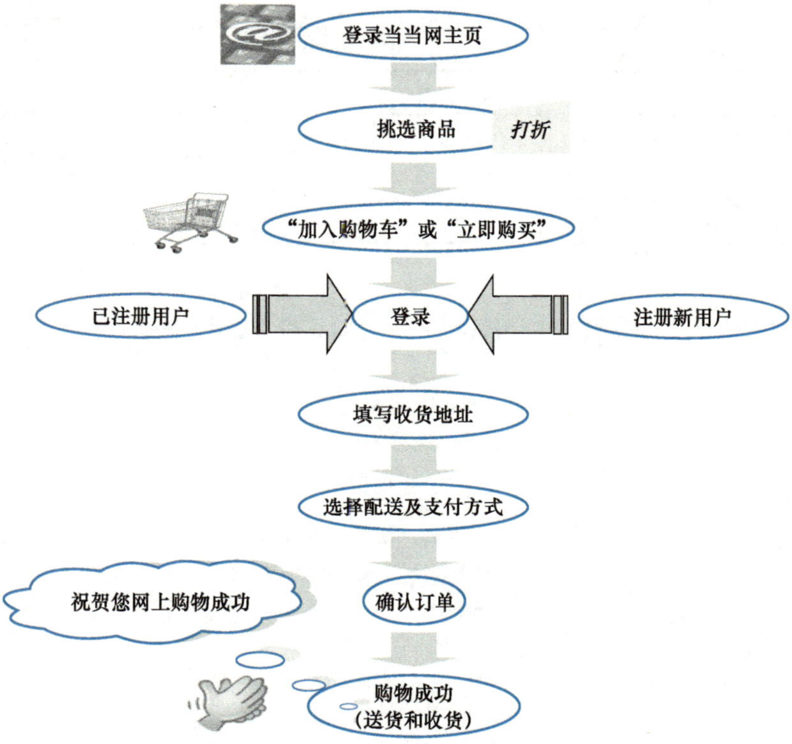

图 1-14 在当当网购物的一般流程图

体验报告

目的：结合网上购物的实际情况，加强体验式学习，激发学习专业知识的兴趣，从而增强学生的自信。

内容：在当当网购买一本电子商务专业的参考书。

要求：把网上购物的操作过程和网上购物的新体验填入表 1-1 中，并按表 1-2 的要求对网上购物操作方法和技巧的掌握程度进行评价。

表 1-1 网上购物体验报告

选定网上商城的地址（网址）：	
选购商品名称：	选购商品价格：
网上购物步骤：	
与实体商店购物相比，网上购物的新体验： 年 月 日	

表 1-2 网上购物体验活动评价表

评价项目	分值 / 分	自我评价	小组评价	教师评价	标准
查询网上商品信息（选商品）	20				熟练掌握：85 ～ 100 分 基本掌握：75 ～ 84 分 部分掌握：60 ～ 74 分 没有掌握：60 分以下
网上购买商品（下订单）	20				
更改商品信息（更改订单）	20				
撤销订单	20				
确认收货地址和网上支付	10				
网上购物体验与评价	10				
合计	100				

模块二 知识探索：电子商务发展概况

通过网上购物的体验，您认为网上购物与实体商店购物相比有哪些不同特点？电子商务由哪些要素组成？电子商务网站主要有哪些功能？

一、电子商务的产生和发展

1. 电子商务产生的背景

电子商务最早产生于 20 世纪 60 年代，发展于 20 世纪 90 年代，电子商务产生的原动力是信息技术（IT）的进步和社会商业的发展，其产生的主要推动因素有五个，如图 1-15 所示。

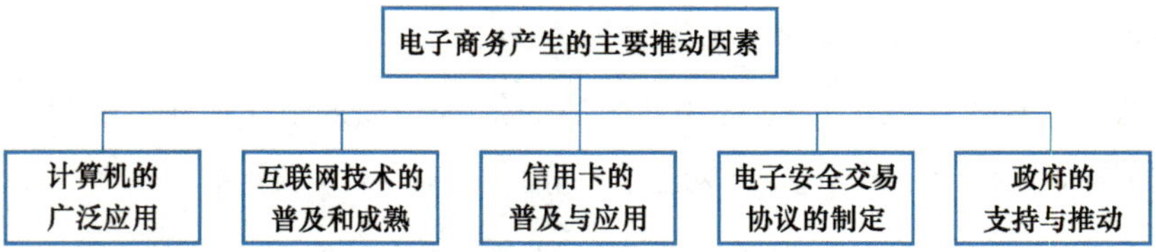

图 1-15 电子商务产生的主要推动因素

2. 电子商务的发展演变

从技术的角度来看，人类利用电子通信方式进行贸易活动已有几十年的历史。早在 20 世纪 60 年代，人们就开始了用电报报文发送商务文件的应用；20 世纪 70 年代，人们又普遍采用方便、快捷的传真机来替代电报。但是由于传真文件是通过纸面打印来传递和管理信息的，不能将信息直接输入到信息系统中，因此人们开始采用电子数据交换（Electronic Data Interchange，EDI）作为企业间电子商务的应用技术，这也就是电子商务的雏形。按发展的先后次序，电子商务运行网络平台的发展演变如图 1-16 所示。

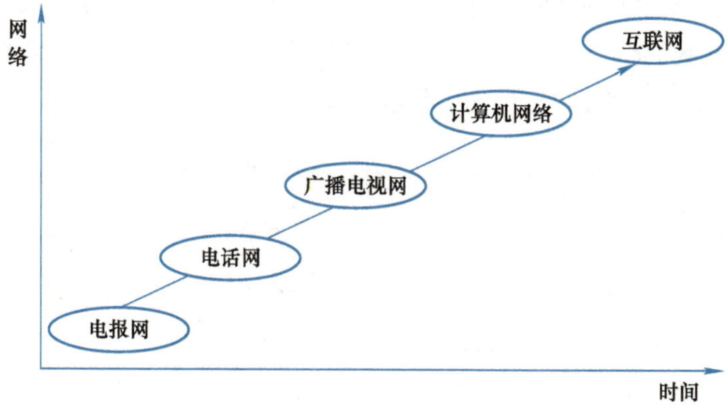

图 1-16　电子商务运行网络平台的发展

电子商务是在与计算机技术、网络通信技术的互动发展中产生和不断完善的，随着电子商务的蓬勃发展，其演变过程可以简单地分为以下三个阶段。

（1）基于 EDI 技术的电子商务　EDI 技术在 20 世纪 60 年代末期产生于美国，当时的贸易商们在使用计算机处理各类商务文件的时候发现，由人工输入到一台计算机中的数据有 70% 是来源于另一台计算机输出的数据，但由于过多的人为因素，影响了数据的准确性和工作效率的提高，所以人们开始尝试在贸易伙伴之间的计算机上使数据能够自动交换，EDI 技术便应运而生。

EDI 是将业务文件按一个公认的标准从一台计算机传输到另一台计算机上去的电子传输技术。由于 EDI 技术大大减少了纸张票据，因此，人们也形象地称之为“无纸贸易”或“无纸交易”。基于 EDI 技术的电子商务系统，实际上是一个以 EDI 服务中心为核心的网状结构。

（2）基于互联网（Internet）的电子商务　由于应用 EDI 技术的费用较高，仅大型企业可以承受，所以限制了基于 EDI 技术的电子商务应用范围的扩大。20 世纪 90 年代中后期，互联网迅速走向普及化，逐步从大学、科研机构走向企业和百姓家庭，其功能也从信息共享演变为一种大众化的信息传播工具。1991 年，一直徘徊在互联网之外的商业贸易活动正式进入到这个王国，这使得电子商务成为互联网应用的最大热点。同基于 EDI 技术的电子商务相比，利用互联网发展电子商务的优点包括：①技术标准统一，各种系统之间互联简单；②范围广泛，不只是局限在系统内部，可以深入到千家万户。基于互联网的电子商务系统，实际上是一个以互联网为核心的网状结构。

（3）基于 e 概念的电子商务　电子信息技术不但可以和商务活动结合，还可以和医疗、教育、卫生、军事、政府等有关的应用领域结合，从而形成有关领域的 e 概念。

目前，电子商务应用最重要的平台是互联网。互联网又称因特网、国际互联网，是指全球范围内的计算机系统联网。它是世界上最大的计算机网络，是一个将全球成千上万的计算机网络连接起来而形成的全球性计算机网络系统。计算机网络经历了从专业网络到互联网络的发展过程，它使得各网络之间可以交换信息和共享资源。

20世纪90年代，互联网的出现将信息技术的进步推向了一个新的探索阶段。与此同时，信息技术与社会商业的融合发展，导致网络经济“四化”特征的日益凸现，即社会网络化、经济数字化、竞争全球化、贸易自由化，而且“四化”特征的趋势在不断加强，电子商务正是在这种背景下应运而生的，如图1-17所示。

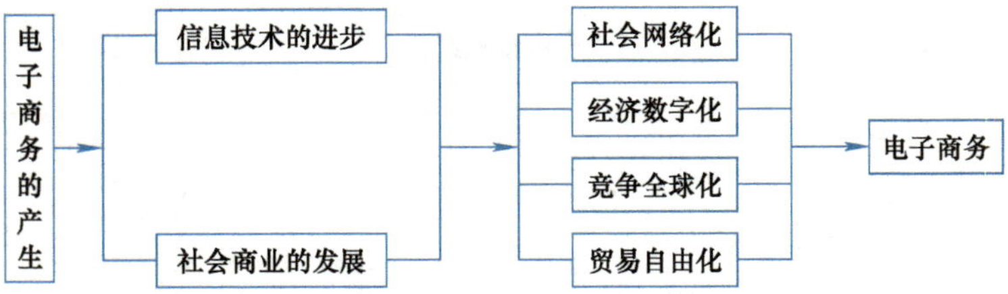

图1-17 电子商务的产生和不断完善

3. 我国电子商务发展简介

在我国电子商务发展史上具有划时代意义的主要大事件如下。

（1）1987年9月14日，从北京向海外发出的“Across the Great Wall we can reach every corner in the world”（越过长城，走向世界）电子邮件，成为中国用互联网向世界发出的第一封电子邮件，开启了中国人使用互联网的新时代（关于中国第一封电子邮件的争议本书不作讨论）。

（2）1994年4月20日，中国国际互联网正式开通。

（3）中国银行在1997年率先在互联网上建立了我国第一家网上银行——“网上银行服务系统（Online Banking Services System，OBSS）”。

（4）1998年3月6日下午3:30，国内第一笔网上电子商务交易成功。中央电视台的王轲平先生通过中国银行的网上银行服务，从世纪互联公司购买了10小时的上网机时。由此开始，基于互联网的电子商务在我国从概念阶段走入应用阶段。

（5）1999年是我国的“政府上网年”，政府相继实施了“金桥”“金卡”“金关”“金税”等一系列“金”字工程。

（6）2000年是我国的“企业上网年”。

（7）2005年1月8日，《国务院办公厅关于加快电子商务发展的若干意见》的文件颁布，它成为我国第一个全国性的电子商务政策和电子商务发展的指导性文件。

（8）2005年4月1日起，我国第一部电子商务法——《中华人民共和国电子签名法》正式开始实施，它为电子商务提供了法律保障。

（9）2007年6月1日，国家发展和改革委员会、国务院信息办制定和颁布了《电子商务发展“十一五”规划》，这是我国第一个官方的电子商务规划。

（10）截至2008年6月底，我国网民数量达到了2.53亿，首次大幅度超过美国，跃居世界第一位，同年 12 月我国互联网普及率以 22.6% 的比例首次超过 21.9% 的全球平均水平。

（11）2013 年中国在线零售总额超过美国，成为全球第一大网络零售市场。

（12）2014 年 9 月 19 日，阿里巴巴正式在美国纽约交所挂牌交易，发行价每股 68 美元，成为当时美国历史上融资额最大规模的 IPO。

（13）2015 年 5 月，国务院印发了《关于大力发展电子商务加快培育经济新动力的意见》（国发［2015］24 号），进一步促进电子商务在我国的创新发展。截至 2015 年 6 月，我国网民规模达 6.68 亿，互联网普及率接近 49%，未来，在云计算、物联网及大数据等应用的带动下，互联网将推动农业、现代制造业和生产服务业的转型升级。

（14）2016 年以微商、网红电商等为代表的社交电商迅速发展为重要的电商新形态，电子商务已经成为“大众创业、万众创新”的首选领域。同年 10 月马云提出“新零售”概念。

（15）2017 年被业内人士称为“无人零售元年”，以无人货架以及无人零售店为主的无人零售业态逐渐落地。2 月顺丰在深交所借壳鼎泰新材 A 股上市；4 月京东物流宣布独立运营，正式组建物流子集团。

（16）2018 年 8 月，《中华人民共和国电子商务法（草案）》落地，同年拼多多、美团、良品铺子、小米上市，首届中国国际进口博览会 11 月 5 日在上海开幕，跨境电商发展迎来新契机。

（17）2019 年，《中华人民共和国电子商务法》正式施行，促进电商行业规范化发展。直播电商进入“爆发年”，直播已成电商最强带货“神器”。11 月 26 日，阿里巴巴在香港交易所挂牌上市，一举成为全球第八大上市公司。

（18）2020 年受新冠疫情的影响，电商直播成了 2020 年最大的风口，社区团购、外卖、生鲜电商发展火爆。

二、电子商务的基本概念

顾名思义，电子商务就是“电子 + 商务”。简单地说，电子商务（Electronic Business 或 Electronic Commerce）就是利用互联网开展的各类商务活动。商务活动是连接生产和消费的活动，是以商品贸易为中心的各种经济事务活动。

电子商务的概念有广义和狭义之分。广义的电子商务是指包括互联网、企业内部网（Intranet）、局域网（LAN）等各种不同形式网络在内的，一切在计算机网络上进行的商务活动。狭义的电子商务仅仅是指通过互联网进行的商务活动。

商务活动是电子商务的内容和核心，而现代信息技术则是电子商务的形式和手段。在传统实物市场进行商务活动要依赖于商务环境（如银行提供支付服务、媒体提供宣传服务等），电子商务在电子虚拟市场进行商务活动同样离不开这些商务环境，并且提出了新的要求。电子商务系统是指在电子虚拟市场进行商务活动的物质基础和商务环境的总称。

综上所述，电子商务是交易当事人或参与人，利用计算机技术和网络技术等现代信息技术进行的各类商务活动。从电子商务的内涵来看：①电子商务本身并不是高科技，只是高科技在商务领域中的应用；②电子商务的本质是商务，而不是技术；③电子商务是传统商务的拓展，是企业整个营销战略的重要组成部分。

三、电子商务的基本特点

20 世纪 90 年代以后，现代信息技术突飞猛进的发展将世界带进了信息化时代。作为伴随现代信息技术的发展而产生的新兴商业模式——电子商务，正在不断地改变人们的生活。电子商务与传统商务相比，具有六个基本特点，如图 1-18 所示。

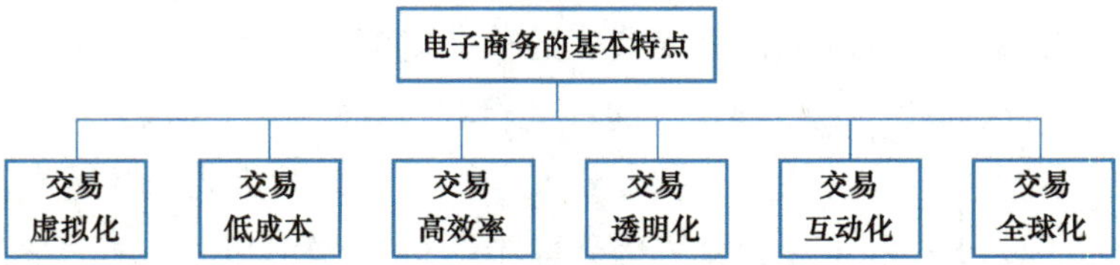

图 1-18 电子商务的基本特点

1. 交易虚拟化

电子商务实质上形成了一个虚拟的市场交换场所。参与交易的各方可以通过互联网进行贸易洽谈、签订合同、资金支付等，而且这些环节都无须当面进行，整个交易过程完全虚拟化。买方可以通过网络找到自己所需要的商品；卖方可以通过自己的网站或者第三方电子商务平台发布产品信息；买卖双方可以通过网上洽谈，签订电子合同，进行电子支付并完成交易。可见，市场交易场所的虚拟化和交易环节的电子化是电子商务的一大特点。

2. 交易低成本

交易双方通过网络进行商务活动，无须中介者参与，减少了交易的有关环节，大大降低了交易成本。电子商务以低廉的交易成本、简化的贸易流程、超越时空限制的经营方式和由此带来的巨大利润，正成为传统企业追逐的热点，并显示出了极强的生命力。

3. 交易高效率

传统商务中，利用信件、电话和传真等方式传递信息，而电子商务使商业报文能在世界各地瞬间完成传递，可以利用计算机自动进行“无纸化”处理，极大地缩短了交易时间。电子商务可以利用网络实时地为用户提供各类商品和服务的供应量、需求量、流程状态及买卖双方的详细情况，克服了传统商务方式费用高、易出错、处理速度慢等缺点，从而使整个交易非常快捷、方便。

4. 交易透明化

电子商务是利用信息技术来实现社会商业模式、管理模式、组织结构的创新与变革的，使全社会的资源以透明、快捷、互动的方式流动，带来全社会的生产经营活动价值链的改变。电子商务中的洽谈、签约、货款的支付、交货的通知等整个交易过程都在电子商务网络平台上显示，因此显得非常透明。

5. 交易互动化

通过互联网，商家之间可以直接交流、谈判、签合同，消费者也可以把自己的反馈建议反映到企业或商家的网站上，而企业或商家可以根据消费者的反馈及时调整和改进产品的种类及服务的质量，做到良性互动。

6. 交易全球化

电子商务面对的是无地域界线的全球市场，这是由其所凭借的互联网的全球性质所决定的。凡是能够上网的人，无论您是在北京上网还是在北美上网，都将被包容在一个市场中，都有可能成为上网企业的客户。互联网跨越国界、穿越时空，无论你身处何地，无论白天与黑夜，只要您利用浏览器轻点鼠标，就可以登录各个国家、地域的网站，与您想交流的人直接沟通。互联网真正使整个地球变成了一个“地球村”。

由此可见，与传统商务相比，许多电子商务的特点也正是电子商务的优点。商务活动的数字化和网络化，一方面使空间变小，使世界变成“地球村”；另一方面又使空间扩大，除了物理空间外，又多了一个“媒体空间”。因此，商务活动不仅可以在物理空间中进行，而且还可以在媒体空间中进行。电子商务为企业提供虚拟的全球性贸易环境，大大提高了商务活动的水平和服务质量。随着时代的发展，电子商务的基本特点和优点必将更加凸显。

四、电子商务的基本组成要素

从“网上购书”的过程不难看出，要实现网上交易，必须具备交易主体、网上市场、交易事项三个重要条件；同时，“网上购书”的交易流程实质上还包含了信息流、资金流和物流。因此，从电子商务的应用角度来看，完整的电子商务系统是由网络、网络用户、网上市场、物流配送中心、网上银行、认证中心六个基本要素组成的，它们一起构成了电子商务的运行环境，即电子商务的总体框架结构，如图 1-19 所示。

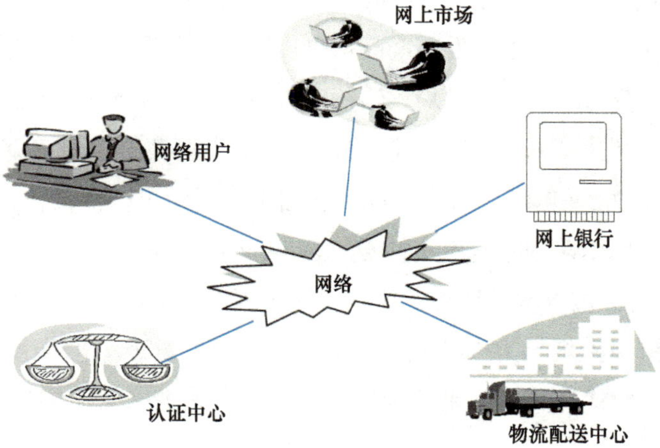

图 1-19　电子商务的基本组成

1. 网络

网络是连接电子商务系统各要素的纽带，是开展电子商务活动的中心，它包括互联网、企业内部网和企业外部网（Extranet），如图1-20所示。网络环境是指网络资源与网络工具的组合。互联网是电子商务的基础，是商务信息传送的载体；企业内部网是企业内部商务活动的场所；企业外部网是企业与企业、企业与个人进行商务活动的纽带。本书所阐述的电子商务主要是指在互联网上进行的商务活动。

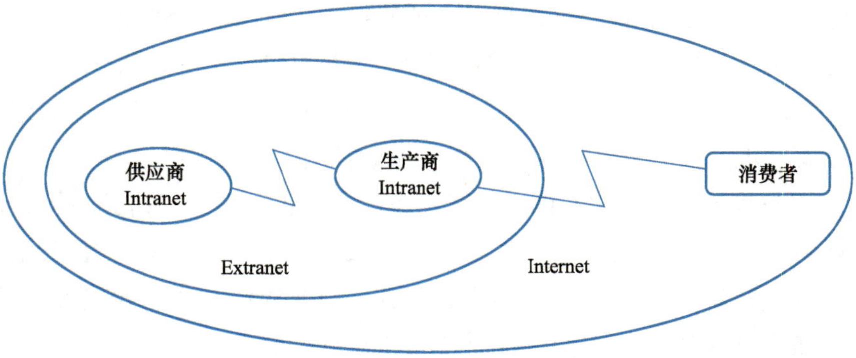

图1-20 电子商务中的网络

2. 网络用户

网络用户是指连接在互联网上的法人和自然人，其构成了电子商务交易的主体。法人是指具有民事权利能力和民事行为能力，依法独立享有民事权利能力和承担民事义务的组织，包括企业或公司、事业单位、行政单位等。自然人与法人是相对而言的，是指基于自然出生而依法在民事上享有权利和承担义务的个人。

法人使用企业内部网、企业外部网和内部管理信息系统，对人、财、物、供、销、存进行科学的管理，利用互联网站点发布产品信息、接收订单等，并且要借助于电子报关、电子报税、电子支付系统与海关、税务局、银行等单位进行有关商务、业务的处理。

自然人使用计算机、手机等接入互联网，在网上市场搜索信息，查找自己所需要的信息或商品（服务）。据2020年第45次《中国互联网络发展状况统计报告》显示（见图1-21），截至2020年3月，我国网民规模达9.03亿，互联网普及率达64.5%；我国手机网民规模达8.97亿，网民使用手机上网的比例达99.3%；我国农村网民规模为2.55亿，占网民整体的28.2%；我国城镇网民规模为6.49亿，占网民整体的71.8%；我国网民使用电视上网的比例为32.0%；使用台式计算机、笔记本电脑、平板电脑上网的比例分别为42.7%、35.1%和29.0%。

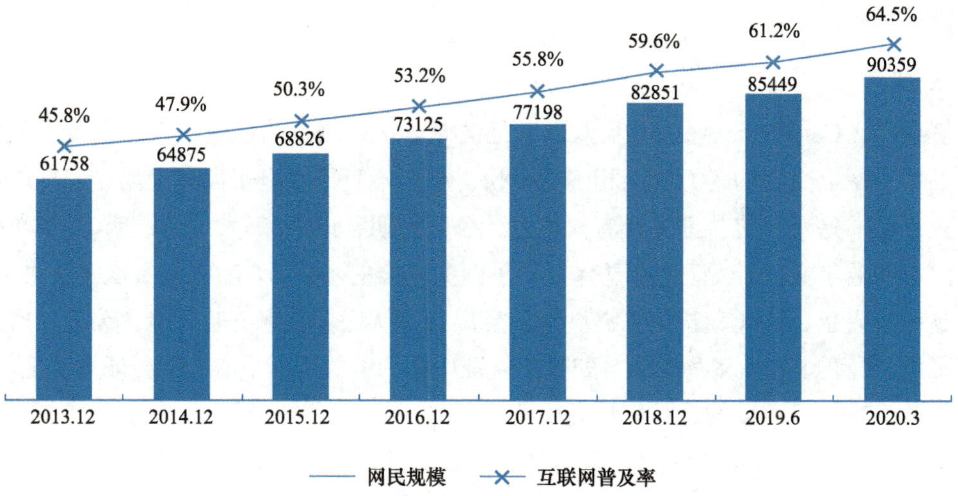

图 1-21　网民规模和互联网普及率（单位：万人）

3. 网上市场

网上市场是指提供给买卖双方进行网络交易的电子场所。常见的网上市场类型有网上商店、网上商城和网上交易市场。

（1）网上商店（属于 B2C）是指具有法人资质的企业或个人在互联网上独立注册网站，开设网上虚拟商店，出售实物或提供服务给消费者的电子商务平台。

（2）网上商城（属于 B2C）是指提供给具有法人资质的企业在互联网上独立注册、开设网上虚拟商店，出售实物或提供服务给消费者的由第三方经营的电子商务平台。

（3）网上交易市场又分 B2B 网上交易市场和 C2C 网上交易市场。B2B 网上交易市场是指为具有法人资质的企业之间进行实物和服务交易所提供的，由第三方经营的电子商务平台。C2C 网上交易市场是指为个人之间在网上进行实物和服务交易所提供的，由第三方经营的电子商务平台。

4. 网上银行（资金结算中心）

网上银行又称网络银行、在线银行，是指银行通过互联网向客户提供开户、销户、查询、对账、行内转账、跨行转账、信贷、网上证券、投资理财等传统服务项目，使客户可以足不出户就能够安全、便捷地管理活期和定期存款、支票、信用卡及个人投资等。可以说，网上银行就是在互联网上的虚拟银行柜台。网上银行是传统银行业务在互联网上的拓展，为电子商务交易中的用户和商家提供 24 小时的实时服务，是网上资金结算的中心。

5. 物流配送中心

物流是指物品从供应地到接收地的实体流动过程，并且根据实际需要，将运输、储存、装卸、搬运、包装、流通加工、配送、信息处理等基本功能实施有机结合。物流配送中心的作用是接受买卖双方的委托，组织运送网上无法直接传递的商品，跟踪产品的流向，直到将商品送到消费者手中。

6. 认证中心

认证中心（Certificate Authority，CA）是法律承认并授权的权威机构，负责发放和管理数字证书，使网上交易的各方能互相确认身份。它是不直接从电子商务交易中获利的第三方机构。数字证书是一个包含证书持有人信息、公开密钥、证书序号、有效期和发证单位电子签名等内容的数字文件。认证中心是保证电子商务安全的基础设施。它负责电子证书的申请、签发、制作、废止、认证和管理，提供网上客户身份认证、数字签名、电子公证和安全电子邮件等服务。认证中心有多种类型，如数字认证中心、质量认证中心、学历证书认证中心等。就电子商务而言，最重要的是数字认证中心。

综上所述，电子商务系统实际是信息流、资金流、物流三位一体的统一整体。电子商务是以信息流作为指导，通过资金流实现商品的价值，通过物流实现商品的使用价值。三者的关系是既相互分离又相互联系。

五、电子商务的基本功能

从“网上购书”的体验中，您可能已经看到了一个电子商务网站的部分功能，如网上订购、服务传递、意见征询等。其实，基于互联网的电子商务可以提供网上交易和管理等全过程的服务。也就是说，从寻找客户开始一直到洽谈、订货、在线（收）付款、开具电子发票以至电子报关、电子纳税等，都可以通过互联网一气呵成，利用互联网完整地实现信息流、资金流和部分物流的传递。电子商务网站的作用具体体现在以下八项基本功能上，如图 1-22 所示。

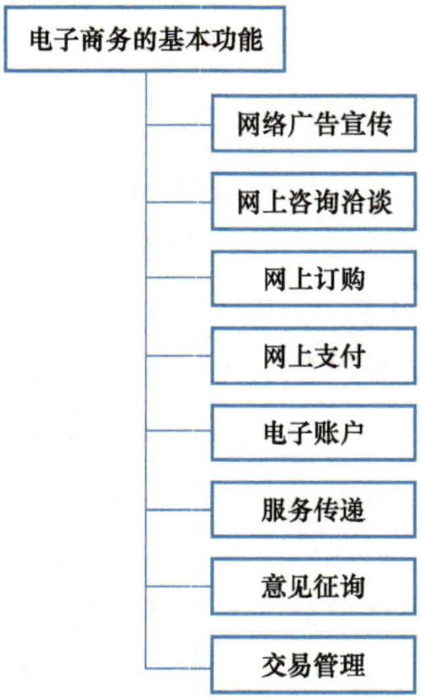

图 1-22 电子商务的基本功能

1. 网络广告宣传

网络广告宣传其实就是广告宣传采用了新媒体的广告形式，即通过互联网的载体形式传播信息。企业可利用网络服务提供商（Internet Server Provider，ISP）或凭借企业的 Web 服务器，在互联网上发布各类商业信息。客户可借助网上的检索工具迅速地找到所需商品的信息。企业也可利用网上主页和电子邮件在全球范围内做广告宣传。与以往的各类广告宣传相比，网络广告宣传成本低、覆盖范围广，为客户提供的信息量却最为丰富。

2. 网上咨询洽谈

电子商务可在网上提供多种方便的异地咨询和洽谈手段，它突破了人们面对面交流的时空限制，企业和客户可借助非实时性的电子邮件、新闻组和实时性的讨论组来了解市场和商品信息、洽谈交易事务，如有进一步的需求，还可利用在线会议来交流即时的图形信息。

网上咨询洽谈能突破人们面对面洽谈的限制，提供多种方便的异地交谈形式。

3. 网上订购

电子商务可借助网页中的交互功能传送网上的订购信息，实现网上订购。网上订购通常都是在产品介绍的页面上，提供十分友好的订购提示信息和订购交互格式框。当客户填完提交订购单后，系统回复确认信息单，提示客户的订购信息。为保证客户和商家的商业信息安全，订购信息往往会被加密。利用网上订购，企业的销售活动可以得到密切的跟踪，经营管理活动可以更加迅捷、有效。

4. 网上支付

客户和商家之间可使用电子资金转账、信用卡账户、电子现金、电子钱包以及电子支票等，通过银行实施网上支付。在网上直接采用电子支付手段可节省交易中很多人员的开销，但是值得注意的是，网上支付需要更为可靠的信息传输安全性以及可靠性控制，以防止欺诈、窃取、修改和假冒等非法行为。安全问题得不到保证，用户不可能放心，电子商务也就不可能有大的发展。

5. 电子账户

网上支付必须要有电子金融来支持，即银行、信用卡公司及保险公司等金融单位提供网上金融服务。电子账户管理是网上金融管理最基本的组成部分。信用卡卡号或银行账号都是电子账户的一种标志，一些必要的技术措施（如数字凭证、数字签名、加密隐藏等）通常会被用于保证电子账户操作的安全。

6. 服务传递

对于已付款的客户，商家应将其订购的货物尽快地传递到他们手中。最适合在网上直接传递的货物是信息产品，如软件、电子读物、信息服务等，它能直接从电子仓库中将货物发到用户端。对于那些必须经过实际运输的货物，服务传递除了货物本身的传递外，还应包括货物及运输工具、班次的调配，货物的发送管理及运输跟踪。

7. 意见征询

电子商务能十分方便地采用网页上的“选择”“填空”等格式文件来收集客户对销售服务的反馈意见。这样使企业的市场运营能形成一个封闭的回路。客户的反馈意见不仅能提高售后服务的水平，更能使企业获得改进产品、发现市场的商业机会，使企业的市场运营形成良性循环。

8. 交易管理

交易管理将涉及人、财、物多个方面以及企业和企业、企业和消费者、企业和政府、企业内部等各方面的协调与管理。因此，交易管理实际上是涉及商务活动全过程的管理，如市场法规的制定、税务的征管、交易纠纷的仲裁等。只有为交易管理提供高效、可靠的网络环境及方便、安全的应用服务系统，才能保证电子商务获得更广泛的应用。

综上所述，电子商务作为一种不断发展的事物，包含了许多信息技术，涉及网络基础设施的建设、个人通信系统、电子数据交换、电子邮件、电子资金转账（EFT）、传真、多媒体技术、信用卡业务、安全认证、保密措施、文件交换及目录服务等。这些无疑会促使信息技术产业进一步发展，并不断出现新的研究成果，电子商务所提供的功能也将不断地完善和发展。

六、电子商务对社会经济的影响

随着电子商务魅力的显露，虚拟企业、虚拟银行、网络营销、网上购物、网上支付、网络广告、电子政务、云计算、物联网、“互联网 +”等一大批新词汇已为人们所熟悉和认同，这些词汇同时也从一个侧面反映了电子商务正在对经济领域产生着巨大而深远的影响，而且还间接地影响和改变着个人、企业和政府等社会成员的行为模式。电子商务对社会经济的影响主要表现在六个方面，如图 1-23 所示。

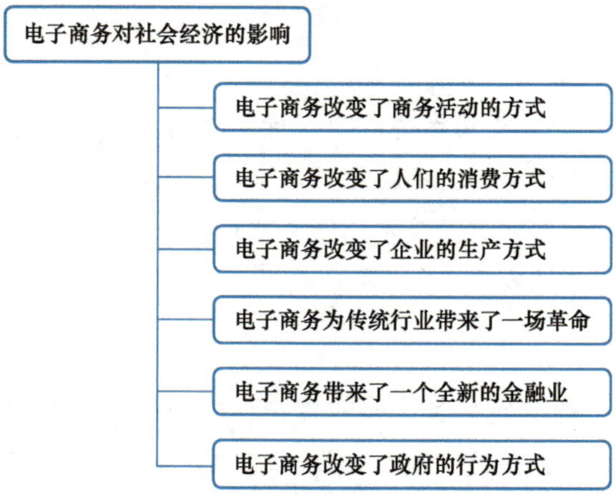

图 1-23 电子商务对社会经济的影响

1. 电子商务改变了商务活动的方式

传统的商务活动最典型的情景就是“推销员满天飞、采购员遍地跑”，消费者在商场中筋疲力尽地寻找自己所需要的商品。电子商务时代，客户可以进入网上商店浏览、采购各类产品，而且还能得到在线服务；商家可以在网上与客户联系，利用网络进行货款结算服务；政府可以方便地进行电子招标、政府采购等。

2. 电子商务改变了人们的消费方式

网上购物最大的特征是消费者的主导性，购物意愿掌握在消费者手中。同时，消费者还能以一种轻松自由的、自我服务的方式来完成交易，消费者的主动权可以在网络购物中充分体现出来。

3. 电子商务改变了企业的生产方式

由于电子商务是一种快捷、方便的购物手段，消费者的个性化、特殊化需要可以完全地通过网络展示在生产厂商面前，所以为了取悦消费者、突出产品的设计风格，许多企业都纷纷发展和普及电子商务。如今，互联网为满足“个性化定制服务”提供了最为便捷的平台，企业的生产方式也使许多“消费时尚”和“个性需求”能得以实现。

4. 电子商务为传统行业带来了一场革命

电子商务是在商务活动的全过程中，通过人与电子通信方式的结合来极大地提高商务活动的效率，减少不必要的中间环节。传统的制造业借此进入小批量、多品种生产的时代，“零库存”成为可能；传统的零售业和批发业借此开创了“无店铺”“网上营销”的新模式；各种线上服务为传统服务业提供了全新的服务方式，以“一对一交易”和“服务到个人”为主的营销理念正在深入人心。

5. 电子商务带来了一个全新的金融业

在线电子支付是电子商务的关键环节，也是电子商务得以顺利发展的基础条件。随着电子商务在电子交易环节上的突破，网上银行、银行卡支付网络、银行电子支付系统以及电子支票、电子现金等服务，将传统的金融业带入了一个全新的领域。

6. 电子商务改变了政府的行为方式

政府承担着社会、经济、文化的管理和服务功能，尤其作为“看得见的手”在调节市场经济运行、防止市场失灵带来的不足方面有着很大的作用。电子商务时代，在企业应用电子商务进行生产经营以及消费者实现网上消费的同时，同样对政府管理行为提出了新的要求。电子政府或称网上政府，随着电子商务的发展成为了一个重要的社会角色。

从总体来看，我国电子商务发展趋势良好，基础建设增长迅速，应用领域不断扩大，其对社会经济的影响会远远超过商务本身。除了上述这些影响外，它还将对就业、法律制度以及文化教育等产生巨大的影响。

七、我国电子商务发展中存在的问题

目前，我国电子商务发展中存在的主要问题有以下六类，如图 1-24 所示。

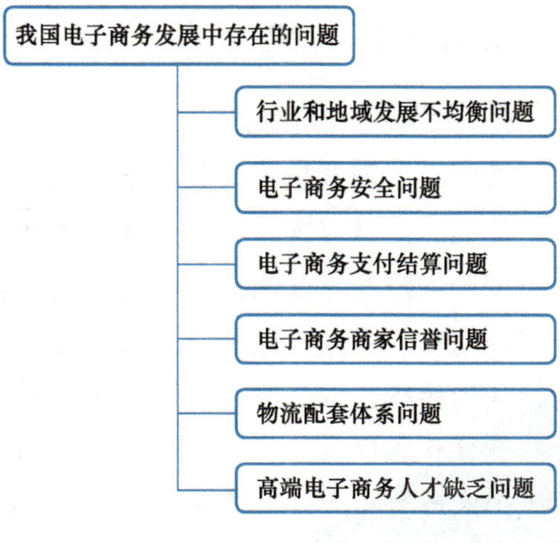

图 1-24　我国电子商务发展中存在的问题

1. 行业和地域发展不均衡问题

《中国互联网发展报告 2019》中显示，2018 年电子商务市场细分行业结构中，商品类电商交易额 24.33 万亿元，占比 77%；服务类电商交易额 6.28 万亿元，占比 20%；合约类电商交易额

1.02 万亿元，占比 3%。我国电子商务交易中东部地区商品、服务类电商交易额 19.90 万亿元，占比 65%；中部地区交易额 5.34 万亿元，占比 18%；西部地区交易额 4.32 万亿元，占比 14%；东北地区交易额 1.05 万亿元，占比 3%。

从以上可以看出，由于我国行业、地区发展不平衡，东南沿海与中西部地区有很大的区别，目前部分行业及东南沿海大城市电子商务发展很快，水平较高，不少传统产业及中西部地区的城市电子商务应用水平却很低。

2. 电子商务安全问题

如何保障电子商务活动的安全，一直是电子商务研究的核心问题。一个安全的电子商务系统，首先必须有一个安全、可靠的通信网络，以保证交易信息安全、迅速地传递；其次必须保证数据库服务器绝对安全，防止黑客闯入网络盗取信息。电子商务面临的安全威胁主要有信息在网络的传输过程中被截获、传输的文件可能被篡改、网络攻击、密码盗窃、网络病毒等问题。所以，如资金安全、信息安全、货物安全、商业秘密安全等电子商务安全问题解决不好，将给整个电子商务市场带来巨大的损失。

3. 电子商务支付结算问题

开展电子商务必须要解决网络上资金的支付与结算问题。在网络上直接进行交易，需要与金融网络进行连接，通过银行的信用卡等各种方式来完成支付。而目前，我国各商业银行网络选用的平台不统一，各行信用卡准入标准也不一样，就不利于各行间跨行业务的互联、互通和中央银行的金融监管以及宏观调控政策的实施。

4. 电子商务商家信誉问题

电子商务以其特有的经营模式对商家信誉提出了更高的要求。因为电子商务的基石就是诚信、信誉。网上购物时消费者不能直接触摸商品，它不像传统的交易方式，消费者可以到实地观察、挑选自己的商品，在目前技术水平下无法提供诸如简单的安装或“试穿”之类的特殊服务，它凭借的完全是商家的信誉，有信誉才有顾客，解决了商家信誉问题，电子商务就能做能做得更大更强。

5. 物流配套体系问题

近年来，随着电子商务的蓬勃发展，传统的物流顺以科技化、智能化发展潮流以满足电子商务的配送需求。我国的物流管理水平低，现代物流业发达程度欠缺，全国范围或更广范围的物流配送能力尚显不足等问题已在逐渐改善。电子商务作为数字化生存方式，代表未来的贸易方式、消费方式和服务方式。因此要求完善整体生态环境，要求打破原有物流行业的传统格局，大力建设和发展以商品代理和配送为主要特征，物流、信息流有机结合的社会化物流配送中心，完善电子商务物流体系，使各种“流”畅通无阻，这才是最佳的电子商务境界。

6. 高端电子商务人才缺乏问题

随着电子商务的发展，电子商务行业的人才需求与日俱增，高端人才的缺乏成为电商发展的瓶颈。目前我国电子商务高端人才稀缺，低端人才流动性较大，集电子商务业务与技术于一身的高端电子商务人才的缺乏是当前我国电子商务行业存在的普遍问题，所以开展电子商务亟须提高企业相关人员的业务素质和网络技能水平。

八、电子商务职业

进入 21 世纪“互联网 +”时代，电子商务不仅成为企业的生存方式和发展方向，也成为人们的生活时尚，它是一个跨学科的行业，涉及计算机、财会、营销、物流、网络管理等各个方面，所以从事电子商务工作需要大量的复合型人才。随着网络应用的逐步普及，社会上对电子商务人才的需求量也日渐增多。2019 年我国电子商务从业人员达 5 125 万人。同时，电子商务带动了中国经济的数字化、制造业的智能化、线上线下供应链的无缝化，有效释放了制造业潜力，使各行业得到高效协同发展。

1. 电子商务相关岗位

电子商务专业主要培养具有商务网页设计制作、网络营销、商务信息处理、商务信息维护与管理、网络客户服务与管理等专业能力，具有良好的职业道德和综合管理技能，并能够从事相关操作技能的专门人才。具体岗位及岗位职责见表 1-3。

表 1-3　电子商务相关岗位及岗位职责表

岗位类别	代表性岗位	岗位主要职责
技术类	网站策划 / 编辑人员	主要从事电子商务平台规划、网络编程、电子商务平台安全设计等工作
	网站设计 / 开发人员	主要从事电子商务网页设计、数据库建设、程序设计、站点管理与技术维护等工作
	网站美工	主要负责店铺装修、产品图片美化、详情页设计、拍摄策划、图片编辑及视频剪辑等工作
商务类	网络营销人员	主要是利用网站为企业开拓网上业务以及网络品牌管理、客户服务等工作
	外贸专员	主要利用网络平台开发国际市场，进行国际贸易、跨境电商等工作
	网站推广人员	主要负责平台店铺推广、搜索引擎推广以及抖音、快手、微信小程序等的宣传内容策划工作
	网店客服人员	主要负责客户售前售后服务、客户管理工作
	数据分析人员	主要负责各类数据信息的收集整理、对数据进行清理及分析、撰写数据分析报告等工作
	物流人员	主要负责货物的库存管理、销售货品的发运、物流信息的跟踪等工作
综合管理	电子商务项目经理	主要负责项目业务调研、方案撰写，制订符合客户需求的业务解决方案，同时负责项目交付的执行管理
	电子商务部门经理	主要从事企业电子商务整体规划、建设、运营和管理等工作

2. 电子商务的职业前景

电子商务正在成为我国市场经济中一个重要的经济增长点和新领域，具有无可替代的优势作用。国务院《关于大力发展电子商务加快培育经济新动力的意见》（国发［2015］24号）提出，到2020年，统一开放、竞争有序、诚信守法、安全可靠的电子商务大市场基本建成。近年来，国家积极推进“互联网+”行动，农村电商、行业电商和跨境电商快速发展，电子商务人才成为市场需求的热点。

2020年4月，电子商务研究中心发布的《2019年中国电子商务人才状况调查报告》中显示：47%的企业急需新媒体、内容创作、社群方向人才，44%的企业急需淘宝天猫等传统运营人才，35%的企业急需主播（助理）、网红达人方向人才，32%的企业急需客服、地推、网销方向人才，30%的企业急需专业数据分析与应用人才，23%的企业急需美工、视频动画制作、IT方向人才。同时，电商企业对毕业生需具备的素质要求中，最重要的5项素质是工作执行能力、持续学习能力、责任心和敬业度、积极主动有目标感、专业知识和技能。

电商专项职业能力项目介绍

第二单元
了解电子商务的分类

知识目标

通过浏览教育部官方网站，查找职校生资助的有关政策来初识电子政务，从而认识不同类型的电子商务，加深对电子商务类型的进一步了解。

本单元重点介绍电子商务总体框架中的第一要素：网络用户——按电子商务交易主体分类，还介绍了按电子商务活动运作方式分类、按电子商务交易阶段分类、按电子商务交易范围分类和按电子商务使用网络类型分类等多种电子商务的分类。

能力目标

能描述电子商务的模式；能区别电子商务的分类。

学海导航 ››››

1．知识卡片

电子商务模式是指电子商务活动中的各主体，按照一定的交互关系和交互内容所形成的相对固定的商务活动样式，其实质是对电子商务经营方式的抽象和概括。

电子商务活动的主体主要是企业、消费者和政府三大类，它们是“网络用户”中的主力军。按照三者交互关系的不同，理论上可以有九种交互关系，即构成九种电子商务模式。

企业对消费者（也称商家对个人客户或商业机构对消费者）的电子商务模式（Business to Customer，B to C 或 B2C），是指企业通过互联网将商品或服务对消费者进行直销的电子商务模式。

企业对企业（也称为商家对商家或商业机构对商业机构）的电子商务模式（Business to Business，B to B 或 B2B），是指企业通过互联网将商品或服务直接对另外一些企业进行销售的电子商务模式。

消费者对消费者（也称用户对用户或个人对个人）的电子商务模式（Customer to Customer，C to C 或 C2C），是指以个人之间的交换为主要目的，买卖双方通过第三方电子商务平台进行交易的电子商务模式。

企业对政府机构的电子商务模式（Business to Government，B to G 或 B2G），是指利用互联网完成企业（商业机构）与政府之间的税收、商检、管理条例发布等各项事务的电子商务模式。

支付网关（Payment Gateway）是银行金融网络系统和互联网之间的接口，是由银行操作的将互联网上传输的数据转换为金融机构内部数据的一组服务器设备，或由指派的第三方处理商家和消费者支付信息的支付指令。

2. 概念地图

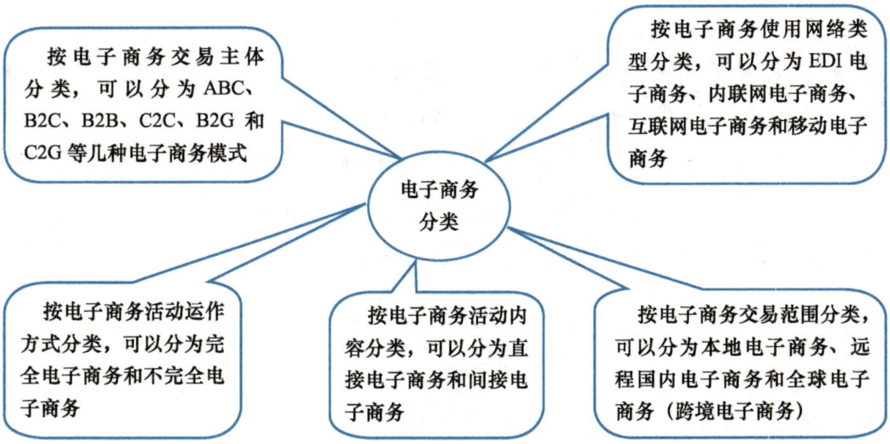

要点提示

本单元的内容主要是围绕“电子商务分类”的概念展开的，“概念地图”所展示的是一级概念的逻辑关系，它反映的是本单元的知识要点，下面进行分别说明。

（1）按电子商务交易主体分类，可以分为ABC、B2C、B2B、C2C、B2G和C2G等几种电子商务模式，其中五种最常用、最具发展前景的电子商务模式是本单元的重点。

（2）其余四种分类方式可做简单了解。

3. 为您支招

（1）通过上网查询资料的体验活动，导入学习电子商务模式的分类知识，掌握不同电子商务模式的含义、特点和模式的构成要素，为后续学习应用电子商务做准备。

（2）在学习中，建议重点掌握“合作学习”的方法，这一方法将贯穿在本单元的整个学习过程中。

合作学习是指在传统的课堂教学中，以小组为基本形式、以小组成员合作性活动为主体、以小组目标达成为标准、以小组总体成绩为评价和奖励依据的教学策略。不仅仅要学会与想合作的人搭档，还要学会与不同的人合作，特别是与并不想合作的人合作。合作不只是一种学习方法，还是一种生活态度，所以在合作学习过程中培养合作习惯和提高合作技巧，对于今后的职业生涯具有十分重要的、积极的意义。

（3）借助“概念地图”正确理解和掌握本单元的主要专业术语、知识要点和各知识要点之间的内在逻辑联系，通过联想记忆、归纳等学习方法提高学习能力。

（4）通过访问相关的官方网站，及时了解政府、企业和公民之间的互动情况，无论是对自己当前的学习，还是将来的职业发展都有帮助。下面提供了一些与本单元相关的网站：中华人民共和国中央人民政府网站（http://www.gov.cn）、中华人民共和国商务部网站（http://www.mofcom.gov.cn）、中华人民共和国教育部网站（http://www.moe.gov.cn）、中华人民共和国国家市场监督管理总局网站（http://www.samr.gov.cn）、中华人民共和国工业和信息化部网站（https://www.miit.gov.cn）。

模块一　电商体验：电子政务

您想了解国家有关职校生资助的政策吗？
您想知道将来如果选择自主创业，对职校生有哪些优惠政策吗？上网试一试，“秀才不出门，便知天下事”！

情景设置

电子政务的出现，将政府的经济调节、市场监管、社会管理和公共服务等主要职能电子化、网络化，改善了政府与企业、政府与居民之间的关系，提高了政府部门依法行政的水平。如果你想知道国家对职校生助学金、奖学金的发放办法和标准，想知道各级政府鼓励大中专学生自主创业的优惠政策，就可以通过官方网站获得相关的权威信息。

操作指南

步骤一： 启动浏览器，在地址栏输入 http://www.moe.gov.cn，登录中华人民共和国教育部网站首页，单击“职业教育与成人教育司”，如图 2-1 所示。

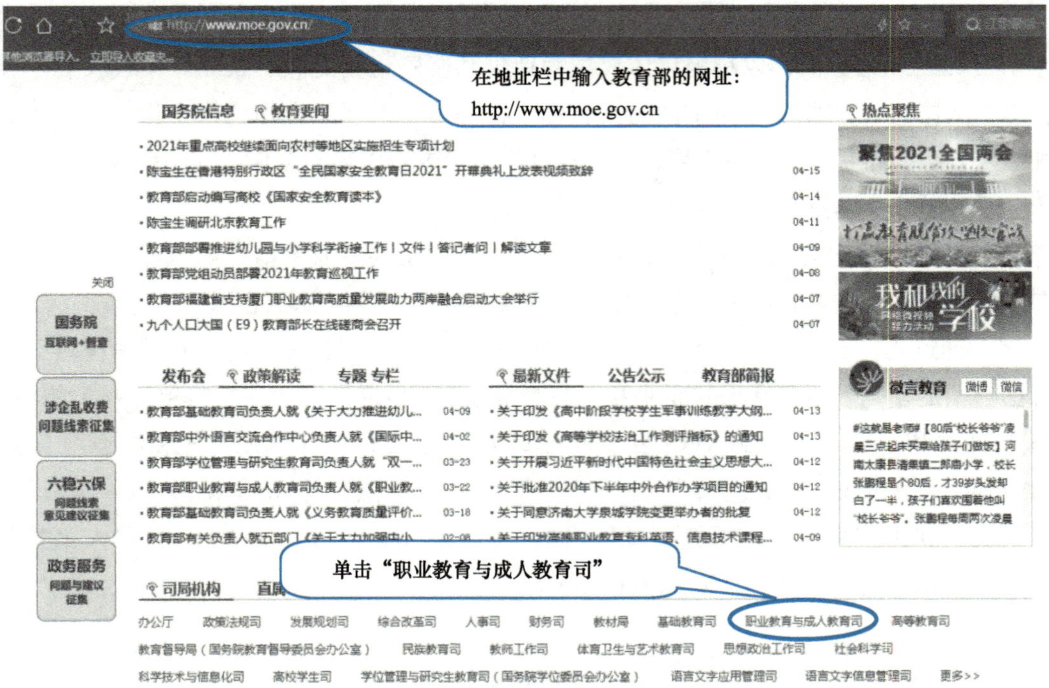

图 2-1　教育部网站首页

步骤二：进入“职业教育与成人教育司”页面，通过输入关键字，搜索想要查询的相关信息，如图 2-2 所示。

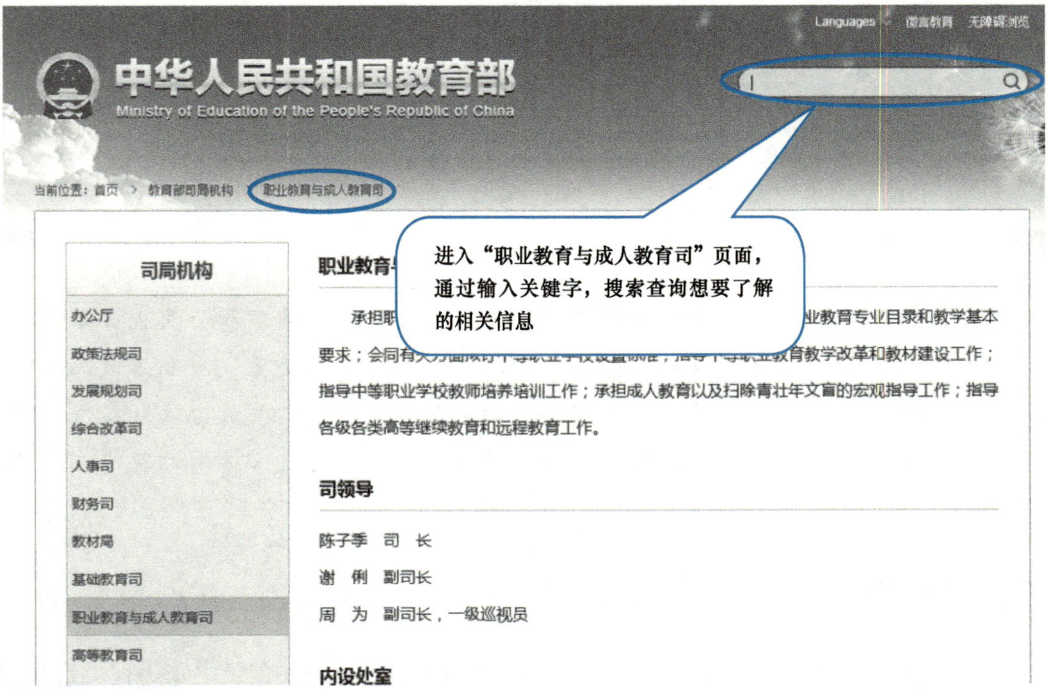

图 2-2　职业教育与成人教育司页面

体验报告

目的：登录政府官方网站，通过查询与职校生相关政策的体验活动来初识电子政务。

内容：浏览教育部官方网站，查询有关政府资助职校生的政策。

要求：

（1）2～4人一组，可采用“关键词”搜索的方法进行体验活动。

（2）按表2-1的要求填入有关内容，并将小组填写的结果进行交流展示。

（3）按表2-2的要求，对小组成员的学习态度、合作能力、学习效果进行评价。

表2-1　电子政务体验报告

学习小组成员：

中央政府（教育部）官方网站地址：
中央政府（教育部）有关资助职校生政策的要点： 1. 学费： 2. 奖学金： 3. 其他：
地方政府官方网站地址： 1. 学费： 2. 奖学金： 3. 其他：

表2-2　体验活动小组评价表

小组学习过程评分标准			小组学习结果展示评分标准		
项目评价考核标准	标准/分	实得/分	项目评价考核标准	标准/分	实得/分
组内参与教学活动人数满员	3		能完整地描述小组完成学习目标的步骤	2	
组内教学活动开展深入、热烈	3		在规定的时间内，每位同学都完成了任务	5	
组内学员之间信息沟通顺畅	2		能完整地展示小组学习成果或操作流程	2	
组长组织小组活动效果良好	2		在规定时间内完成成果展示	1	
小组学习过程得分满分	10		小组学习结果展示满分	10	
			超额完成任务另加附加分		

小知识

什么是关键词

关键词（Key Words）就是用户输入搜索框中的文字，也就是用户命令搜索引擎寻找的东西。用户可以命令搜索引擎寻找任何内容，所以关键词的内容可以是人名、事件、网站、新闻、小说、软件、游戏、星座、工作、购物、论文等。

关键词可以是中文、英文、数字或三者的混合体，如“英雄联盟”“windows”“F1 赛车”。用户可以输入一个关键词，也可以输入多个关键词，甚至可以输入一句话。例如，用户可以搜索“APP 下载”“游戏攻略大全”“蓦然回首，那人却在灯火阑珊处”等。

模块二　知识探索：电子商务的主要类型

在上一单元中，我们通过当当网进行了网上购物的体验，初步认识了电子商务。但是当当网与教育部官方网站是一种模式吗？电子商务网站常见的模式又有哪些？

伴随着互联网的快速发展，电子商务在发展过程中形成了各种模式。近年来，围绕电子商务模式的分类，国内外提出了多种不同的分类方法。按照电子商务模式的不同标志，可以有不同的分类。电子商务模式分类的目的是揭示不同电子商务的内在特征、功能、作用，这有利于电子商务的推广应用。

本单元重点介绍电子商务的主要分类，见表 2-3。

表 2-3　电子商务的主要分类

序　号	分类的标志	分类的类型
1	按电子商务交易主体分类	企业对消费者、企业对企业、消费者对消费者、企业对政府机构、消费者对政府机构
2	按电子商务活动运作方式分类	完全电子商务、不完全电子商务
3	按电子商务活动内容分类	直接电子商务、间接电子商务
4	按电子商务交易范围分类	本地电子商务、远程国内电子商务、全球电子商务（跨境电子商务）
5	按电子商务使用网络类型分类	EDI 电子商务、内联网电子商务、互联网电子商务、移动电子商务

规范电子商务模式分类具有重要的现实意义：

（1）对政府来说，有利于制定电子商务发展规划，便于对电子商务进行引导和监管，有利于电子商务有关法规政策的建立与完善。

（2）对企业来说，有利于企业制订电子商务发展计划，规范企业行为，便于企业进行市场定位和对外交流，促进企业的经营能力。

（3）对社会来说，可以使公共服务体系的工作有章可循，有利于保障消费者权益，促进电子商务健康有序发展。

（4）对产业链发展来说，有利于规范购销行为，避免纠纷的发生，促进网络购物产业链的良性发展。

一、按电子商务交易主体分类

无论是从经济学的一般原理来看，还是从国内外电子商务应用与发展的实际情况来看，电子商务活动的主体主要是企业（Business，B）、消费者（Customer，C）、代理商（Agents，A）和政府（Government，G）等。按照参与主体的交互关系，电子商务主要包括ABC、B2C、B2B、C2C、B2G、C2G等模式，见表2-4。

表2-4　电子商务的主要模式

模　式	具体说明
ABC（Agents to Business to Customer）	ABC模式是新型电子商务模式的一种，被誉为继阿里巴巴B2B模式、京东商城B2C模式、淘宝C2C模式之后电子商务界的第四大模式，是由代理商（Agents）、企业（Business）和消费者（Customer）共同搭建的集生产、经营、消费为一体的电子商务平台。三者之间可以互相转化、相互服务、相互支持，真正形成一个利益共同体
B2C（Business to Customer）	B2C模式是指企业通过互联网向消费者提供商品和服务。现在我国的B2C电子商务网站非常多，如京东、天猫、美团、当当网等
B2B（Business to Business）	B2B模式是指企业与企业之间通过互联网进行产品、服务及信息的交换，企业间通过互联网或各种商务网络平台来完成商务交易，如阿里巴巴网
C2C（Customer to Customer）	C2C是用户对用户的模式，C2C商务平台就是通过为买卖双方提供一个在线交易平台，使卖方可以主动提供商品上网拍卖，而买方可以自行选择商品进行购买，如淘宝网、咸鱼、拼多多等
B2G（Business to Government）	B2G模式指的是企业与政府之间通过网络进行交易活动的运作模式，如电子通关、电子报税等
C2G（Consumer to Government）	C2G指的是个人与政府间发生的电子商务活动，例如网上报关、报税及社会福利金的支付等

注：为了简便，B to B有时也写作“B2B”，“2”的英文“two”与“to”的发音相同，故用“2”代表“to”。

下面介绍最常见的五种电子商务模式，如图2-3所示。

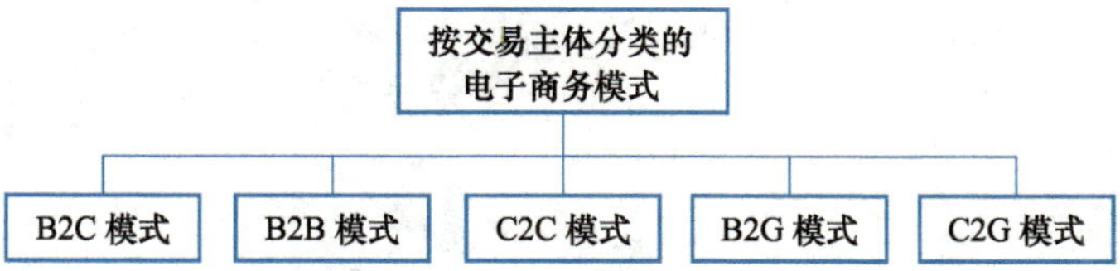

图2-3　常用的电子商务模式

（一）企业对消费者的电子商务模式

1. B2C电子商务模式的含义和特点

企业对消费者（也称商家对个人客户或商业机构对消费者）的电子商务模式（Business to Customer，B to C或B2C），是指企业通过互联网将商品或服务对消费者进行直销的电子商务模式。B2C 模式是我国最早产生的电子商务模式，B2C 网站即企业通过互联网为消费者提供一个新型的购物环境——网上商店（城），消费者通过网络进行购物和支付等活动，如天猫商城。由于这种模式节省了消费者和企业的时间和空间，大大提高了交易效率，特别是对于工作忙碌的上班族，这种模式可以为其节省宝贵的时间。其特点如下：

（1）B2C 电子商务类似于电子化的零售商务　在这种网络交易过程中，商品流向是从企业到消费者。它是利用计算机网络使消费者直接参与经济活动的高级形式。目前，互联网上已遍布各种类型的网上商店（城），提供各种商品和服务，主要有服装鞋帽、食品生鲜、图书、计算机软硬件、家电、汽车用品等商品和服务。例如，美国亚马逊公司将商品通过互联网，由网上商店推销给全球消费者，这类似于电子化的零售商务。

（2）B2C 电子商务是一项系统工程　企业首先要做到在互联网上建立自己的网站，启动网络营销。然后，要让消费者了解自己的公司、产品和服务，通过具有竞争力的价格去吸引消费者购买。企业在消费者购买之后继续提供相应的支持和服务，不仅要让消费者满意，还要吸引消费者再次购买，使他们真正成为企业的忠诚用户。因此，网络营销是一项从消费者认识、了解企业到有意购买、完成交易，再到企业提供支持和服务、消费者成为忠诚用户的系统工程。B2C 电子商务应该是一项良性的循环工程，在这个循环当中，哪一个环节出现问题都会失去消费者。因此，企业应成功地改变自己的商务模式，把握互联网带来的机遇，将自己的传统商业模式转变到电子商务模式，使企业在复杂激烈的竞争环境中处于更具有优势的地位。

2. B2C 电子商务模式的构成

B2C 电子商务模式由六个基本要素构成（见图 2-4）：①企业；②消费者；③为消费者提供在线购物场所的网上商店；④负责为消费者所购商品进行商品配送的物流配送中心；⑤支付结算；⑥身份认证。

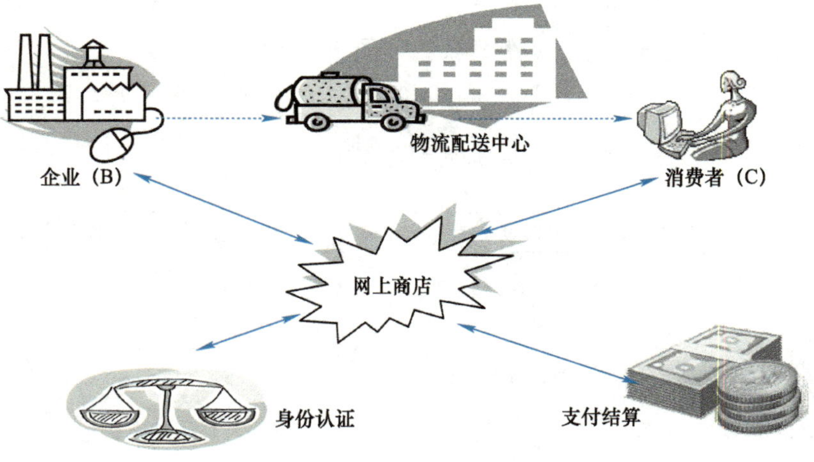

图 2-4　B2C 电子商务模式的基本要素

（1）企业　企业即利用互联网出售商品或提供服务的一方。B2C 模式中的企业类型大致可分为三种：以经营线下实体商店为主的零售企业、没有线下实体商店的虚拟零售企业、网上直销的商品制造商。

1）以经营线下实体商店为主的零售企业：这些企业有着实实在在的商店或商场，网上的零售只是作为企业开拓市场的一条渠道，它们并不依靠网上销售生存。

2）没有线下实体商店的虚拟零售企业：这类企业是互联网商务的产物，网上销售是它们唯一的销售方式，它们靠网上销售生存，如亚马逊网和当当网等。

3）网上直销的商品制造商：商品制造商采取网上直销的方式销售其产品，不仅给消费者带来了价格上的优惠及商品个性化，还减少了商品库存的积压。例如，青岛海尔集团是中国家电制造业中的佼佼者，海尔通过建立自己的电子商务网站（http://www.haier.com/cn/），一方面宣传海尔企业的形象；另一方面通过网上直销，加大了自己产品的市场推销力度，拉近了与消费者的距离。

（2）消费者　消费者即利用互联网购买商品或获得服务的一方。

（3）网上商店　网上商店是指具有法人资质的企业或个人在互联网上独立注册网站或账号，开设网上虚拟商店，出售实物或提供服务给消费者的电子商务平台。网上商店是商家直接面向消费者的场所，店中陈列着琳琅满目的虚拟商品。与实物商品不一样，虚拟商品由图文影像等组成，只能看不能“摸”。目前，有些网站利用AR/VR技术，消费者可以从仿真角度观察商品。这种商品有点接近真实商品的感觉。

（4）物流配送中心　企业根据配送范围的大小可选择不同的配送方式，近距离（本地）可用直接送货，远距离可通过第三方物流配送公司送达。

（5）支付结算　企业的支付结算方式决定了资金的流动过程。目前，在B2C模式中主要的支付方式有货到付款方式、转账支付方式、电子支付方式。

1）货到付款方式：这是最常见的付款方式，商家将商品交给消费者，消费者查验货物后以现金、刷卡或扫码的方式支付给商家。例如，当当网、京东商城、唯品会、苏宁易购等网站都支持这种付款方式。这种付款方式的最大优点是打消了消费者的顾虑，很适用于偶尔网上购物的普通消费者。

2）转账支付方式：转账支付是指消费者在确认订单后，通过邮政系统或银行系统汇款，当商家接到汇款后再将商品发给消费者。这种支付方式有两个缺点：①消费者网上购物后需要到邮政系统或银行办理汇款业务；②消费者对购买的商品不满意，退换起来非常麻烦。此方式常适用于购买大宗或大额耐用消费品。

3）电子支付方式：电子支付方式是指通过网络完成支付的方式。使用电子支付方式付款已成为电子商务支付的主流。

（6）身份认证　身份认证包括消费者身份确认及支付确认两个方面。消费者在首次购物时都要注册账号，以后直接登录即可，在网络登录时输入正确的密码（由用户自己设定），计算机就认为操作者就是合法用户。短信密码以手机短信形式请求包含6位随机数的动态密码，身份认证系统以短信形式发送随机的6位密码到客户的注册手机号上。客户在登录或者交易认证时候输入此动态密码，从而确保系统身份认证的安全性。

3. B2C 电子商务的购物流程

B2C 电子商务的基本业务类似于电子化的零售业，其购物流程如图 2-5 所示。

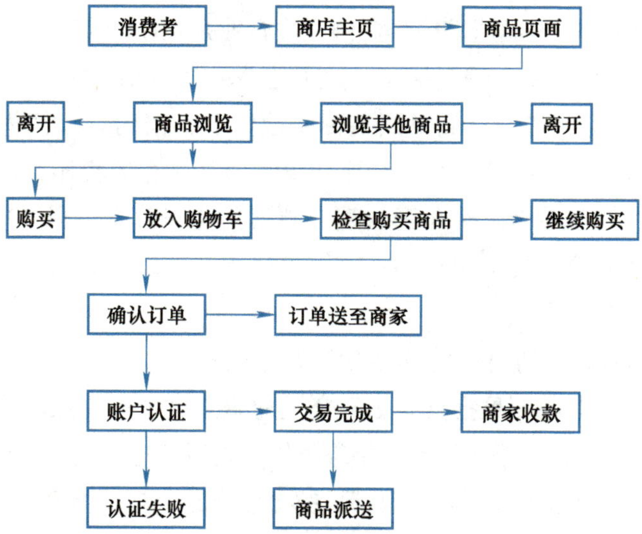

图 2-5 B2C 电子商务的购物流程

（二）企业对企业的电子商务模式

1. B2B 电子商务模式的含义和特点

企业对企业（也称为商家对商家或商业机构对商业机构）的电子商务模式（Business to Business，B to B 或 B2B），是指企业通过互联网将商品或服务直接对另外一些企业进行销售的电子商务模式。

B2B 电子商务模式的特点如下：

（1）买卖双方只能是法人 B2B 模式的网上交易市场是为具有法人资质的企业之间进行实物和服务交易所提供的由第三方经营的电子商务平台。

（2）第三方电子商务平台提供商是 B2B 模式存在的前提和基础 在 B2B 模式的构成要素中，除了包括买卖双方企业外，第三方电子商务平台提供商是一个至关重要的角色，其负责对网上交易市场的交易进行监督与管理，但不参与交易。

（3）B2B 电子商务类似于电子化的批发业务 在这种网络交易过程中，商品流向是从企业到企业，类似于电子化的大宗商品批发业务。企业之间可能使用网络进行询盘、接受订货和付款。新市场模式的不断涌现势必会引发商务过程的重组，重组的目的不只是为了激发已有的系统，更重要的是要创造一个全新的系统，以此不断地完善，其最终目的是提高效率、降低成本、服务客户。新模式的应用不断为商家创造新的商机。例如，B2B 模式的支付应用领域不断拓展渗透，既为商家带来好处，也为金融机构带来了创新业务。

2. B2B 电子商务模式的类型

席卷全球的电子商务正迅速地改变着传统的企业经营模式。B2B 电子商务模式的类型有两种分法，如图 2-6 所示。第一种是按企业是否有自己的网站分为两种类型：①企业在互联网上建立自己的 B2B 网站来开展电子商务；②企业通过第三方电子商务平台来开展电子商务。第二种是按产业链构成关系分为两种类型：①面向中间交易市场的水平 B2B；②面向制造业或商业的垂直 B2B。

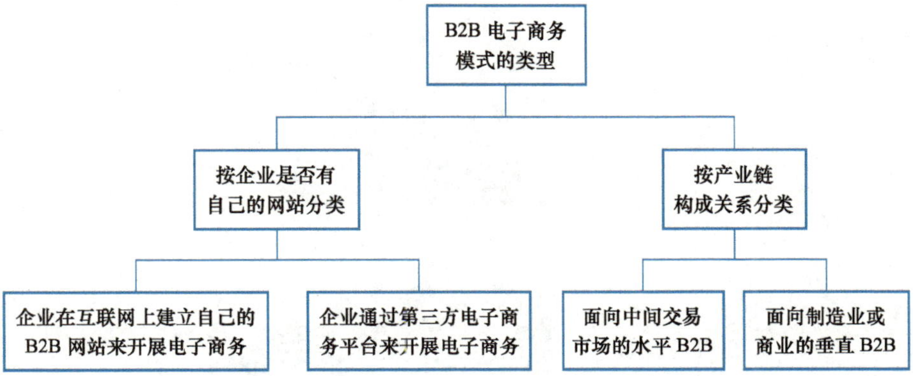

图 2-6　B2B 电子商务模式的类型

（1）按企业是否有自己的网站分为两种类型　一种是企业自建 B2B 电子商务网站来开展电子商务，企业通过电子商务来降低成本、提高销售量，如海尔、联想等推出的网上采购和网上营销；另一种是企业通过第三方电子商务平台来开展电子商务，第三方电子商务平台提供商为企业搭建了交易平台，将众多的生产型企业、贸易型企业、服务型企业等聚集在一起，如阿里巴巴网、中国制造网、慧聪网。

（2）按产业链构成关系分为两种类型　一种是面向中间交易市场的水平 B2B，另一种是面向制造业或商业的垂直 B2B。

1）面向中间交易市场的水平 B2B（见图 2-7）：这种模式的特点是将各行业中相近的交易过程集中到一个场所，为企业的采购方和供应方提供一个交易的机会，如阿里巴巴网、环球资源网等。“水平”主要是指这种网站的行业范围广，处在不同行业的企业都可以在同一个网站上进行贸易活动。“水平”网站可以将多家买方和多家卖方集中到同一个电子交易市场上来，使它们之间进行信息交流、广告、拍卖竞标、交易、库存管理等。随着 B2B 应用的不断发展和完善，这一模式必将适应处在所有行业的企业需要。

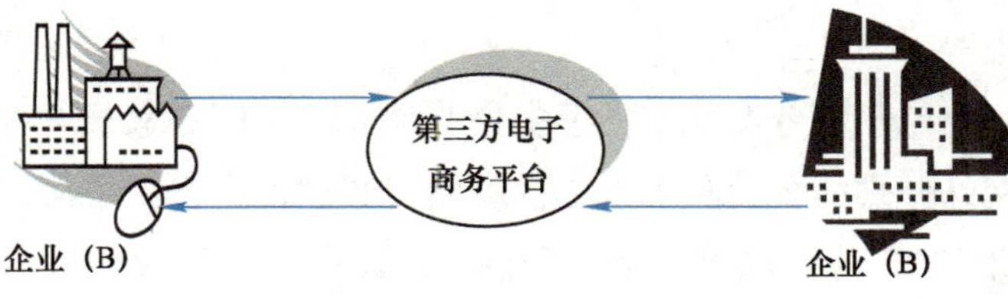

图 2-7　面向中间交易市场的水平 B2B

2）面向制造业或商业的垂直B2B（见图2-8）：这种模式的特点是可以分为产业链的两个方向，即上游和下游。垂直B2B一般只需要对某一个行业的上下游有所了解就可以进入。向上游看，生产商或商业零售商可以与上游的供应商之间形成供货关系，如戴尔公司与上游的芯片和主板制造商就是通过这种方式进行合作的。向下游看，生产商与下游的经销商可以形成销货关系，如思科（Cisco）公司与其分销商之间进行的交易。上下游贯通的产业链是指一种或几种资源通过若干产业层次不断从上游向下游产业转移直至到达消费者的路径。

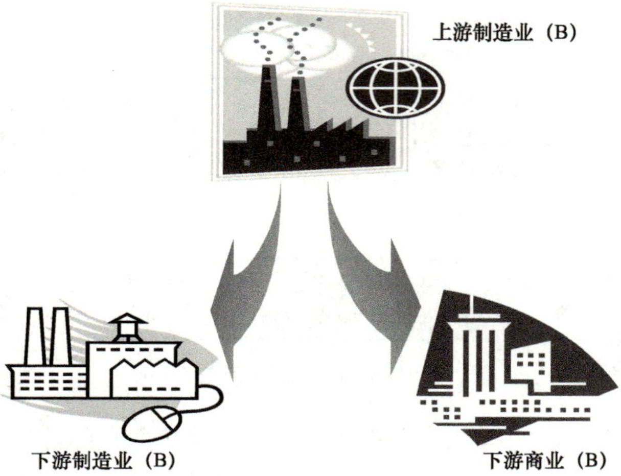

图2-8 面向制造业或商业的垂直B2B

垂直B2B成本相对要低，因为垂直B2B面对的多数是某一个行业内的从业者，所以它们的客户相对比较集中而且有限。垂直B2B主要针对特定的行业，如汽车、钢铁、化工、服装等。企业要实现完善的B2B需要许多系统共同的支持，如制造企业需要财务管理（FMS）系统、企业资源计划（ERP）系统、供应链管理（SCM）系统、客户关系管理（CRM）系统等的支持，并且这些系统能有机地整合在一起，实现信息共享、业务流程的完全自动化。

3. B2B电子商务模式的交易流程

B2B电子商务模式的交易流程（见图2-9）是指进行电子商务交易的供需双方都是商家（或企业、公司），它们使用互联网技术或各种商务网络平台来完成商务交易的过程。这些过程包括发布供求信息，订货及确认订货，支付过程及票据的签发、传送和接收，确定配送方案并监控配送过程等。

需要指出的是，在电子商务实践中，很多企业是B2B、B2C模式并存的。例如，新浪、搜狐、网易等门户网站分别为企业和个人提供新闻、邮件、广告、短信、游戏等服务活动，门户网站通过B2B和B2C服务经营，使电子商务活动获得经济收入；商业银行等金融机构通过在线银行为企业和个人提供金融服务，从事的也是B2B、B2C的电子商务活动。

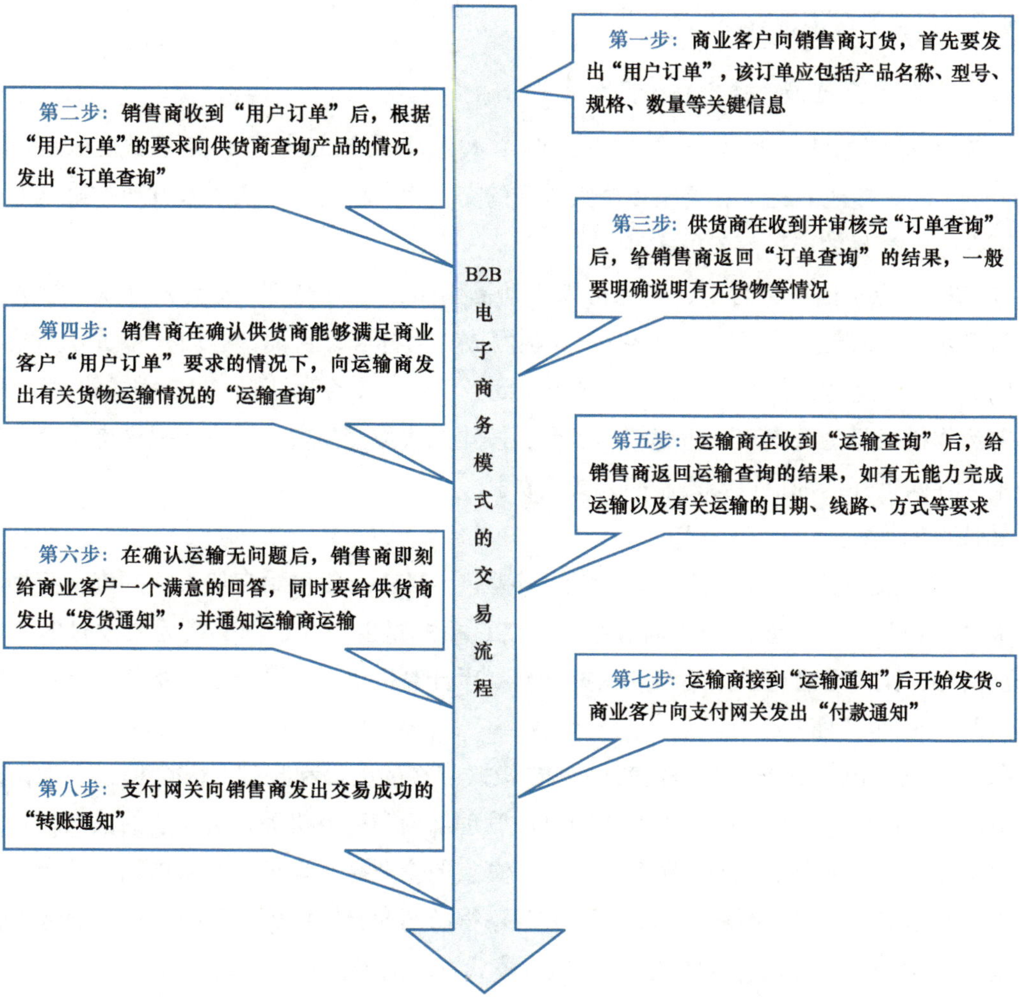

图 2-9　B2B 电子商务模式的交易流程

小知识

什么是支付网关

支付网关（Payment Gateway）是银行金融网络系统和互联网之间的接口，是由银行操作的将互联网上传输的数据转换为金融机构内部数据的一组服务器设备，或由指派的第三方处理商家和消费者支付信息的支付指令。

阿里巴巴早期的经营模式和收益模式

支付网关可确保交易信息在互联网用户和交易处理商之间安全、无缝地传递，并且无须对原有主机系统进行修改。它可以处理所有互联网支付协议、互联网安全协议、交易交换、信息及协议的转换以及本地授权和结算处理。另外，它还可以通过设置来满足特定交易处理系统的要求。离开了支付网关，网络银行的电子支付功能也就无法实现。

（三）消费者对消费者的电子商务模式

1. C2C电子商务模式的含义和特点

消费者对消费者（也称用户对用户或个人对个人）的电子商务模式（Customer to Customer，C to C或C2C），是指以个人之间的交换为主要目的，买卖双方通过第三方电子商务平台进行交易的电子商务模式。

在第三方电子商务平台上，卖方可以主动提供商品上网拍卖，而买方可以自行选择商品进行竞价。C2C模式的产生以1999年易趣网成立为标志。目前，国内几家著名网站，如淘宝网等，为广大网民之间的交易提供了电子商务平台（市场），属于C2C模式的典型代表。它们的运作模式是为买卖双方搭建拍卖平台，按比例收取交易费用，或者提供电子商务平台方便个人在网上开店铺，以会员制的方式收费。

其特点如下：

（1）买卖双方只能是自然人　网上交易市场（C2C）是提供给自然人之间进行实物和服务交易的，由第三方经营的电子商务平台，C2C模式是以个人之间交换为主要目的的零售商务。例如，某消费者通过网络平台，把一台二手计算机卖给另外一个消费者，这种交易就是典型的C2C电子商务。

（2）第三方电子商务平台提供商是C2C模式存在的前提和基础　C2C模式必须由第三方负责经营，此第三方必须是具有经工商行政管理部门和税务机关登记注册的法人，且在网站首页下方刊登企业营业执照、税务登记证、真实的企业经营地址、联系电话等信息，负责对网上交易市场的交易进行服务和管理，并且不得参与交易。因此，第三方电子商务平台提供商是C2C模式中至关重要的角色，是C2C模式存在的前提和基础。

（3）C2C模式最能体现大众化交易的特点　C2C模式类似于现实商务世界中的跳蚤市场，主要是指网上拍卖，是大众化的交易。其构成要素除了包括买卖双方外，还包括第三方电子商务平台提供商，这也类似于跳蚤市场的场地提供者和管理员。

（4）C2C模式最能体现互联网的精神和优势　互联网对人类经济交易的重要影响是：它能将以往无法形成交易关系的个人，通过互联网发生经济关系，并使供求关系的平衡在交易关系中最大化。从理论上来说，C2C模式可以使数量巨大、地域不同、时间不一的买方和同样规模的卖方通过一个平台找到适合自己的对家进行交易，在传统领域要实现这样大的工程几乎是不可想象的，因此C2C模式最能体现互联网的精神和优势。同传统的二手市场相比，它不再受到时间和空间的限制，节约了大量的市场沟通成本，其价值是显而易见的。

2. C2C电子商务模式的构成

C2C电子商务模式由六个基本要素构成（见图2-10）：①买家；②卖家；③网上交易市场（第三方电子商务平台提供商）；④物流配送系统；⑤支付结算；⑥身份认证。

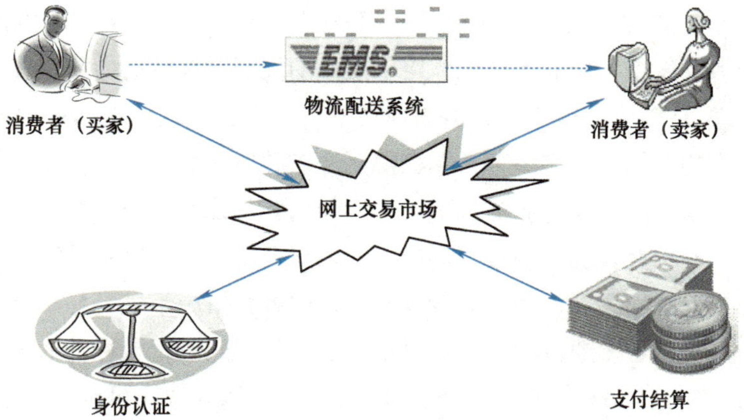

图 2-10　C2C 电子商务模式的基本要素

在 C2C 模式中，买家、卖家、第三方电子商务平台提供商相互依存、密不可分，其中第三方电子商务平台提供商扮演着举足轻重的作用。

（1）网络的应用范围如此广阔，如果没有一个知名的、受买卖双方信任的提供商提供平台将买卖双方聚集在一起，那么双方单靠在网络上漫无目的搜索是很难发现彼此的，并且也会失去很多的商业机会。所以，能提供第三方电子商务服务的提供商是 C2C 电子商务模式运行的前提。

（2）第三方电子商务平台提供商往往还履行着监督和管理的职责，负责对买卖双方的诚信进行监督和管理，负责对交易行为进行监控，最大限度地避免欺诈等行为的发生，保障买卖双方的权益。

（3）第三方电子商务平台提供商能够为买卖双方提供技术支持服务，包括帮助卖方建立个人店铺、发布产品信息、制订定价策略等，帮助买方比较和选择产品以及电子支付等。正是由于有了这样的技术支持，C2C 模式才能够短时间内迅速为广大普通消费者所接受。

随着 C2C 模式的不断成熟和发展，第三方电子商务平台提供商还能够为买卖双方提供保险、借贷、分期付款等金融服务，更好地满足买卖双方需求。

（四）企业对政府机构的电子商务模式

企业对政府机构（Business to Government，B to G 或 B2G）的电子商务模式，是指利用互联网完成企业（商业机构）与政府之间的税收、商检、管理条例发布等各项事务的电子商务模式。

也有的人把这部分电子商务称为电子政务或政府采购。政府采购是指政府或政府授权的机构在网上面向法人进行采购的电子商务平台。它由政府或政府授权的机构负责运营，而且运营者必须是经过工商行政管理部门和税务机关登记注册的法人，其必须在网站首页下方刊登营业执照、税务登记证、真实的经营地址、联系电话等信息。交易对象也必须是经过工商行政管理部门和税务机关登记注册的法人。

在众多的发展中国家，企业规模较小、信息技术落后、债务偿还能力低等原因导致其无法依靠自身的力量发展电子商务体系，电子商务的发展需要政府的积极参与和帮助，所以B2G模式在广大发展中国家具有更突出的现实意义。企业对政府机构的电子商务模式可以覆盖企业与政府机构之间的许多事务，如在网上提供政府采购计划、目录和标书。电子政务网站必须依法发布采购的商品（服务）信息，遵循公开、公平、公正的原则，遵守知识产权法，其提供登录注册功能，提供招投标功能，提供交易功能，提供结算功能，提供身份认证功能以及相关的招投标细则等。网站经营者必须采取各种措施审核交易参与方的真实身份，监管投标进程，严防恶意串通投标。企业也要通过电子方式进行投标，通过网络办理交税和退税等。目前，B2G模式仍处于探索阶段，但发展较快，因为政府可以通过它提高政务效率，贯彻落实全心全意为人民服务的理念和宗旨，通过示范作用促进电子商务的发展。

政府采购作为财政制度的重要组成部分，是预算执行的重要环节，近年来增长较快。在政府“过紧日子”的大背景下，2019年全国政府采购规模有所下降。据财政部发布的数据显示，2019年全国政府采购规模为33 067亿元，较上年减少2 794.4亿元，下降7.8%，占全国财政支出和GDP的比重分别为10%和3.3%。在总体规模有所下降的同时，政府采购在节能环保、支持中小企业发展等方面的政策功能持续显现。

（五）消费者对政府机构的电子商务模式

消费者对政府机构（Customer to Government，C to G或C2G）的电子商务模式，是指个人（居民）与政府的电子商务模式。C2G和G2C模式发生在政府和消费者或普通个人之间，如个人的交税、财产申报、社会福利发放、政府调查等，有的人也把这部分电子商务归为电子政务范畴。这类活动的商务环节不完整，因此有些观点认为这不是真正意义上的电子商务活动。

电子政务是政府在其管理和服务职能中运用现代信息和通信技术，实现政府组织结构和工作流程的重组优化，超越时间、空间和部门分隔的制约，全方位地向社会提供优质、规范、透明的服务，是政府管理手段的变革。一般而言，政府的主要职能在于经济调节、市场监管、社会管理和公共服务。而电子政务就是要将这四大职能电子化、网络化，利用现代信息技术对政府进行信息化改造，以提高政府部门依法行政的水平。

电子政务实质上就是要在全国范围内构建一个电子政府，将原有的政府通过互联网办公技术转变为新型的管理体系，以适应虚拟的、全球性的、以知识为基础的数字经济，适应社会运行方式的根本转变。它可以改善政府与企业、公民之间的互动关系，提高政府部门依法执政的水平。

为深入贯彻落实党中央、国务院关于深化政务公开、加强数字政府建设的决策部署，持续推动各地区、各部门政府网站和政务新媒体健康有序发展，助力提升政府治理能力，不断增强人民群众获得感，2020年7～10月，国务院办公厅政府信息与政务公开办公室对各地区、各部门政府网站和政务新媒体及相关监管工作进行了检查。共检查政府网站328个（含

153 个门户网站），占全国正在运行的政府网站总数的 2.3%，总体合格率 91.8%；检查政务新媒体 728 个，其中地方政府及其部门开设的政务新媒体 417 个、国务院部门及其内设机构开设的政务新媒体 311 个，总体合格率 91.9%。2020 年以来，全国政府网站和政务新媒体积极围绕中心工作听民意、惠民生、解民忧，不断深化政务公开、优化政务服务，在抗击新冠肺炎疫情、深化“放管服”改革、提升政府治理能力中发挥巨大作用。

上述五种模式中，B2C 和 B2B 模式是发展最快的。从成交金额和市场规模角度来说，B2B 模式是电子商务的主流类型，被认为是未来最有前途的一种商务模式。B2G 和 C2G 模式是政府的电子商务行为，不以营利为目的，主要包括政府采购、网上报关、报税等。专家预测：未来，政府不仅在招商引资上，而且在政府采购上，小到回形针大到直升机均可在网络上完成交易。而由此带来的相关产业链，更将带动电子商务新一轮的繁荣。

二、按电子商务活动运作方式分类

按电子商务活动的运作方式，可以将电子商务分为两类，即完全电子商务和不完全电子商务。

1. 完全电子商务

完全电子商务是指可以完全通过电子商务方式实现和完成整个交易过程的交易。最完整的也是最高级的电子商务应该是利用互联网能够进行全部的贸易活动，即在网上将商流、信息流、资金流和部分物流完整地实现。也就是说，您可以从寻找客户开始，一直到洽谈、订货、在线付（收）款、开具电子发票以至到电子报关、电子纳税等都通过互联网一气呵成。要实现完全电子商务会涉及很多机构，除了买家、卖家外，还会涉及银行等金融机构、政府机构、认证机构、配送中心等。由于参与电子商务中的各方是互不谋面的，因此网上银行、在线电子支付、数据加密、电子签名等技术在电子商务中发挥着重要的、不可或缺的作用。完全电子商务能使交易双方超越地理空间的障碍进行电子交易，可以充分挖掘全球市场的潜力。

2. 不完全电子商务

不完全电子商务是指无法完全依靠电子商务方式实现和完成整个交易过程的交易。它需要依靠一些外部要素（如运输系统等）来完成交易。不完全电子商务是较低层次的电子商务，如电子商情、电子贸易、电子合同等。实践表明，企业从传统商务向完全电子商务转型的过程中，其电子商务的发展将是分阶段演化的。不完全电子商务是相对于完全电子商务的一种有效的过渡模式。

例如，慧聪网主要提供基于供求信息的资讯服务，通过海量的国内外用户在平台上发布信息来寻找商机，以求能够在线下达成交易，实际的商务交易活动还是在线下进行的，仍然属于传统意义上的电子商务。

三、按电子商务活动内容分类

按电子商务活动的内容，可以将电子商务分为两类，即直接电子商务和间接电子商务。

1．直接电子商务

直接电子商务（Direct Electronic Commerce）是指商家将无形商品和服务产品的内容数字化，不需要某种物质形式和特定的包装，可以直接在网上以电子形式传送给消费者，收取费用的交易活动。

这类电子商务交易的是无形商品和各种服务，如计算机软件、充值、网上订票、娱乐项目的联机订购、网上付款和交付、网上证券交易、网上咨询服务等，它们可以通过互联网或专用网直接实现交易。

2．间接电子商务

间接电子商务（Indirect Electronic Commerce）是指在网上进行的交易环节只能是订货、支付和部分售后服务，而商品的配送还须交由现代物流配送公司或专业的服务机构去完成的交易活动。此类电子商务交易的是有形的实物商品，如图书、食品生鲜、礼品、计算机硬件、家用电器、手机数码产品等。

直接电子商务和间接电子商务均提供特有的机会，同一公司往往二者兼营。直接电子商务能使双方越过地理界线直接进行交易，充分挖掘全球市场的潜力；间接电子商务要依靠一些外部要素，如物流系统的效率等。

四、按电子商务交易范围分类

按电子商务的交易范围，可以将电子商务分为三类，即本地电子商务、远程国内电子商务和全球电子商务。

1．本地电子商务

本地电子商务是指利用本城市内或本地区内的信息网络实现的电子商务活动，其服务的地域范围较小，具有典型的同城特征，例如美团外卖、社区生鲜团购等。本地电子商务系统是利用互联网、企业内部网或专用网将下列系统联结在一起的网络系统：

（1）参加交易各方的电子商务信息系统，包括买方、卖方及其他各方的电子商务信息系统。

（2）银行金融机构的电子信息系统。

（3）保险公司的信息系统。

（4）商品检验信息系统。

（5）税务管理信息系统。

（6）货物运输信息系统。

（7）本地区基于位置服务（LBS）系统。

本地电子商务系统是开展远程国内电子商务和全球电子商务的基础系统。

2. 远程国内电子商务

远程国内电子商务是指在本国范围内进行的网上电子交易活动。其交易的地域范围变大，对软、硬件和技术要求较高，要求在全国范围内实现商业电子化、自动化，实现金融电子化，要求交易各方具备一定的电子商务知识、经济和技术能力，并具有一定的管理水平和能力等。

3. 全球电子商务（跨境电子商务）

全球电子商务也叫跨境电子商务，是指在全世界范围内进行的电子交易活动。参加电子交易的各方需要通过网络进行贸易。全球电子商务需要涉及有关交易各方的相关系统，如进出口公司系统、海关系统、银行金融系统、税务系统、运输系统、保险系统等。全球电子商务业务内容繁杂，数据来往频繁，要求电子商务系统严格、准确、安全、可靠，并且应制定出世界统一的电子商务标准和电子商务（贸易）规则，使全球电子商务得以顺利发展。

五、按电子商务使用网络类型分类

按电子商务使用网络类型，可以将电子商务分为四类，即 EDI 电子商务、内联网（企业内部网）电子商务、互联网电子商务和移动电子商务。

1. EDI 电子商务

相对于传统的订货和付款方式，EDI 电子商务大大节约了时间和费用。相对于互联网电子商务，EDI 电子商务较好地解决了安全问题，这是因为使用者均有较可靠的信用保证，并有严格的登记手续和准入制度，加之多级权限的安全防范措施，从而实现了包括付款在内的全部交易工作信息化。

但是，由于 EDI 电子商务必须租用 EDI 网络上的专线，即通过购买增值网服务才能实现，所以费用较高，而且由于需要有专业的 EDI 操作人员，需要贸易伙伴也使用 EDI，所以这阻碍了中小企业使用 EDI 电子商务。

2. 内联网（企业内部网）电子商务

企业内部网是指将局域网与互联网连接起来，从而形成企业内部的虚拟网络。企业内部网与互联网之间的最主要区别在于，内部网内的敏感信息或享有产权的信息受到企业防火墙安全网点的保护，它只允许有授权者进入内部 Web 网点，外部人员只有在许可条件下才可进入企业内部网。企业内部网将大中型企业分布在各地的分支机构及企业内部有关部门和各种信息通过网络予以连通，使企业各级管理人员能够通过网络获取自己所需的信息，利用在线业务的申请和注册代替纸质业务流程和内部流通的形式，从而有效地降低了交易成本，提高了经营效益。

3. 互联网电子商务

互联网电子商务是指以计算机、通信、多媒体、数据库技术为基础，通过互联网实现营销、购物服务的电子商务。它突破了传统商业生产、批发、零售及进、销、存、调的流转程序与营销模式，真正实现了少投入、低成本、零库存、高效率，避免了商品的无效搬运，从而实现了社会资源的高效运转和最大节约。消费者可以不受时间、空间和厂商的限制，广泛浏览，充分比较，甚至可以通过AR/VR技术进行虚拟体验，力求以最低的价格获得最为满意的商品和服务。

4. 移动电子商务

移动电子商务（M-commerce）是指通过智能手机、平板电脑、笔记本式计算机等移动通信设备与无线上网技术结合所构成的电子商务。移动电子商务是由电子商务的概念衍生而来的，以PC（个人计算机）为主要界面的电子商务，是“有线的电子商务”；而移动电子商务是通过智能手机、平板电脑等这些可以装在口袋里的终端与人们互动。移动电子商务具有四个明显的特征，即移动性、即时性、私人性和方便性。

《中国互联网发展报告2020》显示，截至2019年底，我国移动互联网用户规模达13.19亿，占全球网民总规模的32.17%。报告指出，去年我国电子商务交易规模为34.81万亿元，继续占据全球电子商务市场首位。据中国人民银行统计，2019年我国移动支付业务共计1 014.31亿笔，金额347.11万亿元，同比分别增长67.57%和25.13%，用户规模为7.33亿人。移动支付与电子商务在新一轮科技革命和产业变革中应运而生，不断促进新技术、新业态、新模式融合，形成新的供给，是发展数字经济、智慧经济必不可少的要素，共同构成了中国经济增长新动力。

小资料

移动通信技术的发展历程

移动通信技术自1980年以来已经历了第一代（1G）、第二代（2G）、第三代（3G）、第四代（4G），而第五代（5G）已开始大规模商用。

第一代移动通信技术：从1980年持续到1994年，以频分多址（FDMA）制式提供普通模拟电话。这种系统的主要缺点是频谱利用率低，信令干扰话音业务。

第二代移动通信技术：从1995年持续到21世纪初，采用时分多址（TDMA）的数字调制方式，增加了系统容量，并采用独立信道传送信令，使系统性能大大改善。不过TDMA的系统容量有限，越区切换性能不完善。

第三代移动通信技术：从21世纪初到2013年，是指支持高速数据传输的蜂窝移动通信技术。3G与2G的主要区别是传输声音和数据的速度有所提升，3G能够在全球范围内更好地实现无线漫游，并能处理图像、音乐、视频流等多种媒体形式。

第四代移动通信技术：2013年12月4日，我国4G牌照正式发放，中国移动、中国联通和中国电信分别获得一张 TD-LTE 牌照，4G 已经进入老百姓的日常生活。4G 是一个比 3G 更完美的无线通信世界，它可以创造出许多消费者难以想象的应用。4G 最大的数据传输速率超过 100M bit/s。4G 手机可以提供高性能的汇流媒体内容，通过 ID 应用程序，可以成为个人身份鉴定的设备。4G 手机也可以接收高清电影和电视节目，从而成为合并广播和通信的一个纽带。

第五代移动通信技术： 5G 移动网络与早期的 2G、3G 和 4G 移动网络一样，属于数字蜂窝网络。在这种网络中，供应商覆盖的服务区域被划分为许多被称为“蜂窝”的小地理区域，以融合和统一的标准，提供人与人、人与物以及物与物之间高速、安全和自由的联通。2019 年 6 月 6 日，工信部正式向中国电信、中国移动、中国联通、中国广电发放 5G 商用牌照，中国正式进入 5G 商用时代。

第三单元
了解第三方电子商务平台

知识目标

通过淘宝网来体验C2C电子商务模式，掌握会员注册、支付宝注册的基本操作流程，增强对第三方电子交易平台的认识。

本单元重点介绍电子商务总体框架中的第二要素：网上市场。学习的重点是第三方电子商务平台的含义及特点、第三方电子商务平台的类型、第三方电子商务平台的功能与优势和第三方电子商务平台是中小企业的最佳选择。

能力目标

能够在电子商务平台注册会员账户和支付账户；掌握电子商务平台会员账户和支付账户的身份验证方法。

学海导航

1. 知识卡片

第三方电子商务是指独立于产品或服务的提供者与需求者，通过网络服务平台，按照特定的交易与服务规范，为双方提供包括认证、交易、支付、物流、信息增值业务在内的服务。

第三方电子商务平台是指以买卖双方为中心的、开放式的、中立的电子商务平台（网上交易市场），其自身是一种具有盈利潜力的电子商务模式。第三方电子商务平台是由买方、卖方之外的第三方投资而建立起来的、中立的网上交易市场。

第三方电子商务平台提供商必须是经过工商行政管理部门登记注册的法人，必须进行税务登记，且在网站首页下方刊登企业营业执照、特种行业经营许可证、真实的企业经营地址、联系电话等信息。服务对象必须是经过工商行政管理部门和税务机关登记注册的法人。

B2B 第三方电子商务平台又称 B2T2B 模式（Business to Third Party to Business），其实质是第三方为企业（法人）提供开展电子商务的公共平台，即 B2B 网上交易市场。

B2C 第三方电子商务平台（Business to Customer），是企业对客户的电子商务服务平台，也就是通常说的直接面向消费者销售产品和服务的商业模式。

C2C 第三方电子商务平台又称 C2T2C 模式（Customer to Third Party to Customer），其实质是第三方为消费者（自然人）提供开展电子商务的公共平台，即 C2C 网上交易市场。

2. 概念地图

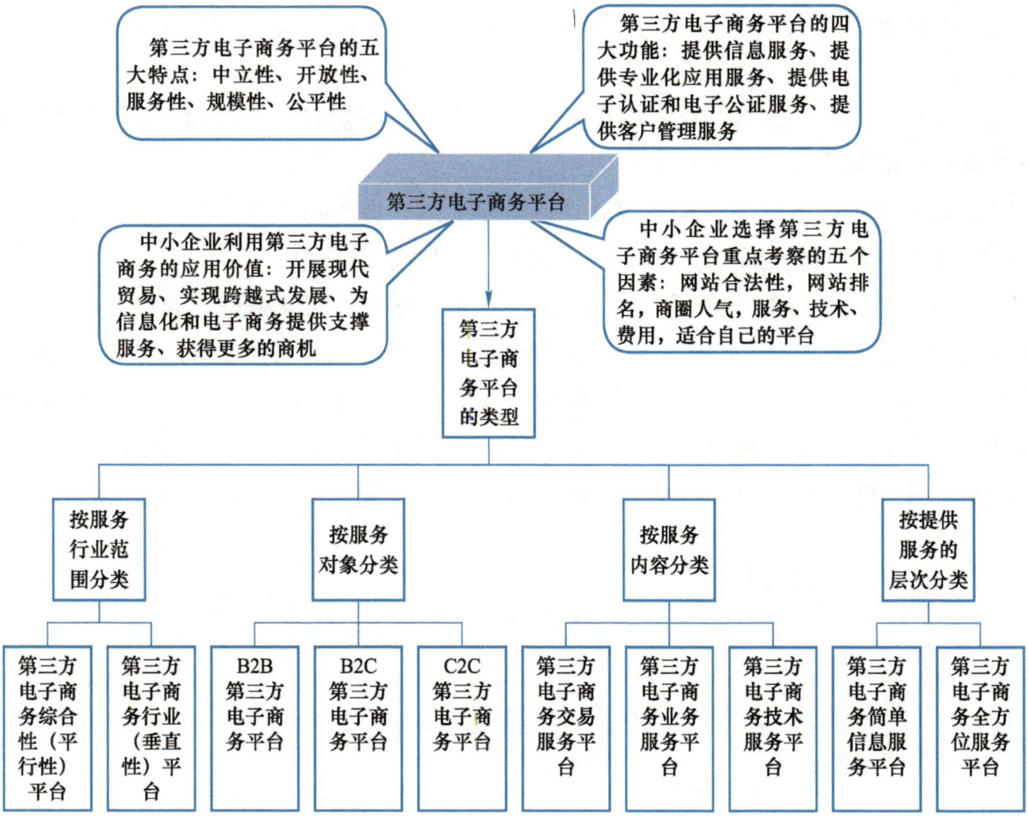

要点提示

本单元的内容是围绕“第三方电子商务平台”这一核心概念展开的，“概念地图”所展示的逻辑关系反映的是本单元知识及其内在联系，下面进行分别说明。

（1）要深入全面地理解“第三方电子商务平台”的内涵，就必须对“第三方电子商务平台的五大特点”和“第三方电子商务平台的四大功能”有深入的理解。

（2）第三方电子商务平台最适合资金不足、人才缺乏、技术力量薄弱、管理水平较低的中小企业。对于中小企业来说，利用第三方电子商务的应用价值主要有：开展现代贸易、实现跨越式发展、为信息化和电子商务提供支撑服务、获得更多的商机。

（3）中小企业选择第三方电子商务平台重点考察的五个因素有：网站合法性，网站排名，商圈人气，服务、技术、费用，适合自己的平台。

综上所述，无论是从我国制约中小企业发展的主要因素和现状分析，还是从第三方电子商务的应用价值来看，第三方电子商务都是中小企业的最佳选择。

3. 为您支招

（1）本单元通过在淘宝网上注册会员的体验活动来导入第三方电子商务平台的学习，让你进一步认识电子商务。本单元主要介绍的第三方电子商务和第三方电子商务平台是未来电子商务的发展主流，因此学好本单元对学好后续单元，乃至今后从事电子商务工作具有重要的意义。

（2）在学习中，要多参与电子商务的实践，多收集案例和参与案例分析等实践训练，不断积累和提高电子商务的专业技能和技巧。

（3）借助“概念地图”正确理解和掌握本单元的主要专业术语、知识要点和各知识要点之间的内在逻辑联系，通过联想记忆、归纳等学习方法提高学习能力。

（4）为您提供五个B2B和两个C2C著名的第三方电子商务网站，您可以从中获得更多的相关信息。五个B2B第三方电子商务网站：阿里巴巴网（https://www.1688.com）、慧聪网（https://www.hc360.com）、生意宝（http://cn.toocle.com）、中国制造网（https://cn.made.-in-china.com）、环球资源网（https://www.globalsources.com）；两个C2C第三方电子商务网站：淘宝网（https://www.taobao.com）、蘑菇街（https://www.mogu.com）。

模块一　电商体验：网上注册

网上买东西可以省钱，网上卖东西可以赚钱。如果您想在网上买卖东西和结算货款，一般都要先在网上注册。您知道如何在网上注册吗？

情景设置

在网络时代，生活节奏越来越快，网上购物不仅方便、快捷、省钱，而且还可以购买到价廉物美的时尚“宝贝”。要实现网上购物或出售商品，一般要先进行注册。为了方便今后的学习和网上开店，以淘宝网为例进行介绍。

操作指南 >>>>

淘宝网是目前商品最多、人气最高的 C2C 网站，而且可以免费注册、开设店铺等，各项功能与服务也比较友好，使用操作过程很顺手。本单元的体验活动主要有两项：注册淘宝网会员并验证、注册支付宝账户并验证。

1. 注册淘宝网会员并验证

注册淘宝网会员微课

要想在淘宝网上淘到宝贝或者在淘宝网上开店，首先要在淘宝网进行注册，也只有注册成为会员，才能在淘宝网进行交易，可通过手机或电子邮箱进行注册，具体操作步骤如图 3-1 和图 3-2 所示。

登录淘宝网，单击“免费注册”按钮 → 进行手机验证 → 填写有关信息并提交 → 设置支付方式（可跳过） → 注册成功

图 3-1 使用手机注册淘宝网会员的五个步骤

登录淘宝网，单击“免费注册”按钮 → 填写有关信息并提交 → 登录邮箱接收邮件 → 确认激活会员名 → 注册成功

图 3-2 使用邮箱注册淘宝网会员的五个步骤

步骤一： 登录淘宝网首页，单击“免费注册”链接，如图 3-3 所示。

图 3-3 淘宝网首页

提示

淘宝网为用户注册提供了极大的方便，几乎所有的页面上都可以找到“免费注册”按钮。单击“免费注册”按钮就可以进入注册页面。

步骤二： 进入会员注册页面，输入个人手机号码，拖动验证滑块获取验证码，在弹出的验证栏输入获取的验证码完成验证，如图 3-4 和图 3-5 所示。

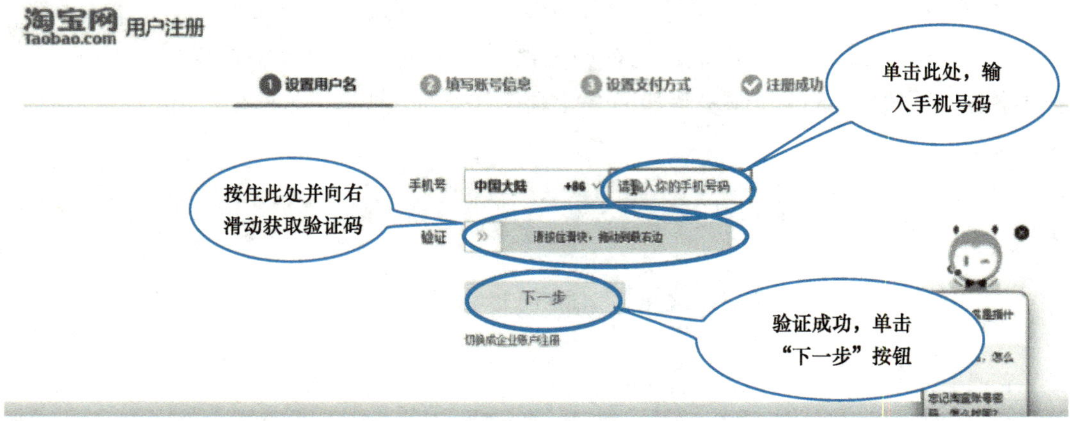

图 3-4 输入手机号码获取验证码

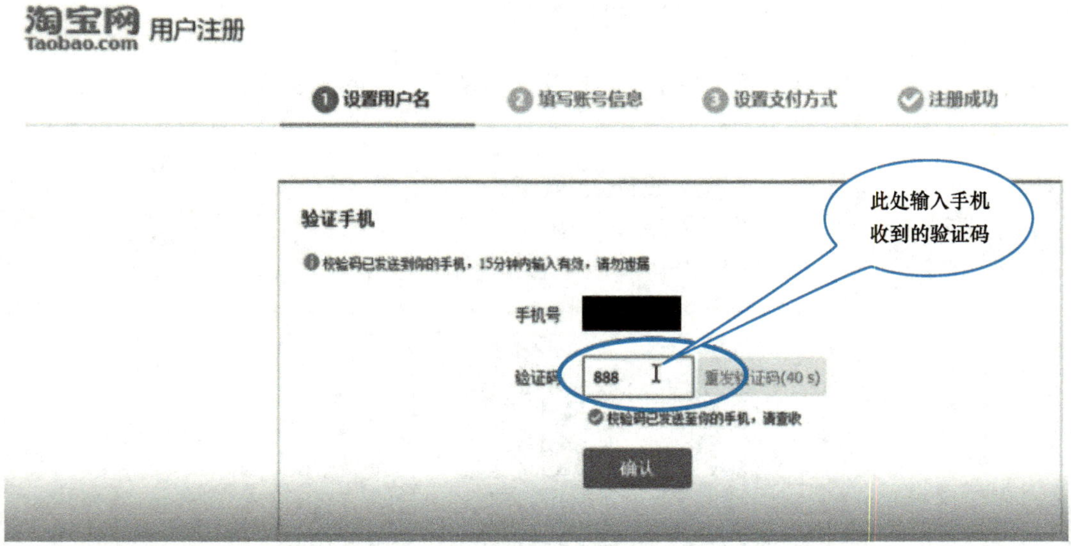

图 3-5 验证码验证页面

提示

①进入注册页面将会先弹出“注册协议”，查阅好各项协议后单击“同意协议”按钮即可，否则无法填写相关信息；②淘宝网默认使用手机号码注册，如需要通过电子邮

箱注册，可单击“通过邮箱注册”进入邮箱注册页面，但需要事先申请电子邮箱；③淘宝网规定注册用户必须年满 18 岁。

步骤三： 验证成功后还需填写账号信息，即设置登录密码和会员名，如图 3-6 所示。

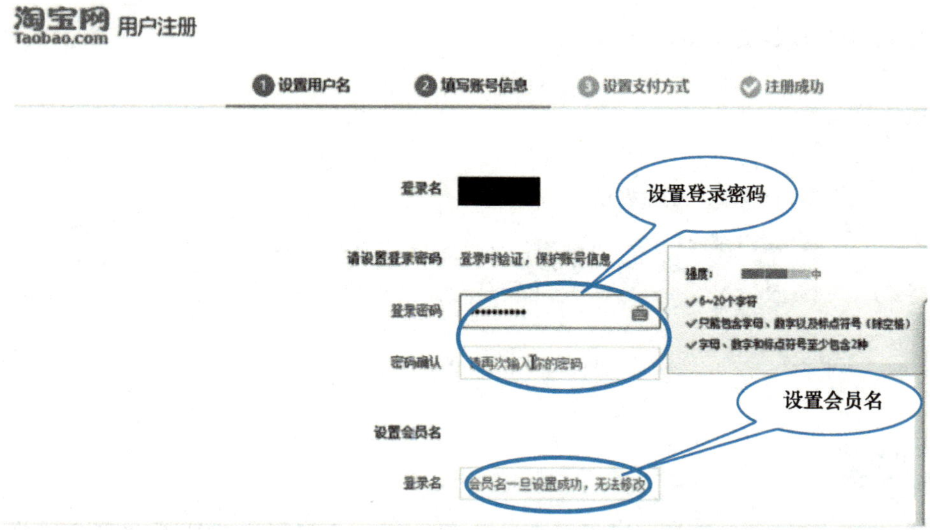

图 3-6　填写账号信息页面

提示

设置登录密码时建议使用数字与字母组合，安全系数较高；会员名是用户在淘宝网上的名称，设置成功后将不能更改，建议使用易记的中文名。

步骤四： 设置支付方式，需输入银行卡相关信息，并通过手机验证，如图 3-7 所示。

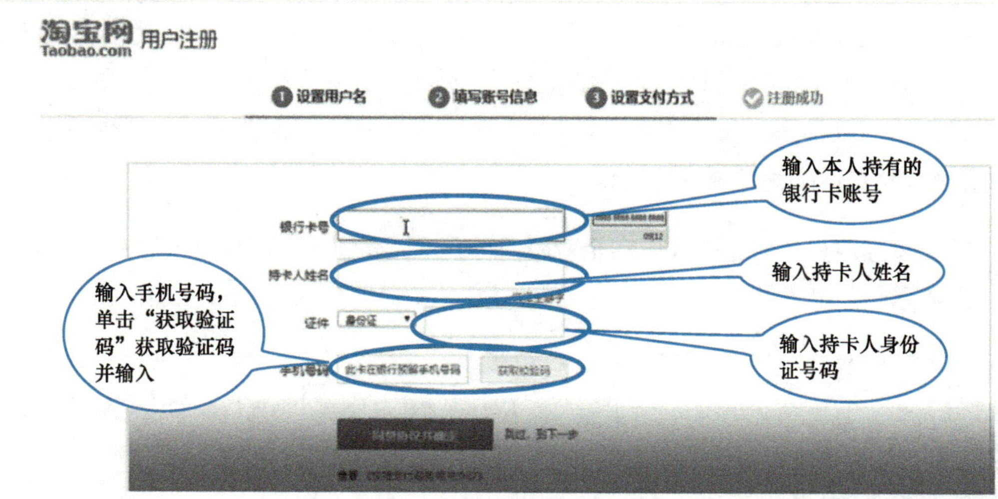

图 3-7　设置支付方式页面

提示

在使用手机号码进行淘宝会员注册中设置的支付方式为快捷支付方式，为确保账户使用的安全，需要通过手机号码进行验证。

步骤五：注册成功，如图 3-8 所示。

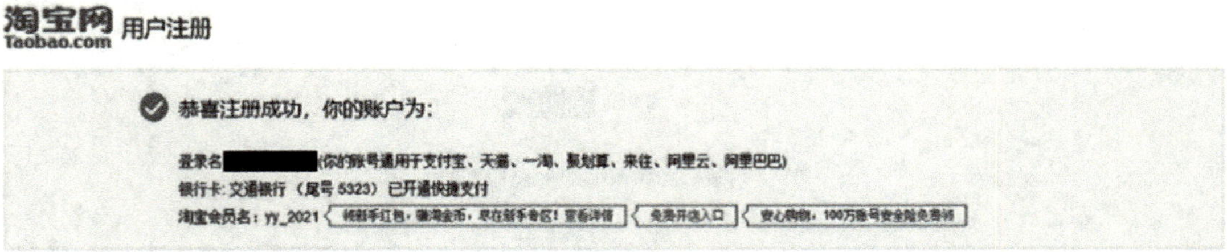

图 3-8 注册会员成功页面

提示

用户一旦成功地注册成为淘宝网会员，即可登录淘宝网进行账号管理相关设置。如已经完成步骤四操作，还可进行支付宝绑定。为了方便使用，支付宝账户名就是用户注册淘宝网会员时的手机号码；登录密码与注册淘宝网会员时设置的密码一致。

2. 注册支付宝账户并验证

在淘宝网注册成为会员后，便可开通支付宝服务。

小资料

支付宝（http://www.alipay.com）是国内领先的第三方支付平台，由阿里巴巴集团于 2004 年创办，自 2014 年开始成为全球最大的移动支付服务商。目前，国内外 180 多家银行以及 VISA、MasterCard 国际组织等各大机构均和支付宝建立了深入的战略合作关系，成为金融机构在电子支付领域的合作伙伴。

目前支付宝用户注册分个人版和企业版两种，下面介绍个人版支付宝账户注册的步骤，如图 3-9 所示。

图 3-9 个人版支付宝账户注册的步骤

步骤一： 登录支付宝网站，单击“立即注册”按钮，如图 3-10 所示。

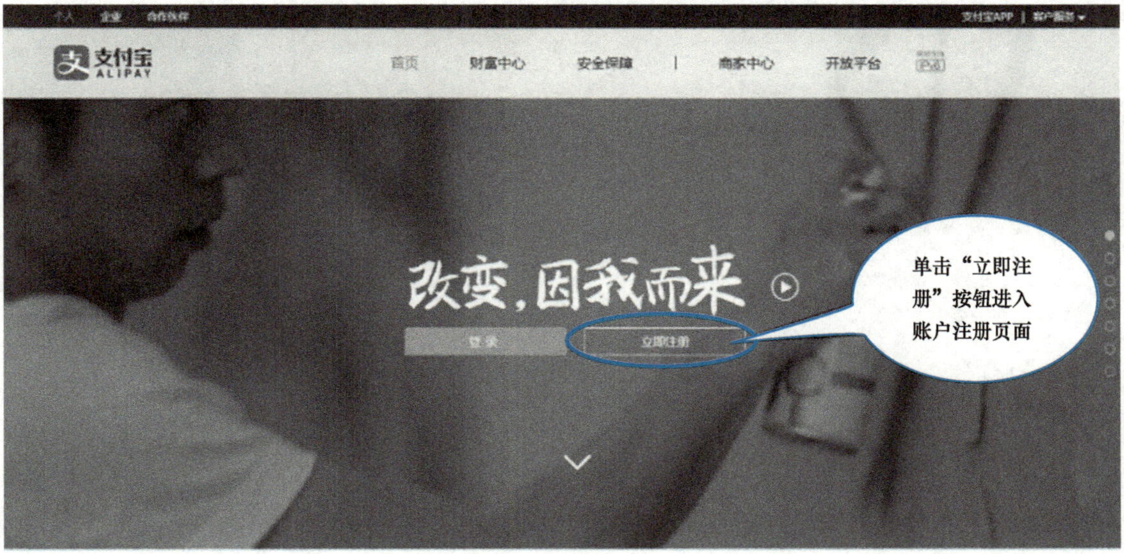

图 3-10　支付宝网站首页

步骤二： 进入支付宝注册页面创建账户，通过输入手机号获取验证码，完成账户验证和手机绑定，账户注册成功则默认支付宝账户绑定手机，如图 3-11 和图 3-12 所示。

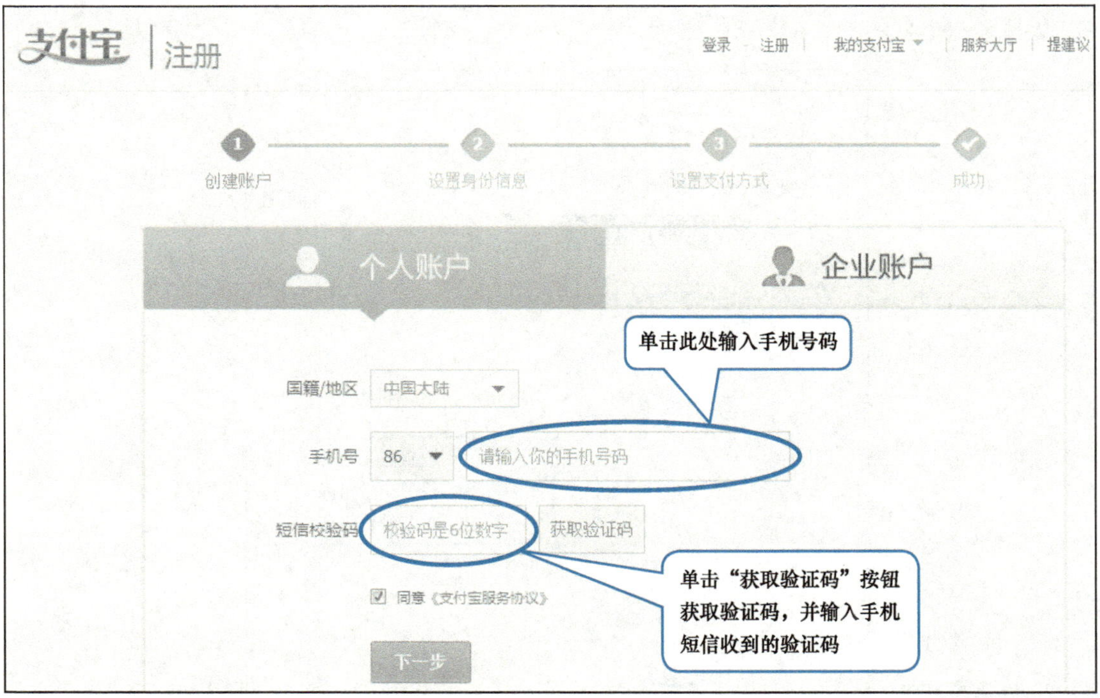

图 3-11　支付宝注册页面

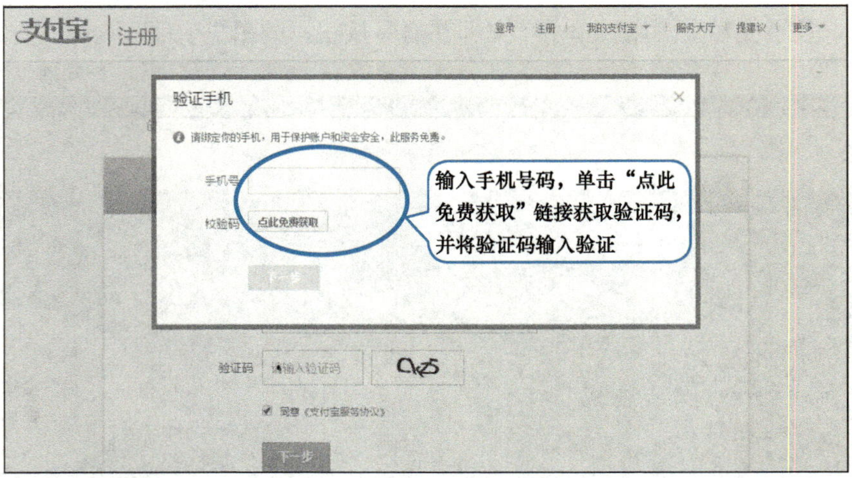

图 3-12 支付宝账户手机绑定页面

步骤三： 设置身份信息，完成支付宝账户登录信息的设置和支付密码的设置，并填写个人真实姓名以确认身份，如图 3-13 所示。

> **提示**
>
> 支付宝的登录密码用于账户登录使用，支付密码则是需要支付时使用，个人信息中所提交的姓名和证件上的姓名必须一致，个人信息在本次提交后无法修改，填写错误会影响到以后的付款和收款。

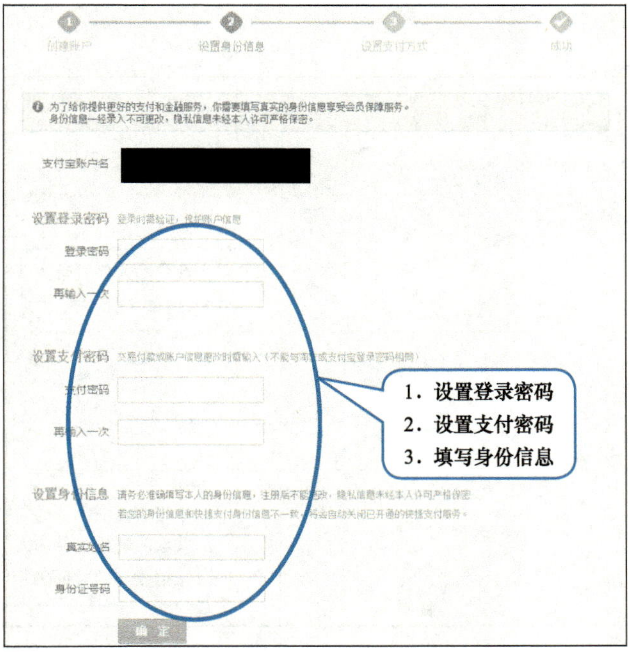

图 3-13 设置身份信息页面

步骤四： 设置支付方式，如图 3-14 所示。

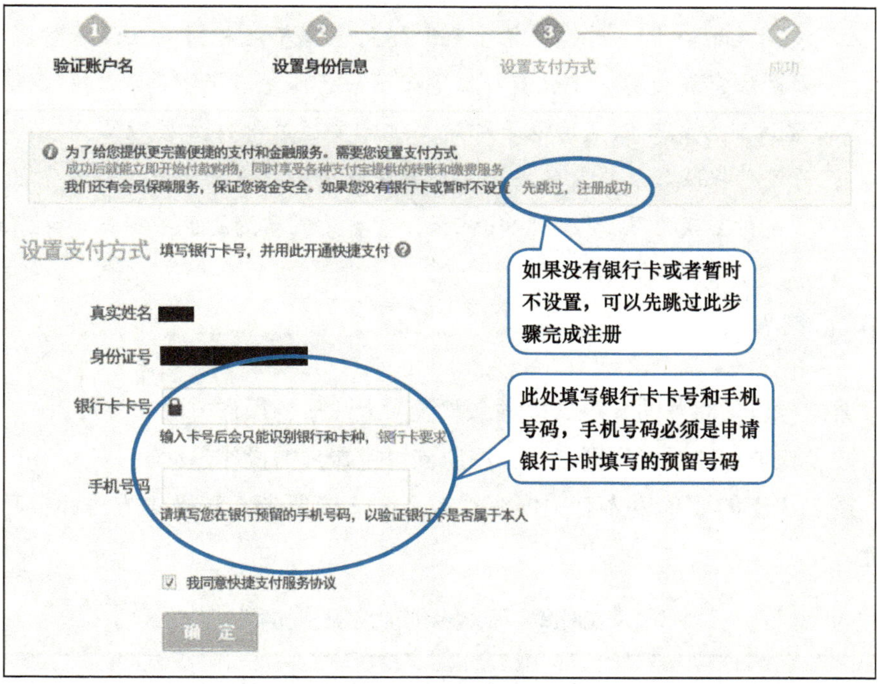

图 3-14　设置支付方式页面

步骤五： 确认注册成功，完善资料，如图 3-15 和图 3-16 所示。

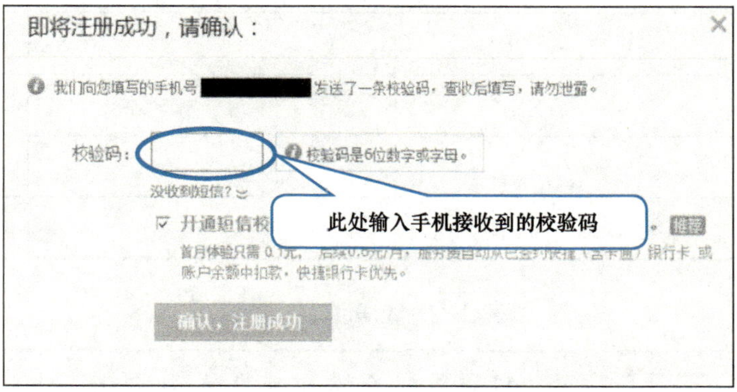

图 3-15　验证支付宝账户页面

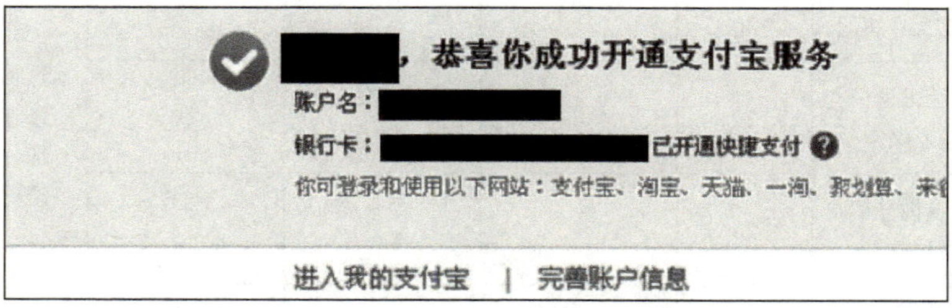

图 3-16　注册支付宝账户成功页面

提示

（1）设置支付宝账户信息时，登录密码和支付密码不能相同，且注册时密码较多，需要牢记，否则无法完成交易。建议最好用笔记下来，以免忘记密码。

（2）支付宝注册方式可以使用电子邮箱，但需要通过邮件方式激活。在淘宝网上进行交易之前，为了确保收款和付款的安全，用户必须进行"支付宝实名认证"的操作。

（3）关于"支付宝实名认证"的操作流程，可参见教学资源包中第三单元演示文稿。

体验报告

目的：通过与电子商务的零距离接触，掌握网上注册的操作方法和技巧。

内容：按步骤填写注册淘宝网会员、注册支付宝账户的操作过程。

要求：按表3-1的要求填入有关内容；按表3-2的要求，对操作方法和技巧的掌握程度进行评价。

表3-1 注册淘宝网会员和支付宝账户的体验报告

序号	注册淘宝网会员步骤	注册支付宝账户步骤	体验感受
1			
2			
3			
4			
5			
6			

表3-2 注册活动评价表

评价项目	分值/分	自我评价	小组评价	教师评价	标准
注册淘宝网会员的操作练习	30				熟练掌握：85～100分 基本掌握：75～84分 部分掌握：60～74分 没有掌握：60分以下
注册支付宝账户的操作练习	30				
两种注册方式（手机号码与电子邮件）的身份验证操作	20				
两种注册方式（手机号码与电子邮件）的比较体验	20				
合计	100				

模块二 知识探索：第三方电子商务平台概览

一个企业的电子商务网站就是一个网上商店，无数个网上商店就构成互联网上的网络大市场。让我们一起通过分析典型的第三方电子商务平台来进一步认识互联网上的网络大市场。

一、第三方电子商务平台的含义及特点

（一）第三方电子商务平台的含义

电子商务的发展需要电子商务平台的支持，电子商务平台既可以由买方企业构建，也可以由卖方企业构建，还可以由独立于买方和卖方的第三方企业构建。从宏观上来看，卖方企业自建电子商务平台的主要目的是希望消费者更多地选择自己的产品和服务；买方企业自建电子商务平台的主要目的是能够以更低的价格快速获得自己需要的商品和服务。显然，不管是由买方还是由卖方构建的电子商务平台，其交易的公平和公正性很难得到保证，平台的利用率也会受到限制。

第三方电子商务是指独立于产品或服务的提供者与需求者，通过网络服务平台，按照特定的交易与服务规范，为双方提供包括认证、交易、支付、物流、信息增值业务在内的服务。

第三方电子商务平台是指以买卖双方为中心的、开放式的、中立的电子商务平台（网上交易市场），其自身是一种具有盈利潜力的电子商务模式。也就是说，第三方电子商务平台是由买方、卖方之外的第三方投资而建立起来的、中立的网上交易市场，提供买卖多方参与的竞价撮合模式，即“一对多卖方集中交易模式”和“多对一买方集中交易模式”的综合模式。

（二）第三方电子商务平台的特点

第三方电子商务平台提供商必须是经过工商行政管理部门登记注册的法人，必须进行税务登记，且在网站首页下方刊登企业营业执照、税务登记证、特殊业务许可证、真实的企业经营地址、联系电话等信息。服务对象必须是经过工商行政管理部门和税务机关登记注册的法人，不得为非法经营者和非法交易者提供服务。

B2B 第三方电子商务平台的结构，如图 3-17 所示。

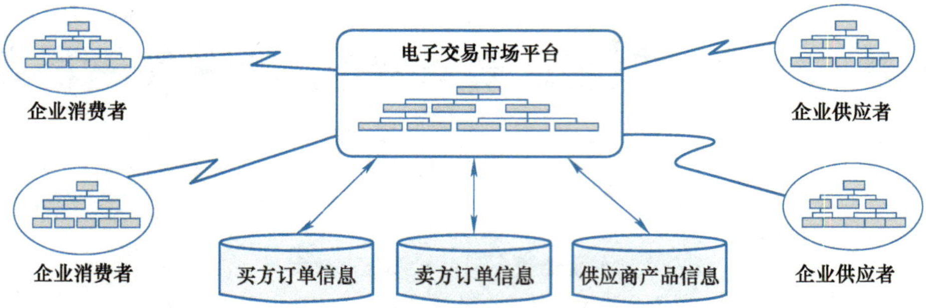

图 3-17 B2B 第三方电子商务平台结构

第三方电子商务平台与企业自建的电子商务平台相比，具有以下五个特点，如图 3-18 所示。

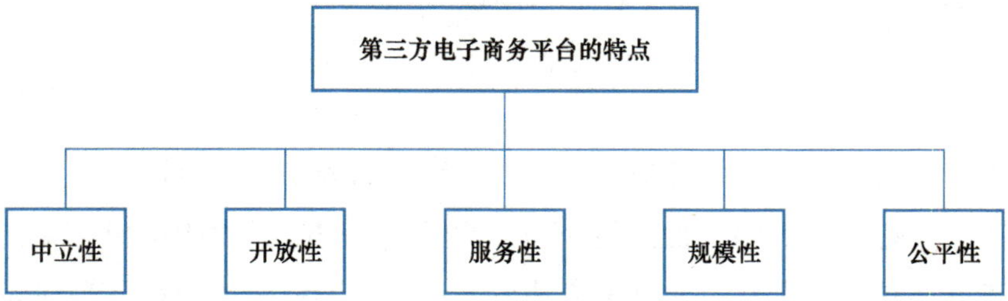

图 3-18 第三方电子商务平台的特点

1. 中立性

中立性是指第三方电子商务平台是由买方、卖方之外的第三方投资而建立起来的、中立的网上交易市场。

保持中立的立场可以得到参与者的信任，集成买方需求信息和卖方供应信息，撮合买卖双方进行交易，以便利市场操作。一般来说，第三方电子商务平台提供商只提供交易服务，不参加交易，所以它能更好地保障买卖双方的利益。

2. 开放性

会员只要借助于统一的技术平台与交易规则，就可以自由进入网上交易市场，这体现了第三方电子商务平台的开放性特点。

第三方电子商务平台是以买卖双方为中心的、“公用”的、公开的、中立的商务平台，是一个开放的系统，是多对多的商业模型，它为企业或个人创造了更多的贸易机会。另外，C2C 第三方电子商务平台在高速发展的同时，隐藏在其中的消费者信任问题也逐渐暴露出来，成为阻碍其发展的主要问题之一。例如，淘宝网等 C2C 第三方电子商务平台通过“支付托管”“信用评级”“实名认证”“反馈管理”等制度，增强了消费者的在线信任度，并且保持每次交易信息的公开性，让每一个消费者都能了解到上一次交易双方的情况和支付信息。信息的公开可以让潜在的买家了解到某个卖家以往的诚信度。

3. 服务性

与一般的企业网站相比，第三方电子商务平台提供的全程服务最能体现其服务性的特点。

第三方电子商务平台最基本的功能是为企业和消费者之间的网上交易，提供交易平台、支付平台、物流服务、信用服务、交易信息服务、业务外包、信息技术外包等方面的全程服务。它从发现商机、把握商机、实现交易等环节，为买卖双方提供比较完整的、准确的、及时的资讯，这也是辅助交易实现的关键部分。

4. 规模性

与一般的电子商务平台（企业网站）相比，第三方电子商务平台更能将众多的企业和个人聚集到一起，为买卖双方展现一个海量的全球网上交易市场，这充分体现了第三方电子商务平台的规模性特点。第三方电子商务平台无论对买方还是卖方都有益处，这些益处主要有以下几点。

（1）使交易双方不需要直接连接到对方的网络或成本高昂的增值网络，只需要访问第三方界面，节省了可观的费用。

（2）海量的卖方通过第三方电子商务平台发布信息，可以吸引更多的买方访问平台，为电子商务联盟中的成员带来新的采购计划和决策优势，从而增加了卖方的商业机会。

（3）买方可以利用第三方电子商务平台搜寻需要的产品和服务，并且不限于和特定的卖方交易，这使卖方不仅要在价格上，而且要在质量、交货时间、个性化等方面形成竞争。

5. 公平性

第三方电子商务平台能有效解决传统交易中“拿钱不给货”和“拿货不给钱”的两大难题，对于双方有争议的问题也可以通过第三方电子商务平台公正处理，采用商业和法律手段有效约束，这体现了第三方电子商务平台的公平性特点。

第三方电子商务平台是制造业、流通渠道和零售终端的服务商，目标是为制造企业、流通企业和消费者搭建一个高效的信息交流平台，创建一个良好的、公平的商业信用环境。

综上所述，不难看出一般的电子商务平台与第三方电子商务平台是两个有区别的概念。一般来说，前者涵盖后者，虽然两者都具有电子商务平台的基本特征，但不同的是第三方电子商务平台独具的中立性、开放性、服务性、规模性和公平性特点。

二、第三方电子商务平台的类型

概括地讲，电子商务的基本形态有三大类：第一类是产业电子商务，是以大型骨干企业为核心的产业链为主要内容的电子商务，如钢铁、石油、化工、家电；第二类是围绕中小企业服务的第三方电子商务；第三类是综合消费电子商务，这类电子商务通常是多种形式并存的。

实践证明，大型企业电子商务平台是为它的上下游产业链服务的，这种平台会逐渐从它的产业中分离出来，成为公众的第三方电子商务平台。这种平台不管是什么形态的，实际上最终会走向专业化，或者走向面向行业的、非常有特色的第三方电子商务交易服务平台。第三方电子商务交易服务平台是今后电子商务发展的主流。

目前，第三方电子商务平台主要有四种分类，如图 3-19 所示。

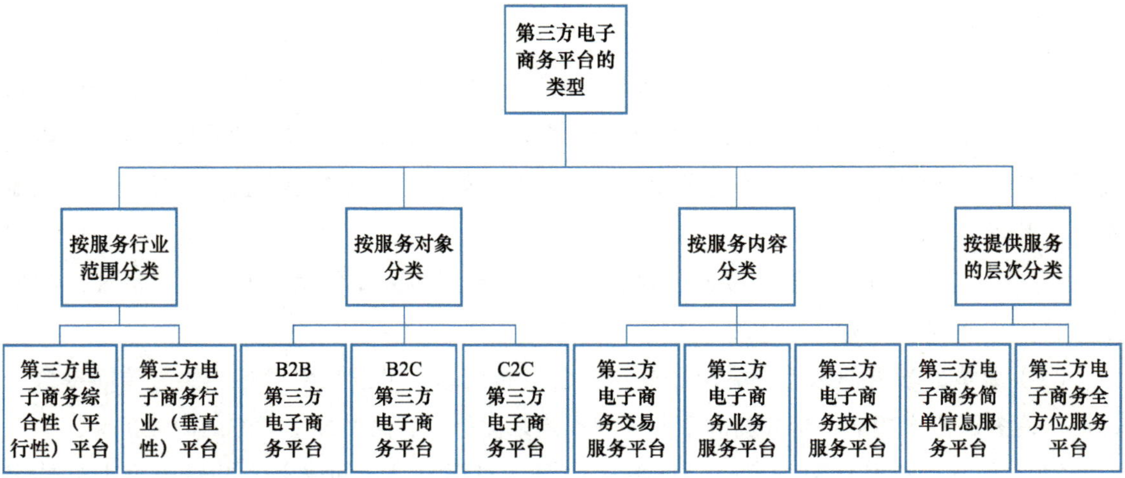

图 3-19　第三方电子商务平台的类型

1．按服务行业范围分类

按服务行业范围的不同，第三方电子商务平台可分为两种类型：综合性（平行性）平台、行业（垂直性）平台。

（1）第三方电子商务综合性（平行性）平台是指可服务于多个行业与领域的电子商务网站，如阿里巴巴网、慧聪网、环球资源网、中国供应商网等。

（2）第三方电子商务行业（垂直性）平台是指定位于某一特定专业领域的电子商务网站，如中国化工网、中国医药网、中国纺织网等。在行业范围内实施电子商务显然比单个企业实施电子商务要经济、高效得多。

2．按服务对象分类

按服务对象的不同，第三方电子商务平台可分为三种类型：B2B 第三方电子商务平台、B2C 第三方电子商务平台、C2C 第三方电子商务平台。

（1）B2B 第三方电子商务平台又称 B2T2B 模式（Business to Third Party to Business），其实质是第三方为企业（法人）提供开展电子商务的公共平台，即 B2B 网上交易市场。第三方负责对网上交易市场的交易进行管理，并且不得参与网上市场的交易。第三方电子商务平台为中小企业提供低成本、专业化的电子商务应用服务，有利于中小企业提高效率、扩展市场，已成为中小企业应用电子商务的最主要的模式，如阿里巴巴网。

（2）B2C 第三方电子商务平台（Business to Customer），是企业对客户的电子商务服务平台，也就是通常说的直接面向消费者销售产品和服务的商业零售模式。常见的 B2C 电子商务平台有京东商城、天猫商城等。

（3）C2C 第三方电子商务平台又称 C2T2C 模式（Customer to Third Party to Customer），其实质是第三方为消费者（自然人）提供开展电子商务的公共平台，即 C2C 网上交易市场。C2C 第三方电子商务平台给买家带来了便利，节省了交易成本，给卖家提供了低门槛个人创业的广阔市场。C2C 模式给买卖双方提供了诚信交易的平台，促进了电子商务的发展，拼多多的火爆发展也印证了这是比较有潜力的一种电商模式。C2C 模式的诚信交易问题远比 B2B 模式复杂得多，但是第三方电子支付的推出，有效地制约了买卖双方的欺骗行为。

3. 按服务内容分类

第三方电子商务平台是以提供服务为核心的大型网站，按服务内容的不同，可将其分为三大类型：第三方电子商务交易服务平台、第三方电子商务业务服务平台、第三方电子商务技术服务平台。

（1）第三方电子商务交易服务平台直接服务于交易，包括围绕市场、围绕采购、围绕销售、围绕信息增值等提供的交易服务。一些行业网站，如中国纺织经济信息网、中国电子商务信息网和中国旅游网等，都具有直接服务于交易的功能。

（2）第三方电子商务业务服务平台的业务很广泛，如研发、生产制造、物流、供应销售、财务、人力资源、管理咨询、技能培训、旅游、保险、医疗、生活服务等。

（3）第三方电子商务技术服务平台提供网络环境及各种技术支持，包括信息处理、数据托管、应用系统，也包括一部分的信息技术外包。

4. 按提供服务的层次分类

按提供服务的层次不同，可以将第三方电子商务平台分为两大类型：第三方电子商务简单信息服务平台和第三方电子商务全方位服务平台。

（1）第三方电子商务简单信息服务平台主要是为买卖双方提供信息，通过中介服务使买卖双方可以在全球范围内选择成交对象。选定交易对象后，买卖双方并不直接在网上交易，而是另外接触和签订合同。这种第三方电子商务平台无法全面、深入参与交易，提供的只是简单的信息服务。

（2）第三方电子商务全方位服务平台不但提供信息服务，而且还提供全面配合交易的服务，如网上结算、配送服务等，这类平台要求中介机构对贸易特别熟悉，特别是国际贸易业务更要非常熟悉。

三、第三方电子商务平台的功能与优势

（一）第三方电子商务平台的功能

第三方电子商务平台具有强大的信息功能、交易功能和管理功能，其主要功能体现在四个方面，如图3-20所示。

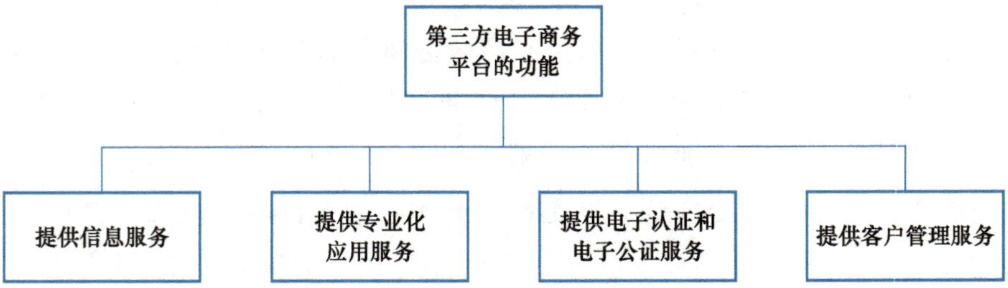

图3-20 第三方电子商务平台的功能

1. 提供信息服务

第三方电子商务平台最基本的功能是为企业和个人之间的网上交易提供信息服务。买方或者卖方只要注册就可以在网上发布自己的采购信息或者发布企业的产品出售信息，并根据发布的信息来选取企业自己潜在的供应商或客户。网上发布的信息一般是图片或者文字信息，随着带宽增加，发布的信息将越来越丰富。第三方电子商务平台还提供附加信息服务，即为企业提供需要的相关经营信息，如行业信息、市场动态，为买卖双方提供网上交易沟通渠道，如网络聊天室、商务电子邮件等。例如，阿里巴巴网可以根据用户的需求，定期将用户关注的买卖信息发送给用户。

2. 提供专业化应用服务

为用户提供专业化应用服务是第三方电子商务平台最主要的功能之一，其包括两个方面：一是为企业和个人之间的网上交易提供专业化的信息服务；二是提供与交易配套的专项服务。例如，提供网上签订合同服务、网上支付服务等实现网上交易的服务。

专业化应用服务可以节省企业建设电子商务系统的巨大投资，减少招募专业人才的数量，降低企业培训成本，提高企业运作效率，减少应用系统的后续维护与升级工作，并提供更安全的环境。借助第三方电子商务平台的中小企业可以以较低的成本、较短的周期来整合核心业务和信息系统，使之共同形成核心竞争力。

3. 提供电子认证和电子公证服务

第三方电子商务平台在买卖双方交易过程中还具有网络公证机构的功能。

第三方电子商务平台在交易前需要确认信息发送人的身份，对交易双方身份真实性、合法性予以确认，确认交易双方的意思表达是否真实、无误，确认交易双方的能力与交易相

匹配的资金实力、生产能力、合同履行能力和信用水平等，能够有效控制中小企业实施电子商务所带来的信用风险。

4．提供客户管理服务

第三方电子商务平台具有客户管理的功能，即为企业提供网上交易管理服务，包括企业的合同、交易记录和企业的客户资料等信息的托管服务。当然，这些属于企业的保密资料，但对于中小型企业来说，有一个安全保密的托管服务机构是非常必要且可以接受的。

（二）第三方电子商务平台的优势

第三方电子商务平台的优势主要体现在市场规模、交易安全和资金效率等方面。

1．市场规模

第三方电子商务平台将众多的企业和个人聚集到一起，形成了第三方平台的规模效益。第三方电子商务平台为买卖双方展现了一个巨大的全球市场，这既是第三方电子商务平台的特点，也是它的优点。

2．交易安全

网上交易者一怕交易上当受骗，二怕网上支付不安全。第三方电子商务平台可以有效地解决传统交易中“拿钱不给货”和“拿货不给钱”的两大难题，为交易双方提供了安全保障。

3．资金效率

在结算方式上，第三方电子商务平台一般采用统一、集中的结算方式，即在指定的商业银行开设统一的结算账户，对结算资金实行统一管理，有效避免了多形式、多层次的资金截留、占用和挪用情况的发生，提高了资金的安全性和使用效率。

四、第三方电子商务是中小企业的最佳选择

面对经济全球化、竞争国际化的严峻形势，我国中小企业的生存发展面临着前所未有的挑战。如何拿到资金，如何开拓新的市场，如何抓住新的机遇，合作共赢是当下中小企业发展的主旋律。而电子商务的迅速普及，无疑给广大的中小企业带来了极其难得的发展机遇。

（一）我国中小企业的现状分析

数据显示，“十三五”期间，我国中小企业的数量已经超过了 3 000 万家，个体工商户数量超过 7 000 万户，贡献了全国近 50% 的税收、60% 的 GDP、70% 的技术创新成果和 80% 的劳动力就业，为国民经济的发展做出重大贡献。可见，处于数量绝对优势的中小企业已成为我国经济成长的支持力量和经济发展的增长点，在促进经济增长、科技创新、创造就业机会、地方经济发展和经济体制改革等方面均发挥着重要的作用。增速快、数量多、

分布广、经营灵活、贴近市场是我国中小企业的基本特点，也是其优势所在。目前，制约我国中小企业发展的主要因素，如图 3-21 所示。

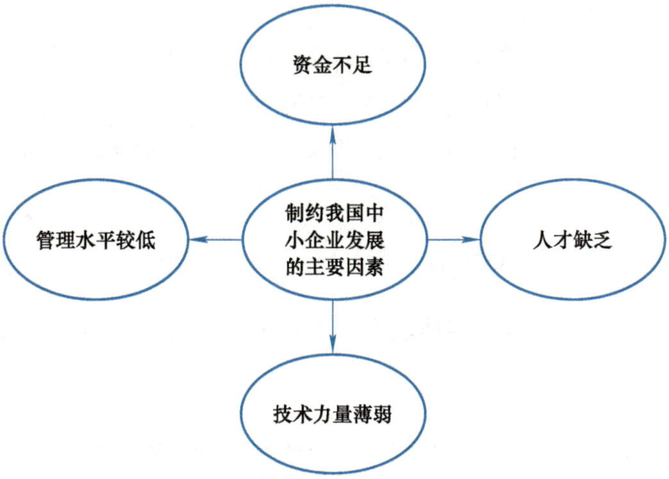

图 3-21 制约我国中小企业发展的主要因素

1. 资金不足

我国中小企业规模较小、成分复杂、融资渠道不顺畅，而且国家政策对中小企业的扶持力度不够，缺乏相应的法律保障体系。

2. 人才缺乏

我国中小企业的人才结构很多还停留在以“血缘、亲缘、人缘”为主要关系的家族式管理模式上，熟悉国际贸易知识、国际市场运作规则的复合型人才相对缺乏。

3. 技术力量薄弱

我国中小企业技术基础和技术力量比较薄弱、研发能力不足、信息化水平较差，这严重制约了中小企业的发展。

4. 管理水平较低

我国中小企业经营管理水平较低，管理思想相对落后。在我国中小企业中还大量存在“家庭式”的管理方式，管理的低效率制约了企业的健康、快速发展。

在开展电子商务方面，由于受到资金、人才、技术、管理水平等方面的限制，中小企业与大型企业相比还有一定的差距。而第三方电子商务平台使中小企业开展电子商务变得简便可行。第三方电子商务平台为中小企业提供低成本、专业化的电子商务应用服务，有利于中小企业提高效率、扩展市场。所以，中小企业根据自身特点，借助第三方电子商务平台实现电子商务，更能发挥中小企业的相对竞争优势，在竞争中获得更大的发展。

（二）第三方电子商务平台的应用价值

中小企业尚没有能力也没必要投巨资建设一个电子商务系统，它们可以通过加入第三方电子商务平台进行企业联盟，借助第三方电子商务平台来完成在线交易，从而降低成本和提高服务质量。特别是对于那些急需拓展市场，但又缺乏资金实力和技术力量的中小型企业来讲，第三方电子商务的应用价值不可限量。其应用价值具体表现在四个方面，如图 3-22 所示。

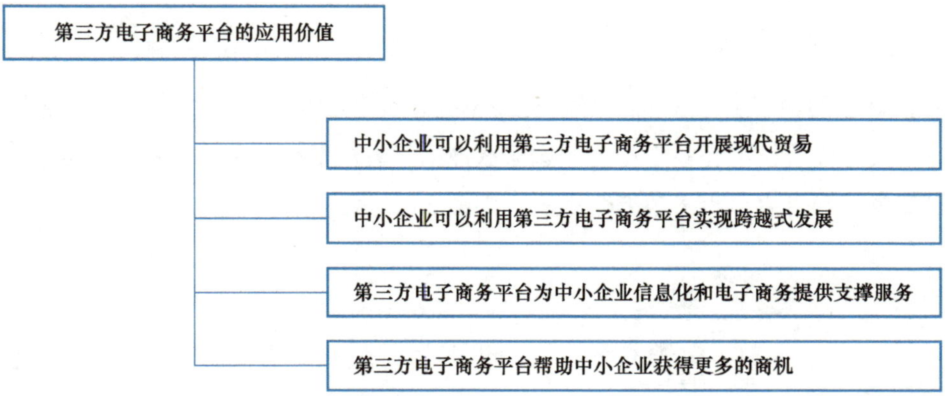

图 3-22　第三方电子商务平台的应用价值

1．中小企业可以利用第三方电子商务平台开展现代贸易

第三方电子商务平台使中小企业获得与大企业平等竞争的机会，赢得更大的发展空间，拓宽融资渠道，解决资金缺乏问题，降低经营成本，提高经营效率。第三方电子商务平台使中小企业通过互联网可以与其他企业互通市场需求的信息，同时企业的需求可以马上传递给供应商适时补充供给，实现零库存管理，提高资金使用效率，使中小企业能够集中资金发展企业的核心业务。

2．中小企业可以利用第三方电子商务平台实现跨越式发展

中小企业可以利用第三方电子商务运作模式，使自身实现跨越式发展。第三方电子商务平台使中小企业和大型企业处在同一起跑线上，展开公平、规范竞争，使中小企业能有效地利用电子商务这个工具，更好地参与国际市场的竞争。

3．第三方电子商务平台为中小企业信息化和电子商务提供支撑服务

第三方电子商务平台在电子商务中起着不可替代的作用，第三方电子商务平台可以促使中小企业的业务管理透明度增加，减少在采购和销售业务中所存在的管理漏洞。第三方电子商务平台可以促使中小企业的业务流程趋向合理，电子商务和信息化的应用可以迫使中小企业重组业务流程，提高工作效率。第三方电子商务平台可以促使中小企业的信息汇总与反

馈速度加快，为中小企业制订新决策提供科学的依据。

4．第三方电子商务平台帮助中小企业获得更多的商机

中小企业缺乏大型企业多年经营的完善的销售渠道，而在电子商务模式下，互联网延伸到哪里，市场就能扩大到哪里。企业营销活动的范围显著扩大，企业不再局限于企业的四周，可以利用第三方电子商务平台扩大国内和国外两个销售渠道（市场）。

综上所述，无论是从我国制约中小企业发展的主要因素和现状分析，还是从第三方电子商务平台的应用价值来看，第三方电子商务平台都是中小企业的最佳选择。

（三）选择第三方电子商务平台

目前，众多的第三方电子商务平台良莠不齐，究竟哪些第三方电子商务平台值得企业去尝试，去找寻商业机会呢？中小企业如何选择第三方电子商务平台呢？一般来说，选择第三方电子商务平台可以重点考察五个因素，如图3-23所示。

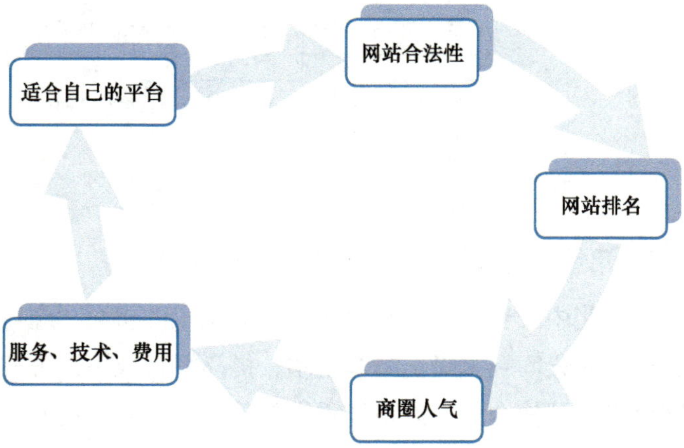

图3-23 选择第三方电子商务平台重点考察的五个因素

1．网站合法性

中小企业选择第三方电子商务平台时首先要注意其合法性。第三方电子商务平台提供商必须是经工商行政管理部门和税务机关登记注册的法人，且在网站首页下方刊登企业营业执照、税务登记证、真实的企业经营地址、联系电话等信息，负责对网上交易市场的交易进行服务和管理，并且不得参与交易。

2．网站排名

第三方电子商务平台网站排名是其实力的佐证，可以将电子商务平台网站排名作为选择的依据之一。综合艾瑞咨询、CNIT-Research（中国IT研究中心）、易观国际、买购网等权威机构发布的研究报告数据，2020年我国十大电商网站（平台）见表3-3。

表 3-3　2020 年我国十大电商网站（平台）

序　号	网站名称	图形标志	序　号	网站名称	图形标志
1	天猫商城	TMALL 理想生活上天猫	6	小红书	小红书 标记我的生活
2	淘宝网	淘宝网 Taobao.com	7	网易严选	网易严选
3	京东商城	JD.COM	8	唯品会	唯品会 vip.com
4	阿里巴巴	阿里巴巴 Alibaba.com	9	美团网	美团 美团
5	华为商城	VMALL 华为商城 .COM	10	拼多多	拼多多

3. 商圈人气

在现实市场中，商圈是指以零售店所在地为中心，沿着一定的方向和距离扩展的、能吸引顾客的范围。零售店的销售范围通常都有一定的地理界限，即有相对稳定的商圈。在虚拟市场中，第三方电子商务平台就好像是一个商圈，这个商圈人越多，人气越旺，在这里开店的价值就越大。

商圈分析是指对商圈的构成、特点和影响商圈规模变化的各种因素进行综合性的研究，其目的是为了“选址”，就像现实市场一样，建店选址总是力求较大的目标市场，吸引更多的目标顾客。毫无疑问，没有哪个投资人愿意去一个没人烟的地方开店。注册会员数是衡量第三方电子商务平台市场规模的重要指标，因为最多商品、最高人气的网站也最具市场潜力。在注册会员总量上，阿里巴巴网具有较明显的优势。对 B2B 第三方电子商务平台而言，庞大的注册会员数量将会带来“羊群效应”，反过来会更进一步地促进注册会员总量的增长。

小知识

羊群效应

经济学里经常用“羊群效应”来描述经济个体的从众跟风心理。羊群是一种很散乱的组织，平时在一起也是盲目地左冲右撞，但一旦有一只头羊动起来，其他的羊会不假思索地一哄而上，全然不顾前面的狼或者不远处更好的草。因此，“羊群效应”就是比喻人都有一种从众心理，很容易导致盲从，而盲从往往会使人陷入骗局或遭到失败。“羊群效应”一般出现在一个竞争非常激烈的行业中，而且这个行业有一个领先者（领头羊），那么整个羊群就会不断地模仿这个领头羊的一举一动，领头羊到哪里去吃草，其他的羊也去哪里吃草。

4. 服务、技术、费用

中小企业要关注第三方电子商务平台的服务和技术成熟度，其服务是否收费，性价比是否可以接受，投入产出比是否合理。另外，还需要关注客户使用体验度，客户网上购买操作是否容易，付费是否安全，产品质量问题处理是否及时、到位等，这都是选择第三方电子商务平台需要考察的因素。

5. 适合自己的平台

中小企业在选择第三方电子商务平台时要慎重，一是要选择提供的服务与自己行业比较相近的中介服务，即俗话说“适合自己的才是最好的”；二是要选择有一定品牌形象和知名度的中介网站。中小企业可以选择多个第三方电子商务平台，但不宜过多。如果选择过多可能会影响到企业收集商业信息的质量，有的网站提供的中介服务信息缺乏有效控制，导致虚假商业信息过多，反而给企业带来负面的影响。

第四单元
探索电子支付系统

知识目标

通过体验网上购物和电子支付，进一步了解电子商务的应用，增加对电子支付系统的感性认识，掌握电子支付的基本操作流程。

本单元重点介绍电子商务总体框架中的第三要素：网上银行。具体包括电子支付系统的含义、安全性，网上银行的主要业务，电子货币、电子钱包的特点与功能，第三方电子支付等。

能力目标

会开通个人网上银行；会进行网银支付的操作。

学海导航 »»»

1. 知识卡片

支付是指将资金从付款人转移到收款人的行为，包括在商品交易、证券交易和货币交易中交易双方的资金往来。支付系统（Payment System）也称清算系统（Clearing System），是指由提供支付清算服务的中介机构和实现支付指令传送及资金清算的专业技术手段共同组成的，用以实现债务清偿及资金转移的一种金融安排。

电子支付是指单位、个人直接或授权他人通过电子终端发出支付指令，实现货币支付与资金转移的行为。根据电子支付指令发起方式的不同，电子支付可分为网上支付、电话支付、移动支付、销售点终端交易、自动柜员机交易和其他电子支付。

电子货币（Electronic Money 或 E-money）是指一种使用电子数据信息，通过计算机及通信网络进行金融交易的货币，也称电子通货、数字现金、数码通货、电子现金等。现阶段电子货币的使用通常以银行卡为载体，因此又称为无面额的货币。

电子钱包（Electronic Wallet）是指一个可以由持卡人用来进行安全电子交易和储存交易记录的软件，就像生活中随身携带的钱包一样。电子钱包有两层含义：一是纯粹的软件，主要用于网上消费、账户管理，这类软件通常与银行账户或银行卡账户连接在一起；二是小额支付的智能储值卡，持卡人预先在卡中存入一定的金额，交易时直接从储值账户中扣除交易金额。

网上银行（Internet Bank 或 E-bank）就是在网上进行转账或收、付款交易的银行。网上银行又称网络银行、在线银行、虚拟银行，是指银行通过互联网向客户提供查询、对账、行内转账、跨行转账、信贷、网上证券、投资理财等传统服务项目，使客户足不出户就能够安全、便捷地管理活期和定期存款、支票、信用卡及投资理财、保险等个人金融业务。

第三方电子支付是指具备一定实力和信誉保障的独立机构，采用与各大银行签约的方式，提供与银行支付结算系统接口的、网络交易的一种支付平台。第三方电子支付服务商是指中立于网上交易双方的，中立于电子商务企业与银行的，自行建立支付平台连接交易双方，连接电子商务企业与银行，提供网上购物资金划拨渠道的独立法人。

移动支付是互联网时代一种新型的支付方式，是第三方支付的衍生品，也称为手机支付。移动支付是指用户通过使用移动终端（通常是手机）对所消费的商品或服务进行电子货币支付的一种支付方式。移动支付可以为用户提供货币支付、缴费（话费、燃气、水电、供暖等生活缴费）等金融服务。

2. 概念地图

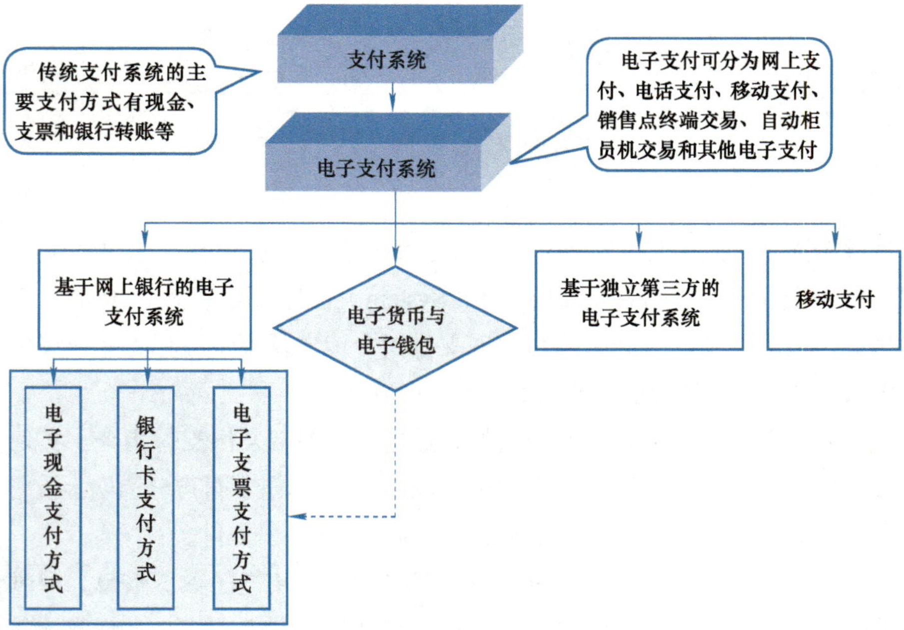

要点提示

本单元的内容是围绕“电子支付”这一核心概念展开的，“概念地图”所展示的逻辑关系反映的是本单元知识及其内在联系，下面分别进行说明。

（1）对“电子支付”核心概念的内涵，必须通过对“传统支付系统”与“电子支付系统”的比较才能深入、全面地理解。

（2）电子商务的发展离不开电子支付，电子支付的实现又有赖于“电子货币”和“电子钱包”。理解“电子货币”和“电子钱包”的含义、特点、功能等，对于掌握电子支付工具及其流程是十分重要的。

（3）“基于网上银行的电子支付系统”的三种类型，是我国网上银行的主要支付方式，要注意区别和掌握它们的含义、特征和基本流程。

（4）基于独立的第三方电子支付属于非银行的金融业务，随着电子商务的快速发展，独立于银行和商家的第三方电子支付已成为我国电子支付体系中一种不可或缺的支付方式。

目前，与电子商务相联系的“第三方电子支付”的发展方兴未艾，第三方电子支付已经成为互联网的一项基础应用，在人们的生活中发挥着日益重要的作用，第三方电子支付服务商与银行的关系是既合作又竞争的关系。

3. 为您支招

（1）通过在电子商务网站（网上商店或网上商城）进行购物和利用“个人网上银行”进行电子支付来导入“电子支付系统”的知识，进一步认识电子商务。本单元主要介绍了电子支付的工具和电子支付的流程，因此学好本单元对于掌握电子商务应用技能，乃至今后从事电子商务工作具有重要的意义。

（2）在学习中，要养成“做中学”的学习习惯。根据电子商务专业的特点，主动参加网上举行的搜索大赛、博客大赛，经常浏览一些论坛，使自己的专业学习每天处于新的体验之中。

（3）借助“概念地图”正确理解和掌握本单元的主要专业术语、知识要点和各知识要点之间的内在逻辑联系，通过联想记忆、归纳等学习方法提高学习能力。

（4）以下提供四个著名的第三方电子支付网站，从中可以获得更多的相关信息与帮助：支付宝（https://www.alipay.com）、微信支付（https://pay.weixin.qq.com）、财付通（https://www.tenpay.com）、银联在线（https://www.chinapay.com）。

模块一 电商体验：网上购物2——网银支付

我们在前面已经进行过网上购物现金结算的体验，如果网上购物采用电子支付方式又该如何操作呢？采用这种支付方式是否安全呢？

情景设置

与网络购物密切关联的电子支付发展十分迅速，据中国互联网络信息中心（CNNIC）统计数据显示，截至2020年3月，我国使用电子支付的用户规模达到7.68亿，手机支付用户达7.65亿。电子支付的多样化及其发展速度远超过人们想象，电子支付已成为新的消费时尚。让我们一起体验在电子商务网站购物是如何通过个人网上银行进行支付的。

操作指南

本单元的体验活动主要有两项：开通个人网上银行、采用网银支付。

1. 开通个人网上银行

以中国工商银行（以下简称工商银行）为例加以说明。办理工商银行网上支付申请的方法有两种：直接到银行柜台办理、通过网上自助申请办理。

方法1： 到银行柜台办理的流程如图4-1所示。

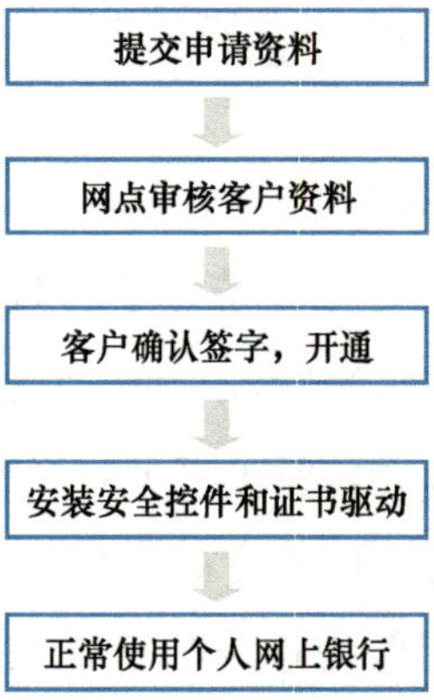

图4-1 到银行柜台办理网上银行的流程

提示

到工商银行营业网点填写个人业务申请表，并办理个人网上银行开户手续。客户办理个人网上银行开户手续时，应提供如下资料：

（1）申请人本人的有效身份证件。

（2）所需注册的银行卡（账户），如牡丹卡、灵通卡、信用卡、贷记卡、e卡等。

（3）开通特定功能（如网上银行等）所需要的协议。

银行经办员审核上述资料无误后，将与客户签署《ICBC 网上银行个人客户服务协议》，并办理注册资料录入、设置网上银行密码等手续。柜台办妥后，客户即可使用工商银行个人网上银行系统。

➘ 方法 2：通过网上自助申请办理。

步骤一： 登录工商银行网站首页（http://www.icbc.com.cn），单击“个人网上银行登录”链接下的“注册”按钮，如图 4-2 所示。如果是企业用户，单击“企业网上银行登录”链接下的“注册”按钮。

图 4-2　工商银行网站首页

步骤二： 进入网上注册“填写信息”页面，填写信息并提交，如图 4-3 所示。

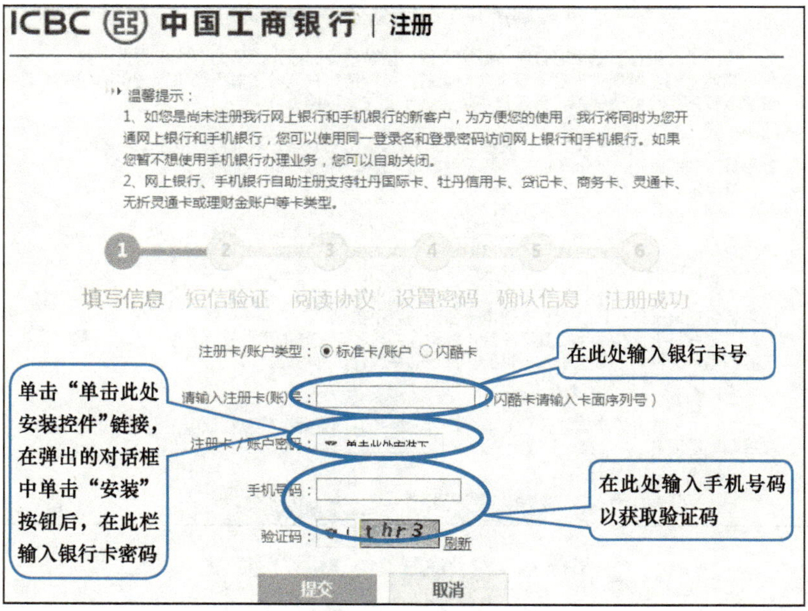

图 4-3　网上注册“填写信息”页面

提示

用户采用网上自助申请之前，先要到工商银行营业网点柜面开立个人银行结算账户（卡），然后再进行网上自助申请。

步骤三： 进入“短信验证”页面，将手机获取的验证码输入并提交，如图 4-4 所示。

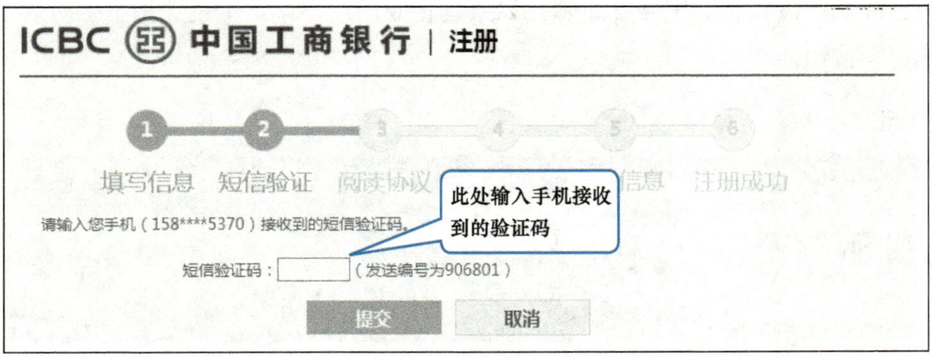

图 4-4　网上注册“短信验证”页面

步骤四： 仔细通读并接受后单击“接受此协议”按钮，如图 4-5 所示。

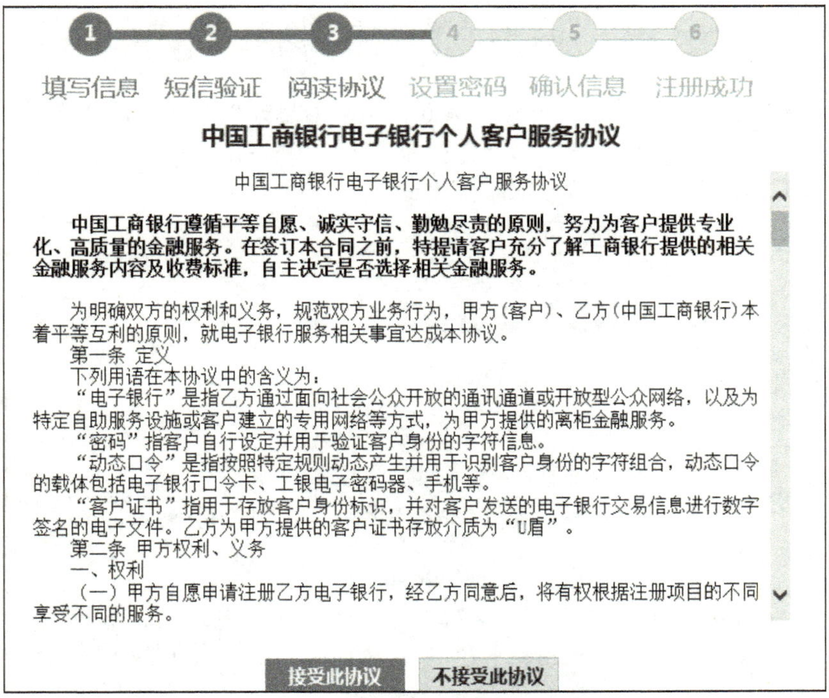

图 4-5　网上注册“阅读协议”页面

步骤五： 进入“设置密码”页面，设置登录密码及相关信息并提交，如图 4-6 所示。

所示。

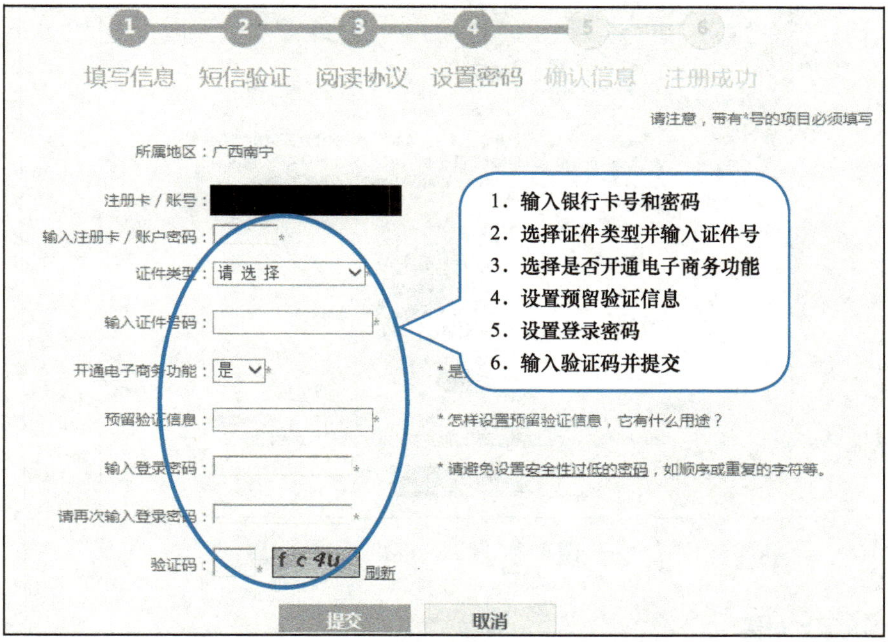

图 4-6　网上注册“设置密码”页面

提示

证件类型一般选择身份证；建议开通电子商务功能以提高网银安全；预留验证信息的设置是为了便于日后的安全验证及密码索回。请牢记注册卡 / 账号、密码及登录密码。

步骤六： 进入“确认信息”页面，确认注册的银行卡信息，如图 4-7 所示。

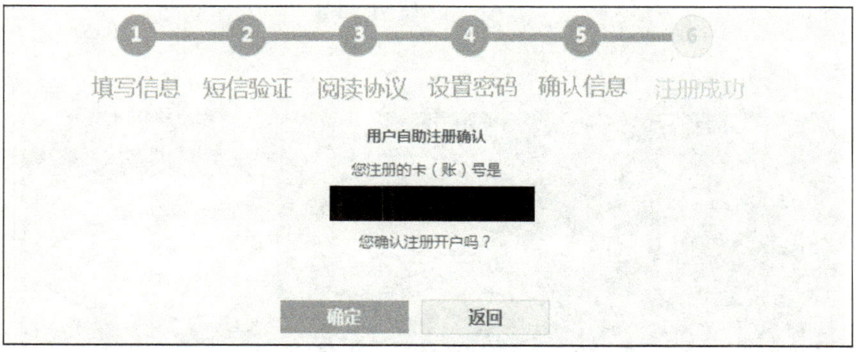

图 4-7　网上注册“确认信息”页面

步骤七： 进入个人网银“注册成功”页面，单击“完成”按钮完成注册，如图 4-8 所示。

图 4-8 “注册成功”页面

2. 采用网上支付

在天猫网购买一本与电商直播相关的书籍，并采用网上支付方式完成交易。

采用网上支付微课

步骤一： 登录天猫商城首页。进入天猫商城首页，单击“请登录”进入登录页面，使用密码登录，如图 4-9 和图 4-10 所示。

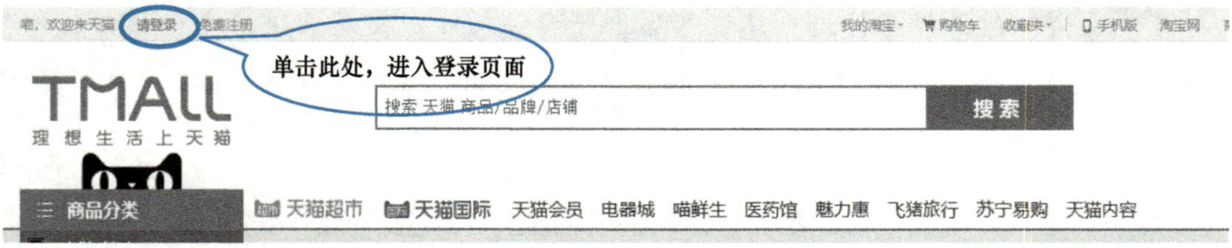

图 4-9 天猫网首页

图 4-10 登录页面

步骤二：选择商品类目。在网站左侧“商品分类”栏目下方选择“图书音像”类目，如图 4-11 所示。

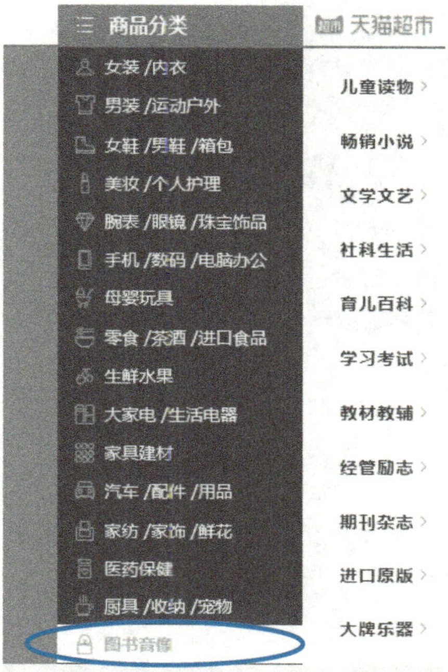

图 4-11　选择商品类目

步骤三：搜索商品。在搜索框中输入书名或作译者姓名，如“直播电商教材”，如图 4-12 所示。

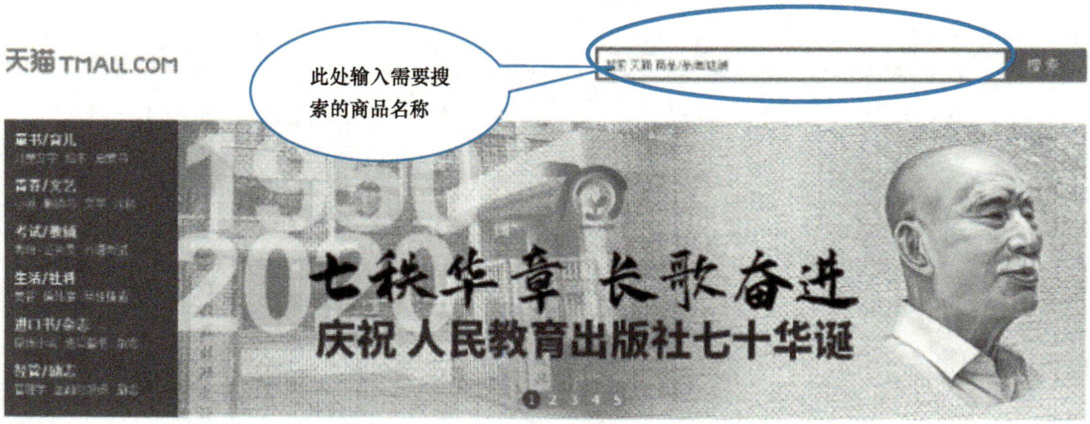

图 4-12　搜索商品

步骤四：选定购买的商品。在浏览相关书籍的内容简介和目录之后，选定购买的商品，单击“立即购买”或“加入购物车”，如图 4-13 所示。

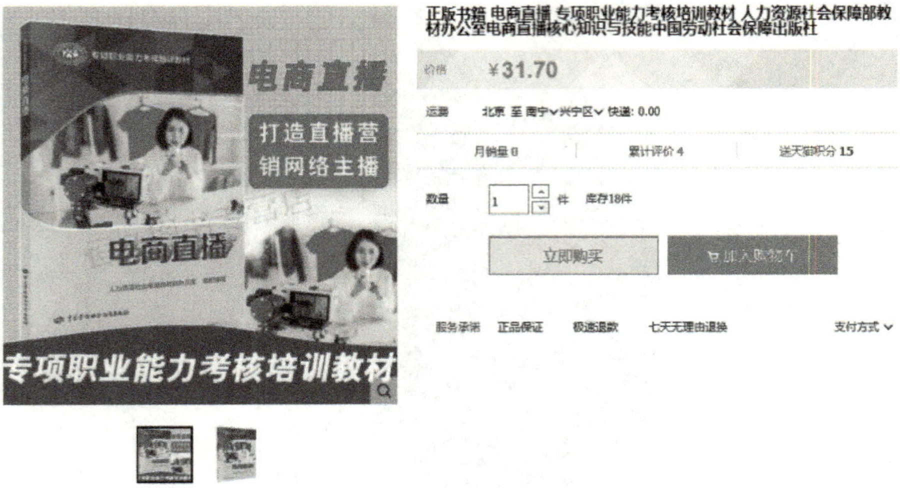

图 4-13 选定购买的商品

步骤五：填写收货地址。单击下方的“使用新地址”或者右侧的“管理收货地址”，进入填写地址信息页面，如图 4-14 所示。

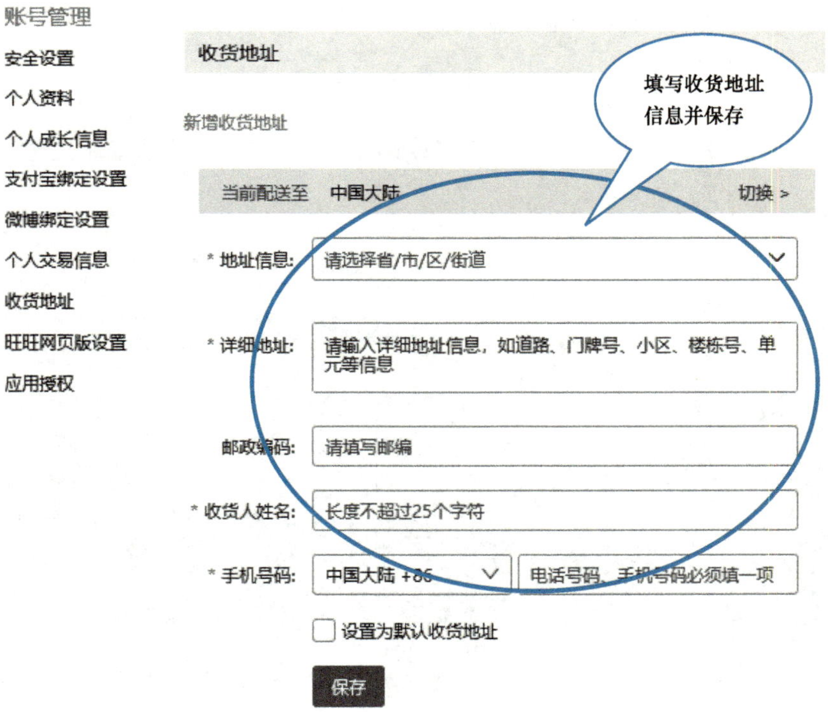

图 4-14 填写收货地址

步骤六：确认订单信息。核对订购的商品、数量、价格、运送方式等信息，确认无误后提交订单，如图 4-15 所示。

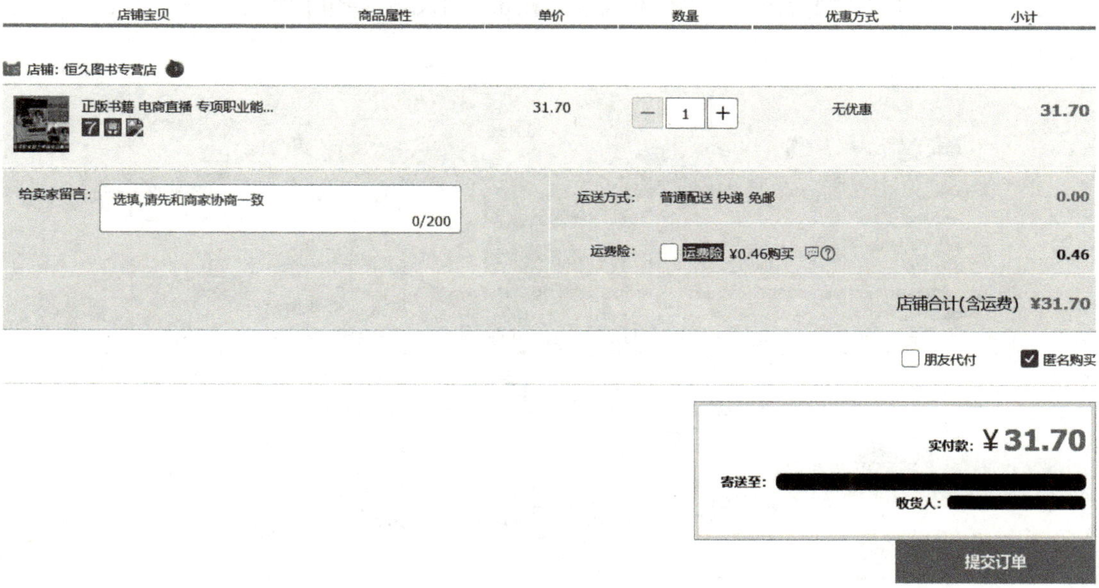

图 4-15　确认订单信息

步骤七：选择支付方式。选择使用网上银行支付方式，输入已经开通网上银行的银行卡账号登录网上银行，如图 4-16 和图 4-17 所示。

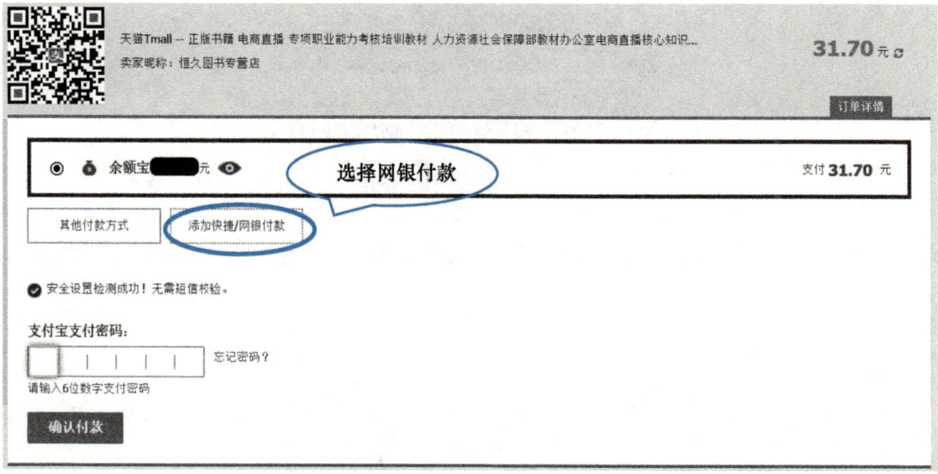

图 4-16　选择网银付款

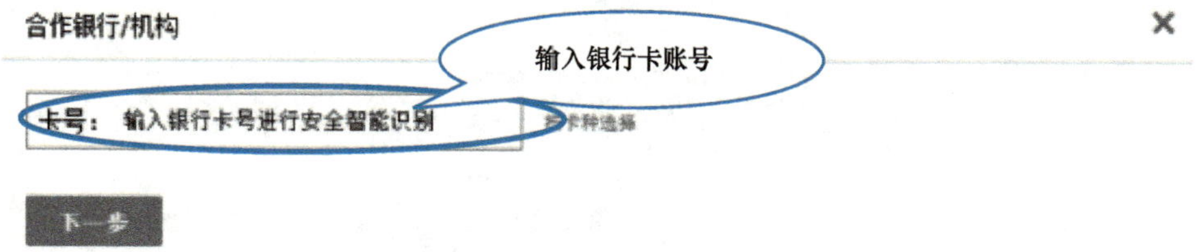

图 4-17　输入银行卡账号

步骤八：验证支付并提交。输入手机号码和银行卡账号并进行短信验证，如图4-18和图4-19所示。

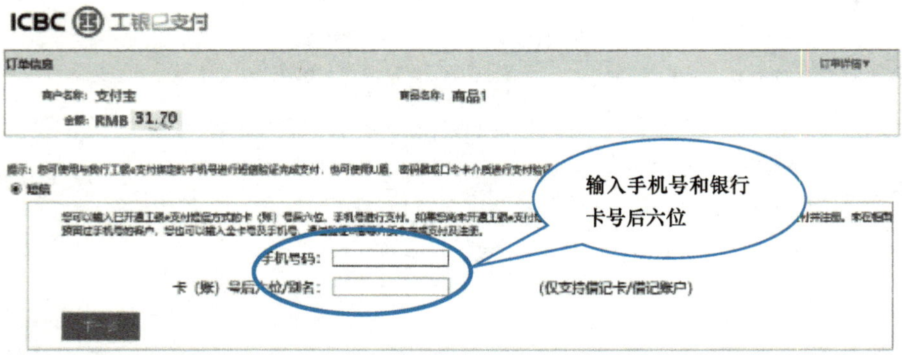

图4-18 输入手机号码和银行卡账号

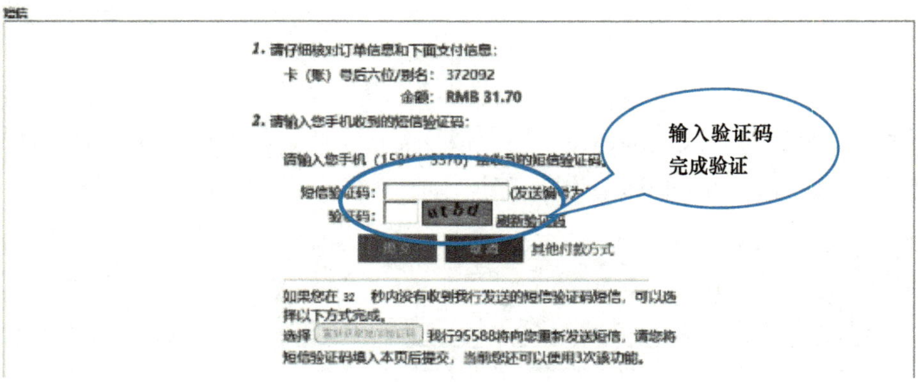

图4-19 获取短信验证码

步骤九：订单交易成功。验证完成，单击提交，将会弹出“交易成功”页面，如图4-20所示。

图4-20 订单交易成功

步骤十： 订单完成。支付成功后天猫商城会向客户提供订单详情，如图 4-21 所示。

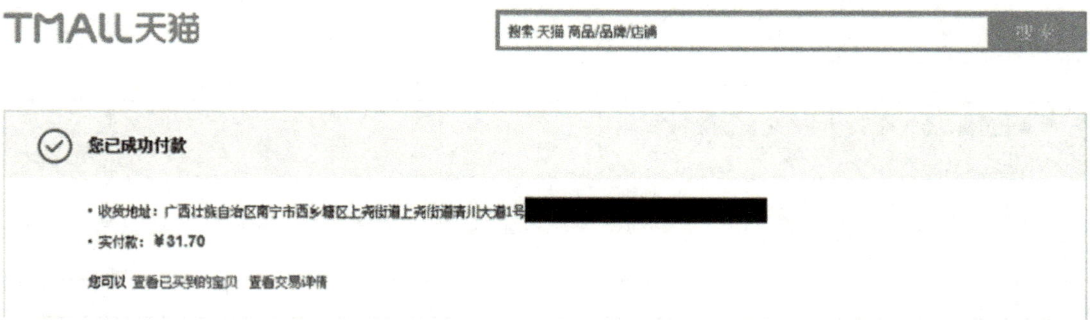

图 4-21　订单完成页面

提示

（1）客户只要注册个人网上银行，即可在网上商城中购物并进行网上支付。

（2）如客户在注册网上银行时绑定手机银行，即可在网上商城中购物并使用手机支付。

（3）进行网上支付的银行卡，须是客户的网上银行注册卡，如有 e 卡，则必须使用 e 卡支付。

（4）客户当日支付密码累计输入错误次数超过限额（具体规定请参阅《中国工商银行个人网上银行交易规则》）后，不能再进行 B2C 支付，次日自动恢复支付功能。

（5）如果网上支付成功，将显示客户的订单号和交易流水号。若支付指令提交后遇到了问题，请客户先到“我的账户”→“支付交易记录”→“查看网银、支付宝、财付通的支付及退款记录”中查询该笔交易的处理状态，然后再联系商户。

（6）在选择支付方式时，可以先通过“我的账户”→“我的订单”→“支付方式”→“网上银行支付”查询当前各个银行能支付的银行卡类型和支付限额。

（7）对于使用支付宝、网银支付的订单，如果下单后超过限时未成功支付，需修改使用其他支付方式或重新下单订购。

体验报告 >>>>

目的： 通过网上购物，掌握个人网上银行电子支付的操作方法和技巧。

内容： 开通个人网上银行，采用网上支付方式进行网上购物。

要求： 以独立形式或小组合作形式完成。按表 4-1 的要求填入有关内容，按表 4-2 的要求，对操作方法和技巧的掌握程度进行评价。

表 4-1 开通个人网上银行和进行网银支付的体验报告

开通个人网上银行和在天猫商城上采用网上支付方式进行购物的操作步骤：
与网上购物现金支付方式相比，有何新的体验：

表 4-2 开通个人网上银行和进行网银支付体验活动评价表

评 价 项 目	分值 / 分	自我评价	小组评价	教师评价	标　　准
开通网上个人银行：方法 1	20				熟练掌握：85 ～ 100 分 基本掌握：75 ～ 84 分 部分掌握：60 ～ 74 分 没有掌握：60 分以下
开通网上个人银行：方法 2	20				
网上选购商品（下订单）	20				
网银支付流程	30				
查看订单详情	10				
合　　计	100				

模块二　知识探索：传统支付与电子支付

网上购物的电子支付方式发展迅速，电子支付与传统支付有何异同？什么是第三方电子支付？

一、支付系统概述

（一）支付系统的含义

任何交易都会包含一个最基本的环节，就是资金的转移，即支付。支付是指将资金从付款人转移到收款人的行为，包括在商品交易、证券交易和货币交易中交易双方的资金往来。

支付系统（Payment System）也称清算系统（Clearing System），是指由提供支付清算服务的中介机构和实现支付指令传送及资金清算的专业技术手段共同组成的，用以实现债务清偿及资金转移的一种金融安排。

支付系统是国民经济金融体系的重要组成部分，是支持经济运行和维护金融稳定的核心基础。支付系统的发展、支付效率的提高，能够有效地促进国民经济金融体系的发展和社会进步，影响人们生活的方方面面。根据支付方式的不同，支付系统可以分为传统支付系统和电子支付系统。

（二）传统支付系统

传统支付系统是指以手工操作为主，以银行的金融专用网络为核心，通过传统的通信方式（如邮政、电报、传真等）来进行凭证的传递，从而实现货币支付结算的系统。在现实生活中，传统的主要支付方式有现金、支票、银行转账等，这一部分业务属于传统银行的功能，也是银行类金融业务的重要组成部分。

（1）现金　现金的特点是不需要任何机构作为中介就可以立即转换，不记名，可携带，持有者可获得即时购买力。但是，现金受时间和空间的限制，使之无法用于不在同一时间、同一地点进行的交易。现金面额的固定性意味着在大宗交易中需携带大量的现金，这种携带的不便性以及由此产生的不安全性在一定程度上限制了现金作为支付手段的功能。所以，现金支付通常适合小额交易。现金的交易流程如图 4-22 所示。

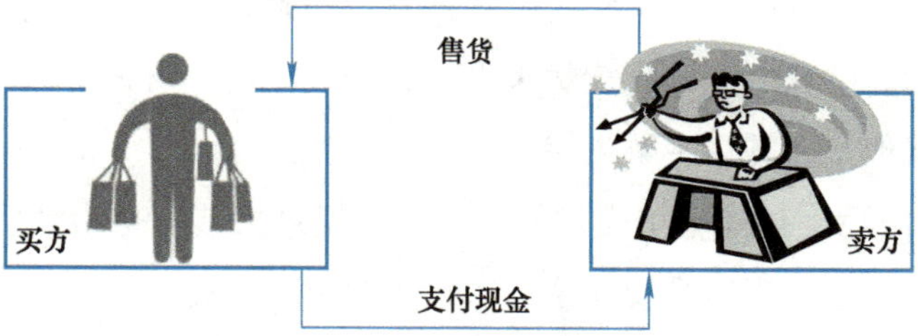

图 4-22　现金交易流程

（2）支票　支票是指由出票人签发，委托办理支票存款业务的银行或者其他金融机构在见票时无条件支付确定的金额给收款人或持票人的票据。

支票是以银行为付款人的即期汇票，可以看作汇票的特例。支票的特点是使用方便，手续简便、灵活，是使用最为广泛的一种转账结算方式。但是如果存款低于支票金额，银行将会拒付，这种支票被称为空头支票，出票人要承担法律上的责任。支票的交易流程如图 4-23 所示。

（3）银行转账　银行转账是指不使用现金，通过银行将款项从付款单位（或个人）的银行账户直接划转到收款单位（或个人）的银行账户的货币资金结算方式。除了《中华人民共和国现金管理暂行条例》规定的可以使用现金结算的情况以外，所有企业、事业单位和机关、团体、部队等相互之间发生的商品交易、劳务供应、资金调拨、信用往来等均应按照中国人民银行颁布的《支付结算办法》的规定，通过银行实行转账结算。

图 4-23 支票交易流程

（三）电子支付系统

电子支付是指单位、个人直接或授权他人通过电子终端发出支付指令，实现货币支付与资金转移的行为。电子支付可按照两种方式进行分类，即按电子支付指令发起方式的不同分类和按电子支付是否直接通过银行业金融机构交易支付分类。

（1）按电子支付指令发起方式的不同进行分类 电子支付可分为网上支付、电话支付、移动支付、销售点终端交易、自动柜员机交易和其他电子支付。

1）网上支付：网上支付是电子支付的一种形式。广义地讲，网上支付是以互联网为基础，利用银行所支持的某种数字金融工具，发生在消费者和销售者之间的金融交换，实现从消费者到金融机构、商家之间的在线货币支付、现金流转、资金清算、查询统计等过程，为电子商务服务和其他服务提供金融支持。

2）电话支付：电话支付是电子支付的一种线下实现形式，是指消费者使用电话或其他类似电话的终端设备，通过银行系统从个人银行账户里直接完成付款的方式。

3）移动支付：移动支付是使用移动设备，通过无线方式完成支付行为的一种新型的支付方式。移动支付所使用的移动终端可以是手机、平板电脑等。

4）销售点终端（Point of Sales，POS）交易：POS 交易可为零售商管理商品登记、销售单据以及为大量的交易提供必要的工具。

5）自动柜员机（Automatic Teller Machine，ATM）交易：ATM 交易在银行支付渠道中占据着越来越重要的位置。随着信息化、网络化、人工智能技术突飞猛进的发展，以智能 ATM 为代表的自助交易将逐步成为处理个人银行业务的主要渠道。

（2）按电子支付是否直接通过银行业金融机构交易支付进行分类 电子支付可以分为基于网上银行的电子支付系统和基于独立第三方的电子支付系统。

1）基于网上银行的电子支付系统：基于网上银行的电子支付系统的最大特点是买卖双方直接通过银行进行交易结算。基于网上银行的电子支付系统由客户、商家、客户开户行（发卡行）、商家开户行（收单行）、支付网关、银行专用网、认证中心七部分组成，如图 4-24 所示。

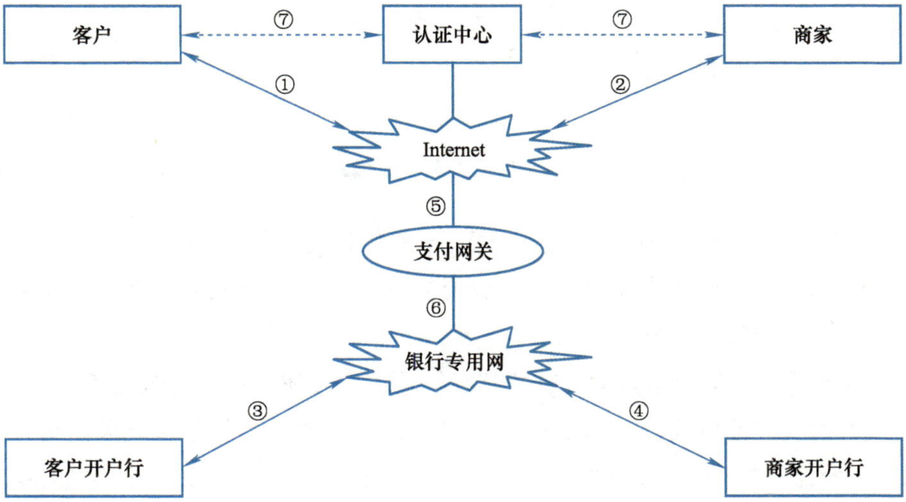

图 4-24　基于网上银行的电子支付系统

① 客户用自己拥有的支付工具（如信用卡、电子钱包等）来进行支付，是支付体系运作的起点。

② 商家是拥有债权的商品交易的另一方，根据客户发出的支付指令向金融体系请求获取货币给付。

③ 客户开户行又称为发卡行，是指客户在其拥有账户的银行。客户开户行在提供支付工具的时候也同时提供了一种银行信用，即保证支付工具的兑付。

④ 商家开户行又称为收单行，是指商家在其开设账户的银行，其账户是整个支付过程中资金流向的地方。

⑤ 支付网关是公用网和银行专用网之间的接口，支付信息必须通过支付网关才能进入银行支付系统，进而完成支付的授权和获取。

⑥ 银行专用网是银行内部及银行之间进行通信的网络，具有较高的安全性，如中国现代化支付系统、全国电子联行系统、电子汇兑系统、银行卡授权系统等。

⑦ 认证中心则负责为参与商务活动的各方发放数字证书，以确认各方的身份。

2）基于独立第三方的电子支付系统：基于独立第三方的电子支付系统的最大特点是买卖双方直接通过第三方电子支付平台，而不是直接通过银行进行交易结算，买卖双方与银行的结算关系是间接关系。在电子商务网上支付模式中，使用第三方电子支付方式是比较常见和普及的，因为第三方电子支付平台是在商家与消费者之间建立起的一个公共可信任的中介。以 B2C 交易为例，第三方电子支付的交易流程如图 4-25 所示。

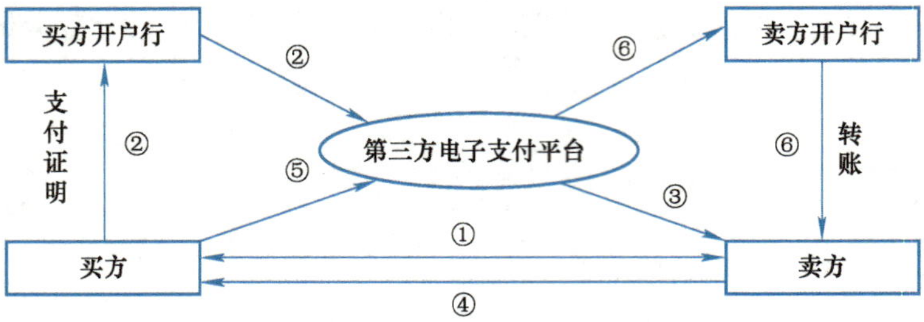

图 4-25 B2C 第三方电子支付的交易流程

①买方在电子商务网站选购商品，买卖双方在网上达成交易意向。

②买方选择第三方电子支付平台作为交易中介，用借记卡或信用卡将货款划到第三方账户，并设定发货期限。

③第三方电子支付平台通知卖方货款到账，要求卖方在规定时间内发货。

④卖方收到买方已付款的通知后按订单发货，并在网站上作相应记录，买方可在网站上查看所购买商品的状态。如果卖方没有按时发货，则第三方电子支付平台通知买方交易失败，并询问将货款原路退回其账户还是暂存在支付平台。

⑤买方收到货物并确认满意后通知第三方电子支付平台。如果买方对商品不满意，或认为与卖方承诺的有出入，可通知第三方电子支付平台拒付货款并将货物退回卖方。

⑥消费者收到货物并确认满意后，第三方电子支付平台将货款划入卖方账户，交易完成。买方对货物不满，第三方电子支付平台确认卖方收到退货后，将该商品货款划回买方账户或暂存在第三方账户中。

综上所述，电子支付大致包括基于网上银行的电子支付系统（包括电子现金支付方式、电子支票支付方式、银行卡支付方式）以及基于独立的第三方电子支付系统。基于网上银行的电子支付业务属于网上银行的功能，是银行类金融业务的重要组成部分。第三方电子支付是独立于银行和卖家直接交易支付的一种支付方式，这一部分业务属于非银行类金融业务。

目前，与电子商务相联系的“第三方电子支付”的发展方兴未艾，第三方电子支付已经成为互联网的一项基础应用，在人们的生活中发挥着日益重要的作用，第三方电子支付服务商与银行的关系是既合作又竞争的关系。

（四）电子支付系统的安全性

电子商务的发展前景十分诱人，但是其安全问题也变得越来越突出。如何建立一个安全、便捷的电子商务应用环境对信息提供足够的保护，已经成为银行、商家和消费者都十分关心的话题。一个有效的、成功的电子支付系统要被广泛认可，该系统必须保证有关各方不易受到欺骗，另外很重要的一点是必须方便易行。

1. 电子支付系统安全性的基本要求

电子支付系统安全性的四个基本要求，如图 4-26 所示。

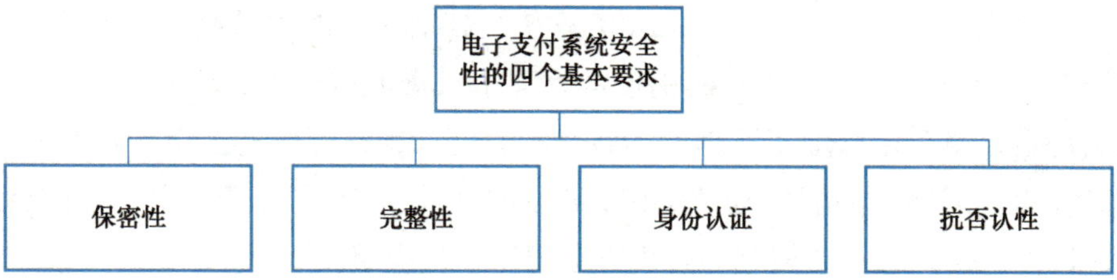

图 4-26　电子支付系统安全性的基本要求

（1）保密性　在实际的交易环境中必须保护持卡人（消费者）的订购信息及支付信息的安全，使只有特定的接收方才可以访问这些信息。

（2）完整性　在实际的交易过程中必须保证接收到的信息确实是实际发送的信息，必须保证信息在传输过程中不被非法篡改，不被伪造。

（3）身份认证　对于网上交易的参与者，系统必须确定其身份，检验其合法性。若交易者并非真实，系统将不准其进入，以防止假冒事件发生。另外，这里“确定”的含义并不完全意味着确实知道交易者的身份，因为有时由于交易匿名性的需要，不能确知交易者的准确身份，但应能做到保证是在与一个可靠的对象通信。

（4）抗否认性　一旦交易结束，系统必须保证交易者不能否认自己参与过这次事务。

2. 解决电子支付安全问题的两个协议

电子支付系统是电子商务框架中的重要组成部分，而其安全性是保证电子支付系统正常运行的关键条件和重要前提。没有安全的电子支付手段，电子商务很难在现实生活中得到实现。

目前，电子支付系统的安全性主要依靠安全的电子交易协议保证，通用的电子交易协议有 SSL 协议和 SET 协议两种。

（1）SSL（Secure Socket Layer，安全套接层）协议　SSL 协议是用以保障在互联网上数据传输安全的，它利用数据加密技术，可确保数据在网络传输过程中不会被截取及窃听。SSL 协议为 Netscape（网景）公司研发，以其简单、可靠的特点成为应用最为广泛的协议。SSL 协议可分为两层，即 SSL 握手协议和 SSL 消息加密协议。SSL 握手协议即在传送信息之前，先发送握手信息以相互确认对方的身份。确认身份后，双方共同持有一个共享密钥。SSL 消息加密协议即双方握手后，用对方证书（RSA 公钥）加密一随机密钥，再用随机密钥加密双方的信息流，实现保密性。SSL 使用加密的办法是建立一个安全的通信通道，以便将客户的信用卡号传送给商家。它等价于使用一个安全电话连接将用户的信用卡通过电话读给商家。其内置于 IE 等浏览器中，实现起来非常方便。

（2）SET（Secure Electronic Transaction，安全电子交易）协议　SET 协议是一个在互联网上实现安全电子交易的协议标准。SET 协议最初是由 Visa 和 Master Card 两大信用卡公司在 1997 年联合推出的一个在开放网络上使用信用卡支付的安全电子支付协议，SET 协议已经成为当前电子商务领域的一个最重要的工业标准。SET 协议主要使用了对称密钥加密技术、公共密钥加密技术、哈希（Hash）算法、数字签名技术以及公共密钥授权机制等。SET协议通过使用公共密钥和对称密钥技术保证了数据的保密性，通过使用数字签名技术来确定数据是否被篡改，保证了数据的一致性和完整性，并可以防止交易者抵赖。

SSL协议属于网络对话层的标准协议，而SET协议属于在对话层之上的应用层的网络标准协议。目前，这两种安全问题的解决方案同时在被应用。

二、电子货币与电子钱包

（一）电子货币

货币是充当一般等价物的特殊商品，是商品交换发展和价值形态发展的必然产物。货币是指由国家法律确定的、被广泛接受的、充当一般等价物的金融资产。货币的表现形式经历了五次重大变革，即实物货币、金属货币、纸质货币、信用货币和电子货币。

1. 电子货币的含义

电子货币（Electronic Money或E-money）是由一组含有用户身份、密码、金额、使用范围等内容的数据构成的特殊信息，通过计算机及通信网络进行金融交易的货币，也称电子通货、数字现金、数码通货、电子现金等。现阶段电子货币的使用通常以银行卡为载体，因此又被称为无面额的货币。

电子货币是在传统货币基础上发展起来的，它与传统货币在本质、职能及作用等方面基本相同，本质上都是充当一般等价物的特殊商品，具有价值尺度、流通手段、支付手段、储藏手段和世界货币五种职能。

电子货币是适应人类信息网络经济时代的需要而产生的一种电子化货币，这种货币从形式上而言已与纸币无关，其体现为一串串的电子数据。电子货币利用银行的电子存款系统和各种电子结算系统进行金融资金的转移。它是计算机介入货币流通领域后产生的，是因现代商品经济高度发展而要求资金快速流通的产物。目前的电子货币基本上是各个发行者自行设计开发的产品，种类众多，既有中央银行发行的，也有一般金融机构甚至非金融机构发行的。现在几乎所有新型电子支付工具和支付方式都被纳入电子货币的定义范围，如信用卡、储蓄卡、借记卡、IC卡、消费卡、电话卡、煤气卡、电子支票、电子钱包、网络货币、智能卡等。

2. 电子货币的特点与功能

电子货币具有用途广、使用灵活、匿名性、快速简便等基本特点，使用电子货币无须直接与银行连接便可进行操作。电子货币的主要功能有以下几点。

（1）转账结算功能　可直接消费结算，代替现金转账。

（2）储蓄功能　可使用电子货币存款和取款。

（3）兑现功能　异地使用货币时可进行货币兑换。

（4）消费贷款功能　消费者可先向银行贷款，提前使用货币。

（二）电子钱包

随着消费者网上购物次数的增加，人们开始厌倦每次在填写订货单时都要重复输入送货地址、信用卡、个人身份等信息，因为很多时候这些购物信息是不变的。为了方便个人商务信息的自动填写，加快购物进程，提高购物效率，电子钱包应运而生了。

1. 电子钱包的含义

电子钱包（Electronic Wallet）是指一个可以由持卡人用来进行安全电子交易和储存交易记录的软件，就像生活中随身携带的钱包一样。电子钱包有两层含义：一是纯粹的软件，主要用于网上消费、账户管理，这类软件通常与银行账户或银行卡账户连接在一起；二是小额支付的智能储值卡，持卡人预先在卡中存入一定的金额，交易时直接从储值账户中扣除交易金额。

电子钱包是消费者网上购物常用的一种支付工具，是在小额购物或购买小商品时常用的新式钱包。电子钱包内只装电子货币，如电子现金、电子零钱、安全零钱、电子信用卡、数字货币等。消费者要在网络上进行安全电子交易前，必须先安装符合安全标准的电子钱包。目前，网上支付系统的开发者出于适应用户多种需求的需要，往往同时提供多种支付手段并将相应的软件集成，这样便形成了各种类型的电子钱包软件。

电子钱包一直是世界各国开展电子商务活动中的热门话题，也是实现全球电子化交易和互联网交易的一种重要工具，全球已有很多国家正在建立电子钱包系统，以便取代现金交易模式。目前，我国应用最广电子钱包系统是微信零钱和支付宝余额。电子钱包系统的组成一般包括：①电子钱包服务系统，使用电子钱包要在电子钱包服务系统中进行，例如微信和支付宝；②客户端电子钱包软件，如华为钱包中的交通卡；③电子钱包管理器，消费者可以用它来改变保密口令或保密方式，查看利用电子钱包网络支付的记录及银行账号上收付往来的电子货币账目、清单和数据。

2. 电子钱包的特点和功能

（1）电子钱包的特点是以脱机方式工作，在银行一般不设账户，卡内金额通过特定圈存机由消费者的储蓄账户或信用卡账户划转，也可现金充值，以实现卡片的重复使用。使用时一般不需输入密码，且不找零，因此交易速度快，比使用现金方便、安全，电子钱包已成为未来无现金交易的重要发展方向，将大大促进整个社会的信息化建设与应用水平。

电子钱包支付的特点：①个人资料管理与应用方便；②消费者可用多张信用卡；③使用多个电子钱包；④购物记录的保存与查询；⑤多台计算机使用同一套电子钱包，共用同一张数字证书；⑥不管应用何种电子货币，都具有较强的安全性；⑦快速而有效率；⑧对参与各方要求较高。

（2）电子钱包的主要功能：①个人资料管理：消费者成功申请电子钱包后，系统将在电子钱包服务器为其开立一个属于个人的电子钱包档案，消费者可在此档案中增加、修改、删除个人资料；②网上付款：消费者在网上选择商品后，登录到电子钱包，选择入网银行卡，向“金融联”支付网关发出付款指令来进行支付；③交易记录查询：消费者可对通过“金融联”电子钱包完成支付的所有历史交易记录进行查询；④银行卡余额查询：消费者可通过“金融联”电子钱包查询个人银行卡余额；⑤商户站点链接：“金融联”电子钱包内设众多商户站点链接，消费者可通过链接直接登录商户站点进行购物；⑥电子安全证书的管理：其包括电子安全证书的申请、存储、删除等。

三、网上银行

（一）网上银行概述

要进行网上支付，仅仅有一张银行卡是不够的，还需要为银行卡开通网上支付功能，用户可以到银行柜台开通，也可以通过银行的网站或手机 APP 开通。不同的银行其开通的方式不同，用户可以登录银行的网站或下载手机 APP，查看相应的开通方法。

1. 网上银行的含义

网上银行（Internet Bank 或 E-bank），又称网络银行、在线银行、虚拟银行，是指银行通过互联网向用户提供查询、对账、行内转账、跨行转账、信贷、网上证券、投资理财等传统服务项目以及网上商城、生活服务等创新业务，使用户足不出户就能够安全、便捷地管理活期和定期存款、支票、信用卡及个人投资等。网上银行又被称为“3A 银行”，因为它不受时间、空间限制，能够在任何时间、任何地点，以任何方式为用户提供金融服务。

也可以说，网上银行是在互联网上的虚拟银行柜台，用户与网上银行的关系如图 4-27 所示。

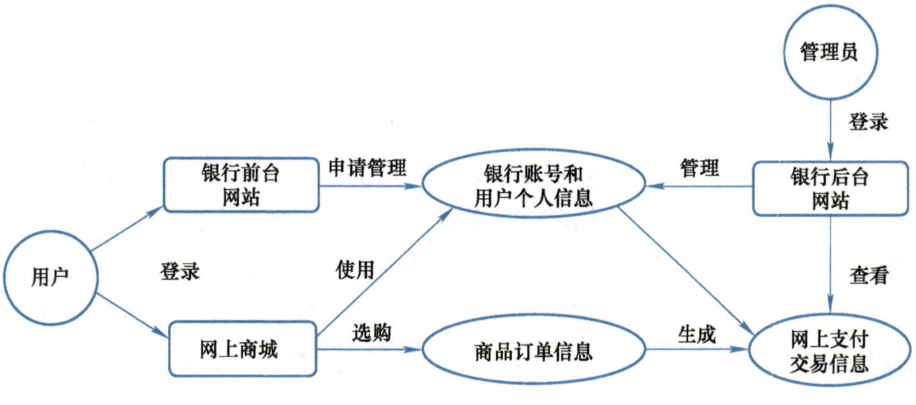

图 4-27 用户与网上银行关系

网上银行前台网站功能流程如图 4-28 所示。

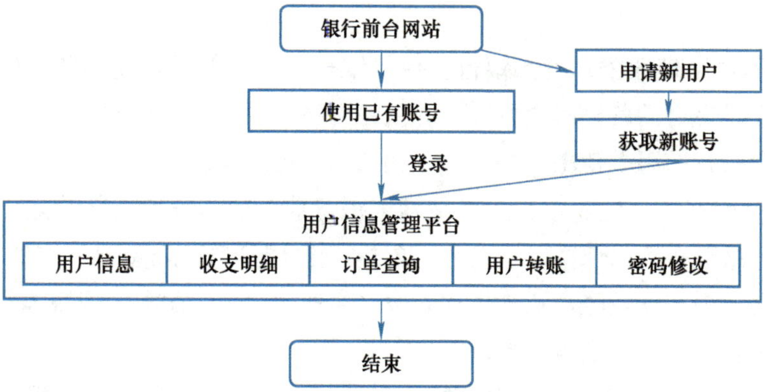

图 4-28　网上银行前台网站功能流程

2. 网上银行的特点和类型

与传统银行相比，网上银行主要有以下特点：①开放性；②虚拟性；③无时空的限制；④实现交易无纸化、业务无纸化和办公无纸化；⑤运营成本低；⑥提供个性化服务。

网上银行有两种类型：一种是完全依赖于互联网的无形电子银行，即虚拟银行。虚拟银行是指没有线下物理柜台作为支持的网上银行，这种网上银行一般只有一个办公地址，没有分支机构，也没有营业网点，采用互联网、大数据、人工智能等技术服务手段与客户建立密切的业务联系，提供全方位的金融服务；另一种是在现有传统银行的基础上，利用互联网开展传统银行业务交易服务的有形电子银行。传统银行利用互联网作为新的服务手段为客户提供在线服务，实际上是传统银行服务在互联网上的延伸，这是目前网上银行存在的主要形式，也是绝大多数商业银行采取的网上银行发展模式。微众银行是国内首家开业的互联网银行，由腾讯、百业源和立业等多家知名企业发起设立，于 2014 年 12 月获得由深圳银监局颁发的金融许可证。微众银行严格遵守国家金融法律法规和监管政策，以合规经营和稳健发展为基础，致力于为普罗大众、微小企业提供差异化、有特色、优质便捷的金融服务。

3. 网上银行的主要业务

网上银行包含两个层面的含义：一个是机构的概念，是指通过信息网络开办业务的银行；另一个是业务的概念，是指银行通过信息网络提供的金融服务，包括传统银行业务和因信息技术应用而带来的新兴业务。在日常生活和工作中，人们提及的网上银行更多是第二层面的概念，即网上银行业务的概念。

一般说来，网上银行的业务品种主要包括以下几个方面。

（1）基本网上银行业务：包括在线查询账户余额、交易记录，下载数据，转账和网上支付等。

（2）网上投资业务：包括股票、期权、基金投资等多种金融产品服务。

（3）网上购物业务：设立网上购物功能，大大方便了客户网上购物，为客户在相同的服务品种上提供了优质的金融服务或相关的信息服务，加强了商业银行在传统竞争领域的竞争优势。

（4）个人理财助理业务：各大银行将传统银行业务中的理财助理转移到网上进行，通过网络为客户提供理财的各种解决方案，提供咨询建议或者提供金融技术支持服务，从而极大地扩大了商业银行的服务范围，并降低了相关的服务成本。

（5）企业银行业务：企业银行业务是网上银行业务中最重要的部分之一。企业银行业务一般提供账户余额查询、交易记录查询、总账户与分账户管理、转账、在线支付各种费用、透支保护、储蓄账户与支票账户资金自动划拨、商业信用卡等服务，以及投资服务等。部分网上银行还为企业提供网上贷款业务。

（6）其他金融业务：除了银行自身的业务外，大型商业银行的网上银行均通过与其他金融服务网站联合的方式，为客户提供多种金融服务产品，如保险、抵押和按揭等，以扩大网上银行的业务范围。

4. 网上银行的优势

在电子支付系统中，网上银行与传统银行相比有着明显的优势，如图 4-29 所示。

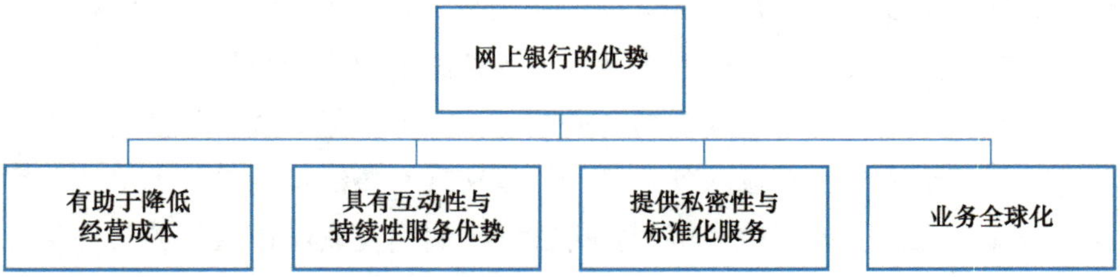

图 4-29 网上银行的优势

（1）有助于降低经营成本 在传统银行经营开支中，工资和租金占最大比例，网上银行服务则通过互联网线上处理客户需求，无须依赖密集的分行网络实体，可节省大量的人力资源，符合成本效益原则。

（2）具有互动性与持续性服务优势 网上银行系统与客户之间可以通过电子邮件、账户查询、贷款申请或档案的更新等途径，实现网络在线实时沟通。客户可以在任何时间、任何地方通过互联网获得银行的金融服务。银行业务不受时空限制，每天可向客户提供 24 小时的不间断服务。

（3）提供私密性与标准化服务 网上银行通过私码与公码两套加密系统对客户信息进行隐私保护。网上银行提供的服务比营业网点更标准、更规范，避免了因工作人员的业务素质及情绪波动所带来的服务满意度的差异。

（4）业务全球化 网上银行是一个开放的系统，是全球化的银行。网上银行利用互联网能够提供全球化的金融服务，可以快捷地进行不同语言文字之间的转换，为银行开拓国际市场创造了条件。传统的银行系统是通过设立分支机构开拓国际市场的，而网上银行只需借助互联网，便可以将其金融业务和市场延伸到全球的每个角落，把世界上每个公民都当作自己的潜在客户去争取。网上银行无疑是金融运营方式的革命，它使得银行竞争突破了国界，变为全球性竞争。

随着互联网的发展，拥有良好网络技术和营销经验的国外大型银行或其他金融机构，完全可以不在国内设立分支机构而利用网上银行争揽金融业务，抢占金融市场。网上银行业务的竞争将是无形的、无国界的。因此，网上银行将是未来中外银行竞争的主要领域。

（二）网上银行电子支付的三类方式

网上银行常用的电子支付方式可分为三大类（见图4-30）：①电子货币类，包括电子现金、电子钱包等电子现金支付方式；②银行卡类，包括智能卡、借记卡、购物卡、信用卡等银行卡支付方式；③电子支票类，包括电子支票、电子汇款（Electronic Fund Transfer，EFT）、电子划款等电子支票支付方式。它们在交易、支付和结算过程中都有各自的特点。

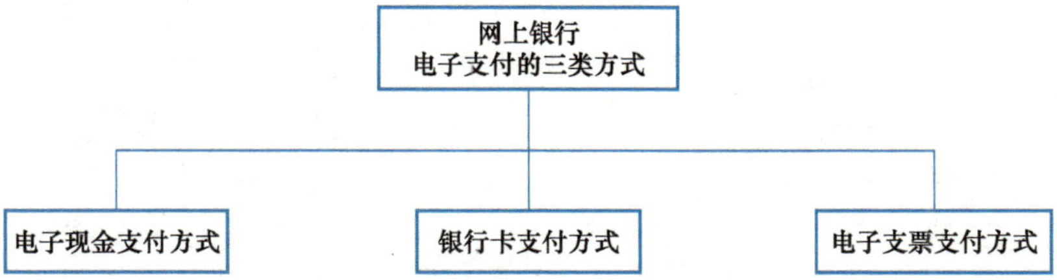

图4-30 网上银行电子支付的三类方式

1. 电子现金支付方式

（1）电子现金的含义 电子现金也称为数字现金，是一种以数据形式存在的现金货币，它把对应的现金数值转换成为一系列的加密序列数，通过这些序列数来表示现实中各种金额的币值。

要使用电子现金，用户只需在开展电子现金业务的银行开设账户并在账户内存钱，在用户对应的账户内就会生成具体的数字现金。用户在接受数字现金支付的商店购物，从账户划拨数字现金即可。例如，现在的网络游戏账户、QQ账户等都是常见的电子现金。

（2）电子现金的特征 电子现金同时拥有现金和电子化两者的优点，主要有以下四个显著特征。

1）匿名性：电子现金与纸币现金相同，不能提供用于跟踪持有者的信息，因为在交易活动中的货币没有任何标记可以证明曾经或当前的归属者。虽然电子现金可以保证交易的保密性，也能维护交易双方的隐私权，但也正因为如此，如果电子现金丢失了，与纸币现金一样无法追回。

2）成本低廉性：电子现金降低了交易的成本，因为通过互联网传输电子现金的成本远远低于传统银行系统的支付成本。传统银行完成货币的流通，需要维持许多分支机构、职员、自动取款机及各种交易系统，这一切都增加了它进行资金处理的成本。而电子现金利用已有的互联网及用户的计算机与相关的机构连接进行数据传递，比普通银行直接支付的成本少得多，对于小额交易来说，这种成本的节约优势就显得更加明显了。

3）支付便利性：电子现金可以采用若干种货币单位，并且可以像现金一样具有不同大小的货币单位。由于使用电子现金更加方便，所以在商品交易中的便利性更加明显。

4）安全性：由于具有相应的密码保护和认证环节，电子现金不仅能够安全地存储在用户的计算机或IC卡中，而且可以方便地在网络上传输。

正是因为具备以上显著特征，电子现金在网民中的使用率才会逐年升高。

（3）电子现金支付的基本流程　使用电子现金进行网上支付，需要在用户的计算机或手机上安装专门的电子现金客户端软件，在商家的服务器上安装电子现金服务器端软件，发行者需要安装对应的电子现金管理软件等。为了保证电子现金的安全性及可兑换性，发行银行还应该从认证中心申请数字证书，以证实自己的身份，并利用非对称加密技术进行数字签名，其支付的基本流程如图4-31所示。

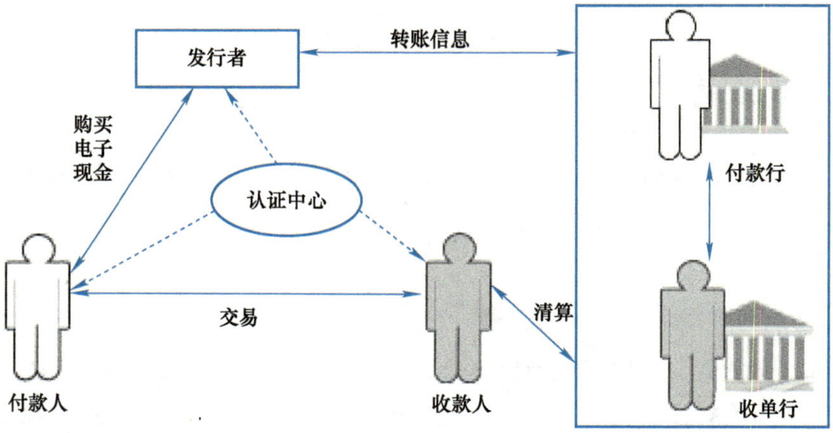

图4-31　电子现金支付的基本流程

1）预备工作：付款人（客户）、收款人（商家）、发行者都要在认证中心申请数字证书，并安装专用软件。付款人从发行者处开设电子现金账号，并用其他支付方式存入一定数量的资金（如使用银行转账或信用卡支付方式），利用客户端软件兑换一定数量的电子现金。接受电子现金付款的商家也要在发行者处注册，并签约收单行用于兑换电子现金。

2）付款人与收款人达成购销协议，付款人验证收款人身份并确定对方能够接受相应的电子现金支付。

3）付款人将订单与电子现金一起发给收款人。这些信息要使用收款人的公开密钥进行加密，收款人查看这些信息时要使用自己的私钥进行解密。

4）收款人收到电子现金后，可以要求发行者将其兑换成纸币现金。发行者通过银行转账的方式将纸币现金转到收单行，然后收款人与收单行进行清算。

2. 银行卡支付方式

银行卡（Bank Card）是指由商业银行向社会发行的具有消费信用、透支、转账结算、存取现金等全部或部分功能的信用支付工具。银行卡是目前应用最为广泛的电子支付方式，也是金融服务的常见方式，可在各种消费场所中使用。银行卡可采用联网设备在线刷卡记账、POS 机结账、ATM 提取货币等方式支付。

（1）银行卡的种类　银行卡是由金融机构中的银行发布的具有金融货币流通功能的智能卡、借记卡、信用卡等的总称。按照采用的存储技术，银行卡又称为磁卡、智能卡。目前银行卡的主要品种有智能卡、借记卡、信用卡、储值卡等多种类型，其中信用卡是最主要的、使用最广泛的一种银行卡。

（2）银行卡的支付种类　按不同的支付流程安全性程度，可以把银行卡支付分为三种方式：通过第三方代理人的银行卡支付方式、简单加密银行卡支付方式、SET 银行卡支付方式。

（3）银行卡的支付平台　目前，我国各大金融机构都纷纷推出了经中国人民银行批准、商家和消费者认可的银行卡支付平台，它们的服务方式尽管各有不同，但都可以提供给消费者比较安全、完善的银行卡支付服务。

（4）银行卡支付的基本流程　银行卡支付流程种类繁多，由于篇幅有限，在此不宜一一介绍。请读者结合自己的实际需要，通过网络或电话等渠道了解银行卡支付的流程。一般来说，每家银行的网站都可以浏览和下载到银行卡支付流程的演示版。

（5）银行卡的优点　使用银行卡的十大优点，如图 4-32 所示。

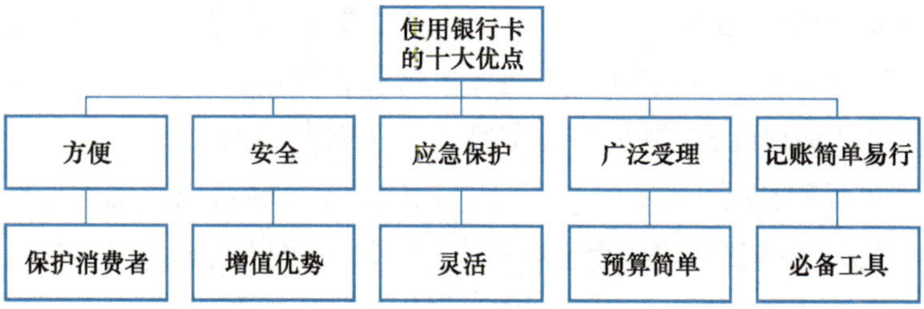

图 4-32　使用银行卡的十大优点

1）方便：信用卡和借记卡能够让消费者轻松、便利地购物，无须现金、支票以及额外的查验过程。

2）安全：如果丢失信用卡或借记卡，消费者只需通知发卡行紧急挂失便能有效地避免银行卡被非法使用。2021 年 5 月 25 日，最高人民法院发布了《关于审理银行卡民事纠纷案件若干问题的规定》明确规定，银行卡被伪卡盗刷或网络盗刷可向银行索赔，进一步维持了持卡人利益。

3）应急保护：信用卡能够帮助消费者度过其所能想象的任何紧急情况。它可以像一张安全网一样在大多数情况下帮助消费者。

4）广泛受理：国际信用卡和借记卡可以被全球范围内商户所接受。如果需要现金，可以在遍布世界各地的可接受消费者的国际信用卡或借记卡的自动柜员机或银行柜台进行提取。

5）记账简单易行：信用卡和借记卡能够帮消费者记录本月的所有交易，使消费者更加轻松地了解自己的消费情况。

6）保护消费者：在使用信用卡购买商品或服务时，如果不满意，消费者拥有更多的回旋余地，因为发卡行可以代表消费者进行调解。有关解决持卡人和商户间纠纷的规定，请咨询发卡行。

7）增值优势：许多信用卡都具有消费打折、现金返还、慈善捐赠或者其他特殊增值功能，这一切是现金支付无法实现的。

8）灵活：如果在商场里看到消费者真正需要的、限时销售的商品，此时并未携带现金，但又不希望错过这次大减价的机会，信用卡能够让消费者立即实现心愿。而且还能享受优惠的价格，可根据消费者个人的消费计划购买商品。

9）预算简单：借助信用卡，消费者可以有计划地购买大件消费品，根据消费者的预算安排支出。

10）必备工具：信用卡或者借记卡是租用车辆、预订宾馆房间的必备工具。信用卡或借记卡也能简化网购流程，目前已成为在线购物的有效途径之一。

3. 电子支票支付方式

（1）电子支票的含义　电子支票（Electronic Check 或 E-check）是指由金融服务技术联合会（FSTC）倡导的，以纸质支票的电子替代品而存在的，吸引不想使用现金而宁可使用信用方式的个人客户和公司客户的支付工具。电子支票仿真纸质支票，用电子方式启动，使用电子签名做背书，并且使用数字证书来验证付款人、付款银行和银行账号。电子支票的安全、认证工作是由利用公开密钥算法的数字签名技术来完成的。

由于电子文档可以取代纸质文档，而基于公钥的数字签名可以替代手写签名，所以使用电子支票取代纸质支票，不需要创建一个全新的支付手段，可以充分利用现有的支票处理基础设施（如法律政策和商业环境等）。在充分利用电子支付手段的前提下，可以对付款人、收款人、银行和金融系统带来尽量少的影响。银行的基础设施与网络的集成是电子支票的基础。

（2）电子支票的基本流程　电子支票的基本流程图描述了电子支票流转过程中的实体关系，如图4-33所示。

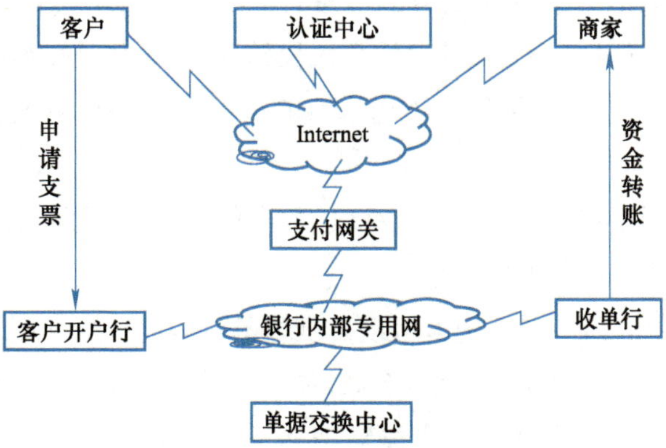

图4-33　电子支票的基本流程图

提示

折线表示电子商务实体之间通过网络进行信息传递，箭头表示实体之间通过网络进行信息传递，只不过尤其强调信息传递过程中业务发生的主要方向。

1）客户到银行开设支票存款账户，存入资金，并申请电子支票的使用权。

2）客户开户行审核申请人的资信情况，决定是否给予使用电子支票的权利。

3）客户通过互联网选购商品，并通过认证中心确认商家，然后填写订单，相关信息处理完毕后，使用电子支票生成器将开户行发放的授权证明文件及完成此笔交易需支付的电子支票一同发往商家。

4）商家通过支付网关连接银行内部专用网，并将电子支票信息发往收单行请求验证，此时单据交换中心对相关单据进行存储和处理。然后，收单行将通过银行专用网验证后的客户相关信息再传回商家。

5）经验证确认客户提供的支票有效后，商家就可以确认客户的购物行为了，并组织相关机构完成发货等环节。

6）商家于支票到期前，将支票向收单行背书提示，请求兑付，即实现转账。

（3）电子支票的优势　在上述交易流程中，电子支票的优势主要体现在以下几个方面。

1）利用电子支票方式付款可以脱离现金和纸张进行，客户通过计算机或 POS 机获得一个电子支票证明，而不是邮寄支票或直接到银行柜台前付款，这样可以减少因事务性活动而产生的费用，而且会大大提高处理速度。

2）电子支票的即时认证功能可以加快交易的速度，并在一定程度上保障交易的安全性，减少了处理传统支票的时间成本和财务成本，对支票丢失或被盗的挂失处理也方便、有效得多。

3）电子支票可以为新型的在线服务提供便利。它支持新的结算流（收款人可证实付款人在银行里有足够的资金），它可以自动证实交易双方的数字签名，增强每个环节上的安全性，还可以与基于 EDI 的电子订货系统集成来实现结算业务的自动化。

4）电子支票的运作方式与传统支票相同，简化了客户学习的过程。电子支票基本上保留了传统支票的基本特性和灵活性，并且加强了自身的功能，因而易于被理解和接受。

5）电子支票可为企业市场提供服务。企业运用电子支票在网上进行结算，比采用其他方法更方便、更快捷。

6）电子支票要求把公共网络与金融专用网连接起来，这就充分发挥了现有的金融结算基础设施和公共网络的作用。

电子支付最终采用何种方式，交易双方应该在互相沟通的基础上，结合相应的社会文化、政治经济、法令政策等背景来具体分析，否则很难实现最终的交易。

四、第三方电子支付

随着电子商务的快速发展，独立于银行和商家的第三方电子支付已成为中国电子支付体系中一种不可或缺的支付方式。

（一）第三方电子支付概述

1. 第三方电子支付的含义

在网络交易中，一方面，交易本身最核心的问题是资金流转，它需要在线支付工具的帮助才能实现；另一方面，资金流转是否安全、是否能够保证买卖双方恪守信用，则需要支付工具提供类似于银行“信用证”服务的信用中介功能。

在证券市场上，购买股票的买家不直接将款项支付给卖家，而是支付给第三方存管（指证券公司将客户的证券交易结算资金交由银行等独立第三方存管）服务商；出售股票的卖家不直接向买家收取款项，而是向第三方存管服务商收取。这种“客户交易结算资金第三方存管”的机制有效地避免了券商挪用客户交易结算资金的问题，可以防范系统风险，维护证券市场的稳定，更好地保护投资者的利益，并且促进了股市的健康、快速发展。同样，可以将客户和商家的信息（如银行账号、信用卡号）交由信任的第三方进行托管和维护，这样可以使网络用户坦然地利用网络进行交易，解除网络用户最为担心的支付安全问题，促进网络交易健康、快速的发展。

第三方电子支付是指具备一定实力和信誉保障的独立机构，采用与各大银行签约的方式，提供与银行支付结算系统接口的、网络交易的一种支付平台。网络支付平台是为各种网络购物（包括 B2B、B2C、C2C 和 G2B）提供网络购物安全支付服务的计算机网络系统。第三方电子支付平台既不是银行投资的，也不是为了给自身经营提供支付服务的，而是给互联网中的大量企业与个人提供支付服务的平台。

第三方电子支付服务商是指中立于网上交易双方的，中立于电子商务企业与银行的，自行建立支付平台连接交易双方，连接电子商务企业与银行，提供网上购物资金划拨渠道的独立法人。

第三方电子支付的实质是以其信用为中介，收款人和付款人不直接进行交易结算而通过第三方支付。第三方电子支付是基于互联网的，提供线上（互联网）和线下（电话及手机）支付渠道，完成从消费者到商家的在线货币支付、资金清算、查询统计等系列过程的一种支付交易方式。

2. 第三方电子支付的发展

目前，第三方电子支付的发展速度已远远超过银行业和监管机构的想象。

据 2020 年发布的《中国互联网络发展状况统计报告》显示，截至 2020 年 6 月，我国网络支付用户规模达 8.05 亿，移动支付用户规模达 8.02 亿人。我国第三方支付用户规模已突破 8 亿人，交易规模持续扩大，且呈现稳步上升的态势，如图 4-34 所示。

总体来看，我国第三方支付综合支付市场交易规模逐年增长，竞争格局已基本形成，微信支付和支付宝等机构凭借着二维码支付，抢占线下市场，在第三方支付市场占据较大的份额。随着“互联网 +”赋能传统产业的改革，未来我国第三方支付行业规模将持续稳定增长。

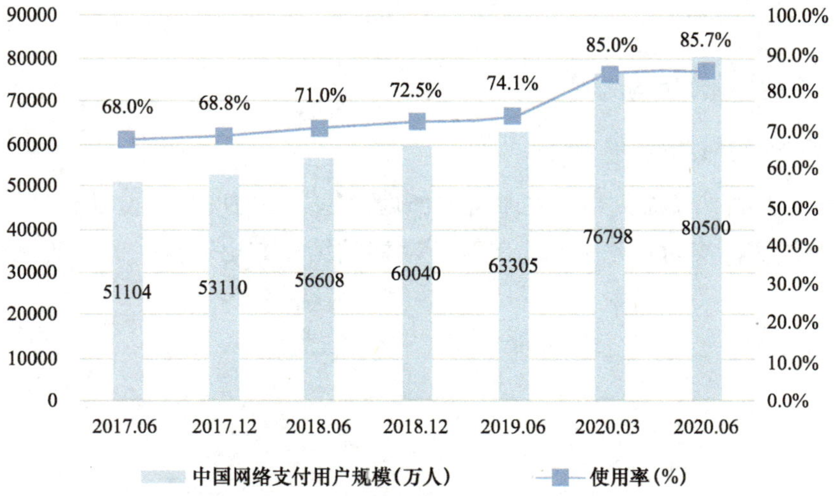

图 4-34　2017 ～ 2020 年我国网络支付用户规模（单位：万人）

（二）第三方电子支付的特点

第三方电子支付具有三个突出的特点：便利性、安全性、信用保障性。

1. 便利性

第三方电子支付平台提供一系列的应用接口程序，将多种银行卡支付方式整合到一个界面上，并且负责交易结算中与银行进行对接，使网上购物更加快捷、便利。第三方电子支付服务商可以连接多家银行，打破银行间的壁垒，使商家能够同时利用多家银行的支付通道。

消费者和商家不需要在不同的银行开设不同的账户，第三方电子支付可以帮助消费者降低网上购物的成本，帮助商家降低运营成本；同时，还可以帮助银行节省网关开发费用，并为银行带来一定的潜在利润。

2. 安全性

较之 SSL、SET 等支付协议，利用第三方电子支付平台进行支付操作更加简单，而且易于接受。在 SSL 协议中需要验证商家的身份。在 SET 协议中，各方的身份都需要通过认证中心进行认证，程序复杂，手续繁多，速度慢且实现成本高。第三方电子支付平台使商家和客户之间的交涉由第三方来完成，使网上交易变得更加简单。

3．信用保障性

第三方电子支付平台本身依附于大型门户网站，且以与其合作银行作为信用依托，因此第三方支付平台能够较好地突破网上交易中的信用问题。从理论上讲，第三方电子支付杜绝了电子交易中的欺诈行为，有利于推动电子商务的快速发展。

当然，第三方电子支付服务商不得以任何方式恶意占压资金、非法套现、挪用或转移资金以及非法融资等。

（三）第三方电子支付的流程

1．第三方电子支付的一般流程

第三方电子支付的资金划拨是在平台内部进行的，且划拨的是虚拟资金。真正的实体资金还需要通过实际支付层来完成，有担保功能的第三方电子支付的一般流程如图 4-35 所示。

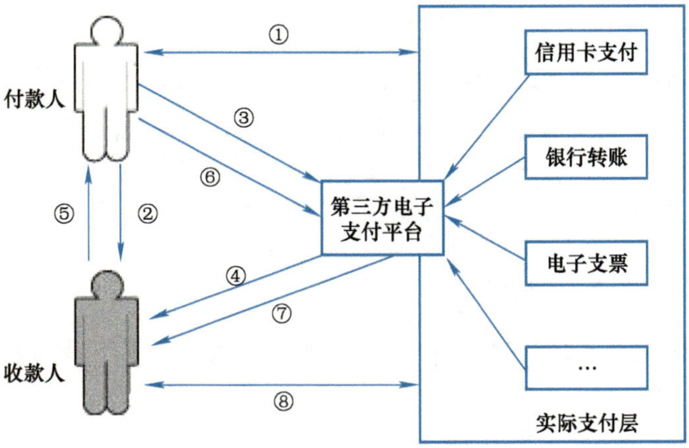

图 4-35 第三方电子支付的一般流程

①付款人将实体资金转移到第三方电子支付平台的支付账户中。

②付款人购买商品或服务。

③付款人发出支付授权，第三方电子支付平台将付款人账户中相应的资金转移到自己的账户中保管。

④第三方电子支付平台告诉收款人已经收到货款，可以发货。

⑤收款人完成发货许诺或完成服务。

⑥付款人确认可以付款。

⑦第三方电子支付平台将临时保管的资金划拨到收款人账户中。

⑧收款人可以将账户中的款项通过第三方电子支付平台和实际支付层的支付平台兑换成实体货币，也可以用于购买商品。

2. 支付宝支付的流程

支付宝是应用范围非常广的第三方电子支付平台，支付宝支付的流程如图 4-36 所示。

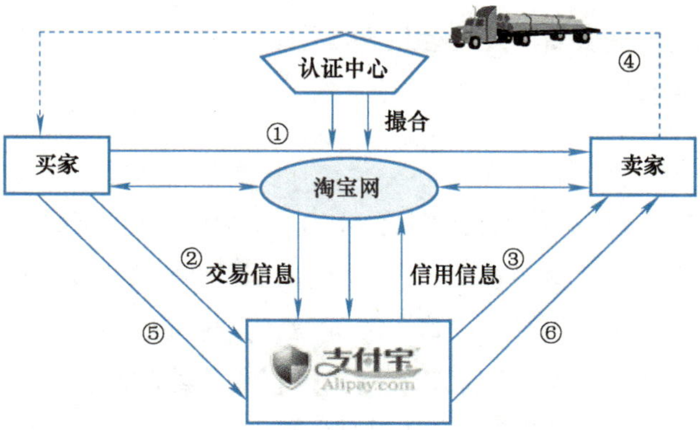

图 4-36　支付宝支付的流程

①买家在电子商务网站上选购商品，最后决定购买，买卖双方在网上达成交易意向。

②买家选择第三方作为交易中介，将货款划到支付宝账户。

③第三方电子支付平台将买家已经付款的消息通知卖家，并要求卖家在规定时间内发货。

④卖家收到通知后按照订单配送发货。

⑤买家收到货物并验证后，通知第三方电子支付平台（支付宝）付款。

⑥第三方将支付宝账户上的货款划入卖家账户中，交易完成。

支付宝是安全、便捷的网上支付系统，且与多家银行全面合作。支付宝为卖家免费建立网上支付系统，提供实时结算、信用中介的服务；支付宝为买家提供信用担保、全额赔付的服务，保障其放心购物。支付宝为互联网诚信体系建设所做出的努力已得到普遍认可。

采用第三方电子支付可以安全实现从消费者、金融机构到商家的在线货币支付、现金流转、资金清算、查询统计等流程，为商家开展 B2B、C2C、B2C 等电子商务服务和其他增值服务提供完善的支持。由此可见，第三方电子支付平台与第三方电子商务平台之间既相对独立又相辅相成。

五、移动支付

随着电子支付的发展，支付方式越来越灵活，以移动设备为载体的支付方式因便捷而得到广泛推广。

（一）移动支付概述

1. 移动支付的含义

移动支付是互联网时代一种新型的支付方式，是第三方支付的衍生品，也称为手机支付。

移动支付是指用户通过使用移动终端（通常是手机）对所消费的商品或服务进行电子货币支付的一种支付方式。单位或个人通过移动设备、互联网或者近距离传感直接或间接向银行金融机构发送支付指令而产生货币支付与资金转移行为，从而实现移动支付功能。移动支付将终端设备、互联网、应用提供商以及金融机构相融合，为用户提供货币支付、缴费（缴纳话费、燃气、水电等生活费用）等金融服务。

2. 移动支付的发展

早在1999年，国内最早的移动支付就已经出现。2002年，银联推出了手机短信支付模式，方便用户使用手机进行查询、缴费。2011～2012年间，中国联通、中国移动、中国电信先后成立了电子商务公司，同时，在这一时间段，支付宝推出了条形码支付业务，拉开了移动支付的序幕。此后，微信支付、京东支付、财付通等移动支付平台大量兴起，逐渐形成以支付宝为首，多家支付平台共同竞争发展的局面。

2021年2月1日，中国银联发布了《2020移动支付安全大调查研究报告》。报告显示：98%的受访者选择把移动支付作为最常用的支付方式；全年平均每人每天使用移动支付的频率是3次；此外，二维码支付已经成为人们最常用的移动支付方式，用户占比超过85%。

（二）移动支付的特点

1. 时空限制小

移动支付打破了传统支付对于时空的限制，使用户可以随时随地进行支付活动。传统支付以现金支付为主，需要用户与商户之间面对面支付，因此，对支付时间和地点都有很大的限制；移动支付以手机支付为主，不受时间地点的限制，用户可随时根据需要进行账户的查询、转账以及购物消费等活动，也方便用户对个人账户动态的及时掌握。

2. 便利性高

移动支付采用的是电子支付的方式，用户不需要携带现金，只要一部手机在手即可完成各种交易，这为用户的生活提供了极大的便利。

3. 使用范围广

移动支付使用范围非常广，为用户提供了多种不同类型服务。例如用户可以通过手机进行实地消费、网上购物等各类支付活动，用户可以通过手机缴纳家里的水、电、燃气费；用户可以通过手机进行个人账户管理。

（三）移动支付的一般流程

相对于其他的支付方式，移动支付的支付流程比较简洁，即在金融机构和移动运营商的维系下实现资金从消费者账户到商家账户的过程，如图4-37所示。

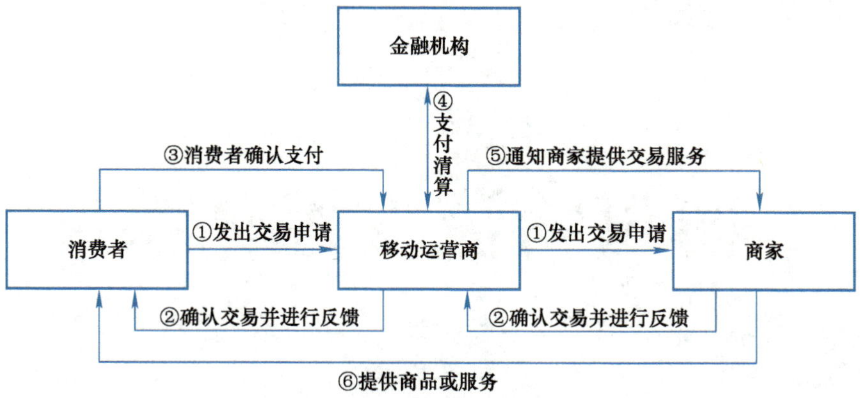

图 4-37　移动支付的流程

① 发出交易申请：消费者发出商品选择与购买的申请指令，该指令通过移动运营商支付管理系统发送到商家的商品交易管理系统。

② 确认交易并进行反馈：商家在收到消费者发出的交易指令后，将确认指令通过移动运营商支付管理系统反馈回消费者的手机终端。

③ 消费者确认支付：消费者发出确认支付的操作指令，移动运营商支付管理系统进行交易的详细记录工作。

④ 支付清算：移动运营商对金融机构发出指令，在消费者和商家之间进行支付的清算工作。

⑤ 通知商家提供交易服务：移动运营商通知商家支付已完成，要求其提供交易服务。

⑥ 提供商品或服务：商家接收到移动运营商的通知后，向消费者提供其所购买的商品或服务。

近年来，随着移动支付的不断普及，支付宝、微信等移动支付平台的不断发展壮大，越来越多的用户开始使用手机进行移动支付。现如今，人们乘车、吃饭、娱乐、购物等活动均可以扫码付款，水电费、燃气费、供暖费、话费等生活缴费也都可以通过移动支付完成，移动支付已渗透到人们生活的方方面面。同时，移动支付服务也已延伸到了国外，支付宝、微信等移动支付平台逐渐在国外兴起。

第五单元
初识物流支撑体系

知识目标

通过网上查询两家快递公司的相关信息，了解快递公司的经营内容和运作方式。

本单元重点介绍电子商务总体框架中的第四要素：物流配送中心。具体包括物流的含义、物流的发展、电子商务对现代物流业的影响、第三方物流的应用以及企业物流等方面的内容。

能力目标

会使用关键词上网查找物流公司的信息；能够对不同的物流公司网站上的信息进行对比分析，并学会筛选重要信息。

学海导航

1. 知识卡片

国家标准 GB/T 18354—2021《物流术语》中对物流下的定义：物流（Logistics）即物品从供应地向接收地的实体流动过程。根据实际需要，它是对运输、储存、装卸、搬运、包装、流通加工、配送、信息处理等基本功能实施的有机结合。

现代物流是指将信息、运输、仓储、库存、装卸搬运以及包装等物流活动综合起来的一种新型的集成式管理，其任务是尽可能降低物流的总成本，为消费者提供最好的服务。

第三方物流又称为合同制物流，是指生产经营企业为集中精力搞好主业，把原来属于自己处理的物流活动，以合同方式委托给专业物流服务企业，同时通过信息系统与物流服务企业保持密切联系，以达到对物流全程的管理和控制的一种物流运作与管理方式。

物流企业（Logistics Enterprise）是指业务涉及运输、储存、装卸、搬运、包装、流通加工、配送、信息处理等基本活动，并将它们根据实际需要进行有机结合的，从事物流活动的经济组织。

配送中心是指从事货物配备（即集货、加工、分货、拣选、配货）和组织对客户的送货，以高水平实现销售和供应服务的现代流通设施。配送中心是基于物流合理化和发展市场两个需求而发展起来的，是以组织配送式销售和供应、执行实物配送为主要功能的流通型物流结点。

2. 概念地图

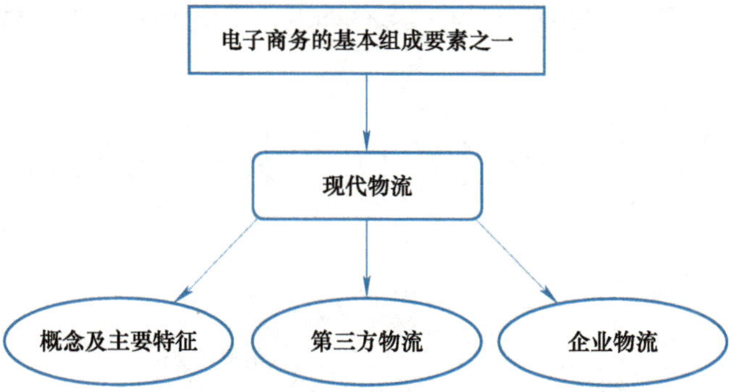

要点提示

本单元的内容是围绕“现代物流”这一核心概念展开的，“概念地图”所展示的逻辑关系反映的是本单元知识及其内在联系，下面进行分别说明。

（1）要深入全面地理解“现代物流”的内容，就必须了解物流的发展。

（2）随着经济全球化的发展趋势，企业不能再面面俱到，社会化大分工使物流行业更加专业，第三方物流随着物流行业的发展而产生并日渐成熟。

（3）“企业物流”介绍了不同类型的公司在物流的组织与管理上的不同选择，生产企业物流、商业企业物流以及配送中心物流都有其各自的特点和运作流程，了解它们之间的不同，将会有助于对现实存在的物流公司进行了解与认识。

3. 为您支招

（1）本单元通过初识快递公司的体验来导入电子商务物流支撑体的学习，在您对快递公司有了初步的感性认识的基础上，展开相关知识点的介绍，这样能使您更好地理解概念性的内容。

（2）在学习中，建议重点掌握“体验式学习”的方法，并能将这一方法贯穿在本单元的整个学习过程中。

（3）在学习中，要主动参与教学中的实践活动，学会分析归纳知识的方法与技巧。运用其方法，可以在网络上了解更多物流管理方面的知识，充实物流管理的知识。不断进行实践训练，积累和提高电子商务的专业技能和技巧。

（4）借助“概念地图”正确理解和掌握本单元的主要专业术语、知识要点和各知识要点之间的内在逻辑联系，通过联想记忆、归纳等学习方法将零散的知识点浓缩成简单易记的知识链。

（5）通过有针对性地浏览快递公司的网站，了解快递这一物流形态的特点与运作方式，积累相关知识，加深对电子商务物流的理解，从而增强对所学课程、专业的兴趣，激发学习的热情并明确学习的目的。下面提供了一些快递公司的企业网站：顺丰速运（https://www.sf-express.com）、中国邮政速递物流（https://www.ems.com.cn）、申通快递（http://www.sto.cn）。

模块一　电商体验：初识快递公司

随着网络的发展与普及，网上购物逐渐成为一种日常行为，网上订购的商品是如何到达消费者手中的呢？是否有专业的公司来提供这样的服务呢？这些公司是如何运作的呢？……带着这些问题，让我们一起来寻找答案吧！

情景设置

随着电子商务的日渐普及，网上购物逐渐成为一种日常行为，异地的商品如何送到消费者手中关系到电子商务能否顺利实施。在前面的学习中，同学们体验了网上购物的操作过程，在此基础上，让我们更深入地了解有关物流公司的基本情况，看看在电子商务红红火火的背后是哪些行业给它提供着坚强有力的支持。为此，请同学们浏览以下两家物流公司的网站，有针对性地了解这两家公司的基本情况，并进行比较分析，发现各自的优劣、异同。

查询网站：圆通速递（https://www.yto.net.cn）、联邦快递（中国）（https://www.fedex.com/zh-cn/home.html）。圆通速递是国内的物流公司，联邦快递（中国）是美国联邦快递公司在中国的分公司，通过国内与国际物流公司的对比，对物流公司有个基本的认识。

操作指南

步骤一： 双击桌面上的浏览器，登录圆通速递公司的网站（https://www.yto.net.cn），如图 5-1 所示。

图 5-1　圆通速递公司网站

步骤二： 单击网站上“关于我们”链接，了解圆通速递公司的基本情况，如图 5-2 所示。

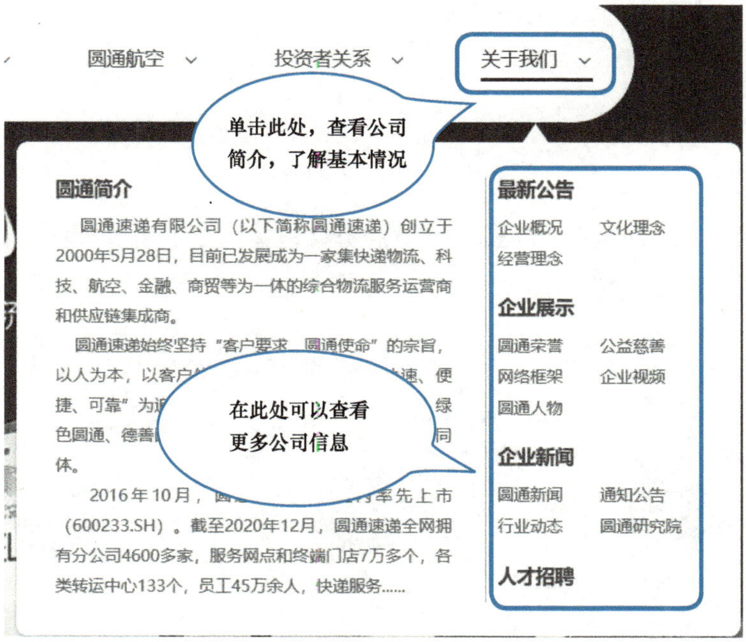

图 5-2　公司简介页面

步骤三： 单击首页“圆通速递”和“圆通国际”链接，了解圆通速递公司提供的快递业务种类，如图 5-3 所示。

步骤四： 单击“产品服务”下的“时效产品”链接，显示提供的产品服务，如图 5-4 所示。单击“即日达”产品，了解快递产品的详细信息。

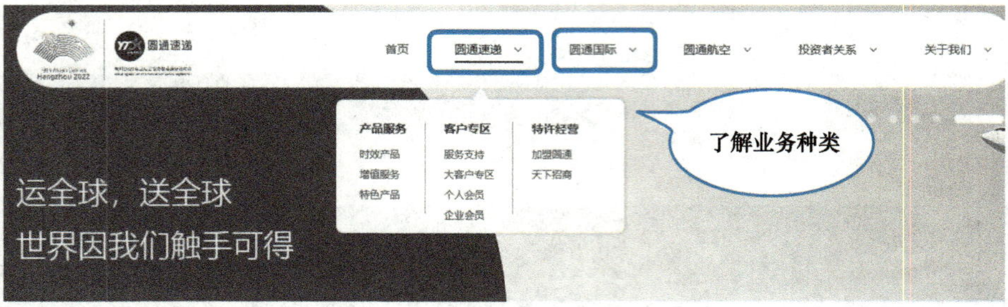

图 5-3 了解业务种类

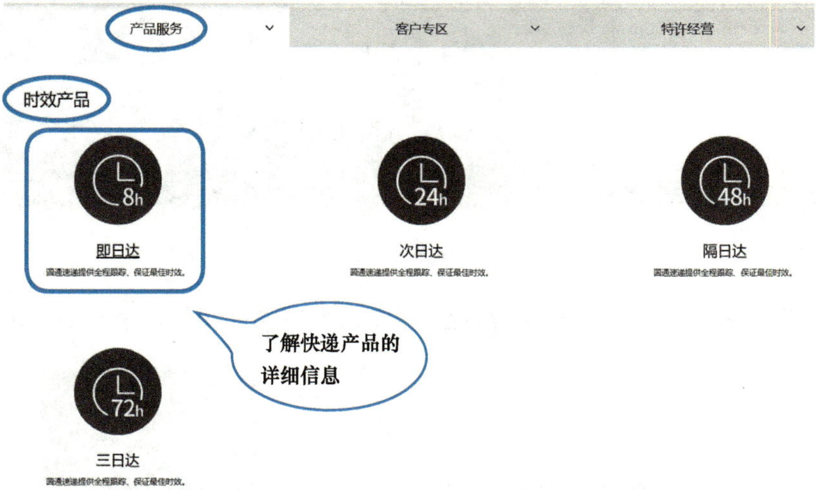

图 5-4 圆通速递的时效产品

步骤五：单击“产品服务”下的“增值服务”链接，显示增值服务的种类，了解保价服务的具体内容，如图 5-5 所示。

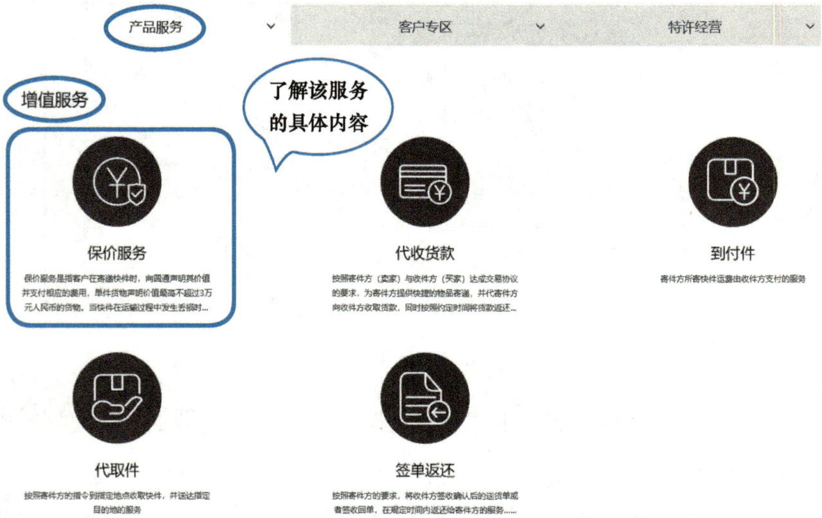

图 5-5 圆通速递的增值服务

步骤六：比照查询圆通速递公司的方法，了解联邦快递（中国）公司的相关情况，其网址为“https://www.fedex.com/zh-cn/home.html”，如图 5-6 所示。

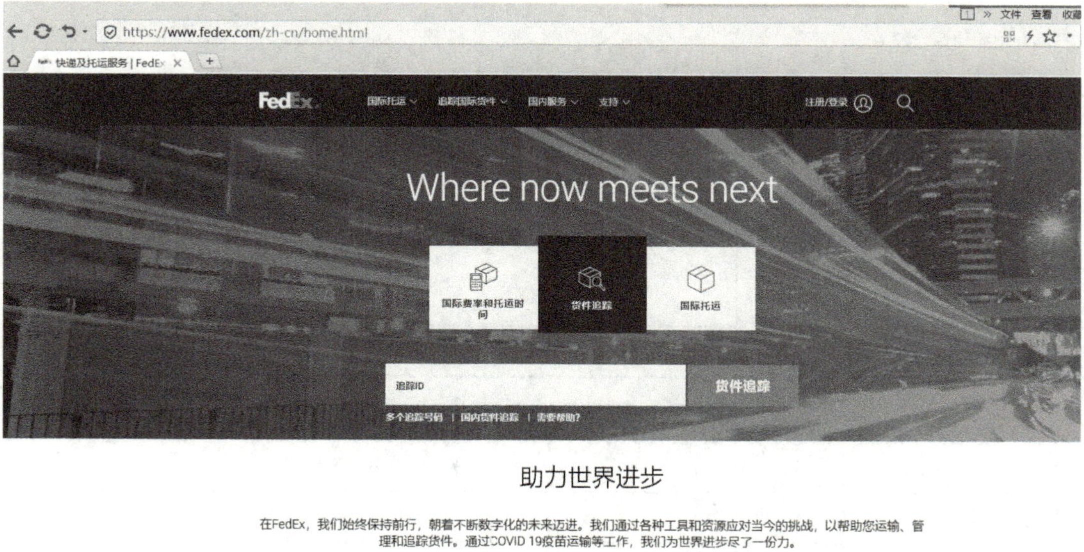

图 5-6　联邦快递（中国）公司网站

体验报告 >>>>

目的：通过上网搜索，初步了解具有代表性的两家物流公司的基本情况，对中国物流市场有个感性的认识。

内容：根据教材提供的网址，收集相关的信息。

要求：以独立形式或小组合作形式完成；按表 5-1 的要求填入有关内容；按表 5-2 的要求，对操作方法和技巧的掌握程度进行评价。

表 5-1　初识快递公司体验报告

公司名称	圆通速递	联邦快递（中国）
网　址	https://www.yto.net.cn	https://www.fedex.com/zh-cn/home.html
公司简介： ◆ 成立时间 ◆ 经营内容 ◆ 主要业务 ◆ 其他		
产品（服务）类型		

（续）

公司名称	圆通速递	联邦快递（中国）
产品介绍（任选一种）		
网点分布		
特色推介		
备　　注		

表 5-2　初识快递公司体验活动评价表

评价项目	分值 / 分	自我评价	小组评价	教师评价	标　　准
进入公司网站	10				熟练掌握：85 ～ 100 分 基本掌握：75 ～ 84 分 部分掌握：60 ～ 74 分 没有掌握：60 分以下
了解公司概况	10				
公司主营业务	20				
产品（服务）类型	20				
具体产品详细介绍	20				
业务网点	10				
企业特点	10				
合　　计	100				

模块二　知识探索：电商物流之路

通过网上查询，对目前快递公司的基本状况有了初步的感性认识，在此基础上，我们将继续学习现代物流的更多知识。

一、物流概述

1. 物流的概念

“物流”这一概念最早出现于美国，1915 年由美国学者阿奇·萧在《市场流通中的若干问题》一书中提出。20 世纪初，西方一些国家正处于经济危机之中，存在着较严重的生产过剩和需求不足的问题，企业界为了扩大销售，提出了销售和物流的问题，着重研究在销售过程中的物流问题。随着第二次世界大战爆发，围绕着战争物资供应，美国军队建立了“后勤（Logistics）”理论，并将其用于战争活动中。“后勤”理论是指将战时物资生产、采购、运输、配给等活动作为一个整体进行统一布置，以求战略物资补给的费用更低、速度更快、服务更好，实践证明，这一理论的应用取得了很好的效果。战后，“后勤”理论被应用到现代经济生活中，逐步演变为今天的物流，并且其内涵也得到了更进一步的推广，涵盖了整个生产过程和流通过程，从生产领域的原材料采购、生产过程中的物料搬运与厂内物流到商品流通过程中的物流。

“物流”这一概念于 20 世纪 70 年代末 80 年代初从日本引入我国。在物流概念被引入我国之前，我国实际上一直存在着物流活动，即运输、保管、包装、装卸、流通加工等物流活动，其中主要是存储运输，即储运活动。但这种物流与国外的物流业还是有差别的，主要差别在于：①物流比储运所包含的内容更广泛，一般认为物流包括运输、保管、配送、包装、装卸、流通加工及相关信息活动，而储运仅指储存和运输两个环节，其中涉及的包装、装卸、流通加工及信息活动并不包含在储运概念之中；②物流强调储运活动的系统化，从而达到整个物流活动的整体最优化，储运则不涉及存储、运输及其他活动整体的系统化和最优化问题；③物流是一个现代的概念，在二战后才在各国兴起，而在我国储运是一个十分古老、传统的概念。

由于市场经济条件下任何一种行为都不可能固定地长期不变，因此，物流始终没有一个权威性的定义，其包含的内容也在不断地变化。目前，国内外尚没有一个统一的概念，各种提法也各不相同，但大体意思是相同的。

在我国较权威的定义是国家标准 GB/T 18354—2021《物流术语》中对物流下的定义：“物流（Logistics）即物品从供应地向接收地的实体流动过程。根据实际需要，它是对运输、储存、装卸、搬运、包装、流通加工、配送、信息处理等基本功能实施的有机结合。”

上述定义是诸多物流定义中比较全面的，它突出了物流的两个重要特点：

（1）物流是为了满足用户需求而进行的活动。换言之，物流管理的目标是为了达到一定的客户服务水平。

（2）物流是一个计划、管理、控制的过程。也就是说，物流是一种管理的理念和方法。

2. 物流的发展

回顾物流的发展近几十年的发展历程，人们对物流的研究和应用已经从早期商品销售为主的传统物流阶段，进入了将原材料的采购、商品的生产、传统物流和商品销售的全过程予以综合考虑的综合物流阶段，而随着生产和社会的发展以及科学技术的进步，新的管理思想、技术和工具在物流的各个环节中得到应用，现代物流发展新阶段已经到来。

物流的发展大致经历了三个阶段，如图 5-7 所示。

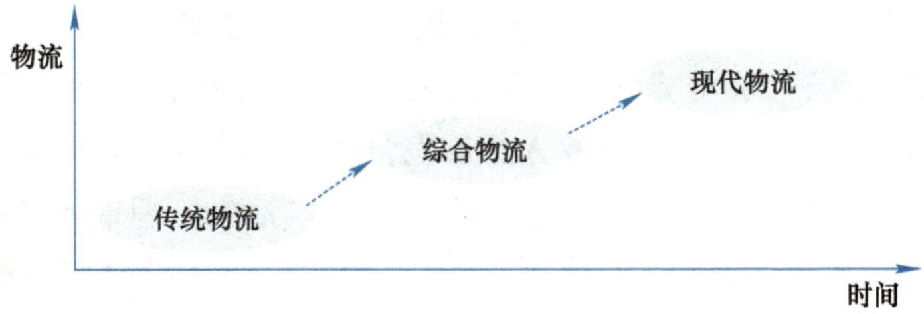

图 5-7 物流发展的三个阶段

（1）传统物流　传统物流的作用领域以商品的销售作为主要对象，完成将生产的商品送交消费者的过程中所发生的各种活动，包括企业内部原材料的接收、保管，产成品的接收和保管，工厂或物流中心的运输等。传统物流追求的目标是以尽可能低的成本，给消费者以尽可能好的物流服务，具体包括以下内容：

1）准确地按预定期限将商品送交消费者。

2）尽可能减少商品供应的断档。

3）适当安排物流节点，提高配送效率，保持适当库存。

4）在运输、保管、搬运、包装、流通加工方面，实现省力化、合理化。

5）尽可能使从接受商品的订货到发货、配送等过程的信息通畅。

6）尽可能使物流的成本最小化。

传统物流的功能是克服商品从生产到消费的地域和时空阻隔的一种物理性的经济活动，即把生产的商品送交消费者的过程中的各项活动或把所需的商品在指定场所、指定时间、以指定的价格送交消费者。这中间包括了在物流过程中对商品的运输、保管、搬运、流通加工、信息情报等功能，因此物流不仅仅是商品简单的“物”的流动，而是商品流通这一经济活动的全过程。

（2）综合物流　随着经济的发展，人们对物流的研究和应用从早期以商品销售为主的传统物流阶段，进入了将原材料的采购、商品的生产、传统物流和商品销售的全过程予以综合考虑的综合物流阶段。

综合物流的作用领域包括企业运营中的原材料采购、商品生产、商品销售、传统物流和多余材料的回收及生产废弃物的处理等各个过程。其功能是在搞好企业内部物流的整体最佳状态的同时，搞好企业外部从供应商到最终消费者各个渠道的整个“物”的流动，追求包含采购、生产、销售、传统物流在内的物流的整体最佳状态，达到使商品的需求和供给互相契合的供需综合平衡。

综合物流的目的是满足消费者的期望，不仅要统一管理企业内部的“物”的流动，而且要和企业外部的供应商、批发商和零售商相互协调，追求“物”的流动的综合效果和一体化，达到提高效益、增加销售和盈利的企业目标。

（3）现代物流　随着生产和社会的发展以及科学技术的进步，新的管理思想、技术和工具在物流的各个环节中得到应用，现代物流阶段已经到来，其标志是物流活动领域中各环节的技术水平得到了不断的提高。

现代物流是指将信息、运输、仓储、库存、装卸搬运以及包装等物流活动综合起来的一种新型的集成式管理，其任务是尽可能降低物流的总成本，为消费者提供最好的服务。现代物流不仅单纯地考虑从生产者到消费者的货物配送问题，而且还考虑从供应商到生产者对原材料的采购以及生产者本身在产品制造过程中的运输、保管和信息等各个方面，全面地、综合性地提高经济效益和效率的问题。因此，现代物流是以满足消费者的需求为目标，把制造、运输、销售等市场情况统一起来考虑的一种战略措施。这与传统物流把它仅看作是“后勤保障系统”和“销售活动中起桥梁作用”的概念相比，在深度和广度上又有了进一步的增加。现代物流的核心目标是在物流全过程中以最小的综合成本来满足消费者的需求。

现代物流作为一种先进的组织方式和管理技术，一般包括物流活动（物流诸多功能的实施与管理过程）、物流作业（实现物流功能时所进行的各项具体操作活动）和物流技术（物流活动中所采用的自然科学与社会科学方面的理论、方法以及设施、设备、装置与工艺的总称等）。大量数据表明，现代物流可以降低流通费用，降低物流消耗。例如，20 世纪 70 年代美国物流成本平均相当于 GDP 的 13.7%，1989 年为 11.1%，到 1996 年降到 10.5%。所以一些发达国家把降低流通费用，特别是物流费用作为第三利润开发的源泉，更作为提高整个国民经济效益的重大措施。

3. 现代物流的主要特征

根据国外物流发展情况而言，现代物流的主要特征可以归纳为九点，如图 5-8 所示。

图 5-8 现代物流的主要特征

（1）响应时间快速化 现代物流服务提供者对上游和下游的物流、配送需求的反应速度越来越快，前置时间越来越短，配送间隔越来越短，物流配送速度越来越快，商品周转次数越来越多。

（2）功能模块集成化 现代物流着重于将物流与供应链的其他环节进行集成，包括物流渠道与商流渠道的集成、物流渠道之间的集成、物流功能的集成、物流环节与制造环节的集成等。

（3）服务功能系列化 现代物流强调物流服务功能的恰当定位，并在服务上尽可能完善化、系列化。除了传统的储存、运输、包装、流通加工等服务外，现代物流服务在外延上向上扩展至市场调查与预测、采购及订单处理，向下延伸至配送咨询、物流咨询、物流方案的选择与规划、库存控制策略建议、货款回收与结算、教育培训等增值服务，在内涵上则提高了以上服务对决策的技术支持作用。

（4）作业操作规范化 现代物流强调作业内容、作业流程、作业动作的标准化与程式化，使复杂的作业变成简单的、易于推广与考核的动作。

（5）物流目标系统化 现代物流从系统的角度统筹规划一个企业整体的各种物流活动，处理好物流活动与商流活动及企业目标之间、物流活动与物流活动之间的关系，不求单个活动的最优化，但求整体活动的最优化。

（6）实施手段现代化 现代物流更多的使用先进的技术、设备与管理为销售提供服务，而生产、流通、销售规模越大、范围越广，对物流技术、设备及管理的现代化要求也就越高，计算机技术、通信技术、机电一体化技术、语音识别技术等得到普遍应用。世界上先进的物流系统还运用了GPS（全球卫星定位系统）、卫星通信、射频识别装置（RF）、智能机器人、无人机等先进技术与设备，实现了自动化、机械化、无纸化和智能化。

（7）物流组织网络化 为了保证对产品营销提供快速、全方位的物流支持，现代物流需要有完善、健全的物流网络体系，以保持网络上点与点之间的物流活动的系统性、一致性。这样可以保证整个物流网络有最优的库存总体水平和库存分布，以及运输与配送快速、机动，既能铺开又能收拢。

（8）经营手段市场化 现代物流的具体经营采用市场机制，无论是企业自己组织物流，还是委托社会化物流企业承担物流任务，都以“服务—成本”的最佳配合为总体目标，谁能提供最佳的“服务—成本”组合，就找谁服务。国际上既有大量自办物流相当出色的“大而全”“小而全”的例子，也有大量利用第三方物流企业提供物流服务的例子，比较而言，物流的社会化、专业化已经占据主流地位，即使是非社会化、非专业化的物流组织也都实行着严格的经济核算。

（9）信息管理电子化 由于计算机信息技术的应用，使现代物流管理过程的可见性明显增加，物流过程中库存积压、延期交货、送货不及时、库存与运输不可控等风险大大降低，从而加强了供应商、物流商、批发商、零售商在组织物流过程中的协调、配合以及对物流过程的控制。

4. 现代物流与传统物流的区别

传统物流一般是指产品出厂后的包装、运输、装卸、仓储，而现代物流提出了物流系统化（又称总体物流、综合物流）管理的概念，并付诸实施。具体地说，就是使物流向两头延伸并加入新的内涵，使社会物流与企业物流有机结合在一起，从采购物流开始，经过生产环节，再进入销售环节，与此同时，要经过包装、运输、仓储、装卸、加工配送到达消费者手中，最后还有回收物流。现代物流包含了产品从“生”到“死”的整个物理性的流通全过程。

传统物流与现代物流的区别主要表现在以下几个方面：

（1）传统物流只提供简单的位移，现代物流则提供增值服务。

（2）传统物流是被动服务，现代物流是主动服务。

（3）传统物流实行人工控制，现代物流实施信息管理。

（4）传统物流无统一的服务标准，现代物流实施标准化服务。

（5）传统物流侧重点到点或线到线服务，现代物流构建全球服务网络。

（6）传统物流是单一环节的管理，现代物流是整体系统优化。

二、现代物流与电子商务

电子商务是在计算机技术、网络通信技术的互动发展中产生和不断完善的，特别是近年来随着不断涌现的新信息技术，使众多企业能够更好、更快捷、更廉价地实现电子商务功能。电子商务正逐渐成为未来贸易方式的发展方向。

（一）物流是实施电子商务的根本保证

1. 物流是电子商务的基本构成部分

从电子商务的应用角度来看，完整的电子商务系统是由网络、网络用户、网上市场、物流配送中心、网上银行、认证中心六个基本要素组成的，它们既是电子商务的运行环境，也是电子商务的总体框架结构。

电子商务的任何一笔完整交易，都包含着四种基本的“流”（四流），即信息流、商流、资金流、物流。物流是指物质实体（商品或服务）的流动过程，如商品的储存、保管、配送、运输、装卸、信息管理等活动。物流虽然只是若干环节中的一部分，但往往是商品和服务价值的最终体现，如果没有处理好物流，前面环节的价值就无法体现。

在电子商务模式下，四流中的前三流均可通过计算机和网络通信设备实现。但作为四流中最为特殊的物流，只有诸如电子出版物、信息咨询等少数无形的商品和服务可以直接通过网络传输方式进行，而对于多数有形的商品和服务来说，都是需要经由物流公司进行物理方式传输的，即只有通过物流配送中心将商品或服务送到客户手中才能实现商品交易的最终价值。

2. 物流可以保障生产

无论在传统的贸易方式下，还是在电子商务模式下，生产都是商品流通之本，而生产的顺利进行需要各类物流活动的支持。生产的全过程从原材料的采购开始，便要求有相应的供应物流活动进行支持，将所采购的材料传输到位，否则生产就难以进行；在生产的各工艺流程之间也需要进行原材料、半成品的物流运输，以实现生产的流动性；部分余料、可重复利用的物资的回收需要回收物流；废弃物的处理则需要废弃物物流。可见，整个生产过程实际上就是系列化的物流活动。合理化、现代化的物流通过降低费用从而降低成本，优化库存结构，减少资金占用，缩短生产周期，保障现代化生产的高效进行。相反，缺少了现代化的物流，生产将难以顺利进行，无论电子商务是多么便捷的商业形式仍将是空中楼阁。

3. 物流可以服务于商流

在商流活动中，商品所有权在购销合同签订的那一刻起便由供方转移到需方，而商品实体并没有因此而移动。在传统的交易过程中，除了非实物交割的期货交易，一般的商流都必须伴随相应的物流活动，即按照需方（购方）的需求将商品实体由供方（卖方）以适当的方式、途径向需方（购方）转移。而在电子商务模式下，消费者通过上网购物，完成了商品所有权的交割过程，即商流过程。但电子商务的活动并未结束，只有商品和服务真正转移到消费者手中，商务活动才告以终结。在整个电子商务的交易过程中，物流实际上是以商流的后续者和服务者的姿态出现的，没有现代化的物流，任何轻松的商流活动都是空谈。

4. 物流是实现“以客户为中心”理念的根本保证

电子商务的出现，在最大程度上方便了最终消费者。他们不必再跑到拥挤的商场，一家又一家地挑选自己所需的商品，而只要坐在家里，在互联网上搜索、查看、挑选就可以完成购物过程。但试想，所购的商品迟迟不能送到，或者商家所送的商品并非他们自己所购，那消费者还会选择网上购物吗？物流是电子商务中实现以“以客户为中心”理念的最终保证。缺少了现代化的物流，电子商务给消费者带来的购物便捷等于零，消费者必然会转向他们认为更为安全的传统购物方式，网上购物将没有存在的必要，电子商务的发展必将受阻。

由此可见，物流是实现电子商务的根本保证，随着电子商务的推广与应用，物流对电子商务活动的影响日益明显。

（二）电子商务对现代物流业的影响

物流是电子商务实施的根本保证，随着电子商务发展环境的改善，电子商务也正在使传统的物流发生着一些变化，甚至会强化物流的作用，促使物流系统进一步完善，而物流体系的完善将会进一步推动电子商务的发展。电子商务对现代物流业的发展和物流企业的运作产生了深远的影响，主要体现在六个方面，如图 5-9 所示。

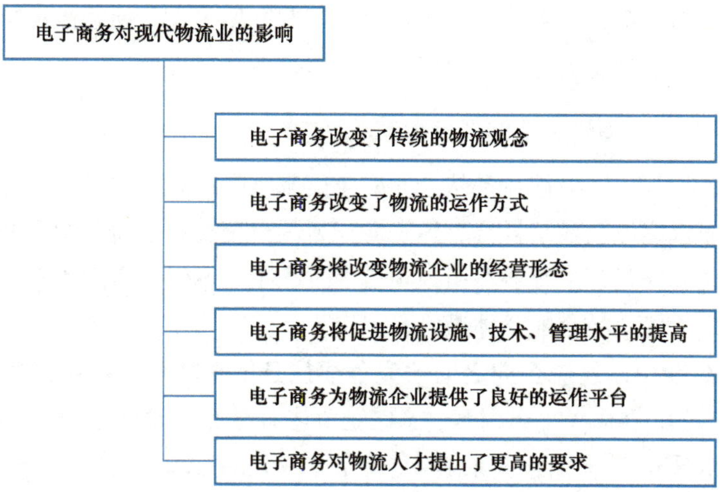

图 5-9　电子商务对现代物流业的影响

1. 电子商务改变了传统的物流观念

传统的物流和配送企业需要置备大面积的仓库，而电子商务系统网络化的虚拟企业可以将散置在各地的、分属不同所有者的仓库通过网络系统连接起来，使之成为“虚拟仓库”，进行统一管理和调配使用，这使服务半径和货物集散空间得到了放大。这样的企业在组织资源的速度、规模、效率和资源的合理配置方面都是传统的物流和配送企业所不可比拟的，相应的物流观念也是全新的。

电子商务为物流创造了一个虚拟性的活动空间，物流的各种功能可以通过虚拟化的方式表现出来，可以通过各种组合方式来寻求物流的合理化，使商品实体在实际的运动中达到效率最高、费用最低、距离最短、时间最少的功能。

2. 电子商务改变了物流的运作方式

传统的物流和配送过程是由多个业务流程组成的，配送的整个环节极为烦琐，受人为因素影响和时间影响很大。而电子商务是以互联网为基础的商务形式，网络的应用可以实现整个过程的实时监控和实时决策，物流和配送的持续时间得到了大大缩短，这使物流企业的运作方式也随之发生了改变。

传统的物流活动以商流为中心，由多个业务流程组成，工作过程多以手工方式进行控制，受人为因素的影响很大。在电子商务环境下，物流运作是以信息处理为中心的，包括 EDI、条码 POS 系统等，先进的信息交换手段得到广泛应用，大大提高了工作效率，减少了手工工作带来的失误，而且任何一个有关配送的信息和资源都会通过网络在短时间内传送到有关环节，有效地实现物流的实时控制和实时决策，实现物流的智能化和合理化管理。

在传统的物流和配送管理中，由于信息交流的限制，完成一个配送过程的时间比较长，控制范围也仅限于企业自身。在电子商务环境下，新型的物流和配送的业务流程都由网络系统连接，当系统的任何一个环节收到需求信息的时候，该系统都可以在极短的时间内做出反应，并可以拟订详细的配送计划，通知各相关的环节开始工作，使物流控制的范围超出企业自身，扩展到物流所有的相关环节，实现对物流整体的实时控制。

3. 电子商务将改变物流企业的经营形态

在传统经济条件下，物流往往是从企业的角度来进行组织和管理的，为企业自身服务。而电子商务环境要求物流企业从社会整体资源配置的角度实行系统的组织和管理，实现社会资源配置的最优化。这就要求企业在组织物流的过程中，不仅要考虑本企业的物流组织和管理，更重要的是要考虑全社会的整体系统。

在传统经济活动中，物流企业之间的竞争往往是依靠本企业提供优质服务、降低物流费用等方面来进行的。在电子商务时代，这些竞争内容虽然依然存在，但有效性大大降低了，原因在于网络的全球化。电子商务面对的是一个全球化的市场，需要一个全球性的物流系统来保证商品实体的合理流动，单个企业很难达到这一要求，这就要求物流企业相互联合起来，在竞争中形成一种协同合作的状态，在协同合作中实现物流高效化、合理化、系统化，实现共赢。

4. 电子商务将促进物流设施、技术、管理水平的提高

电子商务高效率和全球性的特点，要求物流必须与之相适应，只有这样才能达到整体的高效率。而物流配送要达到这一目标，需要有良好的交通运输网络、通信网络等基础设施的支持，因此这会促进物流基础设施的改善。

现代物流企业的运行离不开现代技术的支持，物流技术主要包括物流硬技术和软技术。物流硬技术是指在组织物流过程中所需的各种材料、机械和设施等；物流软技术是指组织高效率的物流所需的计划、管理、评价等方面的技术和管理方法。物流技术水平的高低是决定物流效率高低的一个重要因素，要建立一个适应电子商务运作的、高效率的物流系统，必须提高物流的技术水平，使之与电子商务的发展相适应。

物流管理水平的高低将直接决定和影响物流效率的高低，也是影响电子商务高效率优势实现的主要因素。只有提高物流的管理水平，建立科学、合理的管理制度，将科学的管理手段和方法应用于物流管理，才能确保物流的畅通进行，实现物流的合理化和高效化，促进电子商务的发展。

5. 电子商务为物流企业提供了良好的运作平台

尽管物流管理具有一般企业管理的共性，但也有其独特的个性。物流管理的大部分内容涉及企业之间以及企业内部各个部门之间的衔接和协调，因此，如果管理不善、运作不好，将导致企业物流效率乃至整个企业运作效率的低下。

电子商务恰好为物流管理提供了良好的运作平台。在电子商务环境下，供应链中的各个节点能更好地实现信息共享，信息传递更为快捷、准确，这使供应链中的上、下游企业的交易成本大幅下降，也使企业内部各部门之间的沟通与信息交换更加便捷与及时，大大节约

了社会总交易成本。

6. 电子商务对物流人才提出了更高的要求

传统物流的储运和配送工作主要以简单的体力劳动为主，对从业人员的要求不高。而在电子商务环境下，要求物流管理人员既要具有较高的物流管理水平，也要具有较高的电子商务知识，并在实际的运作过程中能有效地将二者有机结合在一起，这将促进整个行业物流人才素质的整体提高。

（三）电子商务环境下现代物流业的发展趋势

在电子商务时代，由于企业销售范围的扩大，销售方式以及最终消费者购买方式的转变，使得送货上门等业务成为极为重要的服务业务，这促进了物流行业的发展。现代物流企业主要包括仓储企业、运输企业、装卸搬运企业、配送企业、流通加工企业等。信息化、全球化、多功能化和一流的服务水平，已成为电子商务环境下物流企业追求的目标，如图 5-10 所示。

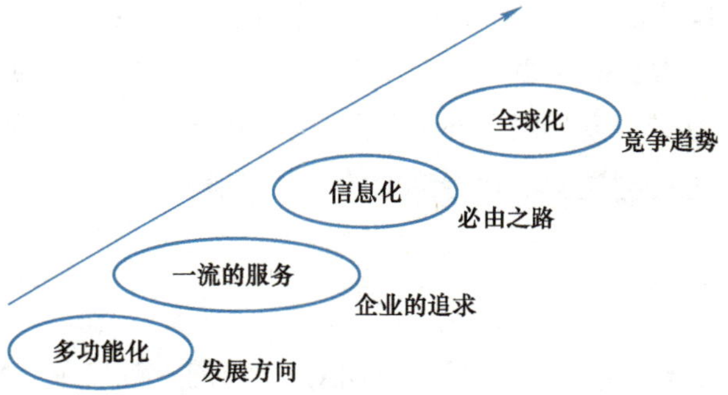

图 5-10　现代物流的发展趋势

1. 多功能化——现代物流业的发展方向

在电子商务时代，物流业发展到集约化阶段，一体化的配送中心不单单提供仓储和运输服务，还必须开展配货、配送和各种提高附加值的流通加工服务项目，也可按客户的需要提供其他服务。现代供应链管理即通过从供应者到消费者供应链的综合运作，使物流效率达到最优化，追求全面的、系统的综合效果。

2. 一流的服务——物流企业的追求

在电子商务环境下，物流业是介于供应方和需求方之间的第三方，是以服务作为第一宗旨的。从目前物流的现状来看，物流企业不仅要为本地区服务，而且还要进行长距离的服务。因为客户不仅希望得到优质的服务，而且希望服务点不是一处，而是多处。优质和系统的服务使物流企业与货主企业结成战略伙伴关系（或称策略联盟），一方面有助于货主企业的产品迅速进入市场，提高竞争力，另一方面则使物流企业有稳定的资源。对物流企业而言，服务质量和服务水平正逐渐成为比价格更为重要的选择因素。

3．信息化——现代物流业的必由之路

在电子商务时代，要提供最佳的服务，物流企业必须要有良好的信息处理和传输系统。在大型的配送企业里一般都建立了 ECR（Efficient Consumer Response，有效客户反应）和 JIT（Just In Time，准时生产方式）系统，有了它们，企业就可做到客户要什么就生产什么，避免了盲目生产，增加了仓库商品的周转次数。通过物流信息化系统，企业可从终端客户处很快地得到反馈信息，及时响应客户的需要，使商品配送更加及时，同时通过对配送货物的信息跟踪，大大提高了物流企业的服务水平，降低了成本。

4．全球化——物流企业的竞争趋势

20 世纪 90 年代初，由于电子商务的推波助澜，全球经济一体化进程加速，使企业的发展呈现区域化、国际化、全球化特点，企业可从许多不同的国家收集所需要的资源，再加工后向各国出口。

全球化战略的趋势，使物流企业和生产企业更紧密地联系在一起，形成了社会化大分工。生产企业集中精力制造产品、降低成本、创造价值；物流企业则集中精力从事物流服务。物流企业的发展也需要比原来更进一步向区域化、全球化方向发展。例如，物流配送中心提供的服务不仅包括对进口商品的代理报关业务、暂时储存、搬运和配送，还包括必要的流通加工，实现从商品进口到送交消费者手中的一条龙服务。

三、第三方物流的应用

从 20 世纪 80 年代开始，随着企业对自身核心竞争力的重视以及信息技术的发展和应用，传统的管理方式和交易方式发生着改变，一种新的市场化分工组织——第三方物流企业迅速发展起来。企业将一些原本由企业自己来实施的物流活动，交给外部的专业第三方物流企业来承担，通过快速沟通的信息技术与第三方物流企业实现高效合作。企业可以专注于自己的核心业务，加速提高自己的核心竞争力，第三方物流企业也可以通过对企业内部进行物流设计和物流运作等功能的进一步分工，提高专业化水平，实现物流成本的降低和更高效率的物流运作。

（一）第三方物流的概念

第三方物流又称为合同制物流，是指生产经营企业为集中精力搞好主业，把原来属于自己处理的物流活动，以合同方式委托给专业物流服务企业，同时通过信息系统与物流服务企业保持密切联系，以达到对物流全程管理和控制的一种物流运作与管理方式。

提供第三方物流服务的企业，其前身一般是从事运输业、仓储业等与物流活动相关的行业。它不拥有商品，不参与商品的买卖活动，而是在委托方物流需求的推动下，为其提供以合同为约束、以结盟为基础的系列化、个性化、信息化的物流代理服务，其中包括物流活动的组织、协调和管理（如报表管理、货物集运、选择承运人、货代、海关代理、信息管

理、仓储、现金收付及咨询），物流系统设计，物流全程的信息搜集、管理等。

（二）第三方物流的优势

第三方物流是社会化大分工的产物，主要是接受客户的委托，提供专业化的物流代理服务。它相对于企业物流而言，具有四方面的优势，如图 5-11 所示。

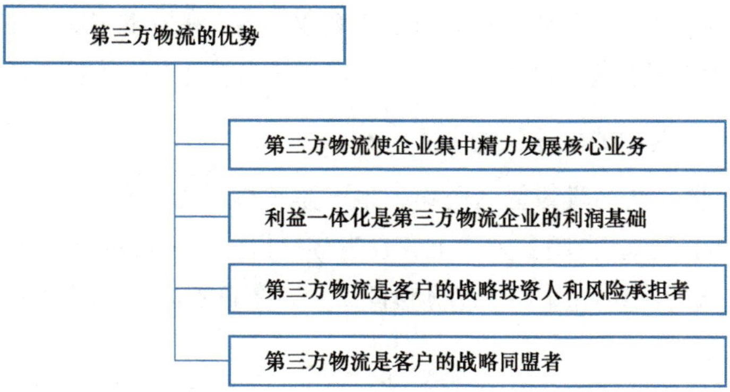

图 5-11　第三方物流的优势

1．第三方物流使企业集中精力发展核心业务

在企业资源有限的情况下，为取得竞争中的优势地位，企业需要调整策略，将精力放在核心业务上，掌握核心竞争力，即把企业知识与技术依赖性强的高增值部分掌握在自己手里，而把其他低增值部分外包或对外委托。第三方物流可以提供专业、灵活的物流服务，为生产企业提供更大的灵活性，如地理分布上的灵活性。对生产企业而言，当外地经销商数量不断上升时，可能需要新建或租赁地区仓库，资金投入与占用较大，如果通过第三方物流的仓储服务，企业只需支付物流服务费用，而不必动用大量资金自建仓库或长期租赁（可能闲置）仓库，造成资金的大量占用或闲置。同样，服务的灵活性也能够通过第三方物流来实现，生产企业可以根据客户的不同需要，在第三方物流企业提供的服务品种中选择适合的服务，这样就可以灵活地满足不同客户的需要。此外，资源和劳动力规模的灵活性可以通过外购来实现，生产企业可以将原来需要自身投入的固定成本（如建仓库、购买运输工具等）变为变动成本（如物流服务费），从而提高自有资金的利用率，对不断变化的经营条件做出更快的反应。

2．利益一体化是第三方物流企业的利润基础

与传统的运输服务相比，第三方物流企业的利润来源与客户的利益是一致的，而不是矛盾的，并不是一方多赚一分钱、另一方就少赚一分钱的传统交易方式。所以，与传统的运输企业相比，第三方物流服务的利润来源不是来自运输、仓储费用等直接收入，不是以客户的成本性支出为代价的，而是来源于与客户一起在物流领域创造的新价值。为客户节约的物流成本越多，利润率就越高，这与传统的经营方式有着本质的不同。

3. 第三方物流是客户的战略投资人和风险承担者

第三方物流企业追求的不是短期的经济效益，更确切地说，它是以一种投资人的身份为客户服务的，这是它身为战略同盟者的一个典型特点。所以，第三方物流服务本身就是一种长期投资。这种投资的收益很大程度上取决于客户业务量的增长，这就形成了双方利益一体化的基础。同时，随着各国资本市场的发展，法人企业作为战略投资人已经成为一类重要的资本市场投资主体，在业务关系上的紧密性为第三方物流企业与客户在资本市场上的合作创造了条件，双方在股权、资本上的融合将更加紧密，第三方物流战略投资人的性质将更加明显。

4. 第三方物流是客户的战略同盟者

第三方物流企业不是一般的货运公司，也不是单纯的速递公司，在物流领域扮演的是客户的战略同盟者的角色。在服务内容上，它为客户提供的不仅仅是一次性的运输或配送服务，而是一种具有长期契约性质的综合物流服务，最终职能是保证客户物流体系的高效运作和不断优化供应链管理。

第三方物流的业务深深地触及客户企业的销售计划、库存管理、订货计划、生产计划等整个生产经营过程中，远远超越了与客户一般意义上的买卖关系，紧密地结合成为一体，形成了一种战略合作伙伴关系。从长远来看，第三方物流的服务领域还将进一步扩展，甚至会成为客户销售体系的一部分。它的生存与发展必将与客户企业的命运紧密地联系在一起，它与客户形成的是相互依赖的市场共生关系。

通过对第三方物流的优势分析，可以发现电子商务这种新的商品贸易方式将给第三方物流的发展带来无限的市场潜力与发展机遇，但同样带来了压力和挑战。

由于我国第三方物流的发展时间比较短，特别是我国加入 WTO（世界贸易组织）后，大量外资物流企业长驱直入，我国物流企业面临巨大的竞争压力。在此情况下，我国物流企业应该把握机会，迎接挑战，使我国物流业走向国际化、全球化。

（三）第三方物流与传统物流的异同

第三方物流与传统物流的不同之处在于，传统物流的对外委托形态只是将企业物流活动的一部分，主要是物流作业活动（如货物运输、货物保管）交由外部的物流企业负责，而库存管理、物流系统设计等物流管理活动以及一部分企业内部的物流活动仍然保留在企业内部。物流企业是站在自己物流业务经营的角度，接受货主企业的业务委托，以费用加利润的方式定价，收取服务费。提供系统服务的物流企业也是以使用本企业的物流设施、推销本企业的经营业务为前提，而并非是以货主企业的物流合理化为目的来设计物流系统的。

第三方物流企业则是站在货主的立场上，以货主企业的物流合理化为设计物流系统的目标。第三方物流企业不一定要有物流企业能力，也就是说可以没有物流设施和运输工具，不直接从事运输、保管等企业活动，只是负责物流系统设计并对物流系统运营承担责任，具体的作业活动可以再采取对外委托的方式由专业的运输、仓库企业等去完成。从美国的情况来看，即使第三方物流企业有物流设施，也是将使用本企业设施的比例控制在20%左右，以保证向货主企业提供最适宜的物流服务。第三方物流企业的经营效益直接同货主企业的物流效率、物流服务水平以及物流效果紧密联系在一起。

（四）第三方物流的经济价值

第三方物流之所以在世界范围内受到广大企业的青睐，根本原因在于其独特的经济价值，如图5-12所示。第三方物流能够帮助客户获得诸如利润、价格、供应速度、服务、信息的准确性和真实性及新技术的采用等潜在优势。

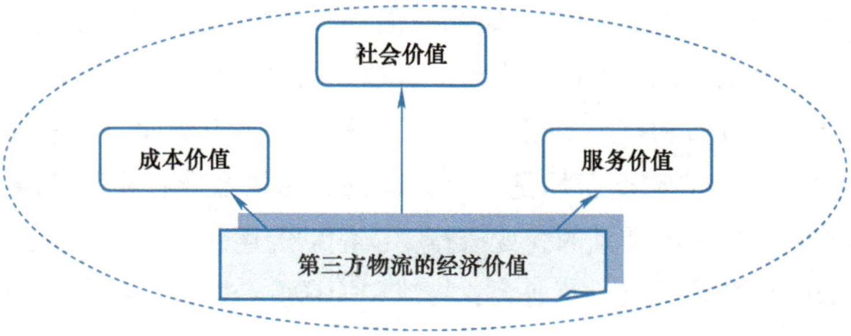

图5-12　第三方物流的经济价值

1. 第三方物流的成本价值

企业将物流业务外包给第三方物流企业，由专业的物流管理人员和技术人员充分利用专业化的物流设备、设施和先进的信息系统，发挥专业化物流运作的管理经验，以求取得整体最优的效果。企业可以不再设有仓库、车辆等物流设施，对物流信息系统的投资也可转嫁给第三方物流企业来承担，从而可减少投资和运营物流的成本。企业可以减少直接从事物流的人员，从而减少工资支出，还可以提高单证处理效率，减少单证处理费用。由于库存管理控制的加强，企业可降低存货水平，削减存货成本，并且通过第三方物流企业广泛的结点网络实施共同配送，可大大提高运输效率，减少运输费用等。

2. 第三方物流的服务价值

物流服务水平实际上已成为企业实力的一种体现。利用第三方物流企业的信息网络和结点网络，能够加快对客户订货的反应能力，加快订单处理速度，缩短从订货到交货的时间，而且可以进行门对门的运输，实现货物的快速交付，提高客户满意度。通过第三方物流企业先进的信息技术可加强对在途货物的监控，及时发现、处理配送过程中的意外事故，保证货物及时、安全地送达目的地，从而提高企业的客户服务水平。

3. 第三方物流的社会价值

第三方物流可将社会上众多的闲散物流资源有效地整合、利用起来。通过第三方物流企业专业的管理控制能力和强大的信息系统，对企业原有的仓库、车队等物流资源进行统一管理、运营，组织共同存储、共同配送，将企业物流系统社会化，实现信息、资源的共享，则可从另一个高度上极大地促进社会物流资源的整合和综合利用。

另外，通过第三方物流的专业技能，加强运输控制，通过制订合理的运输路线，采用合理的运输方式，组织共同配送，可减少城市车辆运行数量，减少车辆空驶、迂回运输等现象，解决由于货车运输的无序化而造成的城市交通混乱、堵塞问题，缓解城市交通压力。

四、企业物流

企业是满足社会需求，为社会提供生产或服务的经济组织。物流企业（Logistics Enterprise）是指业务涉及运输、储存、装卸、搬运、包装、流通加工、配送、信息处理等基本活动，并将它们根据实际需要进行有机结合的，从事物流活动的经济组织。

物流活动所涉及的领域和范围是很广的，包括社会的方方面面、各个行业和各种企业。虽然物流在不同领域的功能和作用均是为了完成将商品从生产者或商品的据点向消费者的转移，但是不同的行业和不同类型的企业进行物流活动的运作方法和重点是不同的。企业的物流活动可以分成生产企业物流、商业企业物流和配送中心物流三种典型的企业物流。

（一）生产企业物流

生产企业物流从企业生产经营管理的角度出发来研究与之有关的物流活动，这是一个具体的、微观的物流活动的典型领域。生产企业物流围绕着企业组织商品生产的活动，包括从原材料和零部件的采购、生产的过程直到所生产的商品销售出厂以及售后服务的一切物流活动。

1. 生产企业物流的内容

通过对生产企业物流的进一步研究，可以将其细分为生产企业采购物流、生产企业内部物流、生产企业销售物流、生产企业退货物流和生产企业废弃物与回收物流等物流活动。生产企业物流的结构，如图5-13所示。

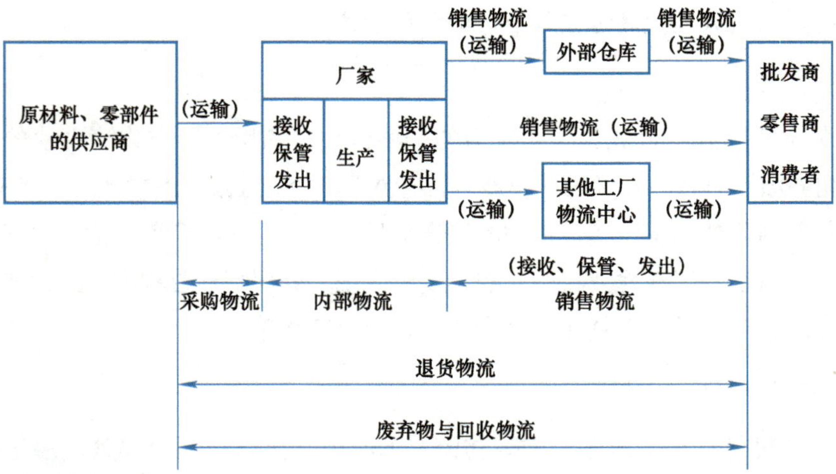

图5-13 生产企业物流的结构

（1）生产企业采购物流　生产企业采购物流是指将为生产所需而采购的原材料、零部件从供应商处运回厂内的物流活动。生产企业采购物流还包括从销售点回收或采购产品包装用的容器以及可以重复使用的材料的回收物流。

（2）生产企业内部物流　生产企业内部物流（又称生产企业生产物流）是指将所采购的原材料和零部件等放入仓库并加以妥善保管，在生产需要时及时出库送到生产现场，将工厂生产的商品运到物流中心、厂内或其他工厂的仓库入库以及物流中心和工厂的仓库对商品进行必要的运输包装和流通加工等物流活动。

（3）生产企业销售物流　生产企业销售物流是指将生产的商品从工厂、物流中心或外单位的仓库送到批发商、零售商或消费者手中的运输或配送活动，包括将生产的商品送到外单位仓库的运输和配送活动。

（4）生产企业退货物流　生产企业退货物流是指与已采购但验收不合格的原材料和零部件退货以及已售出的商品退货有关的运输、验收和保管等物流活动。

（5）生产企业废弃物与回收物流　生产企业废弃物与回收物流是指相关工厂在生产过程中废弃的包装容器和材料、生产过程中产生的其他废弃物的运输、验收、保管和出库以及企业对在生产过程中排放的无用物（包括有害物质）进行的运输、装卸、处理等物流活动。

2. 生产企业物流活动分析

生产企业的物流活动包括从原材料采购到产品销售等各个物流过程，其中生产物流是主要的过程，而在各个不同的物流活动过程中，其要点也是不同的，具体分析如下：

（1）生产企业采购物流　采购物流位于生产企业生产活动的开始，其作用的好坏将影响到整个生产活动的结果。生产企业采购物流要保证企业生产的连续性和正常的生产节奏，对生产所需要的原材料、零部件、燃料、辅助材料等进行组织和供应。生产企业的采购物流活动对企业生产的正常、高效运行有着重大的作用，其目标不仅仅是保证企业生产的原材料供应，而且还必须考虑以最低的成本和最少的消耗以及最大的供应保证性来组织企业的供应物流活动。生产企业采购物流所研究的主要问题包括企业生产的供应网络、供应方式和零库存问题等。企业竞争的关键在于如何最大限度地降低企业供应物流过程的成本，可以认为这是企业物流的最大难点，因此，生产企业采购物流十分重要。

小资料

零库存是指物料（包括原材料、半成品和产成品等）在采购、生产、销售、配送等一个或几个经营环节中，不以仓库存储的形式存在，而均是处于周转的状态。

实现零库存有两层含义：一是生产和消费达到均衡，供需基本实现一致；二是实际生产数额较少，形成供小于求的局面。企业追求的往往是第一层含义，也就是通过调研分析对市场做出准确的预测，从而制订与需求相吻合的生产方案，以避免造成不必要的资源浪费或产品积压。

（2）生产企业内部物流　生产企业内部物流是企业生产活动的中心环节，是贯穿企业整个生产过程中的物流活动，实际上是生产过程的一部分。生产企业内部物流是从原材料、零部件、燃料及其他辅助材料从企业的仓库或企业的“门口”开始（这是进入到生产线的开始端），经过一个个的生产加工环节，并且本身被加工，同时产生一些废料、余料，直到生产加工终结，到达产成品仓库的全过程。生产企业内部物流将企业生产的全过程作为一个整体加以研究，在很大程度上降低了生产过程中物流活动与实际加工所占用的时间比，从而大大缩短了企业产品的生产周期，提高了生产效率。

（3）生产企业销售物流　生产企业销售物流是为了保证企业的经营效益所进行的销售活动，即将企业所生产的产品所有权转给用户的物流活动。在市场经济中，市场已经是一个完全的买方市场，因此，生产企业的销售物流活动强调用完善的服务来千方百计地满足买方的需求，以最终实现销售成功的目的。在这种情况下，销售活动往往是以将产品送达用户并经过售后服务才算终止。因此，生产企业的销售物流活动所涉及的空间范围很大，这也是生产企业销售物流的难度之所在。生产企业销售物流的特点是通过产品的包装、送货、配送等一系列物流活动来实现销售，因此，生产企业销售物流所研究的问题包括产品的送货方式、包装形式、运输的最佳路线等问题，同时还要注意采取少批量、多批次、定时、定量进行配送等特殊的物流方式达到目的。由此可见，生产企业销售物流的研究领域是很宽的。

（4）生产企业退货物流　生产企业在采购以后因入库验货不合格而向供应商退货，或者企业生产的商品在销售后因为各种原因而被退货是不可避免的。生产企业退货物流活动开展的好坏，一方面将直接影响企业的经济利益，另一方面将影响企业在自己的客户群中的信任度。

（5）生产企业废弃物与回收物流　在一个企业中，产品生产加工过程所产生的余料和废料是不可避免的，如果对上述回收物品处理不当，往往会影响企业的整个生产环境。例如，要占用企业很大的场地和空间，造成浪费和不便；更严重的甚至会造成企业产品的质量问题，影响产品的销售。另外，许多生产企业在产品生产过程中会产生各种无用甚至有害的物质，对这些物质处置的妥当与否将直接影响企业的正常生产，甚至会影响企业的生存和社会的环境。因此，生产企业废弃物与回收物流对企业来讲是至关重要的。

（二）商业企业物流

商业企业的物流活动围绕企业经营商品的进、销、调、存、退而进行，包括从采购所经营的商品，通过营销策划出售商品满足消费者的需求，到商品的售后服务等一切物流活动。

1. 商业企业物流的内容

商业企业的物流活动具体包括商业企业采购物流、商业企业内部物流、商业企业销售物流和商业企业退货物流。商业企业物流的结构，如图5-14所示。

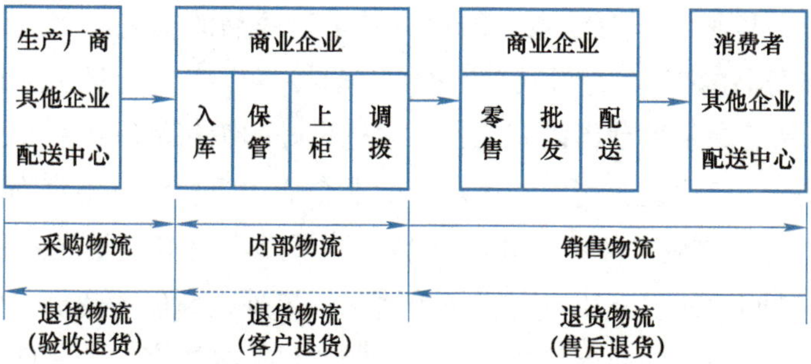

图 5-14　商业企业物流的结构

（1）商业企业采购物流　商业企业采购物流将企业所经营的商品以及销售商品所需的其他物品从生产厂家或其他商品据点运回企业，商业企业采购的商品有时由商品的生产厂家或配送中心负责运输。当商品运到时，企业的有关人员需要对所采购的商品进行验收，合格的商品入库，不合格的则需要组织退货。

（2）商业企业内部物流　商业企业内部物流包括商品出库并运输到总店的销售现场上柜或各分店及连锁店进行销售，以及从总店向其他商业企业的调拨运输。另外，商业企业内部物流还包括对库存的商品进行合理的保管以及对采购的商品进行必要的拆包、分档和再包装等加工。

（3）商业企业销售物流　商业企业的销售物流活动包括通过零售、批发以及配送将商品发送到消费者或购货单位手中的运输和配送。

（4）商业企业退货物流　商业企业退货物流包括因在商品采购的进货验收时发现商品不合格以及在商品销售后客户发现所购商品的质量问题而发生的退货。退货商品由商业企业暂存并运到生产厂家或其他的进货点。

2. 商业企业物流活动分析

商业企业的商品经营物流活动包括商品的进、销、调、存、退各个不同的阶段，其物流活动的重点和目的也各不相同，具体分析如下：

（1）商业企业采购物流　商业企业主要完成的是将商品从生产者到消费者之间的流通过程，商业企业在此过程中获取利润和效益。对于商业企业来讲，所销售商品的进货与销售之间的差价形成了企业经营的基本利润，因此，尽可能降低商品采购进货的成本及其相关的费用就会给企业带来更高的利润。另外，做好商业企业采购物流可以保证商店正常销售的商品供应不至脱销，又能够使企业的商品库存有一个尽可能低的安全库存量，从而减少企业的库存积压，增加流动资金，使企业能够获得更大的经济效益。

（2）商业企业内部物流　商业企业内部物流的主要作用是保证商品的正常销售，包括将商品及时送到销售现场，保证商品的持续上柜，以避免因脱销而造成的不良影响；加强对库存商品的合理保管，以降低或避免因管理不善而造成商品的损坏、变质等损失。因此，做好商业企业内部物流可以大大降低企业的经营费用，对企业是十分重要的。

（3）商业企业销售物流　商业企业的重点是进行商品的销售，企业通过零售、批发等各种销售方式完成商品的出售，并以销售物流活动将客户购买的商品送到客户手中。商业企业销售物流使商品的交易活动得以完成，并通过良好的销售活动维系企业与客户的关系，做好售后服务。因此，商业企业销售物流对于商业企业的重要性是不言而喻的。

（4）商业企业退货物流　商业企业的商品采购活动不可避免地会发生所采购的商品在品种、数量等方面的问题，以及质量不合格等情况；另外，商店的商品在售出以后，也经常会发生客户因商品质量等问题而退货的情况。企业的退货物流完成的是向商品的采购据点的退货。商业企业退货物流一方面可以减少企业的采购成本；另一方面，可以提高企业的服务水平和美誉度。这对企业也是相当重要的。

（三）配送中心物流

1. 配送中心的概念

配送中心是指从事货物配备（即集货、加工、分货、拣选、配货）和组织对客户的送货，以高水平实现销售和供应服务的现代流通设施。配送中心是基于物流合理化和发展市场两个需求而发展起来的，是以组织配送式销售和供应、执行实物配送为主要功能的流通型物流结点。它很好地解决了客户多样化需求和厂商大批量专业化生产的矛盾，因此逐渐成为现代化物流的标志。

2. 配送中心的分类

配送中心是一种新兴的经营管理形态，具有满足多量少样的市场需求及降低流通成本的作用。但是由于建造企业的背景不同，其配送中心的功能、构成和运营方式就有很大区别，因此，在规划配送中心时应充分注意配送中心的类别及其特点。

（1）按配送中心的设立者分类（见图5-15）。

1）制造商型配送中心：制造商型配送中心是以制造商为主体的配送中心。其物品的100%是由自己生产制造的，以降低流通费用，提高售后服务的质量，及时地将预先配齐的成组元器件运送到规定的加工和装配工位。因为从物品制造到生产出来后条码和包装的配合等多方面都较易控制，所以制造商型配送中心按照现代化、自动化的配送中心设计比较容易，但其不具备社会化的要求。

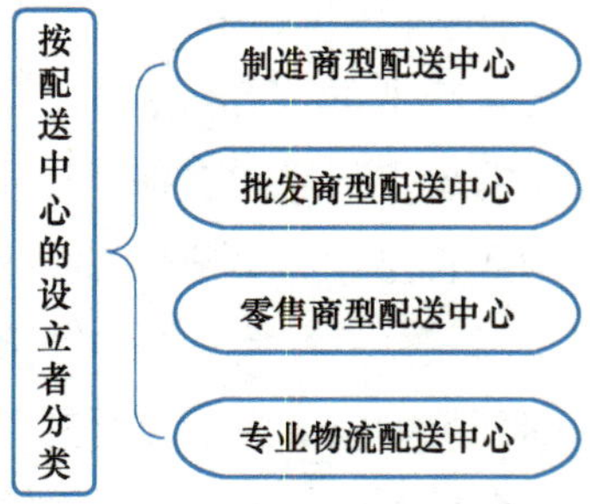

图5-15　按配送中心的设立者分类

2）批发商型配送中心：批发商型配送中心是由批发商或代理商所成立的配送中心。批发是物品从制造者到消费者之间的传统流通环节之一。一般是按部门或物品类别的不同，把每个制造厂的物品集中起来，然后以单一品种或搭配的形式向消费地的零售商进行配送。这种配送中心的物品来自各制造商，它所进行的一项重要的活动是对物品进行汇总和再销售，而它的全部进货和出货都是社会配送的，社会化程度高。

3）零售商型配送中心：零售商型配送中心由零售商向上整合所成立的配送中心，是以零售业为主体的配送中心。零售商发展到一定规模后就可以考虑建立自己的配送中心，为专业物品零售店、超级市场、百货商店、建材商场、粮油食品商店、宾馆饭店等服务，其社会化程度介于制造商型配送中心和批发商型配送中心之间。

4）专业物流配送中心：专业物流配送中心是以第三方物流企业（包括传统的仓储企业和运输企业）为主体的配送中心。这种配送中心有很强的运输配送能力，地理位置优越，可迅速将到达的货物配送给客户。它为制造商或供应商提供物流服务，配送的货物仍属于制造商或供应商所有，配送中心只是提供仓储管理和运输配送服务。这种配送中心的现代化程度往往较高。

（2）按配送中心的服务范围分类（见图 5-16）。

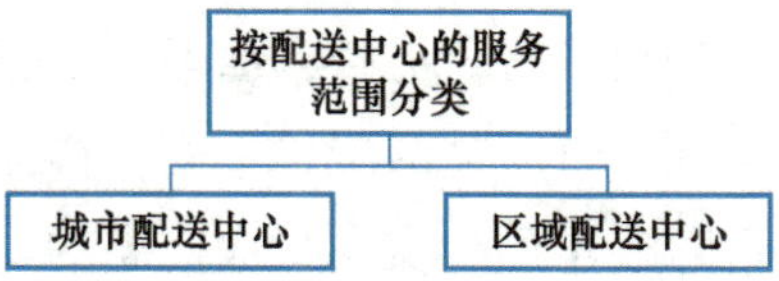

图 5-16　按配送中心的服务范围分类

1）城市配送中心：城市配送中心是以城市为配送范围的配送中心。由于城市范围一般处于汽车运输的经济里程之中，且这种配送中心可直接配送到最终客户，所以这种配送中心往往和零售经营相结合。由于运距短、反应能力强，因而从事多品种、少批量、多客户的配送较有优势。

2）区域配送中心：区域配送中心是以较强的辐射能力和库存准备，向省际、全国乃至国际范围的客户进行配送的配送中心。这种配送中心的配送规模较大，一般而言，客户较多，配送批量较大。而且，其往往是配送给下一级的城市配送中心，有时也配送给营业所、商店、批发商和企业客户（它们虽然也从事零星的配送活动，但不是主体形式）。

（3）按配送中心的功能分类（见图 5-17）。

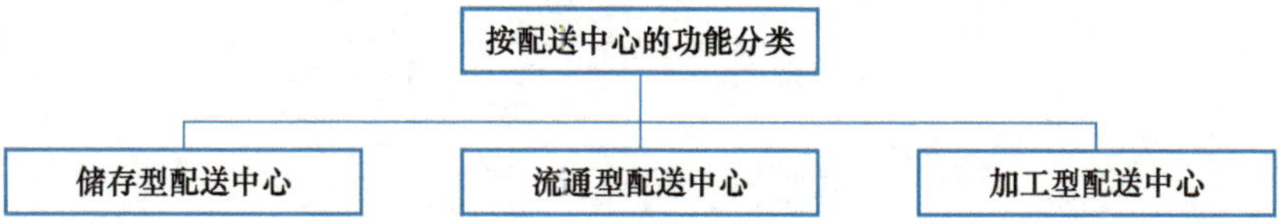

图 5-17　按配送中心的功能分类

1）储存型配送中心：储存型配送中心有很强的储存功能。我国目前建设的配送中心多为储存型配送中心，库存量较大。

2）流通型配送中心：流通型配送中心包括通过型或转运型配送中心，基本上没有长期储存的功能，是仅以暂存或随进随出的方式进行配货和送货的配送中心。典型方式为大量货物整批进入，按一定批量零出。流通型配送中心一般采用大型分货机，其进货直接进入分货机传送带，分送到各客户货位或直接分送到配送汽车上。

3）加工型配送中心：加工型配送中心是以流通加工为主要业务的配送中心。

（4）按配送货物的属性分类　根据配送货物的属性，可以分为食品配送中心、日用品配送中心、医药品配送中心、化妆品配送中心、家电品配送中心、电子产品配送中心、书籍产品配送中心、服饰产品配送中心、汽车零件配送中心以及生鲜品配送中心等。由于所配送的货物不同，配送中心的规划方向就有可能完全不同。下面着重介绍生鲜品配送中心、服饰产品配送中心、图书产品配送中心。

1）生鲜品配送中心：其主要处理的产品为蔬菜、水果与鱼肉等生鲜产品，属于低温型的配送中心，是由冷冻库、冷藏库、鱼虾包装处理场、肉品包装处理场、蔬菜包装处理场及进出货暂存区等组成的，冷冻库的温度为 –25℃，而冷藏库的温度为 0 ～ 5℃。

2）服饰产品配送中心：服饰产品配送中心具有淡旺季及流行性等特性，而且较高级的服饰必须使用衣架悬挂，服饰产品配送中心的规划也有其特殊性。

3）图书产品配送中心：由于图书有新出版、再版及补书等特性，尤其是新出版的书刊，其中的 80% 左右不上架，直接理货配送到各书店去，剩下的 20% 左右库存在配送中心等待客户的再订货。另外，图书或杂志的退货率较高，因此，在规划图书产品配送中心时，不能与食品、日用品的配送中心一样。

对于不同种类与行业形态的配送中心，其作业内容、设备类型、营运范围可能完全不同，但是就系统规划分析的方法与步骤来说是有其共通之处的。配送中心已逐渐由以仓库为主体的配送中心向信息化、自动化、智能化的整合型配送中心发展。

3. 配送中心的功能

配送中心与传统的仓库、运输是不一样的，传统的仓库只重视商品的储存保管，传统的运输只提供商品的运输配送服务，而配送中心是重视商品流通的全方位功能，具有流通营销、商品储存保管、分拣配送、流通加工及信息提供功能，如图 5-18 所示。

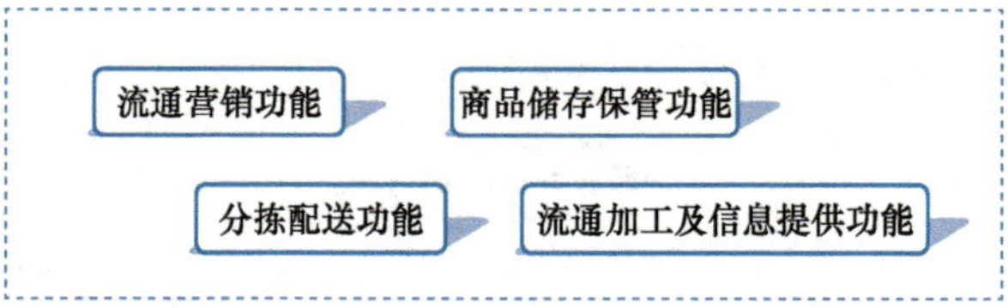

图 5-18 配送中心的功能

（1）流通营销功能 流通营销是配送中心的一个重要功能。在现代化的工业时代，各项信息媒体的发达及商品品质的稳定，使得许多直销业者利用配送中心，通过广播电视或互联网等配合进行商品营销。这种商品营销方式可以大大降低购买成本，因此广受消费者喜爱。

（2）商品储存保管功能 商品储存保管功能是配送中心的主要功能之一。配送中心一般都设有储存保管的储放区，因为为了防止缺货，任何商品都会有一定的安全库存数量。随着科技和生产的进步，为了充分利用仓库的面积和空间，提高保管商品的出入库频率，货架正在向高层化发展，作业正在向机械化、自动化发展。

（3）分拣配送功能 配送中心的另一个重要功能就是分拣配送功能，因为配送中心是为了满足多品种小批量的客户需求而发展起来的，所以配送中心必须根据客户的要求进行分拣配送作业。配送中心的分拣配送效率是物流质量的集中体现，是配送中心最重要的功能。

（4）流通加工及信息提供功能　流通加工作业包含分类、磅秤、大包装拆箱改包装、产品组合包装、商标、标签粘贴作业等。例如，粮油配送中心是将大筒包装加工成瓶状小包装，这些作业是提升配送中心服务品质的重要手段。配送中心还具有为上下游企业提供各式各样信息情报的功能。

4. 配送中心的作业流程

因配送中心的特性、规模不同，其营运涵盖的作业项目和作业流程也会有所不同。其基本作业流程，如图 5-19 所示。

（1）进货　进货作业包括把货物做实体上的接收，从货车上将货物卸下，并核对货品的数量及状态（如数量检查、品质检查、开箱等），然后记录必要的信息或录入计算机。

（2）搬运　搬运作业是将不同形态（如散装、包装或整体）的原料、半成品或成品，在平面或垂直方向加以提起、放下或移动，最终使货物适时、适量地移至适当的位置或场所存放。

（3）储存　储存作业的主要任务是把将来要使用或要出货的物料保存起来，且经常要做库存品的检核控制。储存时，要注意充分利用空间，还要注意存货的管理。

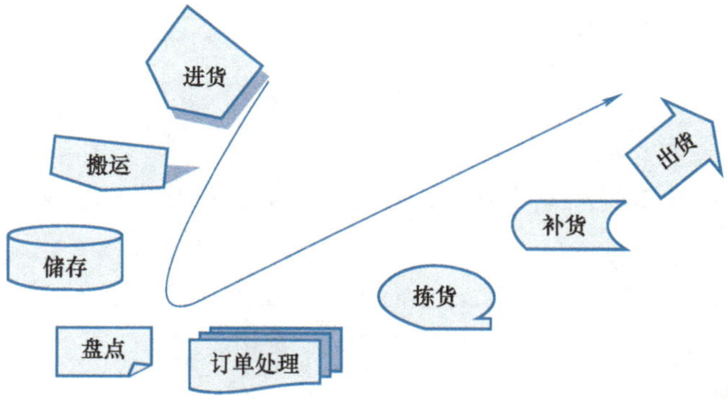

图 5-19　配送中心的基本作业流程

榜样案例：物流劳模杨丽霞的故事

（4）盘点　货物不断地进出库，在长期的累积下库存资料容易与实际数量产生不符，或者有些货物因存放过久、存放不恰当而致使品质、功能受到影响，难以满足客户的需求。为了有效地控制货物数量，需要对各储存场所进行盘点作业。

（5）订单处理　订单处理是指由接到客户订货开始至准备着手拣货之间的作业阶段，包括有关客户、订单的资料确认，存货查询，单据处理以及出货配发等。

（6）拣货　每张客户的订单都包含一项或一项以上的商品，将这些不同种类、数量的商品由配送中心中取出并集中在一起，这就是拣货作业。拣货作业的目的在于正确且迅速地集合客户所订购的商品。

（7）补货　补货作业包括从保管区域将货物移到拣货区域，并做相应的信息处理。

（8）出货　出货作业是指将拣取分类完成的货物做好出货检查，装入合适的容器，并做好标示，根据车辆次别或厂商等指示将货物运至出货准备区，最后装车配送。

第六单元

走进电子商务安全

知识目标

通过发送签名邮件，体验数字证书在安全电子邮件中的应用。

本单元重点介绍电子商务总体框架中的第五要素：认证中心。具体包括电子商务的安全、认证中心概述、数据加密技术与密码管理、安全认证技术与安全协议、网络安全技术与网络安全工具等方面的内容。

能力目标

会申请免费的数字证书，并学会安装与查看；会使用数字证书发送签名电子邮件。

学海导航

1. 知识卡片

认证中心又称为数字证书认证中心，是一个负责发放和管理数字证书的权威机构，作为电子商务交易中受信任的第三方，专门解决公钥体系中公钥的合法性问题。

加密就是通过密码算法对数据进行转化，使之成为不拥有正确密钥的任何人都无法读懂的报文。按照双方收发的密钥是否相同可以将算法划分为两大类：一是私钥加密算法，二是公钥加密算法。

私钥加密算法也称对称加密算法，是指加密密钥和解密密钥为同一密钥的密码算法，也是一种传统的密码算法。在私钥加密系统中，收信方和发信方使用相同的密钥，即加密密钥和解密密钥是相同或等价的。

公钥加密算法也称非私钥加密算法，是指加密密钥和解密密钥为两个不同密钥的密码算法。公钥加密算法是针对私钥加密算法的缺陷而提出来的。公钥加密算法不同于私钥加密算法，它使用了一对密钥，一个用于加密信息，另一个用于解密信息，通信双方无须事先交换密钥就可进行保密通信。

数字证书是各类实体（如持卡人 / 个人、商户 / 企业、网关 / 银行等）在网上进行信息交流及商务活动的身份证明，是一个经认证中心数字签名的，包含公开密钥拥有者信息以及公开密钥的文件。

计算机病毒是指编制或者在计算机程序中插入的破坏计算机功能或者破坏数据，影响计算机使用并且能够自我复制的一组计算机指令或者程序代码。它是一种恶意的计算机程序。

2. 概念地图

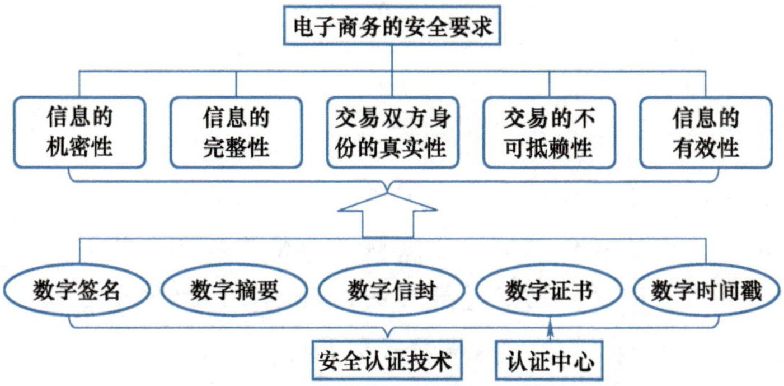

3. 为您支招

（1）本单元通过运用个人数字证书发送签名邮件的体验来导入电子商务安全基础知识的学习，让您初识电子商务安全技术的具体应用，形成对电子商务安全的感性认识，并在此基础上逐步深入与扩展，进而构建出电子商务安全基础知识体系。

（2）在学习中，建议重点掌握“体验式学习”的方法，并能将这一方法贯穿在本单元的整个学习过程中。

（3）在学习中，要主动参与教学中的实践活动（如申请数安时代免费数字证书，并将其运用到电子邮件的加密中），联系生活实际，关注时事新闻，了解最新的电子商务发展情况，以加深对教材相关知识的理解。主动参与案例分析等实践训练，不断积累和提高电子商务的专业技能和技巧。

（4）借助“概念地图”正确理解和掌握本单元的主要专业术语、知识要点和各知识要点之间的内在逻辑联系，通过联想记忆、归纳等学习方法将零散的知识点浓缩成简单易记的知识链。

（5）通过有针对性地浏览银行、企业的电子商务网站，了解电子商务安全协议的具体应用，加深对电子商务安全的理解，从而增强对所学课程、专业的兴趣，激发学习的热情并明确学习的目的。下面提供了一些银行、企业的电子商务网站：中国建设银行（http://www.ccb.com/cn/home/indexv3.html）、中国农业银行（http://www.abchina.com/cn）、中国工商银行（http://www.icbc.com.cn/icbc）、联想中国网站（https://www.lenovo.com.cn）和海尔商城网站（https://www.ehaier.com）。

模块一 电商体验：申请数字证书

在网上遨游要防范被黑客攻击，如何保护网上的信息安全呢？特别是如何保护网上交易信息的安全呢？

情景设置

随着网络的普及，电子邮件是人们在网上进行信息交流的一个主要方式，但是随着网上黑客的日益猖獗，电子邮件被拦截、被假冒、被篡改的事件时有发生，这给当事人带来了一些不良的影响。那么如何防范这样的风险呢？网络安全专家提供了多种方案，让我们一起来了解如何使用数字证书来保护我们的电子邮件吧！

操作指南

体验活动内容：申请“数安时代”在线提供的免费 GDCA 邮件证书，并用该数字证书发送一封签名邮件给老师。

申请数字证书微课

1. 申请免费数字证书

步骤一： 登录访问“数安时代”（https://certmall.trustauth.cn/）主页，选择“登录”，输入已注册的邮箱和密码登录，如果没有账户可免费注册，如图 6-1 所示。

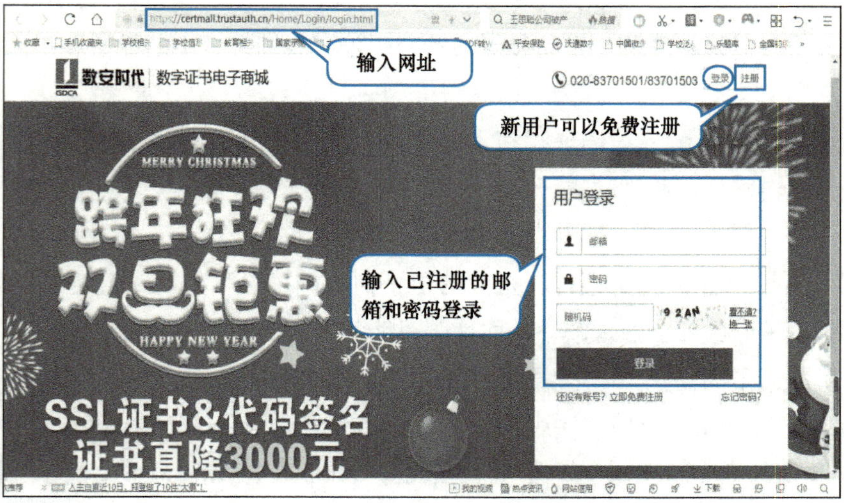

图 6-1 登录“数安时代”主页

步骤二：登录成功后，在“我的订单”界面，单击 GDCA 安全邮件证书“免费申请”按钮，如图 6-2 所示。

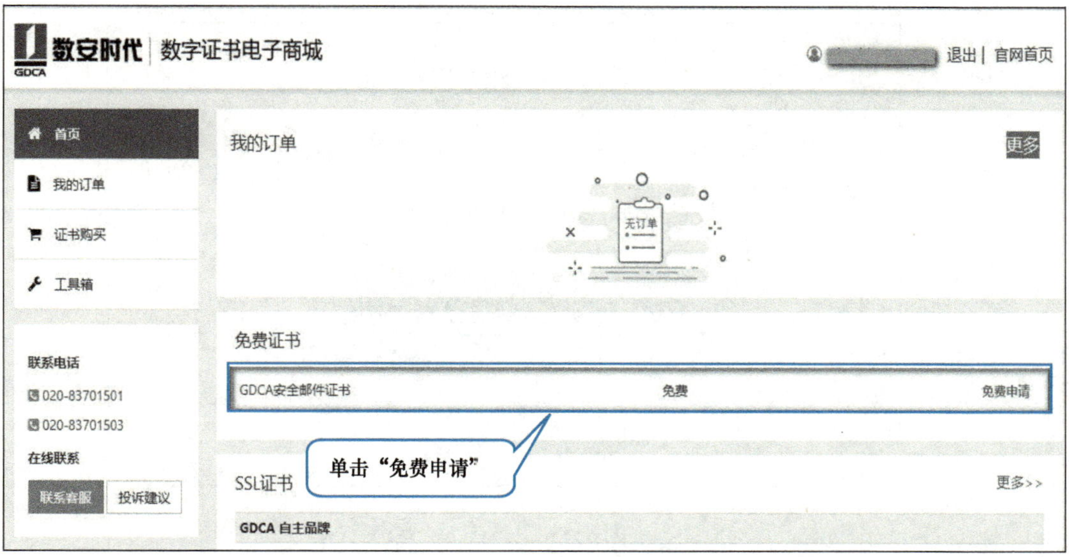

图 6-2　免费申请

步骤三：进入申请界面，输入相关信息。特别提醒，设置的保护密码在证书安装或解压时需要输入，并且保护密码无法找回，一定要妥善保管，如图 6-3 所示。

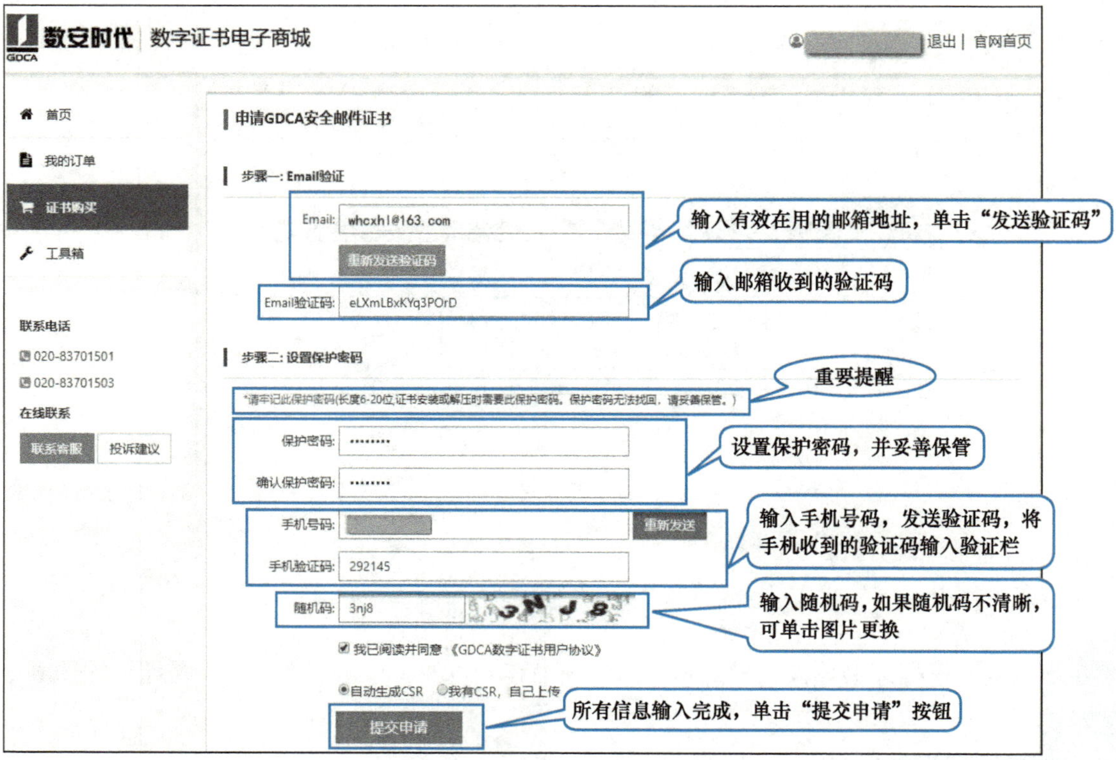

图 6-3　输入申请证书相关信息

步骤四： 申请成功后，系统弹出“申请成功”界面，单击“下载证书”，选择下载证书的目录，下载邮件证书文件，如图 6-4 所示。

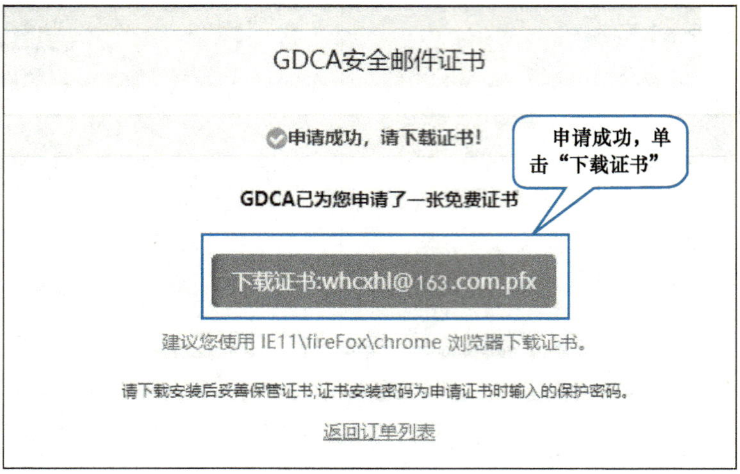

图 6-4　下载证书

步骤五： 安装证书。证书下载完成后，打开以申请邮箱命名的压缩文件包，双击扩展名为“.pfx”的文件，如图 6-5 所示。

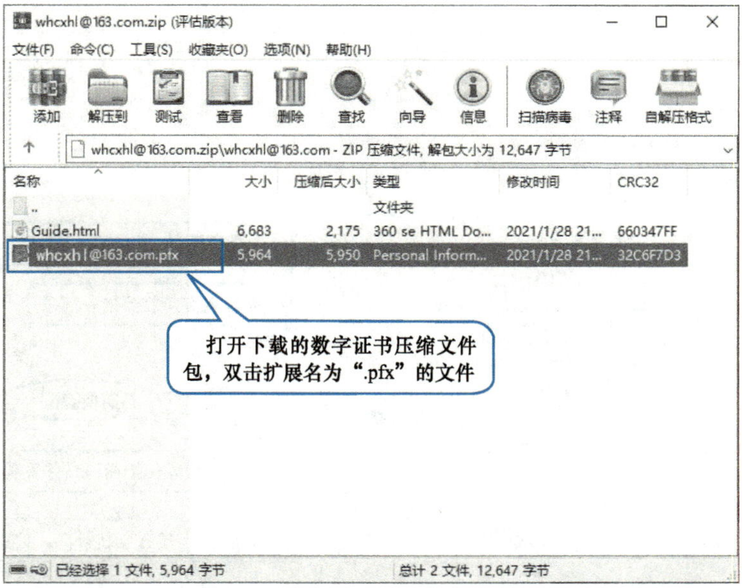

图 6-5　启动安装文件

步骤六： 根据证书导入向导提示，选择证书存储位置，单击“下一步”按钮，如图 6-6 所示。

步骤七： 选择下载的证书文件，如图 6-7 所示。

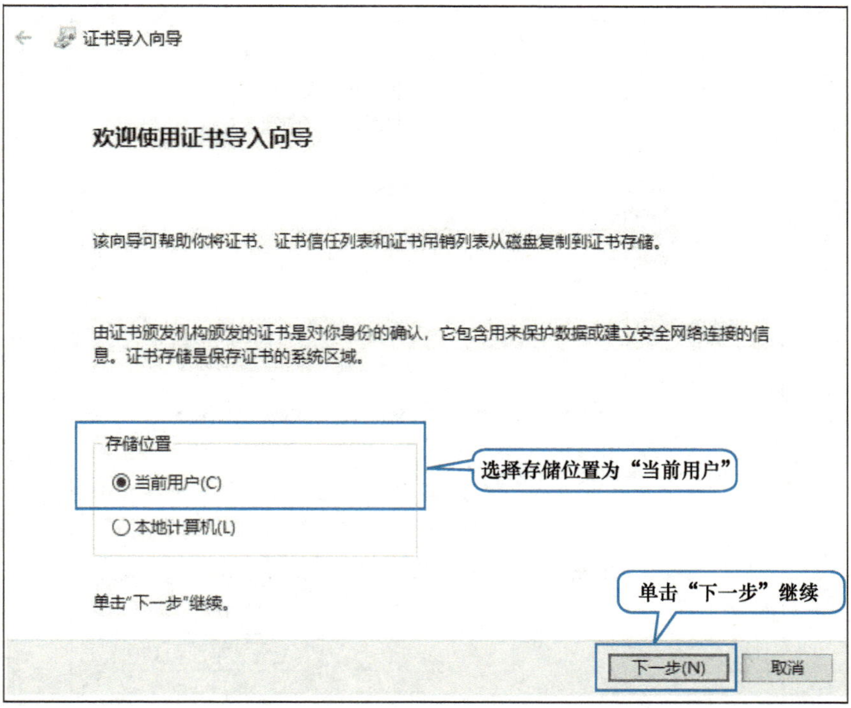

图 6-6　选择证书存储位置

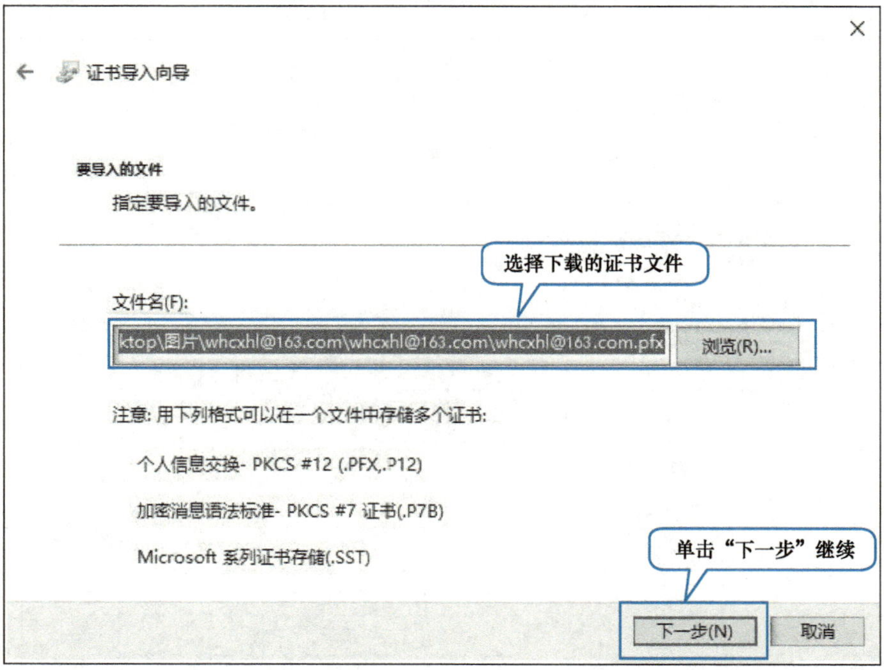

图 6-7　选择下载的证书文件

步骤八：输入申请证书时设置的保护密码，如图 6-8 所示。

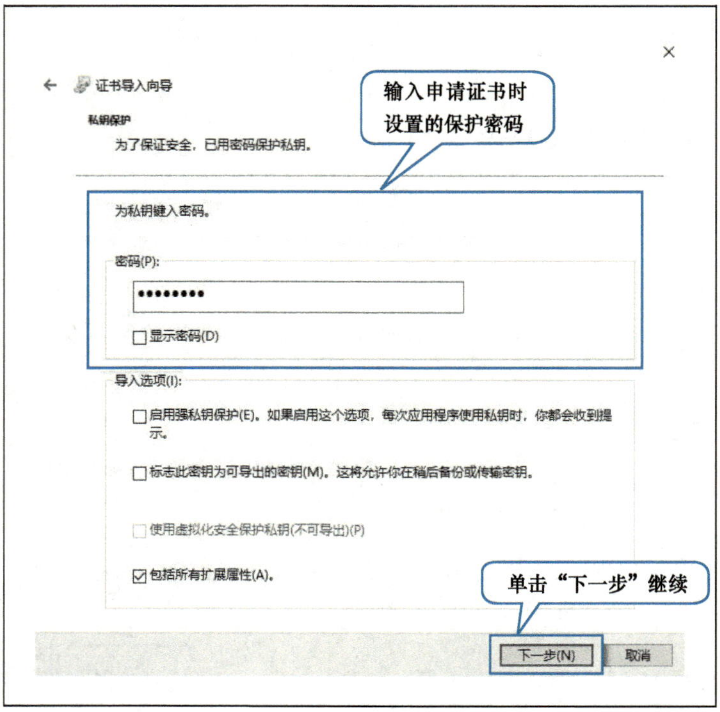

图 6-8　输入证书保护密码

步骤九：选择“根据证书类型，自动选择证书存储”，单击下一步，如图 6-9 所示。

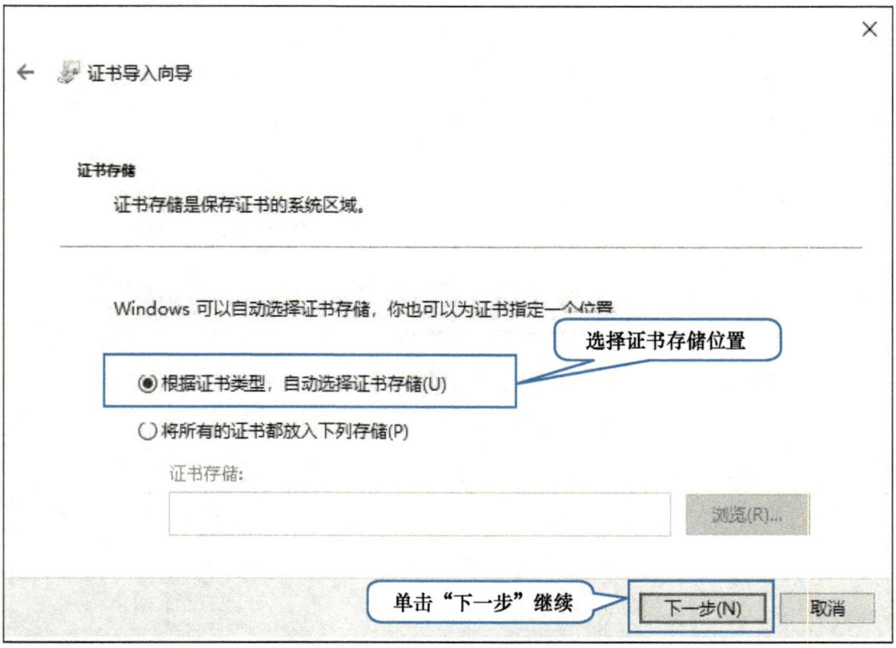

图 6-9　进行证书存储

步骤十：单击“完成”，导入证书，如图 6-10 所示。

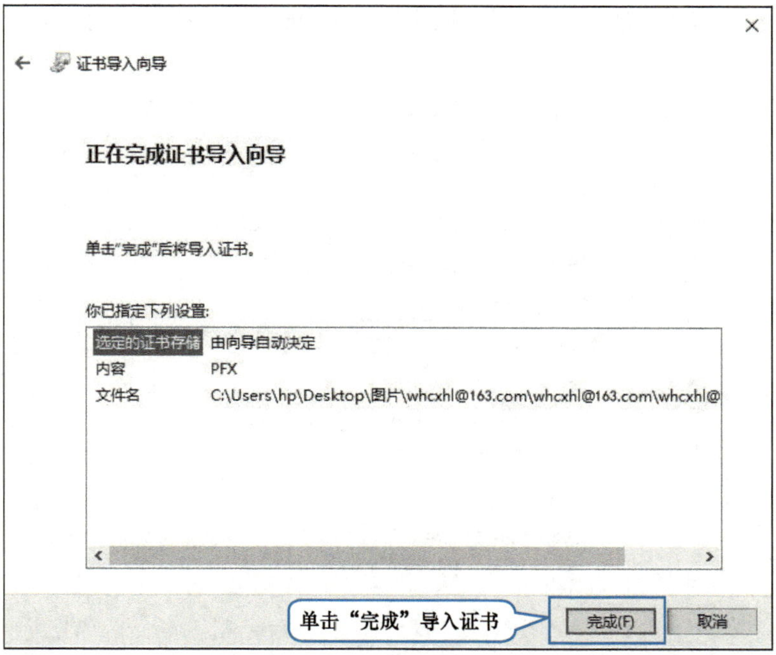

图 6-10　完成证书导入

步骤十一：单击“完成”后，系统出现安全警告，询问是否安装证书，选择“是”，如图 6-11 所示。

步骤十二：系统出现“导入成功”提示框，单击“确定”按钮，如图 6-12 所示。

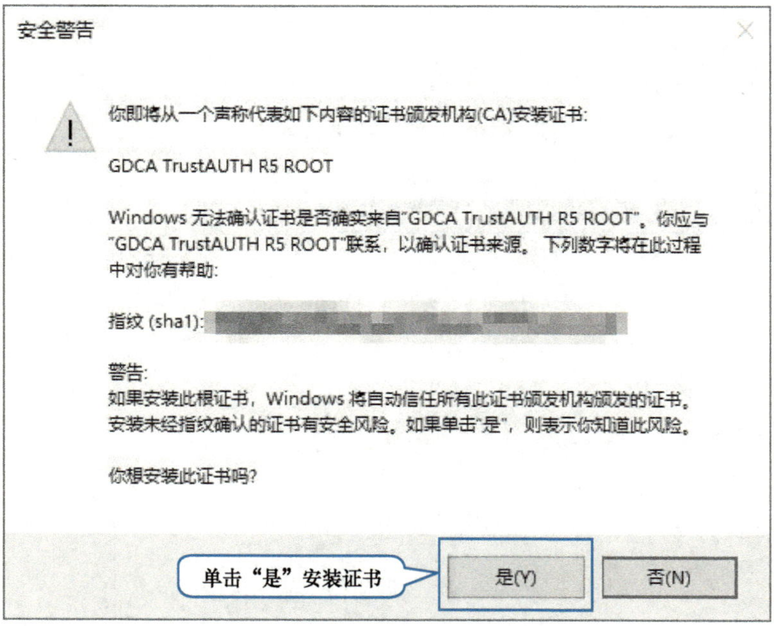

图 6-11　安装证书

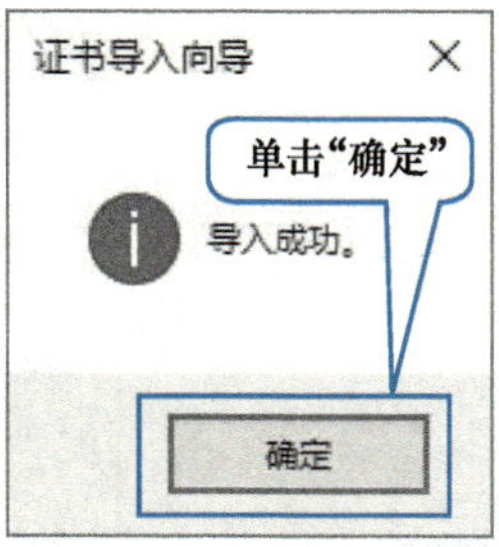

图 6-12　导入成功

步骤十三：数字证书的查看。在浏览器的菜单栏中选择【工具】→【Internet 选项】，在“Internet 属性”窗口，选择“内容”标签，单击“证书”按钮，进入证书列表，如图 6-13 所示。

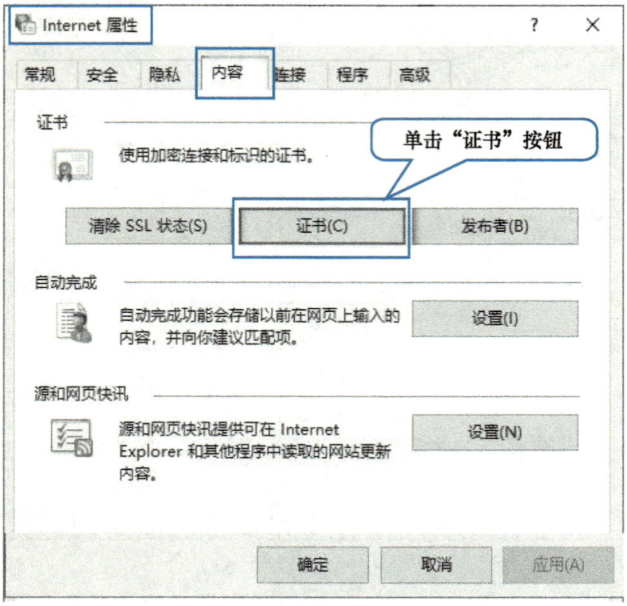

图 6-13 查看数字证书

步骤十四：在证书列表窗口，选择颁发者为“GDCA”开头的证书，单击“查看”按钮，如图 6-14 所示。

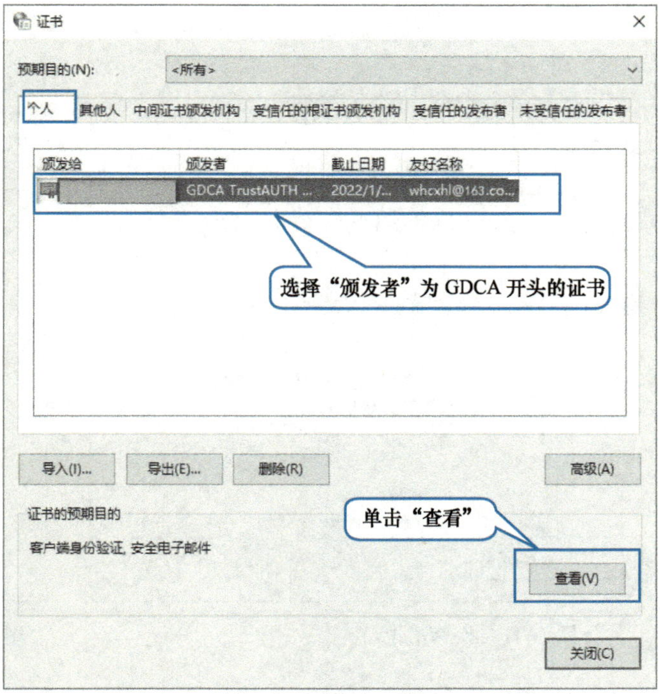

图 6-14 选择查看的证书

步骤十五： 系统弹出证书相关信息，如图 6-15 所示。

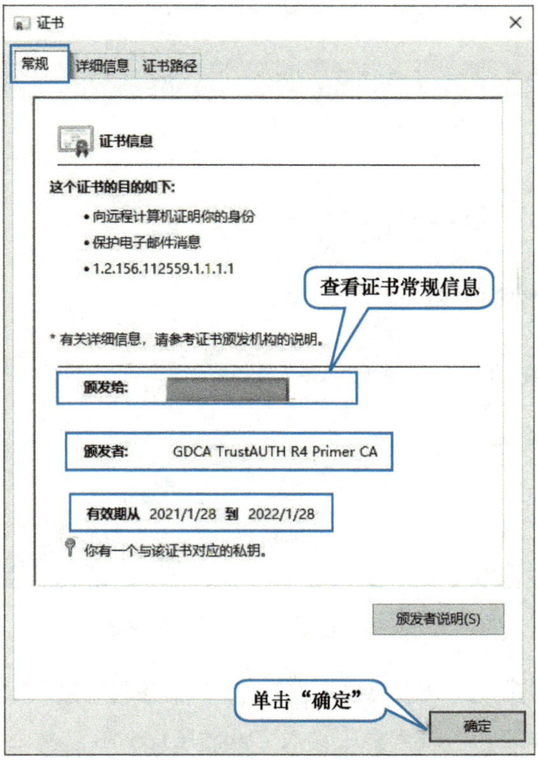

图 6-15　证书常规信息

2. 在 Outlook Express 中设置账户及数字证书

步骤一： 启动 Outlook Express，单击“工具”菜单中的“账户”选项，选择“邮件”选项卡，单击“添加”按钮，选择“邮件”选项进入“Internet 连接向导”界面。

步骤二： 输入客户的显示名，如“163 免费邮”，此姓名将出现在客户所发送邮件的“发件人”一栏，然后单击“下一步”按钮，如图 6-16 所示。

设置账户及数字证书微课

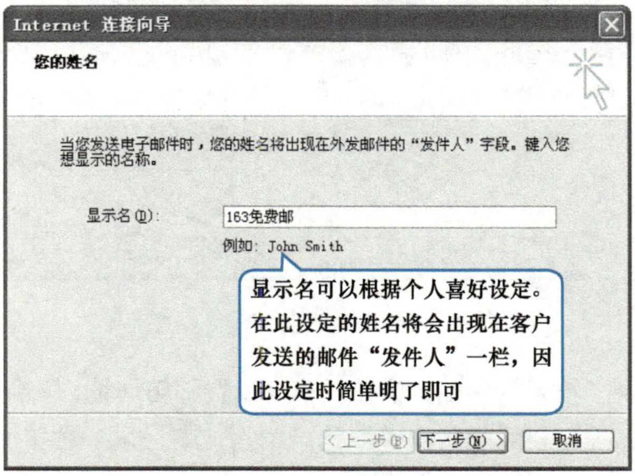

图 6-16　设置显示名界面

步骤三：在“Internet 电子邮件地址”输入框中输入客户的邮箱地址，如“whcxhl@163.com”，然后单击“下一步”按钮，如图 6-17 所示。

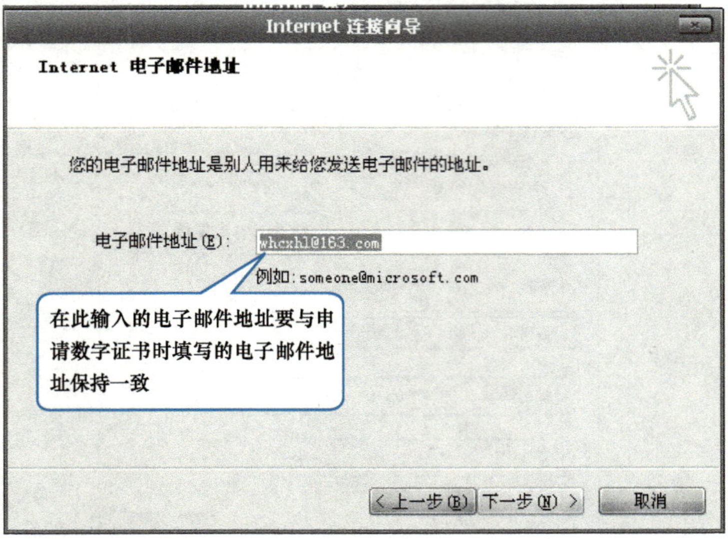

图 6-17 设置电子邮件地址界面

步骤四：在“接收邮件（POP3，IMAP 或 HTTP）服务器”输入框中输入“pop.163.com”；在“发送邮件服务器（SMTP）”输入框中输入“smtp.163.com”，然后单击“下一步”按钮，如图 6-18 所示。

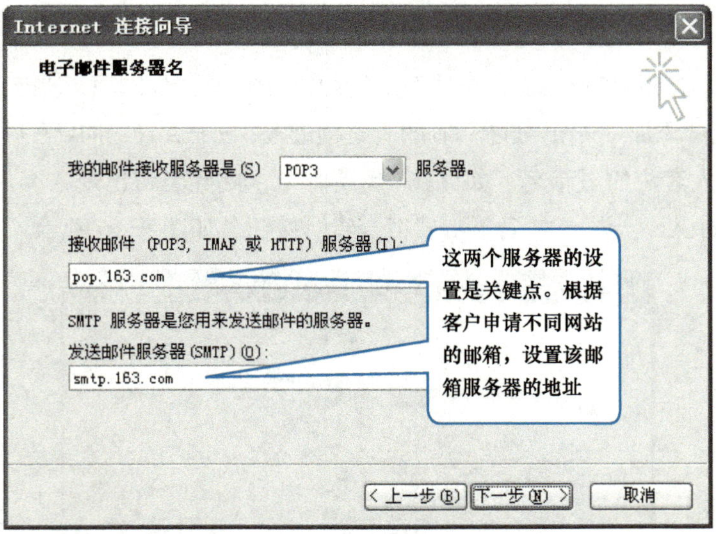

图 6-18 设置电子邮件服务器界面

步骤五：在“账户名”输入框中输入客户的 163 免费邮箱地址（仅输入“@”前面的部分）；在“密码”输入框中输入客户的邮箱密码，然后单击“下一步”按钮，如图 6-19 所示。

步骤六：单击“完成”按钮，如图 6-20 所示。

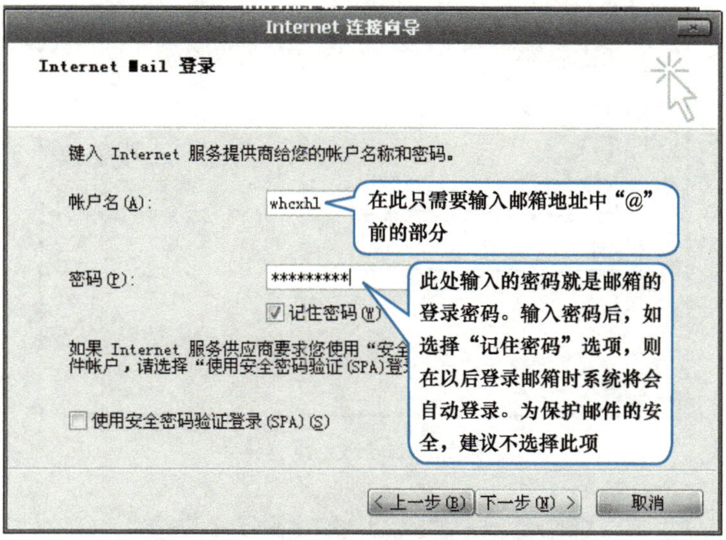

图 6-19　设置电子邮件账户名与邮箱密码界面

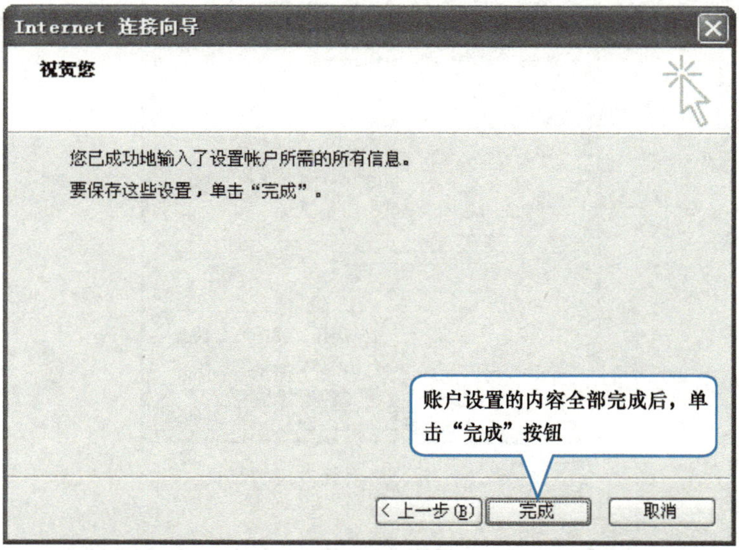

图 6-20　邮箱设置完成界面

步骤七： 在“邮件”选项卡中，选中刚才设置的账号，单击“属性”按钮，如图 6-21 所示。

步骤八： 在电子邮箱属性设置界面中，选择“服务器”选项卡，选择“我的服务器要求身份验证”选项，如图 6-22 所示。

步骤九： 选择“安全”选项卡中的“签署证书”项目，然后单击“选择”按钮。

步骤十： 选择与该账号有关的数字证书，这里只显示与该账号相对应的电子邮箱的数字证书，如图 6-23 所示。

步骤十一： 如果想查看证书的详细信息，单击“查看证书”按钮，客户将会看到详细的证书信息。单击“确定”按钮，设置完毕，如图 6-24 所示。

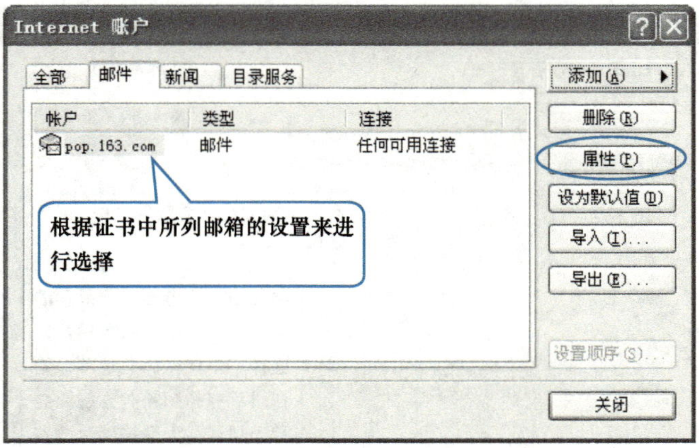

图 6-21　邮箱账号设置界面

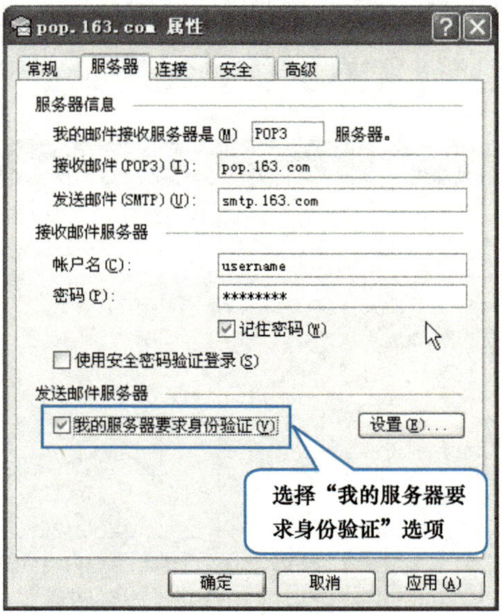

图 6-22　电子邮箱属性设置界面

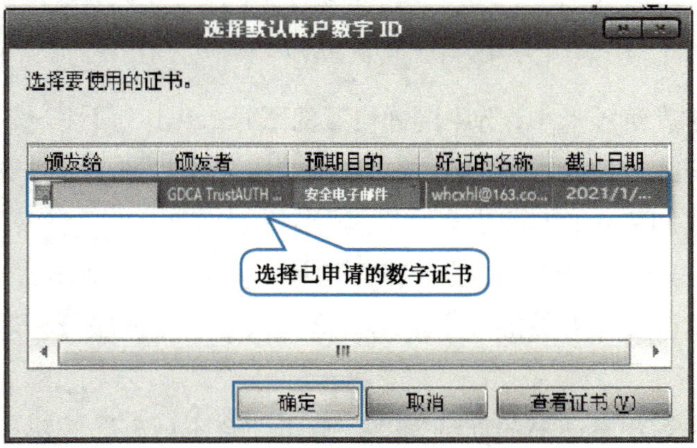

图 6-23　选择账号所用数字证书界面

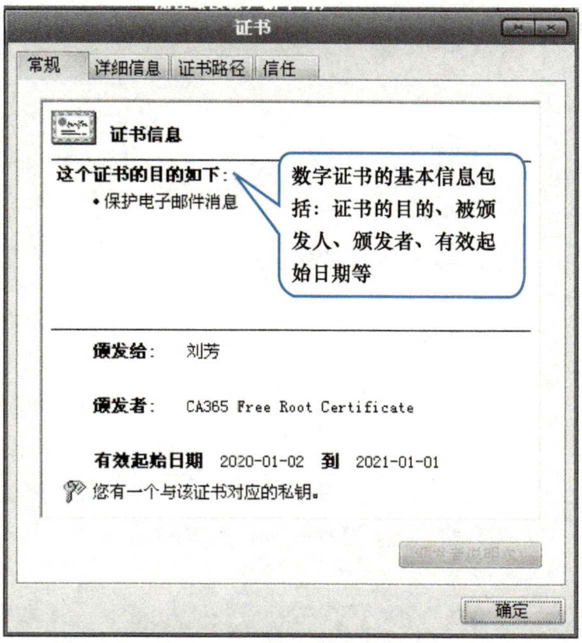

图 6-24　查看数字证书的详细信息界面

提示

（1）设置的邮箱账户要与申请数字证书时的邮箱一致。

（2）设置邮箱账户时，接收邮件服务器（POP3）与发送邮件服务器（SMTP）的设置是关键。

3. 发送具有数字签名的电子邮件

用自己的数字证书发一封签名邮件给老师。主题：安全电子邮件测试+（学号）+（姓名）。邮件内容：自定。目的：将自己的安全电子邮件证书信息（包括公钥）让对方知晓。

发送签名邮件微课

步骤一： 打开 Outlook Express，单击“新邮件”按钮，并撰写新邮件。

收件人：（教师的邮箱地址）

抄送：（同桌的邮箱地址）

主题：安全电子邮件测试+（学号）+（姓名）

内容：（自定）

步骤二： 选择“工具”菜单中的“数字签名”选项（见图 6-25）后，邮件的右上角将会出现一个签名的标记。

步骤三： 单击“发送”按钮，发送数字签名邮件。

步骤四： 单击“已发送邮件”按钮，查看发送成功的数字签名邮件，如图 6-26 所示。

步骤五： 单击“收件箱”按钮，收取同桌发来的签名邮件，并查看邮件内容。

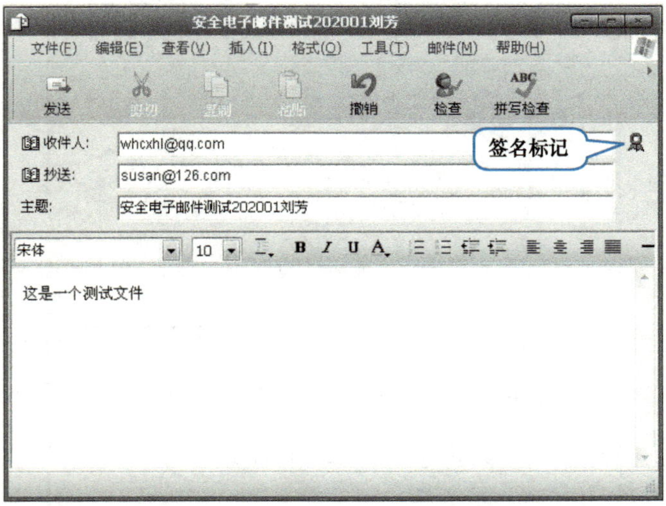

图 6-25 邮件数字签名设置界面

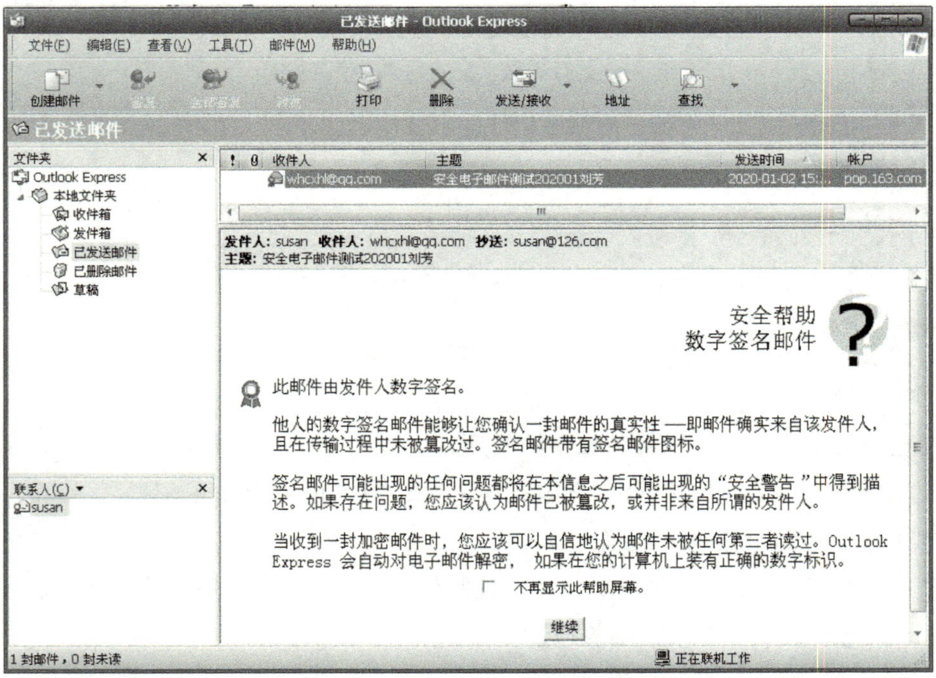

图 6-26 已发送的数字签名邮件

提示

（1）当收件人打开邮件列表时，可以看到有数字签名的邮件被标示了。当打开数字签名的邮件时，将看到数字签名邮件的提示信息。

（2）单击“继续”按钮后，收件人可阅读到该邮件的内容。若邮件在传输过程中被他人篡改或发信人的数字证书有问题，页面将出现“安全警告”提示。

（3）同桌互发邮件可以避免个别同学未收到邮件。

（4）发送时可在“抄送”栏中多写几个地址，以方便与其他同学之间的交互。

体验报告 ››››

目的： 通过申请、安装、使用个人数字证书，初识数字证书的作用，为本单元的学习做好铺垫。

内容： 记录、回顾个人数字证书申请、安装、使用等环节的内容，并对关键信息进行记录。

要求： 独立完成个人数字证书的申请、安装、使用等环节，同时填写表 6-1，记录关键信息，然后按表 6-2 的要求对操作方法和技巧的掌握程度进行评价。

表 6-1　发送签名邮件体验报告

申请网址：http://certmall.trustauth.cn/		操 作 记 录
申请、安装免费数字证书	申请“数安时代”免费数字证书的操作步骤 （1） （2） （3） （4） （5） （6） （7） （8） （9） （10） （11） （12） （13） （14） （15）	免费数字证书信息 证书业务受理号： 您的密码： 姓名： 国家： 省份： 城市： 电子邮件：

（续）

<table>
<tr><th colspan="2">申请网址：http:// /certmall.trustauth.cn/</th><th>操 作 记 录</th></tr>
<tr><td>在 Outlook Express 中设置账户及数字证书</td><td>设置数字证书的操作步骤
（1）
（2）
（3）
（4）
（5）
（6）
（7）
（8）
（9）
（10）
（11）</td><td>邮箱设置信息
显示名：
电子邮箱地址：
电子邮箱服务器名：
接收服务器（类型）：
接收邮件服务器：
发送邮件服务器：
查看证书信息：
证书的目的：
颁发给：
颁发者：
有效起始日期：</td></tr>
<tr><td>发送具有数字签名的电子邮件</td><td>操作步骤
（1）
（2）
（3）
（4）
（5）</td><td>收到其他同学的数字证书
姓名：
证书的目的：
颁发给：
颁发者：
有效起始日期：</td></tr>
</table>

表 6-2 发送签名邮件活动评价表

<table>
<tr><th>评 价 项 目</th><th>分值 / 分</th><th>自 我 评 价</th><th>小 组 评 价</th><th>教 师 评 价</th><th>标 准</th></tr>
<tr><td>申请数字证书</td><td>30</td><td></td><td></td><td></td><td rowspan="5">熟练掌握：85 ～ 100 分
基本掌握：75 ～ 84 分
部分掌握：60 ～ 74 分
没有掌握：60 分以下</td></tr>
<tr><td>安装数字证书</td><td>30</td><td></td><td></td><td></td></tr>
<tr><td>设置数字证书</td><td>20</td><td></td><td></td><td></td></tr>
<tr><td>发送签名邮件</td><td>20</td><td></td><td></td><td></td></tr>
<tr><td>合 计</td><td>100</td><td></td><td></td><td></td></tr>
</table>

模块二　知识探索：探密电子商务安全

通过运用数字证书将电子邮件签名，可以达到保护网上信息安全的目的，但这只是电子商务信息安全中的一种方式，为保护电子商务信息的安全性和可靠性，还有更多的安全措施和方法。在本模块中，我们将一起来探讨这些问题。

一、电子商务的安全

随着网络技术和互联网的飞速发展，上网人数也越来越多，网络正以前所未有的速度渗透到人们的生活、工作和学习之中，而基于互联网的商务活动也引起了人们的广泛关注。由于信息的安全、资金的安全直接影响着个人、企业以及国家的经济利益，因此，建立一个安全、可靠的电子商务应用环境，已经成为影响电子商务健康发展的关键性问题。

（一）电子商务面临的主要安全问题

由于互联网本身具有开放性，电子商务交易各方不直接面对面交流，以及在资金的支付上由计算机自动处理等特点，使得电子商务的网上交易面临着种种安全问题。这些安全问题主要表现在五个方面，如图 6-27 所示。

- 电子商务的主要安全问题
  - 信息泄露
  - 信息被篡改
  - 信息假冒
  - 信息破坏
  - 交易抵赖

图 6-27　电子商务的主要安全问题

1. 信息泄露

信息泄露在电子商务中主要表现为商业机密的泄露，主要包括三个方面：一是交易双方进行交易的内容被第三方窃取；二是交易一方提供给另一方使用的文件被第三方非法使用；三是信息使用的泛滥，网络、物流服务商将信息作为商品卖给需求方的现象屡见不鲜。

2. 信息被篡改

电子商务的交易信息在互联网上传输时，可能被他人非法拦截、修改、删除或被多次使用，这样就使信息失去了真实性和完整性。例如，当攻击者熟悉了某个公司的网络信息格式以后，通过各种技术方法和手段对网络传输的信息进行中途拦截，更改信息中商品的价格或数量，以达到其非法目的。

3. 信息假冒

当攻击者掌握了网络信息数据的规律或解密了商务信息以后，可以假冒合法用户或发送假冒信息来欺骗其他用户。其主要有两种方式：一是伪造虚假信息，如伪造电子邮件，开设虚假的网站和商店，接收订货单；伪造大量用户，发电子邮件，耗尽商家资源，使合法用户不能正常访问网络资源，使有严格时间要求的服务不能及时得到响应；伪造用户，窃取商家的商品信息和用户信用等信息。二是假冒他人身份，如冒充领导发布命令、调阅密件；冒充他人消费、栽赃；冒充主机欺骗合法主机及合法用户；冒充网络控制程序，套取或修改使用权限、通行字、密钥等信息；接管合法用户，欺骗系统，占用合法用户的资源。

4. 信息破坏

信息破坏涉及两个方面：一是系统性损坏，因为网络传输的可靠性，网络的硬件或软件可能会出现问题而导致交易信息传递的丢失与谬误；二是恶意破坏，计算机网络本身遭到一些恶意程序的破坏，使电子商务信息遭到破坏。

5. 交易抵赖

交易抵赖为交易的一方对发生的交易行为进行否认，如发信者事后否认曾经发送过某条信息或内容；收信者事后否认曾经收到过某条消息或内容；消费者发送订单后不承认；商家卖出商品因价格差而不承认原有的交易等。

（二）电子商务的安全要求

在电子商务交易中，商家、客户和银行等参与各方是通过开放的互联网连接在一起的，相互之间的信息传递也是通过互联网来进行的，这一特点使得网上交易的风险性和不确定性加大，从而对网络传输过程中数据的安全性和保密性提出了更高的要求。尤其是对于电子支付中涉及的敏感数据，信息安全性的要求更高，需要确保其万无一失才能让使用者放心。

电子商务的安全要求主要体现在五个方面，如图 6-28 所示。

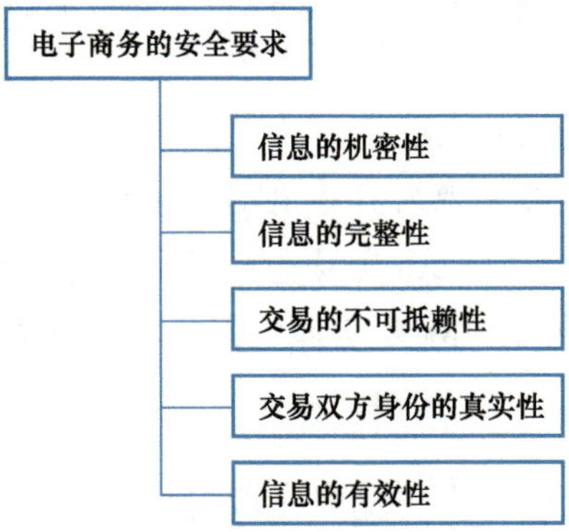

图 6-28　电子商务的安全要求

1. 信息的机密性

信息的机密性是要求在网络传输过程中能保证信息不被泄露给非授权的个人或实体。电子商务是建立在一个较为开放的网络环境上的，商业机密信息在网络上传输容易受到来自网络黑客等不法分子的侵害。因此，预防非法的信息存取和信息在传输过程中被非法窃取，以维护商业信息的机密性是电子商务全面推广与应用的重要保障。

2. 信息的完整性

信息的完整性是要求数据在传输过程中保证其一致性，防止数据被非授权建立、修改和破坏，确保网络上的数据在传输过程中没有被篡改。电子商务简化了贸易过程，减少了人为的干预，但也带来维护商业信息完整、统一的问题。由于数据输入时的意外差错或欺诈行为，可能导致交易各方信息的差异。此外，数据传输过程中信息的丢失、重复或信息传送的次序差异也会导致交易各方信息的不同，而交易各方信息的完整性将影响到交易各方的交易和经营策略。因此，预防对信息的随意生成、修改和删除，同时要防止数据传送过程中信息的丢失和重复，并保证贸易各方信息传送次序的统一，以保证贸易各方信息的完整性。

3. 交易的不可抵赖性

交易的不可抵赖性是指用户不能否认自己做出的行为，也不能否认接到对方的信息。在交易进行时，交易各方必须附带含有自身特征、无法由别人复制的信息，以保证交易后发生纠纷时有所对证。在传统的纸质贸易中，贸易双方通过在交易合同、契约或贸易单据等书面文件上手写签名或加盖印章来鉴别贸易伙伴，确定合同、契约、单据的可靠性并预防抵赖行为的发生，也就是人们常说的“白纸黑字”。在无纸化的电子商务方式下，通过手写签名和印章进行贸易方的鉴别已不可能。因此，在交易信息的传输过程中，为参与交易的个人、企业或国家提供可靠的标识，通过对发送的信息进行数字签名来确认贸易方和保证交易的不可抵赖性就成了一项重要的安全措施。

4. 交易双方身份的真实性

由于电子商务交易系统的特殊性，企业或个人的交易通常都是在虚拟的网络环境中进行的，特别是涉及支付问题时，对个人或实体进行身份确认就成了电子商务中很重要的一环。对个人或实体的身份进行鉴别，为身份的真实性提供保证，使交易双方能够在相互不见面的情况下确认对方的身份，这意味着当某人或实体声明具有某个特定的身份时，需要有专门提供鉴别服务的一方提供一种方法来验证其声明的正确性，以保证交易双方身份的真实性。

5. 信息的有效性

信息的有效性即对信息真伪进行鉴别，有时也称信息的真实性。电子商务以电子形式取代了纸张，那么，如何保证这种电子形式的贸易信息的有效性便成为开展电子商务的前提。电子商务作为贸易的一种形式，其信息的有效性将直接关系到个人、企业或国家的经济利益和声誉。因此，要对网络故障、操作错误、应用程序错误、硬件故障、系统软件错误及计算机病毒所产生的潜在威胁加以控制和预防，以保证贸易数据在确定的时刻、确定的地点是有效的。

（三）电子商务的安全内容

电子商务的一个重要技术特征是利用信息技术来传输和处理商业信息，因此，电子商务安全从整体上可分为两大部分：计算机网络安全、商务交易安全。

（1）计算机网络安全包括计算机网络设备安全、计算机网络系统安全、数据库安全等。其特征是针对计算机网络本身可能存在的安全问题，实施网络安全增强方案，以保证计算机网络自身的安全性。

（2）商务交易安全紧紧围绕着传统商务在互联网上应用时产生的各种安全问题，在计算机网络安全的基础上保障电子商务过程的顺利进行，即实现电子商务的机密性、完整性、真实性、有效性和不可抵赖性。

计算机网络安全与商务交易安全实际上是密不可分的，两者相辅相成，缺一不可。没有计算机网络安全作为基础，商务交易安全就犹如空中楼阁，无从谈起；没有商务交易安全作为保障，即使计算机网络本身再安全，仍然无法达到电子商务所特有的安全要求。电子商务的安全内容，如图 6-29 所示。

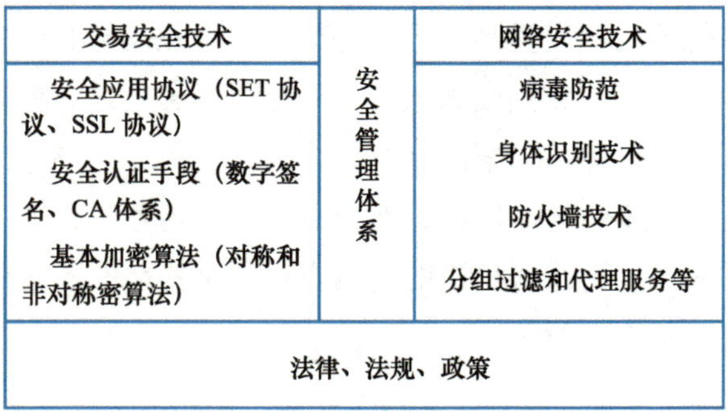

图 6-29 电子商务的安全内容

电子商务的安全性首先依托于法律、法规和相关的政策，这是最根本的基础。电子商务活动中的各个角色（包括政府有关部门和相关企业）都需要在这个环境中运用交易安全技术和网络安全技术建立起完善的安全管理体系，对电子商务实行实时监控，提供实时改变安全策略的能力，对现有电子商务安全系统的漏洞进行检查等，从而保证电子商务的安全性。

二、认证中心概述

（一）认证中心

基于开放网络上的电子商务要求为信息安全提供有效的、可靠的保护机制。这些机制必须保证机密性、身份真实性(使交易的每一方都可以确认其他各方的身份)、不可抵赖性(交易各方不可否认他们的参与)，这就需要依靠一个可靠的验证机构。

认证中心又称为数字证书认证中心，是一个负责发放和管理数字证书的权威机构，作为电子商务交易中受信任的第三方，专门解决公钥体系中公钥的合法性问题。认证中心为每个使用公开密钥的用户发放一个数字证书，数字证书的作用是证明证书中列出的用户名称与证书中列出的公开密钥相对应。认证中心的数字签名使得攻击者不能伪造和篡改数字证书。

在数字证书认证的过程中，认证中心作为权威的、公正的、可信赖的第三方，其作用是至关重要的。认证中心在负责发放和管理数字证书的同时，也允许管理员撤销发放的数字证书，在证书废止列表（CRL）中添加新项并周期性地发布这一数字签名的证书废止列表。

注册机构（Registration Authority，RA）又称数字证书注册审批机构，是认证中心证书发放、管理的延伸。它负责证书申请者的信息录入、审核以及证书发放等工作，同时，对发放的证书完成相应的管理功能。RA 系统是整个认证中心得以正常运营不可缺少的一部分。

（二）认证中心的功能

概括地讲，认证中心的功能有证书发放、证书更新、证书撤销和证书验证，如图 6-30 所示。

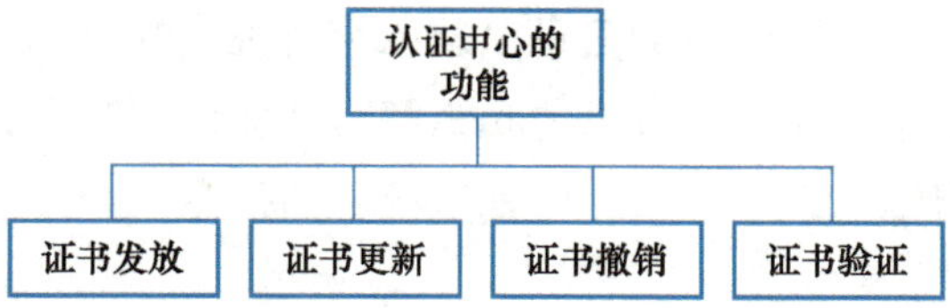

图 6-30　认证中心的功能

认证中心的核心功能就是发放和管理数字证书，具体描述如下：

（1）接收验证最终用户数字证书的申请。

（2）确定是否接受最终用户数字证书的申请——证书的审批。

（3）向申请者颁发数字证书——证书的发放。

（4）接收、处理最终用户的数字证书更新请求——证书的更新。

（5）接收最终用户数字证书的查询、撤销——证书的撤销。

（6）产生和发布证书废止列表。

（7）数字证书的归档。

（8）密钥归档。

（9）历史数据归档。

（三）认证中心的系统构成

认证中心主要由安全服务器、CA 服务器、注册机构、LDAP 服务器和数据库服务器等部分构成，如图 6-31 所示。

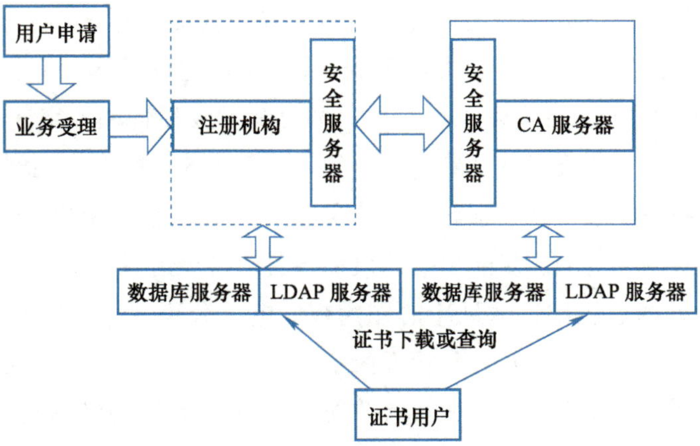

图 6-31　认证中心的系统组成

1. 安全服务器

安全服务器面向普通用户，用于提供证书申请、浏览证书撤销列表以及证书下载等安全服务。安全服务器与用户的通信采取安全信道方式（如 SSL 协议方式，不需要对用户进行身份认证）。用户首先得到安全服务器的证书（该证书由 CA 颁发），然后用户与服务器之间的所有通信，包括用户填写的申请信息以及浏览器生成的公钥，均用安全服务器的密钥进行加密传输，只有安全服务器利用自己的私钥解密才能得到明文，这样可以防止其他人通过窃听得到明文，从而保证了证书申请和传输过程中的信息安全性。

2. CA 服务器

CA 服务器是整个证书机构的核心，负责证书的签发。CA 服务器首先产生自身的私钥和公钥，然后生成数字证书，并且将数字证书传输给安全服务器。CA 服务器还负责为操作员、安全服务器以及注册机构服务器生成数字证书。安全服务器的数字证书和私钥也需要传输给 CA 服务器。CA 服务器是整个结构中最为重要的部分，存有认证中心的私钥以及发行证书的脚本文件，出于安全的考虑，应将 CA 服务器与其他服务器隔离，任何通信均采用人工干预的方式，以确保认证中心的安全。

3. 注册机构

注册机构服务器面向登记中心操作员，在认证中心体系结构中起着承上启下的作用，一方面面向认证中心转发安全服务器传输过来的证书申请请求，另一方面面向 LDAP 服务器和安全服务器转发认证中心颁发的数字证书和证书撤销列表。

4. LDAP 服务器

LDAP（Lightweight Directory Access Protocol，轻量目录访问协议）服务器提供目录浏览服务，负责将注册机构服务器传输过来的用户信息以及数字证书加入到服务器上。这样，其他用户通过访问 LDAP 服务器就能够得到其他用户的数字证书。

5. 数据库服务器

数据库服务器是认证机构的数据中心，用于对认证机构中的数据（如密钥和用户信息等）、日志和统计信息的存储和管理。实际的数据库系统应采用多种措施，如磁盘阵列、双机备份和多处理器等，以维护数据库系统的安全性、稳定性、可伸缩性和高性能。

三、数据加密技术与密码管理

数据加密技术是结合数学、计算机科学、电子与通信等诸多学科于一身的交叉学科，是保护电子商务交易安全的重要手段之一，也是所有数据安全技术的核心。

在计算机网络环境下很难做到对敏感性数据的隔离，比较现实的方法是设法做到即使攻击者获得了数据，但仍无法理解其包含的意义，以达到保密的目的。所谓加密就是通过密码算法对数据进行转化，使之成为不拥有正确密钥的任何人都无法读懂的报文。这些以无法读懂形式出现的数据一般被称为密文。为了读懂报文，密文必须重新转变为它的最初形式——明文，而用来以数学方式转换报文的双重密码就是密钥。在这种情况下，即使一则信息被截获并阅读，这则信息也是毫无利用价值的。而实现这种转化的算法标准，据不完全统计，到现在为止已经有 200 多种。按照国际上通行的惯例，将这 200 多种方法按照双方收发的密钥是否相同可以划分为两大类：私钥加密算法、公钥加密算法。

（一）私钥加密算法

私钥加密算法也称对称加密算法，是指加密密钥和解密密钥为同一密钥的密码算法，也是一种传统的密码算法。在私钥加密系统中，收信方和发信方使用相同的密钥，即加密密钥和解密密钥是相同或等价的。

比较著名的私钥加密算法有美国国家标准局提出的数据加密标准（Data Encryption Standard，DES）算法及其各种变形，如 Triple DES（三重 DES）、GDES（广义 DES）、New DES 和 DES 的前身 Lucifer 算法。

因为加密解密的密钥相同，所以通信双方必须拥有和保存他们共同的密钥，只要通信双方不将密钥泄密出去，就可以实现数据传输的机密性和完整性。

私钥加密算法的优点是计算开销小、加密速度快、保密强度高，是目前用于信息加密的主要算法。它的缺陷主要有两点：一是密钥的传递和管理比较困难，对于具有 n 个用户的网络来说，需要 $n(n-1)/2$ 个密钥，这对于大型网络，当用户群很大、分布很广时，密钥的分配和保存就成了问题；二是它仅能用于对数据进行加密、解密处理，保证数据的机密性，不能用于数字签名。

（二）公钥加密算法

公钥加密算法也称非对称加密算法，是指加密密钥和解密密钥为两个不同密钥的密码算法。公钥加密算法是针对私钥加密算法的缺陷提出来的。公钥加密算法不同于私钥加密算法，它使用了一对密钥：一个用于加密信息，另一个用于解密信息，通信双方无须事先交换密钥就可进行保密通信。其中，加密密钥向公众公开，它被称为公钥；解密密钥只有解密人自己知道，它被称为私钥。这两个密钥之间存在着相互依存的关系，即用其中任意一个密钥加密的信息只能用另一个密钥进行解密。若以公钥作为加密密钥，以私钥作为解密密钥，则多个用户加密的信息只能由一个用户解读；反之，以私钥作为加密密钥，以公钥作为解密密钥，则由一个用户加密的信息能由多个用户解读。如果一个人选择并公布了他的公钥，其他任何人都可以用这一公钥来加密传送给那个人的消息，而明文则只能使用这个人的私钥解密才能获得。私钥是秘密保存的，只有私钥的所有者才能利用私钥对密文进行解密，而且非法用户几乎不可能从公钥推导出私钥。

最有影响的公钥加密算法是RSA算法，它是一种被公认的、十分安全的公钥加密算法，RSA算法既能用于加密又能用于数字签名。它的命名取自三个创始人：Rivest、Shamir、Adelman。RSA算法的安全性基于数论中大素数分解的困难性，所以，RSA算法需采用足够大的整数，因子分解越困难，密码就越难以破译，加密强度就越高。

公钥加密算法的优点是可以适应网络的开放性要求，密钥分配协议简单，它不存在私钥加密算法中密钥的分配和保存问题，所以极大地简化了密钥管理工作。它不仅可以作为加密算法使用，而且可以用作数字签名和对私钥加密的密钥，它是目前最好的现代加密算法。但其算法复杂，加密数据的速率较低，不适合用于对较长的信息进行加密。

对于上述两种加密算法，在密码管理方式上可以做一个简单的比较，见表6-3。为了充分发挥私钥加密算法和公钥加密算法各自的优点，实际应用中通常将这两种加密算法结合在一起使用。例如，利用DES算法来加密信息，而采用RSA算法对私钥加密算法的密钥进行加密。

表6-3 私钥与公钥加密算法对比

项　目	私钥加密算法	公钥加密算法
密钥数目	单一密钥	密钥是成对的
密钥种类	密钥是秘密的	一个私有、一个公开
密钥管理	简单，但不好管理	管理相对简单，但需要数字证书及可靠的第三方
加密速度	非常快	慢
用途	主要用来对大量资料进行加密	用来对少量文件或对信息签字等保密要求不太严格的信息进行加密

四、安全认证技术与安全协议

（一）安全认证技术

安全认证技术是为了满足电子商务系统的安全性要求而采取的一种常用的安全技术。安全认证的主要作用是进行信息认证，信息认证的目的有两个：一是确认信息发送者的身份；

二是验证信息的完整性，即确认信息在传送或存储过程中未被篡改过。

概括地讲，电子商务安全认证技术主要有数字证书、数字摘要、数字签名、数字信封、数字时间戳五种，如图 6-32 所示。

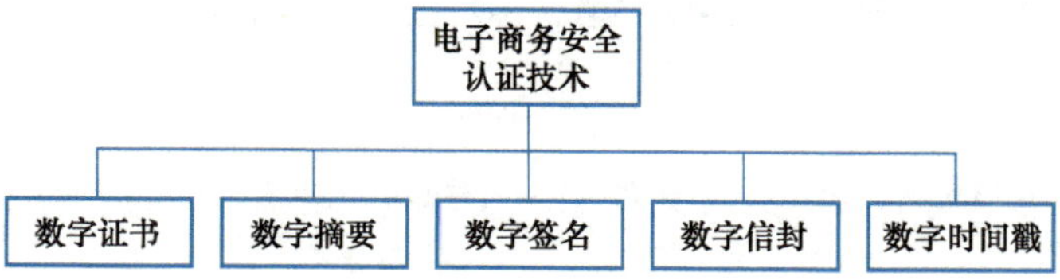

图 6-32　电子商务安全认证技术

1. 数字证书

数字证书是各类实体（如持卡人 / 个人、商户 / 企业、网关 / 银行等）在网上进行信息交流及商务活动的身份证明，是一个经认证中心数字签名的、包含公开密钥拥有者信息以及公开密钥的文件。在电子商务交易的各个环节，交易各方都需验证对方证书的有效性，从而解决相互间的信任问题。

数字证书是一种数字标识，最简单的证书也要包含公开密钥、名称以及认证中心的数字签名。一般情况下，证书中还包括密钥的有效时间、发证机关（认证中心）的名称、证书的序列号等信息，证书的格式遵循 ITUT X.509 国际标准。

一个标准的 X.509 数字证书包含以下一些内容：

（1）证书的版本信息。

（2）证书的序列号，每个证书都有一个唯一的证书序列号。

（3）证书所使用的签名算法。

（4）证书的发行机构名称，命名规则一般采用 X.500 格式。

（5）证书的有效期，从什么时候开始有效，到什么时候结束。

（6）证书所有人的名称，命名规则一般采用 X.500 格式。

（7）证书所有人的公开密钥。

（8）证书发行者对证书的签名。

典型的数字证书实例，如图 6-33 所示。

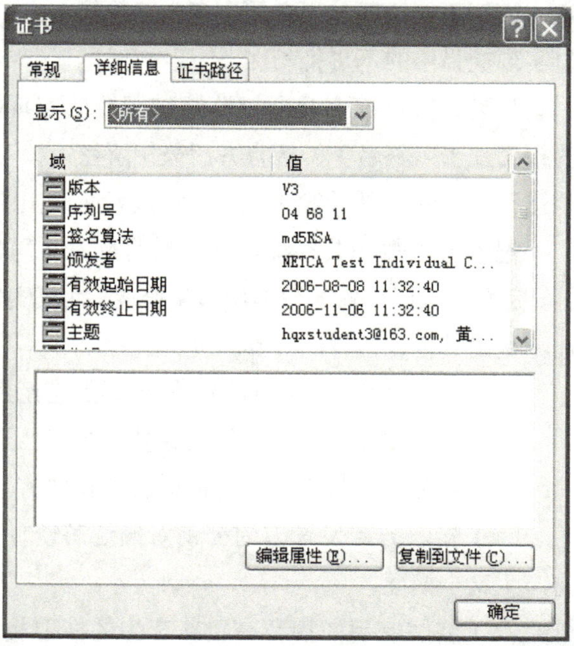

图 6-33　数字证书实例

数字证书主要是通过公钥加密算法来实现的。每个用户自己设定一个特定的且仅为本人所知的私钥，用它来进行解密和签名，同时设定一个公钥并由本人公开，由一组用户共享，用于加密和验证签名。当发送一份保密文件时，发送方使用接收方的公钥对数据加密，而接收方则使用自己的私钥解密。这样就可以保证信息除发送方和接收方外不被其他人窃取，信息在传输过程中不被篡改，发送方能够通过数字证书来确认接收方的身份，发送方对于自己发送的信息不能抵赖。

在电子商务中，数字证书一般有四种类型：客户证书、商家证书、网关证书、CA系统证书。

2. 数字摘要

数字摘要是采用单向哈希函数对文件中若干重要元素进行某种变换运算得到固定长度的摘要码。

数字摘要采用的加密方法被称为安全哈希编码法（Secure Hash Algorithm，SHA）或MD5算法，由Ron Rivest设计。该编码法采用单向哈希函数将需加密的明文“摘要”成一串128bit的密文，这一串密文也被称为数字指纹，它有固定的长度，并且不同的明文“摘要”成密文，其结果总是不同的，而同样的明文其摘要必定一致。发送方在传输信息时将数字摘要加入文件并一同发送给接收方，接收方收到文件后用相同的方法进行变换运算，若得到的结果与发送来的摘要相同，则可断定文件未被篡改。这样，这串摘要便可成为验证明文是否是“真身”的“指纹”了。

3. 数字签名

数字签名是用户用自己的私钥对原始数据的哈希摘要进行加密所得的数据。

数字签名的作用主要有以下三点：一是接收方能够核实发送方对报文的签名；二是发送方事后不能抵赖对报文的签名；三是接收方不能伪造对报文的签名。运用数字签名技术可以实现交易中的不可抵赖性。

目前，数字签名是通过公钥加密算法实现的，其基本原理是：发送方用私钥对所传输的报文加密（签名），接收方用公钥解密（核对签名）。由于数字签名使用的是发送方的私钥进行加密的，事后发送方则无法抵赖所发出的报文，从而实现了交易的不可抵赖性。

把哈希函数和公钥加密算法结合起来，可以在提供数据完整性的同时保证数据的真实性。完整性保证传输的数据没有被修改，而真实性则保证是由确定的合法者产生的数字摘要，而不是由其他人假冒的。其原理为：

（1）将原文用安全哈希编码法编码加密产生128bit的数字摘要。

（2）发送方用自己的私钥对摘要再加密，这就形成了数字签名。

（3）将原文和加密的摘要同时传给接收方。

（4）接收方用发送方的公钥对摘要解密，同时对收到的文件用安全哈希编码法编码解密产生又一摘要。

（5）将解密后的摘要与重新产生的摘要相互对比，如两者一致，则说明传送过程中信息没有被破坏或篡改过，否则不然。

数字签名的过程，如图6-34所示。数字签名通过双重加密的方法来防止因电子信息易被修改而作伪、冒用别人名义发送信息或发出（收到）信件后又加以否认等情况的发生。

相对于手写签名，数字签名在安全性方面具有如下好处：数字签名不仅与签名者的私钥有关，而且与报文的内容有关，因此不能将签名者对一份报文的签名复制到另一份报文上，同时也能防止篡改报文的内容。

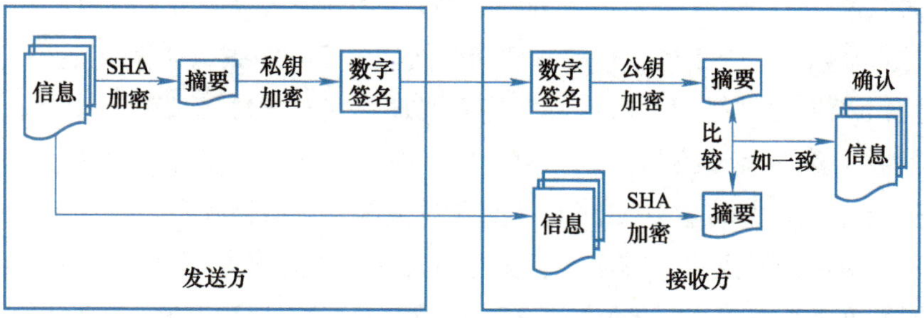

图 6-34　数字签名的过程

小知识

哈希（Hash）算法

哈希算法是一类符合特殊要求的散列函数（Hash 函数），这些特殊要求是：①输入报文数据没有长度限制；②对任何输入报文数据生成固定长度的摘要；③由报文能方便地算出摘要；④难以由摘要生成指定的报文，但由报文可以生成指定的摘要；⑤两个不同的报文难以生成相同的摘要。

4. 数字信封

数字信封是一种综合利用私钥加密技术和公钥加密技术两者优点的信息安全传输技术。数字信封既发挥了私钥加密算法加密速度快、安全性好的优点，又发挥了公钥加密算法密钥管理方便的优点。

数字信封的功能类似于普通信件，普通信件在法律的约束下保证只有收信人才能阅读信的内容，数字信封则采用密码技术保证了只有规定的接收方才能阅读信息的内容。

数字信封的工作过程是：在信息传输过程中，发送方先用私钥加密算法对信息加密，再用接收方的公钥对自己加密所用的密钥进行加密（这一密文就是数字信封），然后将加密信息和数字信封一同发送给接收方。接收方则先用自己的私钥打开数字信封得到发送方加密所用的密钥，再用这个密钥对加密信息进行解密得到信息的明文。从这一过程可以看出，数字信封如同人们生活中的信封，只不过数字信封中封装的是发送方进行加密的密钥。

利用数字信封技术很好地解决了私钥加密算法密钥管理的难题，有利于充分发挥私钥加密算法速度快、安全性好的优点。

5. 数字时间戳

数字时间戳（Digital Time Stamp，DTS）是电子商务安全服务项目之一，能提供对电子文件的日期和时间信息的安全保护。在商品交易文件中，时间是十分重要的信息。在书面合同中，文件签署的日期和签名一样重要，是防止文件被伪造和篡改的关键性内容，而在电子商务交易中，同样需要对交易文件的日期和时间信息采取安全措施。数字时间戳服务就能提供对电子文件发送时间的安全保护。数字时间戳服务一般由专门的机构提供。

数字时间戳是一个经加密后形成的凭证文档，它包括三个部分：需加数字时间戳文件的摘要、数字时间戳认证单位收到文件的日期和时间、数字时间戳认证单位的数字签名。

数字时间戳产生的过程为：用户首先将需要加数字时间戳的文件用安全哈希编码法编码加密形成摘要，然后将该摘要发送到数字时间戳认证单位。数字时间戳认证单位对收到文件的时间进行记录，并将收到文件的日期和时间信息加入到文件中，然后对该文件加密（数字签名），最后送回用户。书面签署文件的时间是由签署人自己写上的，而数字时间戳则不然，它是由数字时间戳认证单位来加的，以数字时间戳认证单位收到文件的时间为依据。因此，数字时间戳也可作为科学发明文献的时间认证。

（二）电子支付过程中的安全协议

电子商务的显著特征之一就是通过电子支付来实现交易过程中的支付环节。为了保障电子支付过程中持卡人的账户信息不被泄露、不被盗用，交易各方就必须建立并共同遵循用来解决电子商务交易安全的某种协议。

目前，具有这种功能的安全协议有很多，其中使用最广泛的有 SSL 协议和 SET 协议。

关于 SSL 协议和 SET 协议的知识已经在前面有过介绍。对比两种安全协议，可以看到在电子商务中采用单一的 SSL 协议来保证交易的安全是不够的，但采用 SSL 协议加表单签名的模式能够为电子商务提供较好的安全性保证。SSL 协议比 SET 协议出现得早，且简单、易于实现。同时，SSL 协议对在客户端与服务器间传输的所有数据进行加密，而实际应用中需要加密的信息仅仅是很少的一部分关键性的敏感数据，因此，采用 SSL 协议影响了加密的效率。另外，SSL 协议只能保证传递过程是安全的，而无法获知传递中是否被拦截。SET 协议的保密性好，同时 SET CA 是一套严密的认证体系，SET 协议为了保证安全而牺牲了简便性，并且实施过程成本高，要求安装电子钱包。SET 协议只适合银行卡的支付，而且不同的 SET 协议版本间不具备很好的互操作性。因此，SSL 协议的安全性虽不及 SET 协议，但其使用方便、造价低、易实现等优点，使得它在用于在线信用卡交易方面更具有吸引力。

总的来说，电子商务的安全保障主要是采用加密技术构建数据传输的安全机制，加密技术是数据传输安全的核心。

五、网络安全技术与网络安全工具

（一）常用的计算机网络安全技术

目前，常用的计算机网络安全技术主要有病毒防范技术、身份识别技术、防火墙技术和虚拟专用网技术等，如图 6-35 所示。

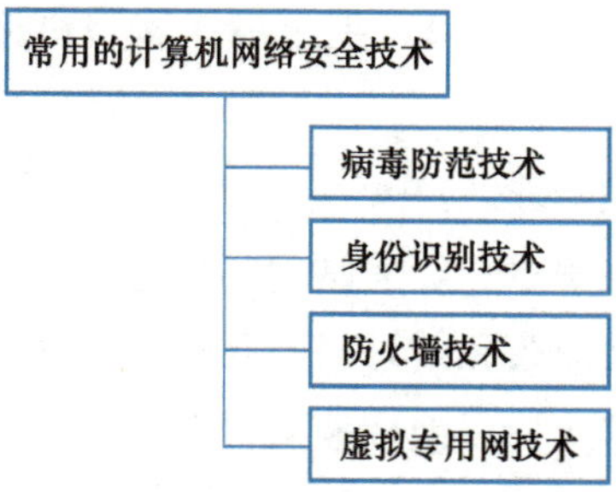

图 6-35　常用的计算机网络安全技术

1. 病毒防范技术

计算机病毒（Computer Virus）在《中华人民共和国计算机信息系统安全保护条例》中的定义为：计算机病毒是指编制或者在计算机程序中插入的破坏计算机功能或者破坏数据，影响计算机使用并且能够自我复制的一组计算机指令或者程序代码。计算机病毒本质上是一种恶意的计算机程序。为了防范病毒，可以采用以下措施：

（1）安装防病毒软件，加强内部网的整体防病毒措施。

（2）加强数据备份和恢复措施。

（3）对敏感的设备和数据要建立必要的物理或逻辑隔离措施等。

2. 身份识别技术

身份识别技术是计算机网络安全技术的重要组成部分之一，它的目的是证实被识别对象是否属实和是否有效。其基本思想是通过验证被识别对象的属性来达到确认被识别对象是否真实、有效的目的。被识别对象的属性可以是口令、问题解答或者指纹、声音等生理特征，常用的身份识别技术有口令、标记法和生物特征法。

（1）口令　传统的识别技术主要是采用基于口令的识别方法，当被识别对象要求访问提供服务的系统时，则提供服务的识别方要求被识别对象提交口令，识别方收到口令后，将其与系统中存储的用户口令进行比较，以确认被识别对象是否为合法访问者。

这种识别方法的优点在于：一般的系统（如 Unix、Windows NT、NetWare 等）都提供了对口令认证的支持，对于封闭的小型系统来说是一种简单可行的方法。

然而，基于口令的认证方法存在下面几点不足：

1）用户每次访问系统时都要以明文方式输入口令，很容易泄密。

2）口令在传输过程中可能被截获。

3）系统中所有用户的口令以文件形式存储在识别方，攻击者可以利用系统中存在的漏洞获取系统的口令文件。

4）用户在访问多个不同安全级别的系统时都被要求提供口令，用户为了记忆的方便往往采用相同的口令，而低安全级别系统的口令更容易被攻击者获得，从而用来对高安全级别系统进行攻击。

5）只能进行单向识别，即系统可以识别用户，而用户无法对系统进行识别，攻击者可能伪装成系统骗取用户的口令。

（2）标记法　标记识别是个人持有物，它的作用类似于钥匙，用于启动电子设备，标记上记录着用于机器识别的个人信息。以前常用的标记多采用磁介质，但磁介质的最大问题就是易受环境影响，而且也易被修改和转录，因此智能卡逐渐取代了磁卡成为目前的主流。智能卡的原理是在卡内安装电脑芯片以取代原来的磁介质，这样就克服了磁介质的缺陷，使身份识别更有效、安全。但智能卡仅仅为身份识别提供了一个硬件基础，要想进行安全的识别，还需要与安全协议配套使用。

（3）生物特征法　口令和标记法并不是完美的，为了确保口令安全，就需要它们难以被猜测，但这同时也使口令难以记忆。在电子商务环境下，使用的电子设备越来越多，需要记忆的口令也越来越多，记忆这些繁杂的口令就成了一个难题，而生物特征法有效地解决了这个问题。

每个人都有唯一且稳定的特征，如指纹、眼睛的虹膜、人的脸部特征以及说话和书写等做事的标准方法，这些特征非常难以伪造，并且几乎一直可用。生物特征法就是基于物理特征或行为特征自动识别人员的一种方法，其优点是严格依据人的物理特征并且不依赖任何能被复制的文件或可被破解的口令，保密性和安全性更强，所以它是数字证书或智能卡未来的选择。由于识别生物特征的仪器成本较高，目前生物特征法的应用还不普遍，但是随着新的、功能更强大的硬件和更智能化的软件的引入，这种方法将成为电子商务中对人员身份识别的最可靠的解决方案。

3. 防火墙技术

（1）防火墙的概念　防火墙是一种将内部网和公众网（如互联网）分开的方法。它能限制被保护的网络与互联网之间，或者与其他网络之间进行的信息存取、传递等操作。防火墙可以作为不同网络或网络安全域之间信息的出入口，能根据企业的安全策略控制出入网络的信息流，且本身具有较强的抗攻击能力。它是提供信息安全服务，实现网络和信息安全的基础设施。

防火墙是在内部网与外部网之间实施安全防范的系统，可被认为是一种访问控制机制。防火墙一般基于以下两种准则进行设计，如图6-36所示。

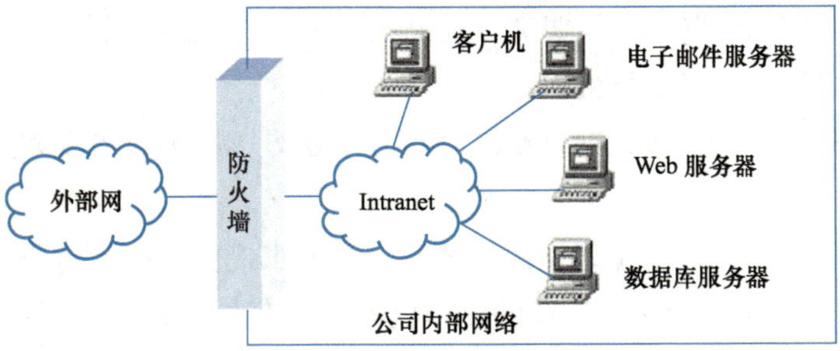

图6-36　防火墙的示意图

1）一切未被允许的就是禁止的：基于该准则，防火墙封锁所有信息流，然后对希望提供的服务逐项开放。这种方法可以创造十分安全的环境，但用户使用的方便性、服务范围受到限制。

2）一切未被禁止的就是允许的：基于该准则，防火墙转发所有信息流，然后逐项屏蔽有害的服务。这种方法构成了更为灵活的应用环境，可为用户提供更多的服务，但在日益增多的网络服务面前，其可能很难提供可靠的安全防护。

（2）防火墙的功能　防火墙的功能有以下几点。

1）保护数据的完整性：可依靠设定用户权限和文件保护来控制用户访问敏感性信息，可以限制特定用户能够访问信息的数量和种类。

2）保护网络的有效性：有效性是指合法用户如何快速、简便地访问网络的资源。

3）保护数据的机密性：对敏感数据进行加密。

（3）防火墙系统的实现技术　防火墙系统的实现技术主要分为分组过滤（Packet Filter）和代理服务（Proxy Service）技术两种。

1）分组过滤技术是一种简单、有效的安全控制技术，它通过在网络间相互连接的设备上加载允许、禁止来自某些特定的源地址、目的地址、TCP 端口号等规则，对通过设备的数据包进行检查，限制数据包进出内部网络。分组过滤技术的最大优点是对用户透明、传输性能高。但由于安全控制层次在网络层、传输层，安全控制的力度只限于源地址、目的地址和端口号，因而只能进行较为初步的安全控制，对于恶意的拥塞攻击、内存覆盖攻击或病毒等高层次的攻击手段，则无能为力。

2）代理服务技术是运行在内部网络与外部网络之间的主机上的一种应用。当用户需要访问代理服务器另一侧的主机时，对符合安全规则的连接，代理服务器会代替主机响应，并重新向主机发出一个相同的请求。当此连接请求得到回应并建立起连接之后，内部主机同外部主机之间的通信将通过代理程序连接相应映射来实现。对于用户而言，似乎是直接与外部网络相连的，代理服务器对用户透明。由于代理机制完全阻断了内部网络与外部网络的直接联系，保证了内部网络拓扑结构等重要信息被限制在代理网关内侧不会外泄，从而减少了黑客攻击时所需的必要信息。同时，内部网络到外部的服务连接也可以受到监控，代理服务程序可以将所有通过它的连接做出日志记录，以便对安全漏洞进行检查和收集相关的信息。

代理服务器的应用受到诸多限制。首先，当一项新的应用加入时，如果代理服务程序不予支持，则此应用不能使用；其次，它只能抵御经由防火墙的攻击，不能防止内部应用软件所携带的数据、病毒或其他方式的袭击，也不能对内部计算机系统未授权的物理袭击提供安全保证。

目前，比较完善的防火墙系统通常结合使用两种技术，代理服务技术可以大大降低分组过滤规则的复杂度，是分组过滤技术的重要补充。

4. 虚拟专用网技术

虚拟专用网（Virtual Private Network，VPN）是用于互联网电子交易的一种专用网络，它可以在两个系统之间建立安全的通道，非常适合于电子数据交换。在虚拟专用网中，交易双方比较熟悉，而且彼此之间的数据通信量很大，只要交易双方取得一致，在虚拟专用网中就可以使用比较复杂的专用加密和认证技术，这样就可以大大提高电子商务的安全性。虚拟专用网技术可以支持数据、语音及图像业务，其优点是经济、便于管理，可以方便、快捷地适应变化，但也存在安全性低、容易受到攻击等问题。

（二）计算机病毒及常用杀毒工具

1. 计算机病毒的特性

2007年，一种可以穿透各种还原软件与硬件还原卡的“机器狗病毒”肆虐互联网。此病毒通过“pcihdd.sys”驱动文件抢占还原软件的硬盘控制权，并修改用户初始化文件“userinit.exe”来实现隐藏自身的目的。此病毒为一个典型的网络架构木马型病毒，病毒穿透还原软件后将自己保存在系统中，定期从指定的网站下载各种木马程序来截取用户的账号信息，产生了巨大的危害。

计算机病毒一般具有如下特性。

（1）隐蔽性　计算机病毒都是一些可以直接或间接运行的具有高超技巧的程序，可以隐藏在操作系统、可执行程序或数据文件中，不易被人察觉和发现。

（2）传染性　计算机病毒可以从一个程序传染到另一个程序，从一台计算机传染到另一台计算机，从一个计算机网络传染到另一个计算机网络，在各系统间传染、蔓延，同时使被传染的计算机程序、计算机、计算机网络成为计算机病毒的生存环境及新的传染源。

（3）潜伏性　计算机病毒的触发是由发作条件来确定的。在发作条件满足前，病毒可能在系统中没有表现症状，不影响系统的正常运行。

（4）激发性　在一定的条件下，通过外界刺激可以使计算机病毒程序活跃起来。激发的本质是一种条件控制，根据病毒炮制者的设定，使病毒程序激活并发起攻击。病毒被激发的条件可以与多种情况联系起来，如满足特定的时间或日期、特定用户识别符的出现、特定文件的出现或使用、文件使用的次数超过设定数等。

（5）破坏性　计算机病毒感染系统后，被感染的系统在病毒发作条件满足时发作，表现出一定的症状，如屏幕显示异常、系统速度变慢、文件被删除等。

（6）针对性　一种计算机病毒（版本）并不能传染所有的计算机系统或计算机程序，如有的病毒是传染Apple公司预装MacOS系统计算机的，有的病毒是传染预装微软公司Windows系统计算机的，有的病毒传染磁盘引导区，有的病毒传染可执行文件等。

（7）变种性　计算机病毒在发展、演化过程中可以产生变种，有些病毒甚至能产生几十种变种。

2. 计算机病毒的结构及分类

（1）病毒的结构　一般来说，计算机病毒包括三大功能模块，即引导模块、传染模块和表现（或破坏）模块。后两个模块各包含一段触发条件检查代码，当各段检查代码分别检查出传染和表现（或破坏）触发条件时，病毒就会进行传染和表现（或破坏）。必须指出，不是任何病毒都包含这三个模块。

（2）病毒的分类　从已发现的计算机病毒来看，小的病毒程序只有几十条指令，不到上百个字节，而大的病毒程序简直像个操作系统，由上万条指令组成。有些病毒传播很快，并且一旦侵入计算机就立即摧毁系统。而另外一些病毒则有较长的潜伏期，感染2～3年甚至更长时间后才发作。有些病毒感染系统内所有的程序和数据。有些病毒只对某些特定的程序或数据感兴趣。有些病毒对程序或数据毫无兴趣，只是不断自身繁衍，抢占磁盘空间。

目前，计算机病毒主要有以下几种。

1）蠕虫病毒：蠕虫病毒的前缀是“Worm”，这类病毒的公有特性是通过网络或者系统漏洞进行传播,很大部分的蠕虫病毒都有向外发送带毒邮件、阻塞网络的特性,如“冲击波”(阻塞网络)、“小邮差”(发带毒邮件)等。

2）木马病毒和黑客病毒：木马病毒的前缀是“Trojan”，黑客病毒前缀一般为“Hack”。木马病毒的公有特性是通过网络或者系统漏洞进入用户的系统并隐藏，然后向外界泄露用户的信息；而黑客病毒则有一个可视的界面，能对用户的计算机进行远程控制。木马病毒和黑客病毒往往是成对出现的，即木马病毒负责侵入用户的计算机，而黑客病毒则会通过该木马病毒来进行远程控制。目前这两种病毒趋向于整合为一体，如针对网络游戏的木马病毒“Trojan.LMir.PSW.60”。

3）后门病毒：后门病毒的前缀是“Backdoor”，这类病毒的公有特性是通过网络传播，给系统开后门，给用户计算机带来安全隐患，如“Backdoor/IRCBot.db”。

此外，常见的病毒还有脚本病毒、宏病毒、玩笑病毒、捆绑机病毒等，这些病毒均有极强的破坏性，会造成严重的网络安全问题。

3. 计算机病毒的传染与症状

（1）计算机病毒的传染　计算机病毒之所以称为病毒是因为其具有传染性的本质，传统的传染渠道通常有以下几种：

1）通过优盘：因使用带有病毒的优盘，使计算机感染病毒并发病。

2）通过硬盘：通过硬盘传染也是重要的渠道，由于带有病毒的计算机移到其他地方使用、维修等，将干净的硬盘感染并使病毒扩散。

3）通过网络：这种传染方式扩散极快，能在很短的时间内传遍网络上的所有计算机。

（2）病毒的症状　从目前发现的病毒来看，主要症状有以下几点：

1）由于病毒程序把自己或操作系统的一部分用坏簇隐起来，磁盘坏簇莫名其妙地增多。

2）由于病毒程序附加在可执行程序的头尾或插在中间，使可执行程序的长度增大。

3）由于病毒本身或其复制品不断侵占磁盘空间，使可用磁盘空间变小。

4）由于病毒程序的异常活动，造成异常的磁盘访问。

5）由于病毒程序附加或占用引导部分，使系统引导变慢，或使系统不能识别磁盘、硬盘不能引导系统等。

6）死机现象增多或系统出现异常动作，如突然死机。

4. 病毒的预防与清除

自从计算机病毒蔓延以来，人们提出了许多计算机病毒防御措施，但这些措施都不尽如人意。实际上，计算机病毒以及防病毒技术都是以软件编程技术为基础的，所以计算机病毒以及防病毒技术的发展是交替进行、螺旋上升的。由此可见，在现有计算机系统结构的基础上彻底防御计算机病毒是不现实的。

（1）病毒的预防　病毒的预防手段有以下几种。

1）用管理手段预防计算机病毒的传染：计算机管理者应认识到计算机病毒对计算机系统的危害性，制订完善计算机使用的有关管理措施，以预防病毒对单位计算机系统的传染。

2）用技术手段预防计算机病毒的传染：采用一定的技术措施，如预防软件、病毒防火墙等，预防计算机病毒对系统的入侵，或发现病毒欲传染系统时，向用户发出警报。

近年来发现有许多病毒通过电子邮件作为传播媒介，这就要求我们在使用电子邮件时要加以小心，以便有效地防范电子邮件病毒，保障电子邮件的安全。具体应注意以下几点：

① 收到来路不明的电子邮件且带有附件时，可直接删除。若一定要使用该附件，可先使用查毒工具进行查毒。若未扫出病毒，也要小心，因为查毒工具不一定能够检测出新型病毒。

② 对于有电子邮件来往的个人或单位应该记录清楚。即使该发信单位是知名的机构，也不可掉以轻心，因为若未与该单位联系过，应该不会收到该单位署名的电子邮件。

③ 对于设有专线的公司、单位而言，其IP地址应该是固定的。若发现信件来源与“正版”不同时，则证明是假冒电子邮件账户所发出的信件，收件人就要格外小心了。

④ 个人的互联网账号和电子邮件账号不可随意告诉他人。这样，除了可以避免收到有问题的邮件外，更可以避免别人盗用账号。

⑤ 保证口令不被他人知道，并时常更换。

（2）病毒的清除　病毒的破坏力越来越强，几乎所有的软、硬件故障都可能与病毒有关，所以当操作时发现计算机有异常情况，首先应该考虑的就是病毒，而最佳的解决办法就是用杀毒软件对计算机进行一次全面清查。

5. 常用的杀毒软件介绍

计算机的杀毒软件种类繁多，常用的杀毒软件见表 6-4。

表 6-4 常用杀毒软件一览表

杀毒软件名称	功能介绍
Kaspersky（卡巴斯基）	来自俄罗斯，是全球顶尖的杀毒软件之一，具有专用的勒索软件保护、虚拟键盘、在线防护功能以及笔记本电脑防盗、WiFi 保护功能，还提供 MacOS、Android、iOS 等设备的安全软件防护
Avira AntiVir（小红伞）	来自德国，自带防火墙（S 版），在系统扫描、即时防护、自动更新等方面表现良好。采用高效的启发式扫描，可以检测 70%的未知病毒，在专业测试中是所有免费且自主杀毒引擎的防病毒软件中侦测率最高的
AVG	来自捷克，这款杀毒软件对社交网络安全的保护非常出色，先进的智能防御 Rootkit 技术会侦测试图隐藏在系统内的恶意软件，确保数据安全，保护隐私，抵御间谍软件、广告软件、木马、拨号程序、键盘记录程序和蠕虫的威胁
avast!（爱维士）	来自捷克，avast！拥有众多防护模块，包括网络防护、标准防护、网页防护、即时消息防护、互联网邮件防护、P2P 防护、脚本拦截等。avast！也提供了丰富的附加功能，如游戏模式免弹窗打扰、WiFi 检测器、密码管理器等
McAfee（迈克菲）	来自美国，McAfee 杀毒软件具有强大的自动监视系统，24 小时对系统提供强大保护，有效解决未知病毒感染，及时阻断黑客攻击，智能化与人性化并重
360 杀毒	国产杀毒软件，整合五大领先防杀引擎，具备漏洞修复功能及众多系统管理、优化功能，可以提供全时全面的病毒防护，不但查杀能力出色，而且能第一时间防御新出现的病毒木马
金山毒霸	国产杀毒软件，拥有自研核心技术、自研杀毒引擎。融合了启发式搜索、代码分析、虚拟机查毒等成熟可靠的反病毒技术，在查杀病毒种类、查杀病毒速度、未知病毒防治等多方面达到先进水平；同时还具有病毒防火墙实时监控、压缩文件查毒、查杀电子邮件病毒等多项功能
瑞星杀毒软件	国产杀毒软件，采用获得欧盟及中国专利的六项核心技术，形成全新软件内核代码。其“整体防御系统”可将所有互联网威胁拦截在用户计算机之外。深度应用“云安全”的全新木马引擎、木马行为分析和启发式扫描等技术保证将病毒彻底拦截和查杀，再结合“云安全”系统的自动分析处理病毒流程，能第一时间将未知病毒的解决方案提供给用户
火绒安全软件	国产杀毒软件，基于“通用脱壳”“行为沙盒”的纯本地反病毒引擎，不受断网环境影响；对查杀结果可阐述，能准确指出样本为病毒的依据；18 项防护功能可以有效防范病毒、木马、流氓软件、恶意网站等的攻击；自定义计算机的使用权限，并提供实用的系统、网络管理小工具
腾讯电脑管家	国产杀毒软件，拥有安全云库、系统加速、一键清理、实时防护、网速保护、电脑诊所等功能，依托腾讯安全云库自主研发反病毒引擎“鹰眼”及 QQ 账号全景防卫系统，能查杀各类计算机病毒

（三）常用的防火墙软件介绍

计算机的防火墙软件种类繁多，常用的防火墙软件见表 6-5。

表6-5 常用防火墙软件一览表

防火墙软件名称	功能介绍
360 防火墙	是一款国产网络安全软件，拥有云安全引擎，轻巧快速保护上网安全，解决了传统网络防火墙频繁拦截、识别能力弱的问题；智能云监控功能可以拦截不安全的上网程序，保护隐私和账号安全，可对不安全的共享资源、端口等网络漏洞进行封堵
ZoneAlarm Pro Firewall	是一款易于使用且功能强大的网络防火墙软件，把防火墙、应用程序控制、Internet锁定、动态安全级别及域分配有机地整合在一起，能够支持专家级的规则制定，让高级用户全面控制网络访问权限
Comodo Firewall	是一款功能强大、高效且容易使用的网络防火墙软件，能提供针对网络和个人用户的最高级别的保护，阻挡黑客的进入和个人资料的泄露
Agnitum Outpost Firewall	是一款短小精悍的网络防火墙软件，能够从系统和应用两个层面对网络连接、广告、内容、插件、邮件附件以及攻击检测等进行保护，预防来自 Cookies、广告、电子邮件病毒、后门、窃密软件、解密高手、广告软件的危害
McAfee Personal Firewall Plus	是一款个人防火墙软件，能监视网际网路及网路活动，警告潜在的敌意事件，提供有关可疑网际网络流量的详细信息；整合 Hackerwatch 功能，包含事件报告、自我测试工具，能提供详细的追踪和事件研究功能

第七单元

知悉电子商务法规与职业道德

知识目标

通过网上采购体验活动，了解要使网上交易顺利进行，并保障买卖双方的合法权益，必须要有良好的电子商务运行环境支持，法律问题是构成这一环境的要素之一。

本单元从电子商务立法范围入手，分析电子商务带来的诸如电子商务的税收、安全和在线消费者权益保护等问题；在此基础上，简单介绍《中华人民共和国电子签名法》、与电子合同相关的法律和域名法律保护等电子商务法律、法规基础知识，并强调提高电子商务从业人员整体职业道德水准的重要性。

能力目标

能够进行网上采购；熟练运用电子商务的相关法律法规。

学海导航

1. 知识卡片

电子商务法是调整政府、企业和个人等主体以数据电文为交易手段，通过信息网络所产生的，因交易形式所引起的各种商事交易关系，以及与这种商事关系密切相关的社会关系、政府管理关系的法律规范的总称。

电子合同是双方或多方当事人之间通过电子信息网络，以电子形式达成的设立、变更、终止财产性民事权利义务关系的协议。EDI 和 E-mail 是电子合同的基本形式，两者以各自具有的特点和优势在电子商务活动中占据了一席之地。

电子签名是指数据电文中以电子形式所含、所附用于识别签名人身份并表明签名人认可其中内容的数据。

数据电文是指以电子、光学、磁或者类似手段生成、发送、接收或者储存的信息。

职业道德是指从事一定职业的人在特殊的职业关系中，在长期职业活动的基础上形成的、具有自身职业特征的职业道德原则和规范的总和。不同的职业有不同的职业道德。职业道德的重要特征：鲜明的职业性，内容、形式的多样性，相对的稳定性和连续性。

2. 概念地图

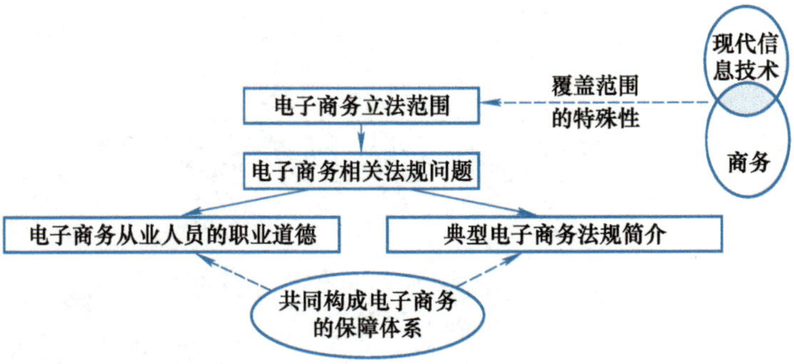

要点提示

了解已有的电子商务法律、法规和电子商务所涉及的相关法规问题，是保证电子商务活动正常进行、保障参与电子商务活动的各方利益的基本要求，本单元正是围绕这一主旨和意图展开的，“概念地图”所展示的逻辑关系反映的是本单元知识及其内在联系，下面进行分别说明。

（1）通过学习“电子商务立法范围”，明确电子商务立法范围的特殊性——交叉存在于实体社会和虚拟社会之间，从而可以引出本单元将要介绍的其他知识点。

（2）“电子商务相关法规问题”主要介绍了与电子商务联系密切的法律问题，并将“你来判案”“小资料”贯穿于相关内容的介绍过程之中，增强了教材的可读性和趣味性。

（3）“典型电子商务法规简介”将重点放在法律条款的实际运用上，结合学生的知识水平和理解能力，通过“你来判案”“小资料”等引导学生利用所学知识去解决现实生活中遇到的问题，达到学以致用的目的。

（4）电子商务领域出现的相关法律问题其实很大程度上是因电子商务从业人员的职业道德意识不强、信用缺失而造成的，在此基础上介绍了电子商务从业人员职业道德的相关知识。可以看出，电子商务职业道德规范和电子商务法律、法规同属于一个完整、合理的电子商务保障体系的基本部分。

3. 为您支招

（1）本单元通过网上采购的体验来导入电子商务法规与职业道德知识的学习。本单元主要介绍的是电子商务法规与职业道德，学好本单元内容对于保证网上交易顺利进行、保障交易双方的合法权益有着重要的现实意义。

（2）借助“概念地图”正确理解和掌握本单元的主要专业术语、知识要点和各知识要点之间的内在逻辑联系，通过任务驱动、讨论、归纳等学习方法提高学习能力。

（3）在学习中，一定要多参与电子商务的实践活动，培养自身运用相关法律、法规解决发生在电子商务领域中的法律问题的能力。

（4）通过对电子商务相关法规问题的学习，能意识到加强电子商务从业人员的职业道德规范建设的重要性，并总结出电子商务行业中不同职业岗位（如采购人员、销售人员、运输人员等）的职业道德规范。

（5）经常访问电子商务相关网站，及时了解国内外电子商务发展的最新动态、中国电子商务领域最新的法律案例，这样可以拓展视野，积累相关知识。

模块一　电商体验：网上采购

在网络时代，“推销员满天飞，采购员遍地跑”的现象已一去不复返！如今，“商人不出门，生意找上门”已不再是梦想。

情景设置

某科技创业中心准备采购100套数码摄像头，该中心员工李宏负责网上采购。请到阿里巴巴1688网（https://www.1688.com/）去转转，体验一下企业是如何利用第三方服务商搭建的网上交易平台，轻松开展产品采购、销售、寻找贸易伙伴等活动的。

操作指南

步骤一： 上网。双击桌面上的IE图标，启动浏览器，输入“https://www.1688.com/”进入阿里巴巴1688网站主页，并以会员身份登录，如图7-1所示。

网上采购体验微课

图7-1　阿里巴巴网站主页

步骤二： 搜索商品。成功登录后，在查询栏输入要采购的商品名称，如图 7-2 所示。

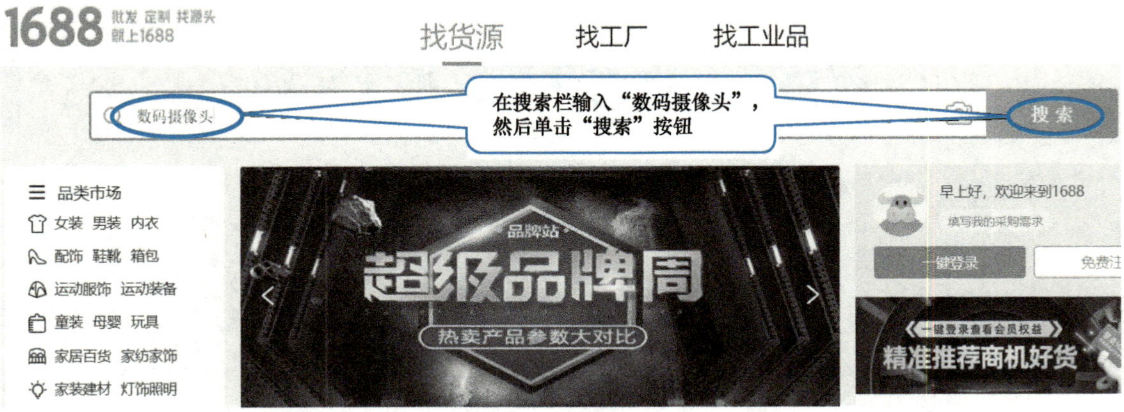

图 7-2　搜索商品页面

步骤三： 选择卖家。为采购到价廉物美的商品，买家在对市场各卖家进行比较后，选择合适的交易对象并浏览商品，如图 7-3 所示。

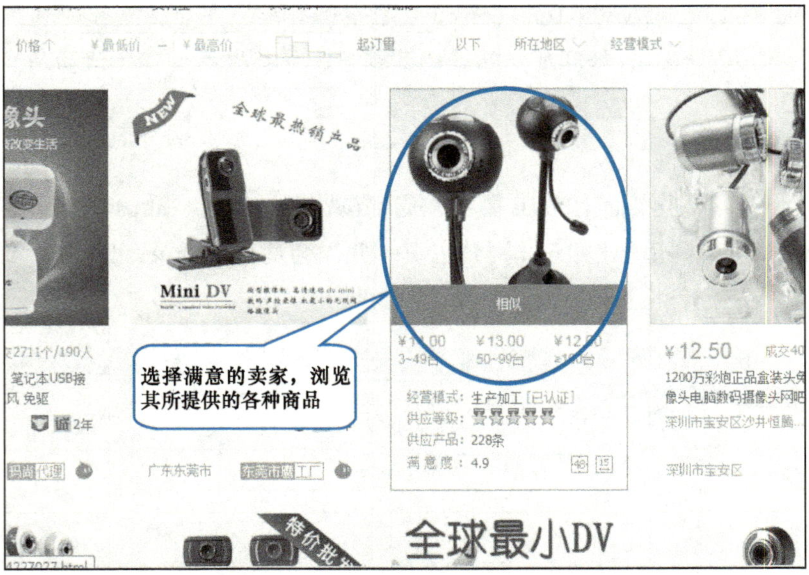

图 7-3　选择卖家页面

提示

一般选择信用等级较高的卖家，而且该卖家应支持支付宝，以确保资金支付的安全性。

步骤四： 选择商品并在线洽谈。浏览并选择欲购买的商品后，可以利用阿里巴巴 1688 网提供的在线洽谈工具——“阿里旺旺”就商品的交易细节与卖家洽谈，如图 7-4 所示。若谈判达成一致意见，就可购买商品了。

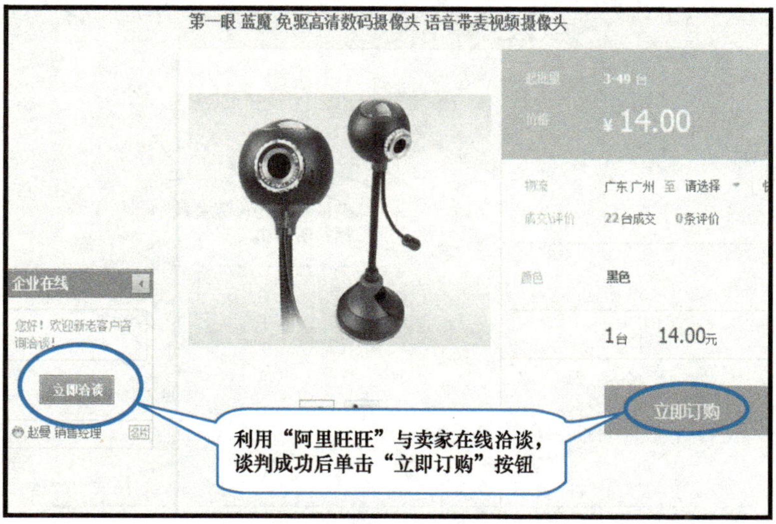

图 7-4 商品信息页面

步骤五： 买家设置交易收货地址。买家订购后，进入设置交易收货地址页面，并填写收货的详细地址，以便日后顺利收取货物，如图 7-5 所示。

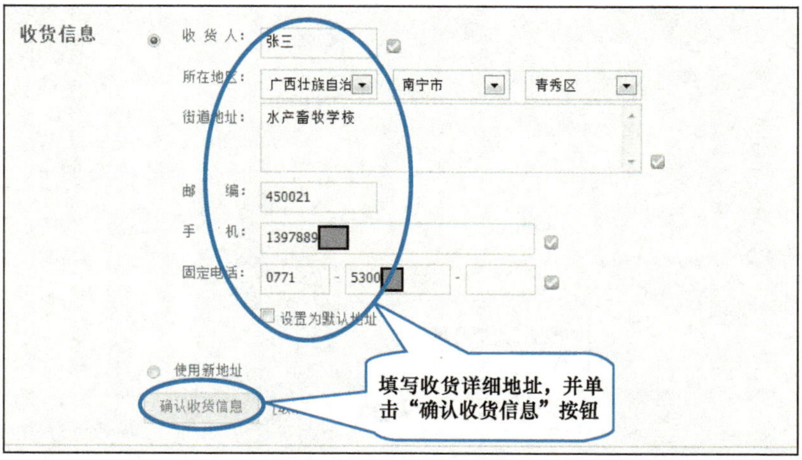

图 7-5 设置交易收货地址页面

提示

买卖双方主要就采购品的价格、颜色、包装、交货时间、物流方式等进行洽谈，学生可应用所学的贸易知识，使洽谈结果有利于自己。

步骤六： 明确运费。订单提交前，系统自动提示运费数额与支付方，买家应立即联系卖家是否免货运运费，以确保交易顺利进行，如图 7-6 所示。

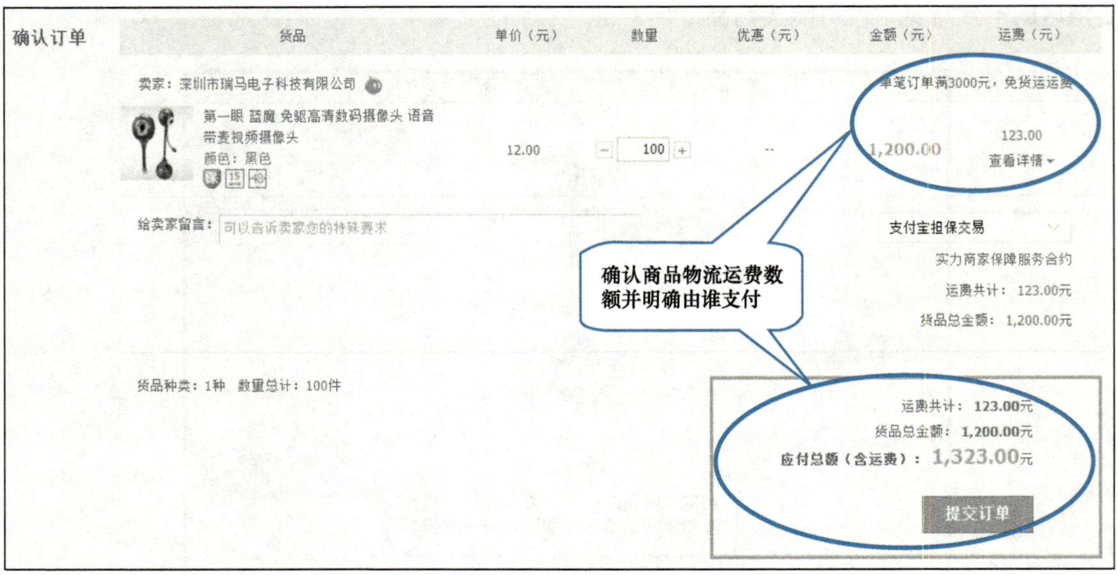

图 7-6 买家确认运费信息页面

步骤七： 提交订单。在商品订单页面，确认应付总额并提交订单，如图 7-7 所示。提交成功后，系统会返回相关信息。

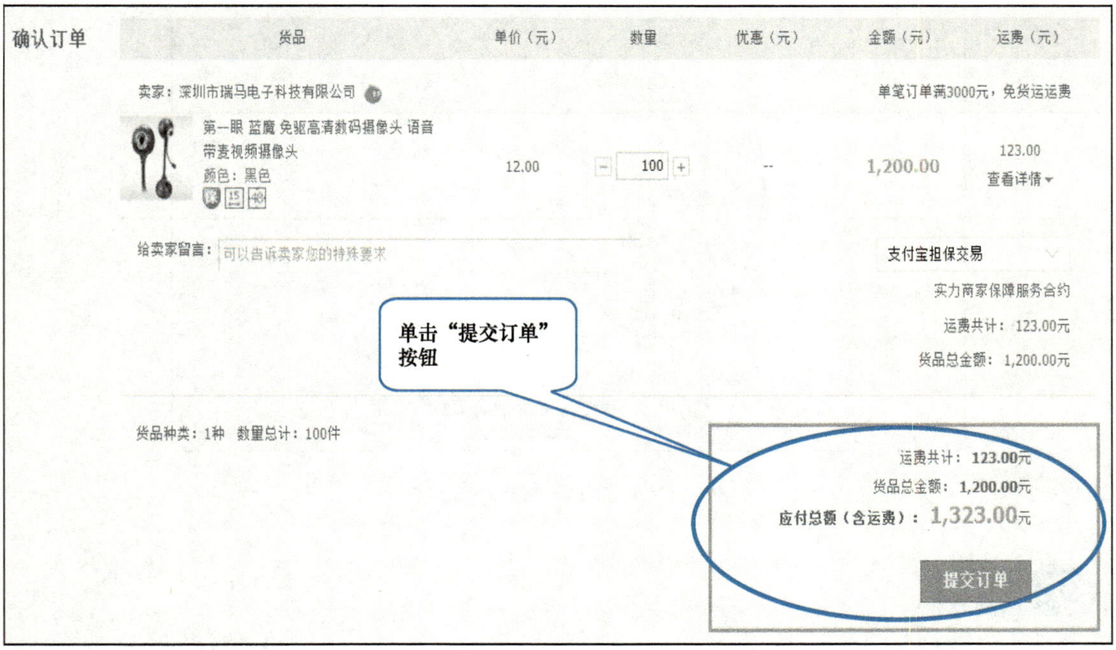

图 7-7 提交订单页面

步骤八： 买家付款。卖家补充完运费信息后，进入买家付款环节。买家提交订单后进入等待付款界面，如图 7-8 所示。

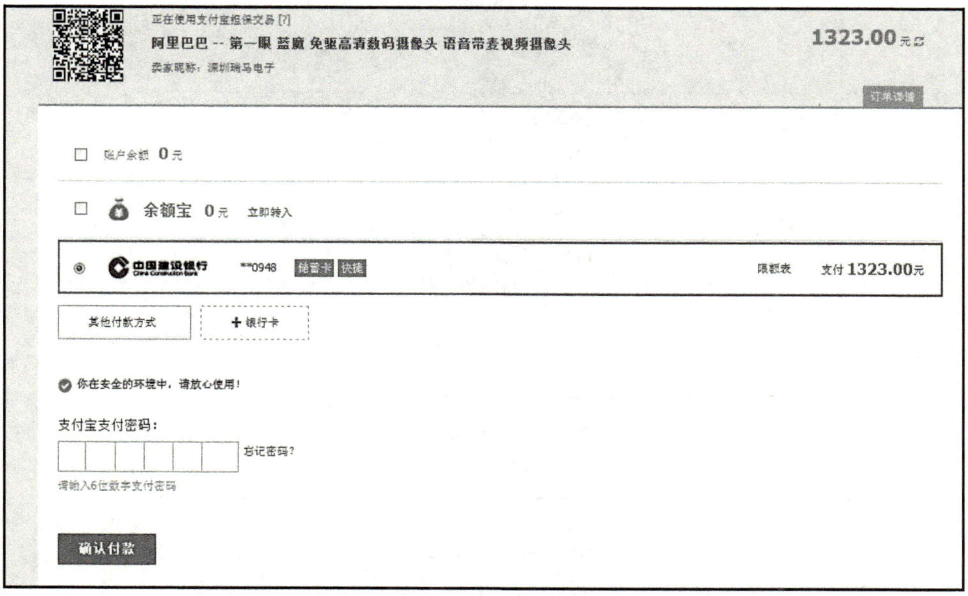

图 7-8　买家付款页面

提示

买家在交易创建后有 3 天的付款期限，超过期限未付款，交易将自动关闭。

步骤九： 支付货款。支付方式多样，在此仅以支付宝支付方式为例：选择“支付宝”付款方式，输入支付密码，单击“确认付款”按钮，买家即可将货款付给支付宝，如图 7-9～图 7-11 所示。

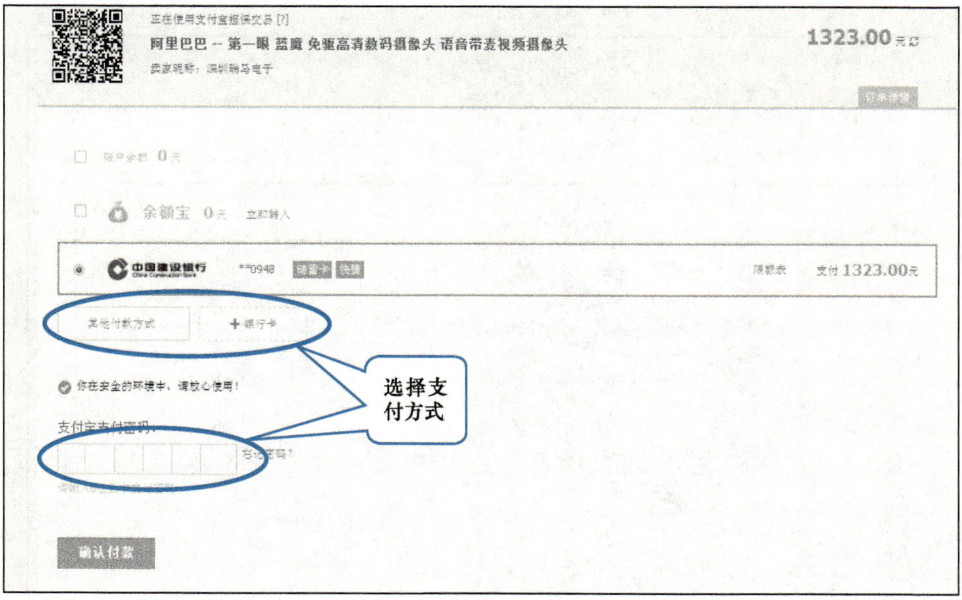

图 7-9　选择支付方式

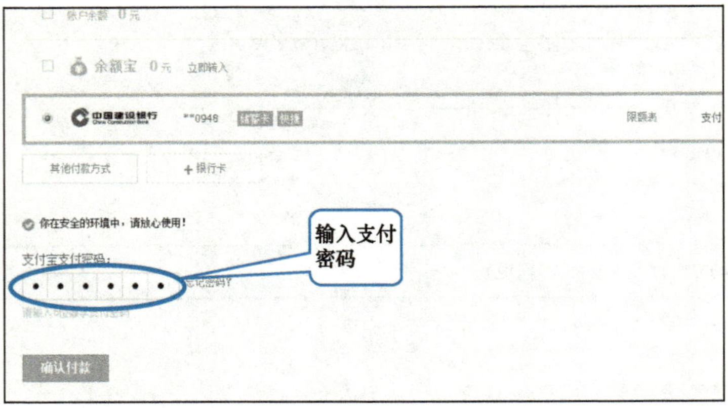

图 7-10　输入支付密码

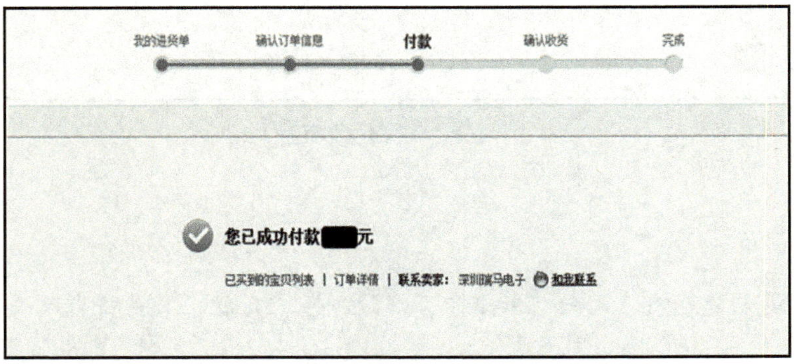

图 7-11　支付货款

步骤十：等待卖家发货。付款成功后，在“已买到的货品”页面中会提示交易状态为“等待卖家发货”，如图 7-12 所示。为及早收取到采购的商品，可联系卖家提醒其发货。

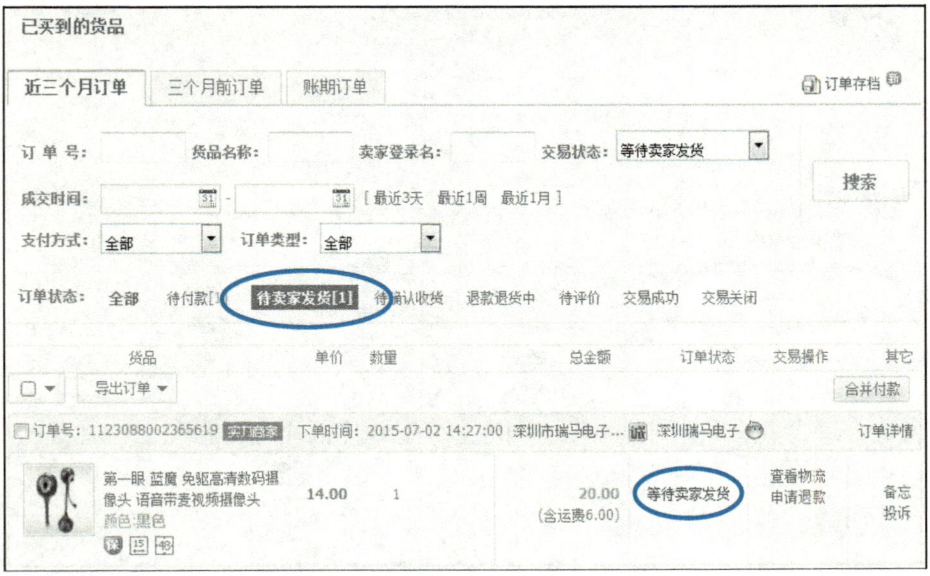

图 7-12　等待卖家发货页面

步骤十一： 收货并确认。买家收到商品并确认无误后，登录阿里巴巴“我的阿里”页面确认收货，如图 7-13 所示。

图 7-13　确认收货页面

提示

如果您对收到的商品不满意，或者根本没收到卖家发的货，则不要单击“确认收货”按钮，应及时与卖家联系，寻找解决办法，或通过申请退货、退款来维护自己的权益。

步骤十二： 同意支付宝将货款支付给卖家。确认收货后，根据系统提示输入支付密码，同意支付宝将货款支付给卖家，至此交易成功，如图 7-14 和图 7-15 所示。

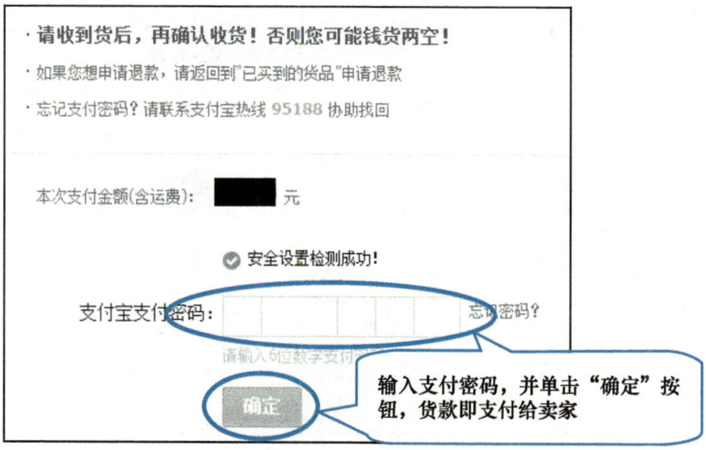

图 7-14　支付宝打款页面

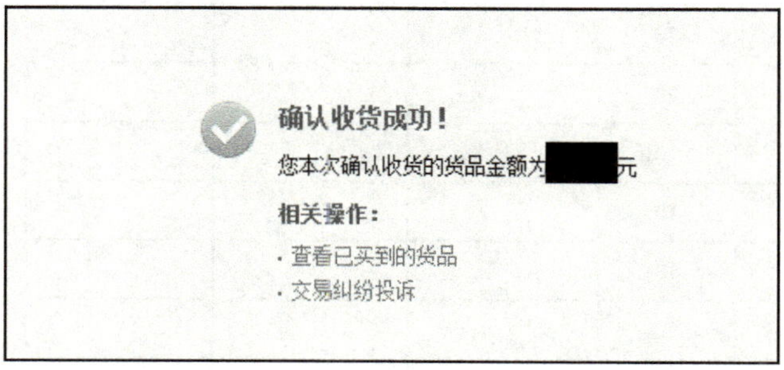

图 7-15　交易成功页面

提示

如果收取的商品存在瑕疵或者卖家未发货给您，您可申请退货、退款，要积极地运用法律手段来维护权益。

体验报告

目的： 通过网上采购体验活动，培养“做中学”的学习习惯，提高电子商务的基本操作技能。

内容： 李宏在阿里巴巴 1688 网采购 100 套数码摄像头。

要求： 根据阿里巴巴 1688 网采购过程，并结合“B2B 电子商务模式的交易流程”等相关知识，写一份网上采购体验报告。具体要求是把网上采购的操作过程填入表 7-1，并按表 7-2 的要求，对操作方法和技巧的掌握程度进行评价。

表 7-1 网上采购体验报告

选定网上交易平台（网址）：	
小组成员：	
选购商品名称：	选购商品价格及数量：
网上采购步骤：	
与个人网上购物体验活动相比，网上采购的新体验是： 年 月 日	

表 7-2 网上采购体验活动评价表

评价项目	分值 / 分	自我评价	小组评价	教师评价	标准
网上获取和筛选商品信息	20				熟练掌握：85 ~ 100 分 基本掌握：75 ~ 84 分 部分掌握：60 ~ 74 分 没有掌握：60 分以下
网上洽谈	20				
网上购买商品	20				
更改商品信息	10				
撤销订单	10				
网上支付	20				
合计	100				

模块二 知识探索：电子商务立法及职业道德培养

> 我们在体验网上采购带来方便的同时，是否想到了网上交易的“十面埋伏”？要保障网上交易双方的合法权益，就需要电子商务法律法规监管。

随着电子商务的迅猛发展，个人、企业利用网络进行的各种活动也越来越频繁，这进而引发了一系列的法律问题。这些法律问题使传统法律的某些规则难以直接适用，因此就需要新的法律来加以解决和规范这些问题。为适应电子商务的发展，应制定电子商务法律、法规，调整电子商务领域中特定法律问题的法律规范，以便从法律角度为电子商务的发展提供保障，营造更好的电子商务运行环境。

一、电子商务立法范围

1. 电子商务法的调整对象

任何法律或法律领域都以一定的社会关系为其调整对象，因此，调整对象是立法的核心问题，它揭示了立法调整的、因特定主体所产生的特定社会关系，同时它也是一法区别于另一法的基本标准。根据电子商务的内在本质和特点，电子商务法的调整对象应当是电子商务交易活动中发生的各种社会关系，而这类社会关系是在广泛采用新型信息技术并将这些技术应用到商业领域后才形成的特殊的社会关系，它交叉存在于虚拟社会和实体社会之间，有别于实体社会中的社会关系。

2. 电子商务法所涉及的技术范围

电子商务是一种有别于传统商务的新商务模式，对电子商务立法范围的理解，应从商务和电子商务所包含的通信手段两个方面考虑。一方面，应深入了解商务的含义。对“商务”一词应作广义解释，使其包括不论是契约型或非契约型的一切商务性质的关系所引起的种种事项。另一方面，电子商务所包含的通信手段有：通过电子手段（如互联网）进行的自由格式的文本传递，以电子数据交换方式进行的通信，计算机之间以标准格式进行的数据传递，利用公开标准或专有标准进行的电文传递。在某些情况下，“电子商务”的概念还可包括电报和传真、复印等技术。如果现代信息技术是一个子集，商务是另一个子集，电子商务立法所涉及的范围应当是这两个子集所形成的交集，即电子商务标题下可能广泛涉及的互联网、内联网和电子数据交换在贸易方面的各种用途。

应当注意的是，作为更普遍的原则，任何通信技术均不应排除在电子商务法的范围之外，因此电子商务法对未来技术的发展也必须顾及。

3. 电子商务法所涉及的商务范围

《联合国国际贸易法委员会电子商务示范法》对电子商务中的“商务”一词做了广义解释：“包括不论是契约型或非契约型的一切商务性质的关系所引起的种种事项。”商务性质的关系包括但不限于下列交易：供应或交换货物、服务的任何贸易，分销协议，商务代表或代理，客账代理，租赁，工厂建造，咨询，工程设计，许可贸易，投资，融资，银行业务，保险，开发协议或特许，合营或其他形式的工业或商务合作，空中、海上、铁路或公路的客、货运输。

从本质上讲，电子商务仍然是一种商务活动。因此，电子商务法需要涵盖电子商务环境下合同、支付、商品配送的演变形式和操作规则，需要涵盖交易双方、中间商和政府的地位、作用和运行规范，也需要涵盖涉及交易安全的大量问题，同时还需要涵盖某些现有民商法尚未涉及的特定领域的法律规范。电子商务法是调整政府、企业和个人等主体以数据电文为交易手段，通过信息网络所产生的，因交易形式所引起的各种商事交易关系以及与这种商事关系密切相关的社会关系、政府管理关系的法律规范的总称。

二、电子商务相关法规问题

电子商务的突出特征是利用互联网构成的虚拟市场完成各种商业活动，这个虚拟市场构成了一个区别于传统商务环境的新环境。交易环境和交易手段的改变，产生了大量传统商事法律难以调整的新问题，如图 7-16 所示。

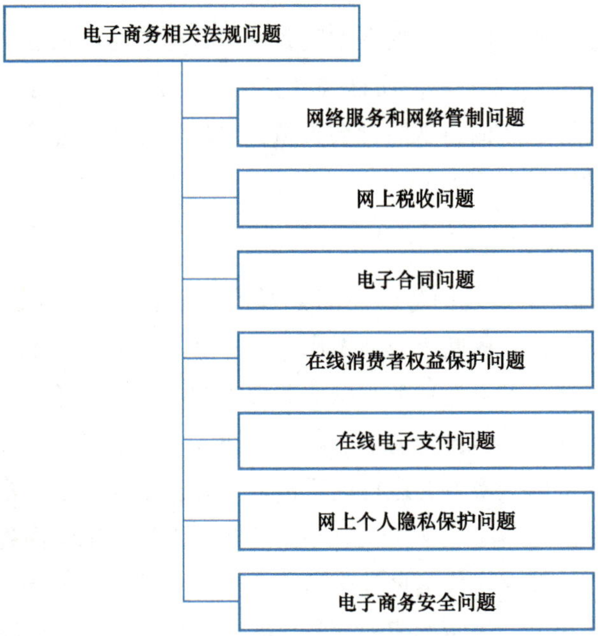

图 7-16　电子商务相关法规问题

1. 网络服务和网络管制问题

电子商务是在网络环境中运行和开展的，它离不开网络工具；同时，所有的网络经营者都会向消费者或社会提供诸如信息发布、传输、存储等服务，因此网络建设和运营不仅关系着整个电子商务基础设施的建设，而且本身也是电子商务的重要组成部分。在电子商务发展越来越表现出由“商务”向“服务”转变的今天，互联网服务提供商的任务主要是为用户提供良好的服务，因为其服务质量的好坏直接影响到网络用户的利益。从某种意义上讲，网络发展规模和服务水平在很大程度上决定着电子商务的发展和应用规模。有关网站建设、网络安全管制、网络技术或信息服务合同责任、侵权责任等，都需要有新的法律来规范和调整。

2. 网上税收问题

网络技术的发展和电子商务的广泛开展使税务部门面对许多新的问题，传统的税收理论、税收原则和税收方法受到了挑战。例如，电子商务的全球性打破了地域之隔，那么根据地域管理纳税人的传统税收方式是否需要进行调整？在电子交易中，交易双方均采用无纸化的方式进行交易，所以交易双方的合同、作为销售凭证的各种票据都以电子形式存在，这些无纸化操作导致传统的审计失去了基础，如何对之征税并保证税收及时、足额入库？电子商务中保密技术的发展、匿名支付体系的使用使交易者的身份难以确定，对这些交易者进行课税变得异常困难，加之税收领域现代化征管技术还不够完善，使依法治税变得困难重重。为了进一步繁荣促进电子商务发展，同时维护本国的税收利益，各国政府需要针对新的形式重新进行思考和做出反应，并在全球范围开展合作，共同探寻合理的、适合电子商务发展的税收政策。

3. 电子合同问题

在传统商业模式下，除即时清结的或数额较小的交易无须记录外，一般都要签订书面合同，在对方失信不履约时作为证据，追究对方的责任。而在线上交易情形下，所有当事人的意思表示可以存储在计算机的内存中，也可以存储在磁盘或其他接收者选定的非纸质中介物上。这些记录不仅容易被删除、更改、复制、遗失，而且不能脱离记录工具（计算机）而作为证据独立存在。正是由于电子合同的特殊性，因此，电子合同订立、履行的时间与地点、电子数据信息的证据效力、合同网上履行等问题，都对传统的合同法提出了挑战。面对电子商务的不断发展，对世界各国来说，都存在着一个如何修改并发展现存合同法以适应新形势的问题。如何遵循诚实信用的原则，善意地行使电子合同当事人的权利、履行相对的义务，就成为规范合同行为的关键环节。

小资料

2004 年 9 月 23 日，《中华人民共和国电子签名法》颁布之后的第一份“电子合同”在北京隆重签署。首份电子合同是顺天府超市和联合利华公司签署的，这是一份最普通的促销合同，内容是关于顺天府超市在促销期间对联合利华公司产品的货柜摆放位置、海报印刷及发放的支持以及联合利华公司在促销期间的产品价格优惠幅度等的约定。随着电子商务的发展，相关法律法规也进行了适当修改与更新。2019年，第三届全国人民代表大会对《中华人民共和国电子签名法》进行了修正。

近年以来，互联网金融行业蓬勃发展、百花齐放。网络借贷（P2P）作为互联网金融中发展最快的业态之一，在强大的市场需求推动下一路高歌猛进。2015年8月，翼龙贷、天使汇、汇中财富、凤凰金融、微金所、玖富、金融圈、创富融资租赁、安心贷、融金所集团等80多家知名P2P引入“一签通”电子合同服务，打造安全的网络借贷交易平台。通过“一签通”电子合同服务，借款人可与出资人安全地在P2P平台上签订具有法律效力的电子合同，达成交易。2019年，国家发布《关于加强P2P网贷领域征信体系建设的通知》，支持在营P2P网贷机构接入征信系统。2020年年底，全国实际运营的P2P网贷机构全部清零。

4. 在线消费者权益保护问题

随着电子商务的发展，网上购物逐渐增多，消费者的合法权益面临着巨大的威胁。由于电子商务是通过虚拟的网络来进行的，所以网上商品或广告的真实性、有效性难以得到保障。特别是有一些商家商业信用不高的情况下，网上商品的品质良莠不齐，难以让消费者信赖，加之一旦出现了质量问题，修理、退货、索赔等难度很大，这些都成为困扰电子商务发展的问题。目前，如何保护在线消费者的知情权、保障网上销售商品的质量和售后服务、规范在线企业的资信披露制度等成为法律需要解决的新问题。

小资料

2018年2月1日，国家标准《电子商务产品质量信息规范》（GB/T 33992—2017）正式实施，规定了电子商务实体类产品质量信息的描述属性、方法、模型、摘要描述以及扩展方法。该标准适用于电子商务实体类产品质量信息的描述、展示、交换和管理等。

5. 在线电子支付问题

在简易电子商务形式下，支付往往采用汇款或直接付款方式，而典型的电子商务支付应该是在线上完成的。在线电子支付通过信用卡支付和网上银行的电子资金划拨，将电子支付与商务活动有机地融合在一起，从而实现支付电子化、网络化、无纸化。实现这一过程要涉及网上银行与网络交易客户之间的协议、网上银行与网站之间的合作协议以及安全保障。因此，不仅要对新型的支付法律关系中各方当事人（包括付款人、收款人和银行）权利、义务做出界定，而且还要对电子货币的发行、网上银行的监管等制定法律，大力推广已经比较成熟、安全的支付工具，以提高在线支付的安全性能，解决消费者网上支付的后顾之忧。例如，在线支付中介工具——支付宝在一定程度上控制了网络欺骗行为，保证了交易双方的利益，为中国电子商务网站的诚信经营开创了新局面。

6. 网上个人隐私保护问题

电子商务与传统商务不同，商家在交易过程中往往要求消费者提供很多个人信息，同时，网络环境为商家收集、分析、利用消费者资料和商业信息提供了方便。因此，对这些信息的再利用便成为网络时代的一个普遍现象。越来越多的网上消费者担心商家滥用自己的个人信息。随着网上购物的兴起，商家不仅要抢夺已有的网上消费者，还要发掘潜在的消费者，于是人们在网上的各种活动都在不知不觉中被记录存储。商家掌握了消费者的第一手资料就可以有的放矢，就会有大量的商品宣传广告蜂拥而来，充斥着消费者的电子邮箱、手机短信，侵犯着消费者的隐私权。因此，如何保护消费者的隐私权就成了一个新的问题。

7. 电子商务安全问题

随着电子商务的迅猛发展，安全问题日益成为电子商务的关键问题。黑客的入侵、计算机病毒的肆虐、计算机犯罪的激增，会严重制约电子商务的发展；网络欺诈、网上盗号等问题也会挫伤企业和个人从事电子商务活动的热情和信心，这必然给电子商务的发展带来严重的阻碍。目前，我国电子商务安全立法工作稳步推进，且初见成效，在保护从事电子商务活动的企业和个人权益方面发挥着积极作用。

三、典型电子商务法规简介

国外的电子商务立法开展得比较早，比较重要的法律主要有《联合国国际贸易法委员会电子商务示范法》《联合国国际贸易法委员会电子签字示范法》和美国的电子商务相关法律。国外的电子商务立法所取得的经验对于我国开展电子商务相关的立法有着巨大的借鉴意义。中国的电子商务立法本着超前性、促进性、可扩展性、国际性和统一性的立法原则，在研究和消化电子商务国际规则的基础上，主要围绕电子签名、电子合同的法律效力展开，从而形成了具有一定中国特色的电子商务法律。以下将简单解读《中华人民共和国电子商务法》(以下简称《电子商务法》)、《中华人民共和国电子签名法》(以下简称《电子签名法》)、《中华人民共和国民法典》（以下简称《民法典》）中涉及电子商务的相关规定以及域名法律保护问题。

（一）《电子商务法》简介

《电子商务法》的立法进程于 2013 年正式启动，并在 2018 年 8 月 31 日第十三届全国人民代表大会常务委员会第五次会议中表决通过，自 2019 年 1 月 1 日起施行。《电子商务法》是政府调整、企业和个人以数据电文为交易手段，通过信息网络所产生的，因交易形式所引起的各种商事交易关系以及与这种商事交易关系密切相关的社会关系、政府管理关系的法律规范的总称。

1. 立法背景

2012 年，中国电子商务交易额达 7.85 万亿元，同比增长 30.8%；网络零售额超过 1.3

万亿元，占社会消费品零售总额的6.3%；电子商务服务企业直接从业人员超过200万人，间接带动就业人数超过1 500万人。中国将成为全球规模最大的电子商务市场，可当时尚未对电子商务进行专门立法，实践中规范、指导电子商务发展主要依靠部门规章。电子商务持续健康发展迫切需要加强立法。

2. 法律效力

《电子商务法》是指调整平等主体之间通过电子行为设立、变更和消灭财产关系和人身关系的法律规范的总称；是政府调整、企业和个人以数据电文为交易手段，通过信息网络所产生的，因交易形式所引起的各种商事交易关系以及与这种商事交易关系密切相关的社会关系、政府管理关系的法律规范的总称。

其中明确规定：对关系消费者生命健康的商品或者服务，电商平台经营者对平台内经营者的资质资格未尽到审核义务，或者对消费者未尽到安全保障义务，造成消费者损害的，依法承担相应的责任。电商平台经营者对平台内经营者侵害消费者合法权益行为未采取必要措施，或者对平台内经营者未尽到资质资格审核义务，或者对消费者未尽到安全保障义务的，由市场监督管理部门责令限期改正，可以处五万元以上五十万元以下的罚款；情节严重的，责令停业整顿，并处五十万元以上二百万元以下的罚款。

3. 保护权益

（1）搭售须有显著提示　电子商务经营者搭售商品或服务，应当以显著方式提请消费者注意，不得将搭售商品或者服务作为默认同意的选项。

（2）保证押金顺利退还　电子商务经营者按照约定向消费者收取押金的，应当明示押金退还的方式、程序，不得对押金退还设置不合理条件。消费者申请退还押金，符合押金退还条件的，电子商务经营者应当及时退还。

（3）禁止“大数据杀熟”行为　电子商务经营者根据消费者的兴趣偏好、消费习惯等特征向其推销商品或者服务，应当同时向该消费者提供不针对其个人特征的选项，尊重和平等保护消费者合法权益。

（4）保护个人信息　电子商务经营者收集、使用其用户的个人信息，应当遵守有关法律、行政法规规定的个人信息保护规则。

（二）《电子签名法》简介

《电子签名法》由中华人民共和国第十届全国人大常委会第十一次会议于2004年8月28日表决通过，自2005年4月1日起施行，并在2015及2019年进行了修订。这部法律规定，可靠的电子签名与手写签名或者盖章具有同等的法律效力。《电子签名法》的通过，标志着我国首部“真正意义上的信息化法律”的正式诞生。《电子签名法》遵循“最少干预、必要立法”的原则，确定了电子签名的法律效力，对数据电文做了相关的规定，并设立了电子认证服务市场准入制度。

1．确认了电子签名的法律效力

确认电子签名的法律效力关键在于两个问题：一是通过立法确认电子签名的合法性、有效性；二是明确满足什么条件的电子签名才是合法的、有效的。

在众多的电子签名方法和手段中，并不是所有的都是安全、有效的，《电子签名法》明确规定，只有同时满足下列四个条件的，才能被视为可靠的电子签名：

（1）电子签名制作数据用于电子签名时，属于电子签名人专有。

（2）签署时电子签名制作数据仅由电子签名人控制。

（3）签署后对电子签名的任何改动能够被发现。

（4）签署后对数据电文内容和形式的任何改动能够被发现。

对于确认电子签名的法律效力，《电子签名法》第二条对电子签名进行了定义。电子签名是指数据电文中以电子形式所含、所附用于识别签名人身份并表明签名人认可其中内容的数据。它要求电子签名必须起到两个作用，即识别签名人身份、保证签名人认可文件中的内容。在此基础上，《电子签名法》还明确规定了可靠的电子签名与手写签名或者盖章具有同等的法律效力。

2．对数据电文做了相关的规定

数据电文是指以电子、光学、磁或者类似手段生成、发送、接收或者储存的信息。由于现行的民商事法律关系是基于以书面文件进行商务活动而形成的，使电子文件在很多情况下难以适用，这就形成了电子商务发展的法律障碍。因此，《电子签名法》中明确规定电子文件与书面文件具有同等效力，这样才能使现行的民商事法律同样适用于电子文件。《电子签名法》做了三个方面的规定：

（1）规定了数据电文在什么情况下才具有法律效力。

（2）规定了数据电文在什么情况下可以作为证据使用。

（3）规定了数据电文发送人、发送和接收的时间及地点的确定标准。

3．设立了电子认证服务市场准入制度

电子商务中交易双方互不相识，缺乏信任，使用电子签名时往往需要由第三方对电子签名人的身份进行认证，并为其发放证书，向交易对方提供信誉保证，这个第三方一般被称为电子认证服务机构（以下简称认证机构）。考虑到认证机构的可靠与否，对保证电子签名真实性和电子交易安全性起着关键作用，为了防止不具备条件的人擅自提供认证服务，《电子签名法》规定了电子认证服务的市场准入制度。同时，《电子签名法》对于认证机构规定三个方面的义务：

（1）要求其制订、公布包括责任范围、作业操作规范、信息安全保障措施在内的电子认证业务规则，并向国务院信息产业主管部门备案。

（2）要求其必须保证所发放的证书内容完整、准确，并使交易对方能够在证书中证实或者了解有关事项。

（3）要求其妥善保存与认证相关的信息。

为了防止认证机构因擅自停止经营而造成证书失效，使电子签名人和交易对方蒙受损失，《电子签名法》还规定了认证机构暂停、终止服务的业务承接制度。

当然，《电子签名法》的实施只是我国电子商务法制建设的一个开始。从《电子签名法》实施的情况来看，该法规的出台极大地清除了电子商务发展的法律障碍，维护了电子交易各方的合法权益，保障了电子交易安全。同时也对其提出了新的挑战，《电子签名法》作为一部综合性的法律，对于电子签名推广、电子认证发展中的具体问题并没有详细的规定，而是通过法律授权方式交由效力层级较低的配套规章等去解决。因为相关的配套法律、法规不够健全，标准、规范不统一，使《电子签名法》的推广应用遇到了瓶颈。目前，电子签名和电子认证并未被社会各界完全认知，在各行业、各领域的应用还没有完全展开，应用潜力没有被充分挖掘，对信息化发展的作用也还没有得以完全体现。

你来判案

王女士是某公司员工。2020年2月，她与公司续签了3年期的劳动合同。因夫妻长期两地分居，王女士于2020年5月1日通过手机短信向公司负责人提出辞职申请。公司负责人也以手机短信回复其提出离职之日起满一个月后可以离职。因此，王女士自2020年6月1日起不到公司上班，但公司一直未为其提供解除劳动合同的有关手续。请判断手机短信是有效证据吗？

（三）《民法典》中相关电子合同的简介

1999年3月，我国颁布了《中华人民共和国合同法》（以下简称《合同法》）。《合同法》在合同形式方面吸收了数据电文形式，并将之视为书面合同。2021年1月1日《民法典》正式施行，为社会主义经济建设保驾护航20余年的《合同法》正式废止，今后有关合同的民事法律规范将由《民法典》中的“合同编”替代。为了适应电子商务和数字经济快速发展的需要，针对电子合同本身所具有的无纸化、数据化等特点，《民法典》在合同编对《合同法》《电子商务法》等关于电子合同的法律规定进行了落实和发展，明确了电子合同的书面形式属性，并对电子合同的订立方式、成立时间、交付时间做出认定。

1. 订立方式

在订立方式上，《民法典》确认了电子合同作为书面合同的法律地位。《民法典》第四百六十九条规定：当事人订立合同，可以采用书面形式、口头形式或者其他形式。书面形式是合同书、信件、电报、电传、传真等可以有形地表现所载内容的形式。以电子数据交换、电子邮件等方式能够有形地表现所载内容，并可以随时调取查用的数据电文，视为书面形式。这条直接明确了电子合同作为书面合同的法律地位。《民法典》在《合同法》

第十一条和《电子签名法》第四条的基础上，进一步肯定了电子合同的法律效力，明确电子合同属于书面形式的合同。

2. 成立时间

在成立时间上，当事人有约定的从约定；若当事人无约定，且当事人一方通过互联网等信息网络发布的商品或者服务信息符合要约条件的，则电子合同的成立时间系提交订单成功之时。《民法典》第四百九十一条规定：当事人采用信件、数据电文等形式订立合同要求签订确认书的，签订确认书时合同成立。当事人一方通过互联网等信息网络发布的商品或者服务信息符合要约条件的，对方选择该商品或者服务并提交订单成功时合同成立，但是当事人另有约定的除外。

3. 交付时间

在交付时间上，《民法典》第五百一十二条吸收了《电子商务法》第五十一条的规定，根据交付标的的不同规定了不同交付时间的认定标准。《民法典》第五百一十二条规定：通过互联网等信息网络订立的电子合同的标的为交付商品并采用快递物流方式交付的，收货人的签收时间为交付时间。电子合同的标的为提供服务的，生成的电子凭证或者实物凭证中载明的时间为提供服务时间；前述凭证没有载明时间或者载明时间与实际提供服务时间不一致的，以实际提供服务的时间为准。电子合同的标的物为采用在线传输方式交付的，合同标的物进入对方当事人指定的特定系统且能够检索识别的时间为交付时间。电子合同当事人对交付商品或者提供服务的方式、时间另有约定的，按照其约定。针对电子合同履行中的特殊情况，《民法典》做出了如上具体规定，切实解决了在现实中电子合同在履行中的争议，明确了电子合同标的的交付时间，为明确标的物风险转移的时间提供了法律依据。

当前电子商务蓬勃发展，原来的纸质合同已经不能满足交易的需要。为了规范新类型的交易方式，《民法典》对电子合同的效力进行了明确规定，让合同当事人在维护自身权利时，能找到明确的法律依据。《民法典》适应了时代发展的需要，积极回应了电子商务普遍化下人们的缔约需求，也更好地解决了新的合同形态与订立履行方式带来的新情况与新问题，有利于今后电子商务的蓬勃发展。

（四）有关域名法律的简介

域名是随着网络技术的发展而出现的、新的知识产权客体，具有标识性、唯一性、排他性的特点。随着网络技术的发展，域名盗用和域名抢注日益猖獗，从而引起的域名纠纷也越来越多。为加强我国互联网域名的管理，便捷、顺利地解决域名纠纷，中华人民共和国最高人民法院、中国互联网络信息中心先后出台了一些法规和文件，为解决域名纠纷提供了明确的途径和方法。

1. 《关于审理涉及计算机网络域名民事纠纷案件适用法律若干问题的解释》简介

中华人民共和国最高人民法院于2001年发布了《关于审理涉及计算机网络域名民事纠纷案件适用法律若干问题的解释》，在该司法解释中，清楚地阐明了有关域名纠纷的管辖法院，确认了适用法律并明确提出了认定域名抢注的标准等，概括起来有以下几点主要内容。

（1）域名纠纷案件的管辖　该司法解释第二条明确规定：涉及域名的侵权纠纷案件，由侵权行为地或者被告住所地的中级人民法院管辖。对难以确定侵权行为地和被告住所地的，原告发现该域名的计算机终端等设备所在地可以视为侵权行为地。

（2）域名恶意抢注的认定　恶意域名抢注是指网络用户明知自己申请注册的域名的标识部分与他人的注册商标名称相同，仍然予以注册的行为。该司法解释第五条明确规定，被告的行为被证明具有下列情形之一的，人民法院应当认定其具有恶意：

1）为商业目的将他人驰名商标注册为域名的。

2）为商业目的注册、使用与原告的注册商标、域名等相同或近似的域名，故意造成与原告提供的产品、服务或者原告网站的混淆，误导网络用户访问其网站或其他在线站点的。

3）曾要约高价出售、出租或者以其他方式转让该域名获取不正当利益的。

4）注册域名后自己并不使用也未准备使用，而有意阻止权利人注册该域名的。

5）具有其他恶意情形的。

（3）适用域名纠纷的法律及法律责任　人民法院在审理域名纠纷案件中，对恶意将他人驰名商标盗用为域名，违反诚实信用原则，违反公认的商业道德，构成侵权行为的应当适用相应的法律规定，构成不正当竞争的应适用《民法典》第七编“侵权责任”、《中华人民共和国反不正当竞争法》第二条第一款的规定。因域名注册构成不正当竞争的，人民法院可判令域名持有人、使用人停止使用、申请撤销或变更域名，因实施不正当竞争行为给权利人造成损害的，还应判令被告赔偿损失。

2. 《中国互联网络信息中心域名争议解决办法》简介

为了解决互联网的域名争议，根据有关法律、行政法规的规定，中国互联网络信息中心于2006年出台了《中国互联网络信息中心域名争议解决办法》，并于2014年进行修订，为域名争议的解决提供了原有司法途径之外的一种崭新的行政解决方式，使迅速、有效地解决域名纠纷成为可能。

（1）域名争议解决机构　域名争议由中国互联网络信息中心认可的争议解决机构受理解决，域名争议解决机构实行专家组负责争议解决的制度，专家组由一到三名掌握互联网络及相关法律知识、具备较高职业道德、能够独立并中立地对域名争议做出裁决的专家组成，域名争议解决机构通过在线方式公布可供投诉人和被投诉人选择的专家名册。

（2）投诉的条件和适用范围　任何机构或个人认为他人已注册的域名与该机构或个人的合法权益发生冲突的，均可以向域名争议解决机构提出投诉。争议解决机构受理投诉后，应当按照程序规则的规定组成专家组，并由专家组根据本办法及程序规则，遵循“独立、中立、便捷”的原则，在专家组成立之日起 14 日内对争议做出裁决。裁决程序使用的语言为中文，但投诉人和被投诉人另有约定，或者专家组决定采用其他语言的除外。投诉人和被投诉人应当对各自的主张承担举证责任。

1）符合下列条件的，投诉应当得到支持：①被投诉的域名与投诉人享有民事权益的名称或者标志相同，或者具有足以导致混淆的近似性；②被投诉的域名持有人对域名或者其主要部分不享有合法权益；③被投诉的域名持有人对域名的注册或者使用具有恶意。

2）被投诉的域名持有人具有下列情形之一的，其行为构成恶意注册或者使用域名：①注册或受让域名的目的是为了向作为民事权益所有人的投诉人或其竞争对手出售、出租或者以其他方式转让该域名，以获取不正当利益；②多次将他人享有合法权益的名称或者标志注册为自已的域名，以阻止他人以域名的形式在互联网上使用其享有合法权益的名称或者标志；③注册或者受让域名是为了损害投诉人的声誉，破坏投诉人正常的业务活动，或者混淆与投诉人之间的区别，误导公众。

（3）域名争议解决机构裁决的效力　专家组根据投诉人和被投诉人提供的证据及争议涉及的事实，对争议进行裁决。专家组认定投诉成立的，应当裁决注销已经注册的域名，或者裁决将注册域名转移给投诉人；专家组认定投诉不成立的，应当裁决驳回投诉。在依据本办法提出投诉之前，争议解决程序进行中，或者专家组做出裁决后，投诉人或者被投诉人均可以就同一争议向中国互联网络信息中心所在地的法院提起诉讼，或者基于协议提请仲裁机构仲裁。

争议解决机构裁决注销域名或者裁决将域名转移给投诉人的，自裁决公布之日起满 10 日的，域名注册服务机构予以执行。但被投诉人自裁决公布之日起 10 日内提供有效证据证明有管辖权的司法机关或者仲裁机构已经受理相关争议的，争议解决机构的裁决暂停执行。

对于暂停执行的争议解决机构的裁决，域名注册服务机构视情况作如下处理：①有证据表明，争议双方已经达成和解的，执行和解协议；②有证据表明，有关起诉或者仲裁申请已经被驳回或者撤回的，执行争议解决机构的裁决；③有关司法机关或者仲裁机构作出裁判，且已发生法律效力的，执行该裁判。

在域名争议解决期间以及裁决执行完毕前，域名持有人不得申请转让或者注销处于争议状态的域名，也不得变更域名注册服务机构，但受让人以书面形式同意接受争议解决裁决约束的除外。

修改后的办法将自动成为域名持有人与域名注册服务机构之间已经存在的域名注册协议的一部分。域名持有人不同意接受争议解决办法或者其修改后的文本约束的，应当及时通知域名注册服务机构。收到通知后，域名注册服务机构将为其保留 30 日域名服务；30 日后，有关域名将予注销。

你来判案

广东科龙公司诉永安制衣厂域名抢注纠纷案是我国第一例域名抢注纠纷案。科龙公司（原告）申请将其所有的商标“kelon”作为域名注册时，发现永安制衣厂（被告）已抢先注册了“kelon.com.cn”。原告据此向北京市海淀区人民法院起诉，认为被告的抢注行为属于恶意侵权行为。在双方协商域名事宜未果，被告提出要原告支付5万元现金，作为其域名转让的条件后，被告又提出若原告补偿其域名注册等费用2 300元，就放弃对该域名的使用权。请问如何对永安制衣厂的行为定性？

四、电子商务从业人员的职业道德

（一）职业道德的含义

职业道德是指人们在职业生活中应遵循的基本道德，即一般社会道德在职业生活中的具体体现。职业道德是职业品德、职业纪律、专业胜任能力及职业责任等的总称，属于自律范围，它通过公约、守则等对职业生活中的某些方面加以规范。

（二）电子商务从业人员职业道德的基本内容

电子商务从业人员的职业道德是电子商务从业人员在经营活动中应遵守的行为规范。电子商务从业人员的职业道德包括八个方面的基本内容，如图7-17所示。

电子商务从业人员职业道德的基本内容

- 忠于职守、坚持原则
- 兢兢业业、吃苦耐劳
- 谦虚谨慎、办事公道
- 遵纪守法、廉洁奉公
- 恪守信用、严守机密
- 实事求是、工作认真
- 刻苦学习、勇于创新
- 钻研业务、敬业爱岗

图7-17 电子商务从业人员职业道德的基本内容

1. 忠于职守、坚持原则

作为电子商务从业人员，要有强烈的事业心和责任感，坚持原则，重视培育和践行社会主义核心价值观，反对不良思想和作风。

2. 兢兢业业、吃苦耐劳

电子商务从业人员要能够脚踏实地、埋头苦干、任劳任怨，要能够围绕电子商务开展各项活动。在具体而紧张的工作中，能够不计个人得失，有吃苦耐劳，勇于奉献的精神。

3. 谦虚谨慎、办事公道

电子商务从业人员要谦虚谨慎、办事公道，对人要一视同仁，平等相待。切忌因人而异，亲疏有别。

4. 遵纪守法、廉洁奉公

遵纪守法、廉洁奉公是电子商务从业人员职业活动能够正常进行的重要保证。遵纪守法是指电子商务从业人员要遵守职业纪律和与职业活动相关的法律法规，遵守商业道德。廉洁奉公是高尚道德情操在职业活动中的重要体现，是电子商务从业人员应有的思想道德品质和行为准则。

5. 恪守信用、严守机密

电子商务从业人员必须恪守信用，维护企业的商业信用，维护自己的个人信用。要遵守诺言，遵守时间，言必信，行必果。严守机密是电子商务从业人员的重要素质。

6. 实事求是、工作认真

电子商务从业人员无论是搜集信息、提供意见还是拟写文件，都必须端正思想，坚持实事求是的原则。在工作中，切忌主观臆断、捕风捉影，分析问题必须从客观实际出发。

7. 刻苦学习、勇于创新

电子商务从业人员的工作头绪繁多、涉及面广，这就要求电子商务从业人员有尽可能广博的知识，成为“通才”和“杂家”。要勇于创新，不空谈，重实干，在思想上是先行者，在实践上是实干家，不断提出新问题，研究新方法，走出新路子。

8. 钻研业务、敬业爱岗

电子商务从业人员要根据自身分工的不同和形势发展的需要，掌握电子商务交易所需要的技能，如计算机技能、网络编辑技能、网络营销技能、电子支付技能等。这些技能都必须随着电子商务技术的发展和自身工作的需要，在实践中不断地学习和提高。

总之，电子商务良好的运行环境，除需要提供法律环境的保障外，还需要从提高电子商务从业人员自身的职业道德水准入手。因此，提高电子商务从业人员的职业道德，规范其业务行为，是营造电子商务良好运行环境的必要基础。

（三）电子商务职业对诚信的要求

网络购物的虚拟性及技术上的特点导致交易双方地位的不平等。消费者对商品有关情况的了解仅仅是一种虚拟化的了解，经营者在互联网交易中占据较大的主动性，从而使得网络欺骗、假冒行为层出不穷。这就要求电子商务从业人员注重信誉，尊崇诚信经营，具备良好的职业道德和操守，营造诚信、和谐的电子商务企业文化氛围，推动我国电子商务的健康发展。可见，电子商务职业的特殊性对诚信经营提出了更高的要求。

（四）电子商务从业人员诚信缺失的典型表现

自电子商务兴起后，我国的电子商务在较短的时间内已有了长足的发展，交易规模日渐攀升。与此同时，电子商务从业人员的诚信缺失问题也逐渐凸显出来，集中表现在以下几个方面。

1. 客户隐私得不到保护

目前，很多商业性网站不注重对客户信息的保护，甚至有很多电子商务从业人员违法将客户的信息资料出售给他人，越来越多的网上消费者担心他们的信息被滥用。

2. 网络诈骗

有些网站利用虚假的公司名称、地址等诱导和欺骗消费者，而网站本身既没有通信管理部门核发的经营许可，也没有在工商行政管理部门登记注册，却在其网站上提供虚假的商品信息，以低价诱导消费者，待其向指定的银行账户汇入款项后便逃匿不知下落。

3. 商品质量低劣

电子商务从业人员利用信息优势，以次充好、以劣当优来发布虚假信息，欺骗消费者；消费者购买此类商品后往往费时、费力地四处投诉，而网站却不肯承担责任。

4. 不履行承诺

有些网站承诺消费者在购物后一定时间内送货上门，但商品往往不能在承诺的时间内及时送达，还有的网站对网上售出的商品不承担“三包”责任，推脱甚至逃避售后服务。

由此可以看出，电子商务诚信问题已严重制约了我国电子商务的健康发展，面对我国电子商务活动中存在的诚信缺失现象，究其根本原因还是电子商务企业放松了职业道德建设，电子商务从业人员没有严格按照职业道德标准规范自己的业务行为。

（五）提高电子商务从业人员职业道德水准的途径

电子商务职业道德建设是一项复杂的系统工程，需要政府部门、电子商务行业组织和企业以及全体公民的通力合作、齐抓共建。为提高我国电子商务从业人员的整体职业道德水准需采取以下积极的措施。

1．政府部门积极组织和推动电子商务信用体系建设

强化政府对企业电子商务的信用监管，探索电子商务信用体系的有关立法，明确电子商务参与方的法律责任，营造一个公开、公平、公正的法律环境。

2．电子商务企业内部开展以“诚信”为核心的电子商务从业人员职业道德教育

电子商务从业人员职业道德的好与差，其所属的企业是最直接的受益者或受害者。电子商务企业必须重视和加强企业内部从业人员的职业道德建设，注意开展从业人员的道德和纪律教育，并加强检查，督促从业人员坚持原则，诚实守信，重视企业内部控制制度建设，完善企业内部约束机制，有效防范经营风险。中国电子商务企业要在竞争中立于不败之地，就必须加强自身的职业道德建设和诚信体系建设，制定行业规则，这样才能够以企业诚信带动网民诚信，从而形成良性的循环。

当然，作为电子商务从业人员，既需要自身诚信，更需要积极配合行业诚信体系建设，进行不断的创新与突破。

3．社会舆论监督，形成良好的社会氛围

良好的电子商务职业道德风尚的树立，离不开社会舆论的支持和监督。强化舆论监督，有利于在全社会形成诚实守信的氛围。广泛开展电子商务职业道德的宣传，使良好的电子商务职业道德深入人心。要在全社会电子商务从业人员中倡导诚信为荣、失信为耻的职业道德意识，引导电子商务从业人员加强职业修养。通过对电子商务从业人员职业道德建设中正反典型的宣传，弘扬正气，打击歪风。

全面加强电子商务职业道德建设，提高电子商务从业人员的道德素质是一项重大的任务。各部门、行业组织和社会各界应积极行动起来，共同把电子商务职业道德建设搞好。在依法治国与以德治国相结合的思想指导下，有政府部门的组织推动、电子商务行业组织的自律约束、电子商务企业的支持督促以及社会舆论监督所营造的良好社会氛围，电子商务活动一定会健康的发展。

第八单元

掌握电子商务的应用

知识目标

通过网上订购火车票，亲身体验电子商务，感受电子商务带来的便利。

本单元重点介绍的内容有：电子商务应用的层次、电子商务的基本业务流程、电子商务的应用领域。通过分析几个典型行业的电子商务应用，从而对中国电子商务的现状及应用前景有一个更为全面的认识和了解。

能力目标

熟练掌握网络购买火车票的流程；能够对电子商在各行业的应用进行简单分析。

学海导航

1. 知识卡片

电子商务应用的主流是传统企业利用计算机网络等先进技术实现企业经营管理和商务活动的数字化。

电子商务作为信息技术发展的产物，它在企业的应用是分阶段推进和实施的。

按信息技术的发展及在企业的应用程度，将电子商务应用分为三个层次：初级层次、中级层次、高级层次。

电子商务应用的初级层次是指企业在传统商务活动中，开始部分引入计算机网络信息处理与交换来代替企业（内部或外部）部分传统的信息储存与传递方式。

初级层次电子商务又称“企业电子商务”，是指企业利用电子商务技术实现企业内部交易的数字化，其更好地保证了企业外部电子商务的实施。

电子商务应用的中级层次是指企业利用计算机网络的信息传递部分地代替了某些合同

成立的有效条件，或者构成履行商务合同的部分义务。

中级层次电子商务又称“市场电子商务”，是面向市场的，以市场交易为中心的电子商务活动。

电子商务应用的高级层次是将企业商务活动的全部程序用计算机网络的信息处理和信息传输代替，最大限度地消除了人工干预。

高级层次电子商务又称“社会电子商务”，是指整个社会经济活动都利用网络进行。

电子商务的基本业务流程包括交易前、交易中和交易后三个阶段。交易前（各方的准备）阶段主要是指买卖双方和参加交易的各方在签约前的准备活动；交易中（交易谈判和签订合同）阶段主要是指买卖双方对所有的交易细节进行谈判，将双方磋商的结果以文件的形式确定下来，即以书面文件形式或电子文件形式签订贸易合同；交易后（履行合同和货款结算）阶段主要是指买卖双方从签订合同到履行合同直至交易完成的过程。

网络教育是指在网络环境下，以现代教育思想和学习理论为指导，充分发挥网络的各种教育功能和丰富的网络教育资源优势，向教育者和学习者提供一种网络教学环境，传递数字化内容，开展以学习者为中心的非面授教育活动，有时也称为现代远程教育。

2. 概念地图

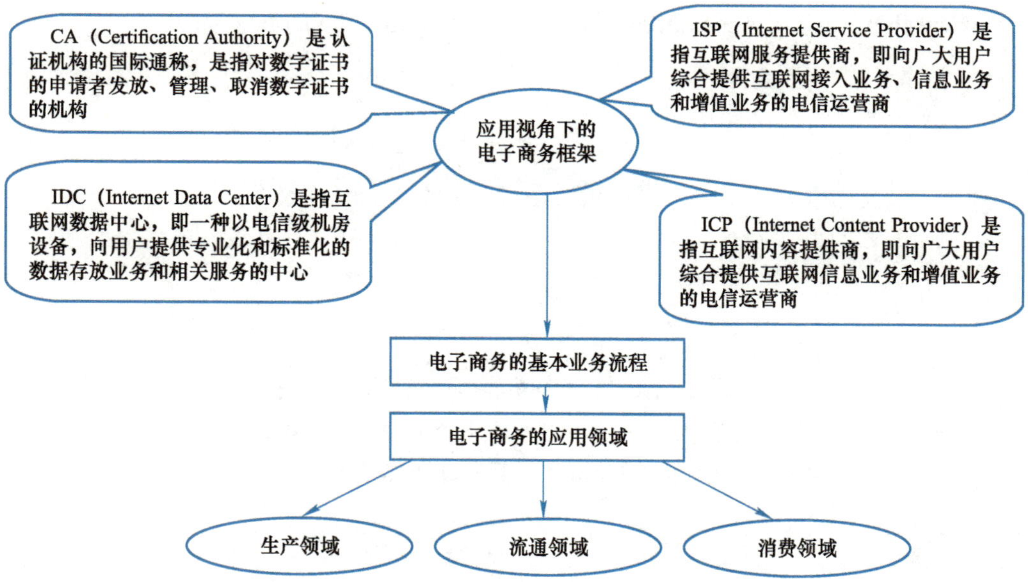

要点提示

本单元的内容是围绕“电子商务的应用”展开的，“概念地图”所展示的是一级概念的逻辑关系，它反映的是本单元的知识要点，下面进行分别说明。

（1）要了解电子商务的应用首先要了解电子商务的基本业务流程，掌握各阶段的主要工作内容。

（2）电子商务的应用范围概括为生产领域、流通领域和消费领域。

（3）电子商务的应用非常广泛，本单元只选取了三个典型的行业做介绍。

3. 为您支招

（1）通过网络订购火车票的体验活动来导入电子商务应用的学习，让您感受电子商务给生活带来的便利。

（2）在学习中，要主动参与电子商务的实践，如通过在线免费学习尝试在网上开店等，多收集案例和参与案例分析等实践训练，不断积累和提高电子商务的专业技能和技巧。

（3）借助“概念地图”正确理解和掌握本单元的主要专业术语、知识要点和各知识要点之间的内在逻辑联系，通过联想记忆、归纳等学习方法提高学习能力。

（4）通过电子商务网站，了解电子商务在制造业、旅游业和教育业的应用情况，以及给人们的生活及企业带来的便利，加深对电子商务应用的理解，从而增强对所学课程、专业的兴趣，激发学习的热情并明确学习的目的。

（5）通过经常访问电子商务相关网站，可以及时了解许多国内外电子商务发展的动态，了解我国电子商务的应用，更好地明确自己的专业目标。下面提供了一些与本单元相关的网站：中国电子商务网（http://www.cebn.cn）、中国旅游网（http://www.cntour.cn）、中培网（http://www.chinacpx.com/index.htm）和中国化工网（http://hg.atobo.com）。

模块一　电商体验：网上订购火车票

您会利用网络收集商务信息吗？您有过网上订购火车票的经历吗？让我带您到中铁客户服务中心12306网站上去逛逛，尝试在网上订购火车票，感受网上购票给人们生活带来的便利

情景设置

网上订购火车票、机票已成为很多人的第一选择，目前提供网上订票服务的网站很多，在网上订票方便易行，网上订购火车票、机票往往还能获得折扣优惠。

假如您在假期要从武汉去杭州旅游，则请购买一张“武汉—杭州”的高铁火车票，体验网上订购火车票的方便与快捷。

操作指南 >>>>

步骤一：进入中铁客户服务中心网（https://www.12306.cn）。

体验电子商务：
网上订购火车票微课

➘ 方法 1：双击桌面上的浏览器图标，启动浏览器，在百度搜索栏输入关键词“火车票”，单击“百度一下”按钮，如图 8-1 所示。

图 8-1　搜索火车票信息

在打开的网页中，查找有“官方”标识的“中国铁路 12306”的链接，如图 8-2 所示。

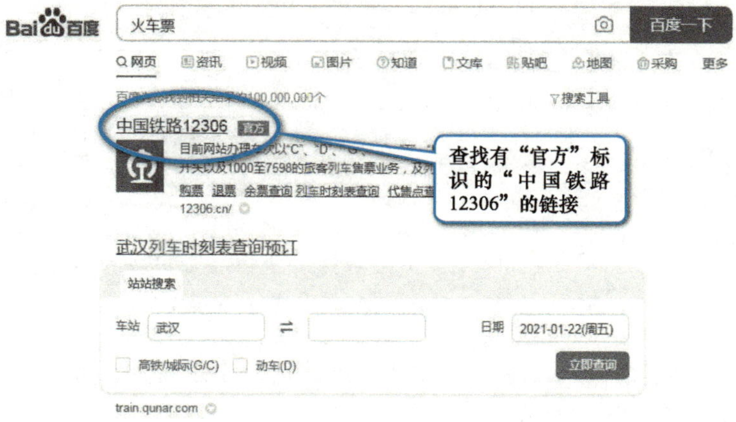

图 8-2　查看搜索到的火车票信息结果

提示

网络信息量大，真假信息难于辨别，如何快速在众多的信息中找到合适的信息，我们一般选择有“官方”或“官网”或“官方”标识的链接进入官方网站（Official Website，是公开团体主办者体现其意志想法、公开团体信息，并带有专用、权威、公开性质的一种网站）。购买火车票除了去“中国铁路 12306”，还可以进“携程网”“114 票务网”“铁友网”“京东商城”等代理平台购买。

单击“中国铁路 12306”链接进入中国铁路 12306 官网首页，如图 8-3 所示。

➘ 方法 2：双击桌面上的浏览器图标，启动浏览器，在地址栏输入中国铁路 12306 官网网址“https://www.12306.cn”，单击搜索按钮，如图 8-4 所示。

图 8-3 中国铁路 12306 官网首页

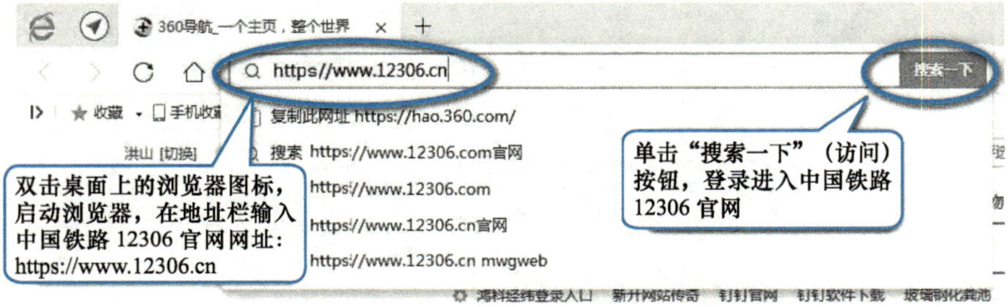

图 8-4 输入网址进入中国铁路 12306 官网

步骤二：查询火车票信息。输入出发地、到达地及出发日期，单击“查询”，查找符合条件的车次信息，如图 8-5 所示。

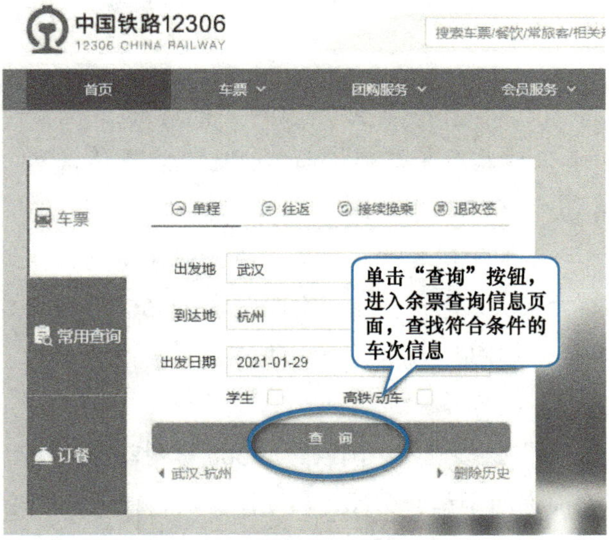

图 8-5 查询火车票信息

选择车次类型和出发车站，单击“查询”按钮，查看车次余票信息，如图 8-6 所示。

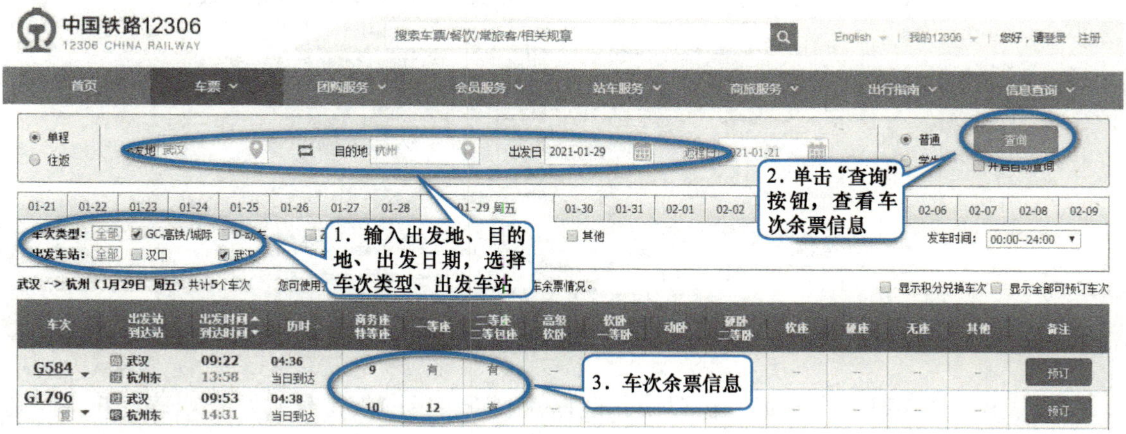

图 8-6 “武汉—杭州”高铁车次余票信息

步骤三：注册成为网站会员。单击图 8-3 中的“注册”按钮或是图 8-6 右上方的“注册”按钮，进入注册页面，填写相关账户信息，如图 8-7 所示。

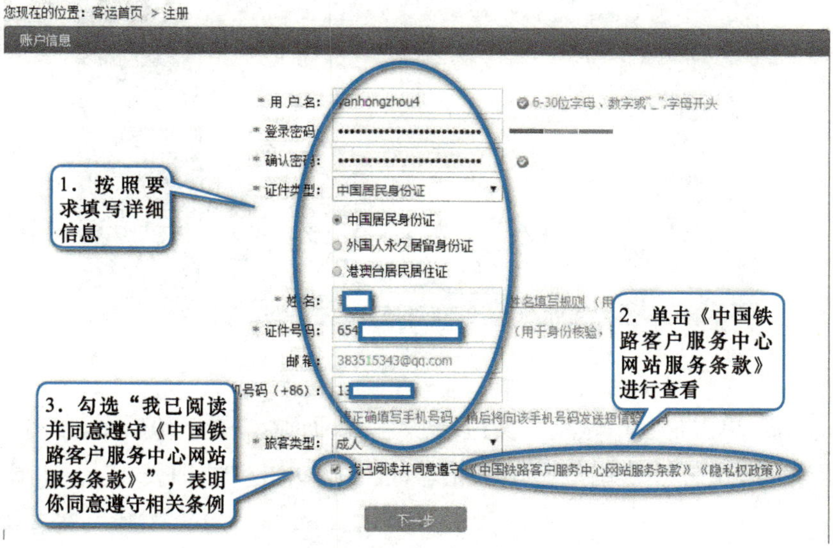

图 8-7 填写账户信息

提示

带“*”号为必填项，其余可根据个人情况填写。

单击《中国铁路客户服务中心网站服务条款》进行查看，然后勾选“我已阅读并同意遵守《中国铁路客户服务中心网站服务条款》”，表明你同意遵守相关条款。单击“下一步”按钮，如图 8-8 所示。

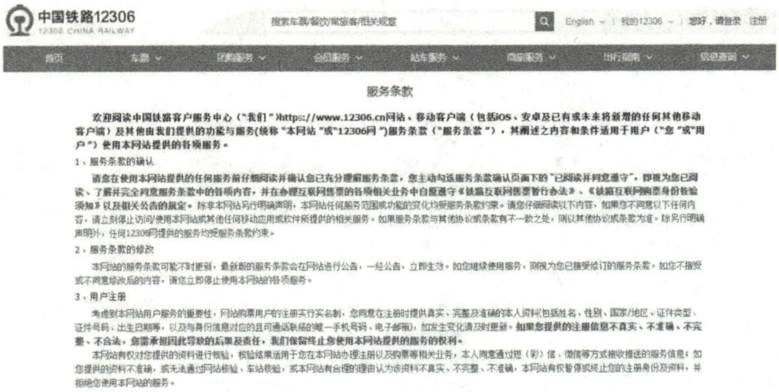

图 8-8　查看服务条款

在弹出的“手机双向验证”窗口中，根据提示用手机向指定号码发送短信，并将收到的验证码填写在文本框中，单击“完成注册”，如图 8-9 所示。

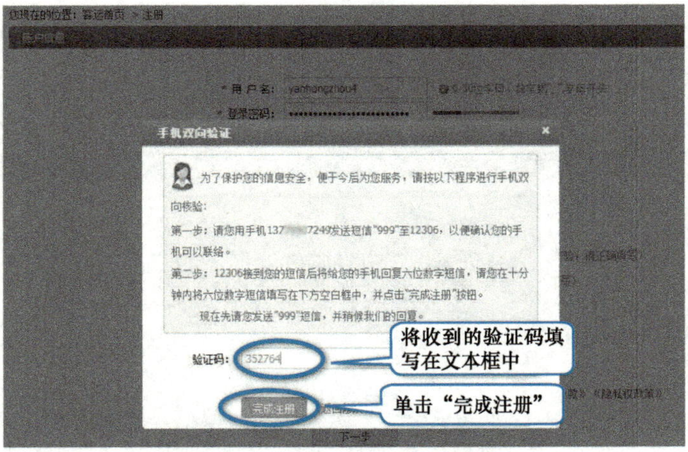

图 8-9　手机双向验证

步骤四：登录。单击右上方“登录”按钮，进入登录页面，如图 8-10 所示。选择“账号登录”，在跳转页面中输入登录名和密码，选择正确的验证图片，单击“立即登录”，如图 8-11 所示。

图 8-10　登录页面

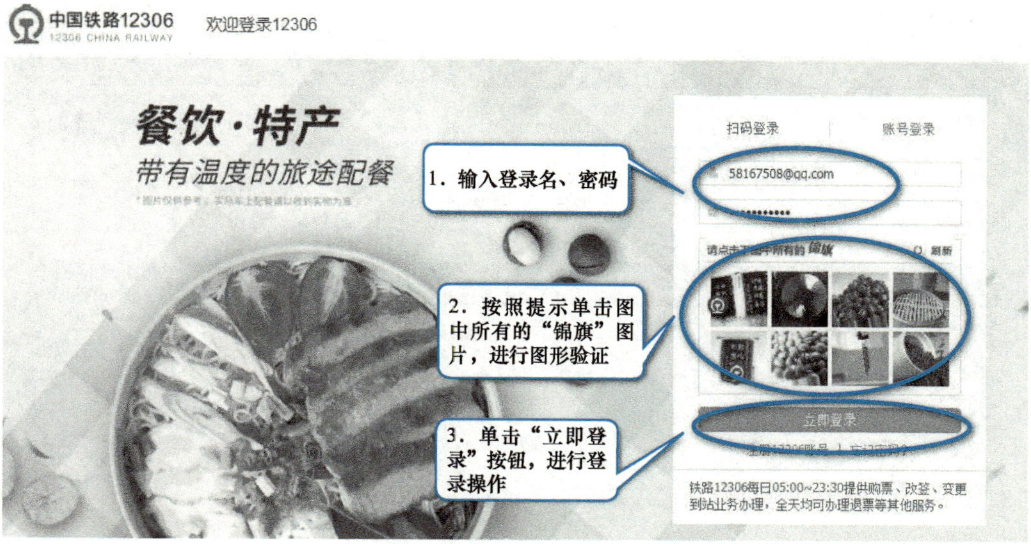

图 8-11　使用账号登录

对于第一次登录的用户，会出现一个温馨提示页面，如图 8-12 所示。

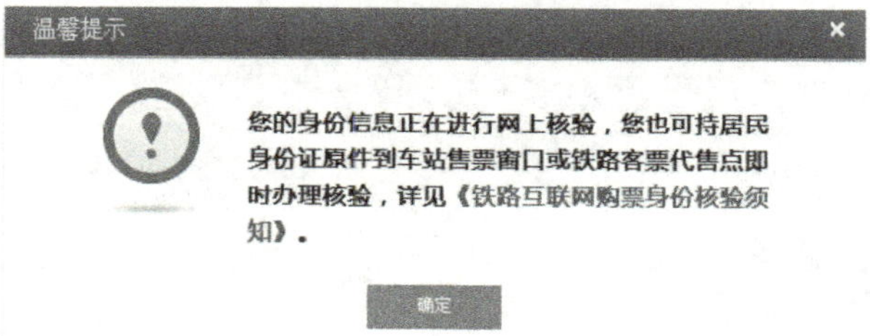

图 8-12　身份信息网上核验温馨提示页面

提示

中国铁路 12306 网站为了进一步完善铁路实名制购票工作，自 2014 年 3 月 1 日起，对互联网注册用户和常用联系人（乘车人）进行身份信息核验。注册用户可在“我的 12306”→“查看个人信息”和“我的 12306”→“常用联系人”中分别查看注册用户、常用联系人（乘车人）的身份信息核验状态，状态种类主要包括已通过、待核验和未通过三种。详情可登录中国铁路客户服务中心网站查看《铁路互联网购票身份核验须知》。

步骤五：车票预订。待身份信息通过验证后，可进行车票预订操作，输入出发地、目的地、出发日信息，单击“查询”按钮，然后在查询到的车次信息中根据个人需求选择适合的车次，单击“预订”按钮，如图 8-13 ～图 8-16 所示。

步骤六：网上支付，如图 8-17 ～图 8-20 所示。

步骤七：交易成功，如图 8-21 所示。

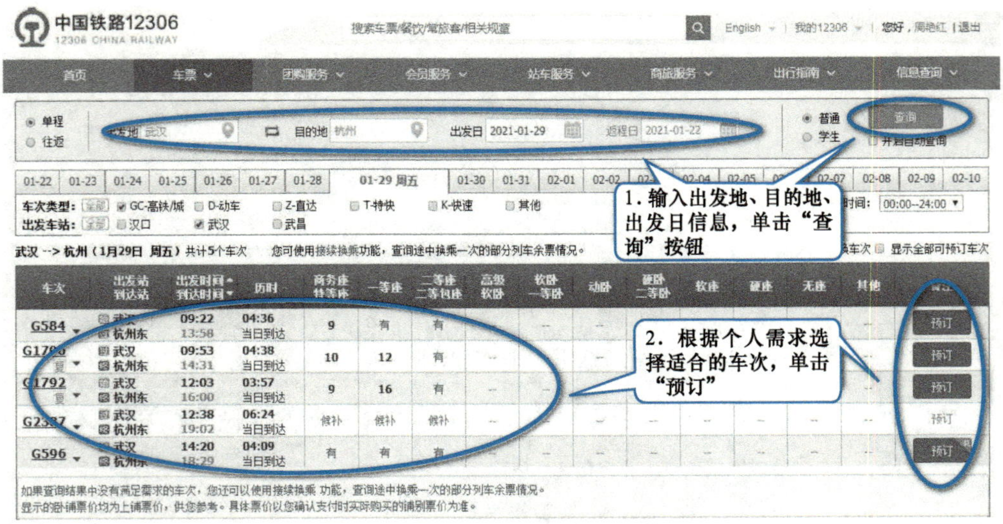

图 8-13　车票预订页面

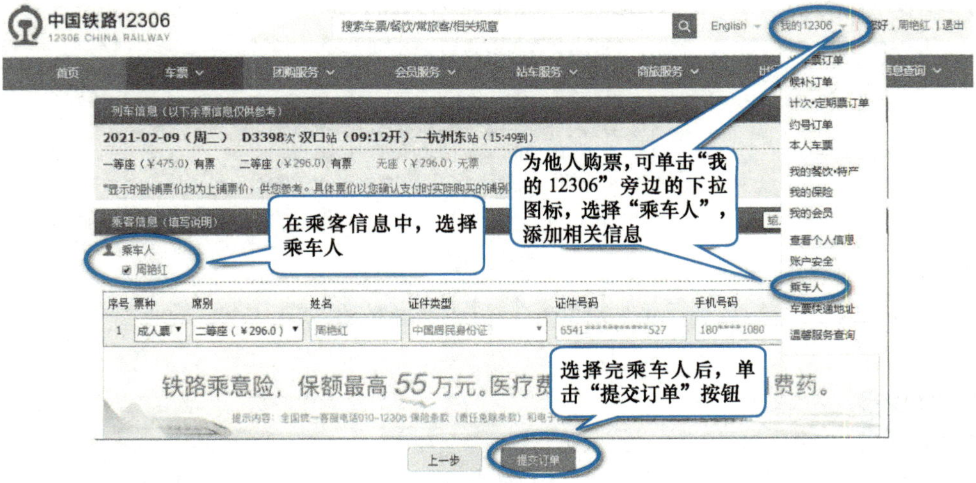

图 8-14　提交订单页面

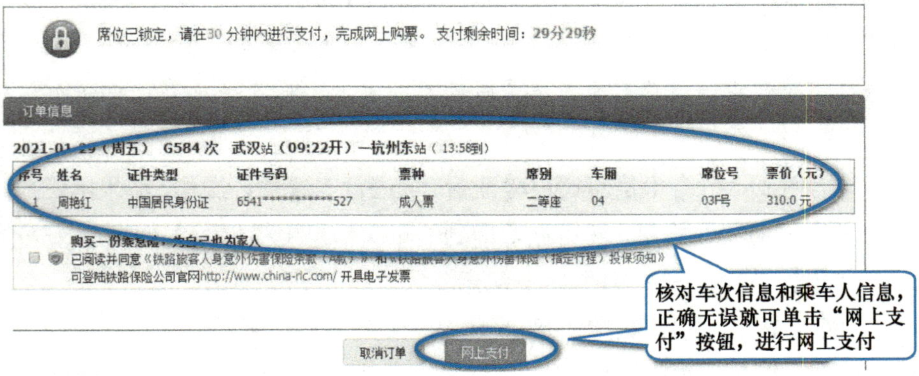

图 8-15　核对订单信息

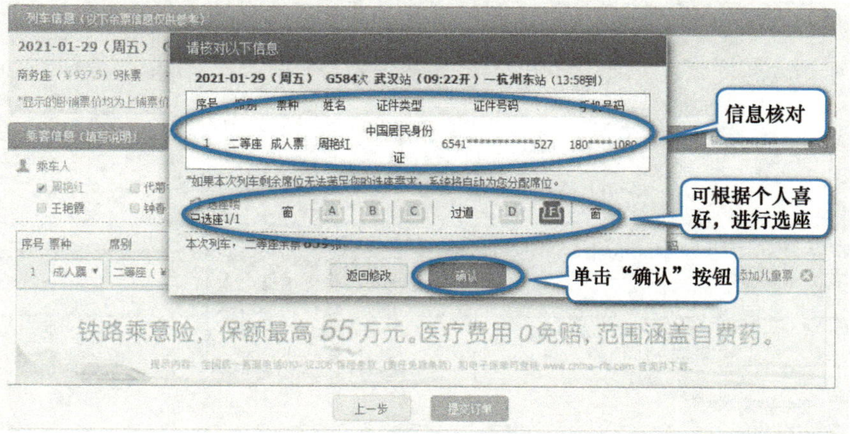

图 8-16　信息核对及选座

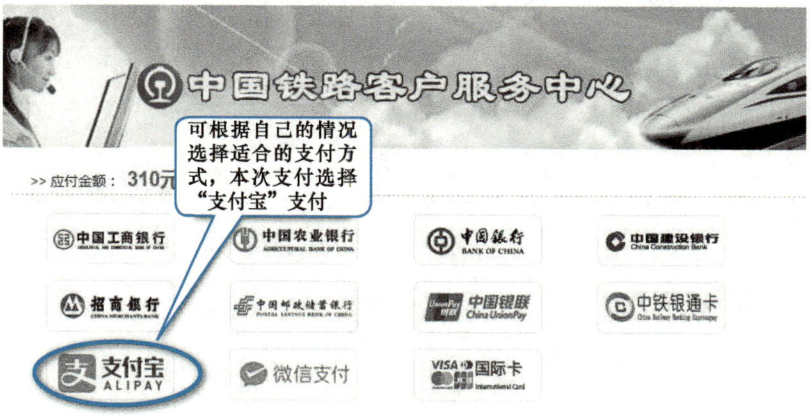

图 8-17　选择支付方式

图 8-18　使用支付宝付款

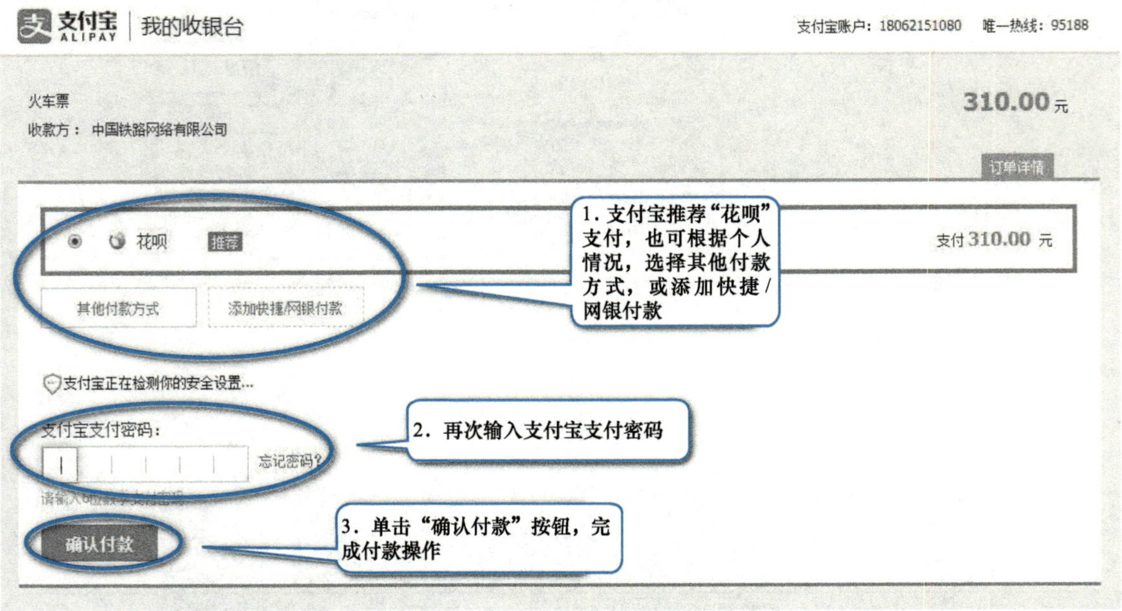

图 8-19 支付宝确认付款页面

图 8-20 成功付款提示页面

图 8-21 交易成功页面

步骤八：查看订单详情。交易成功后，可到“我的 12306”→“已完成订单（改 / 退）”页面进行查询，如图 8-22 所示。中国铁路 12306 官网还提供车票的退票、改签服务。

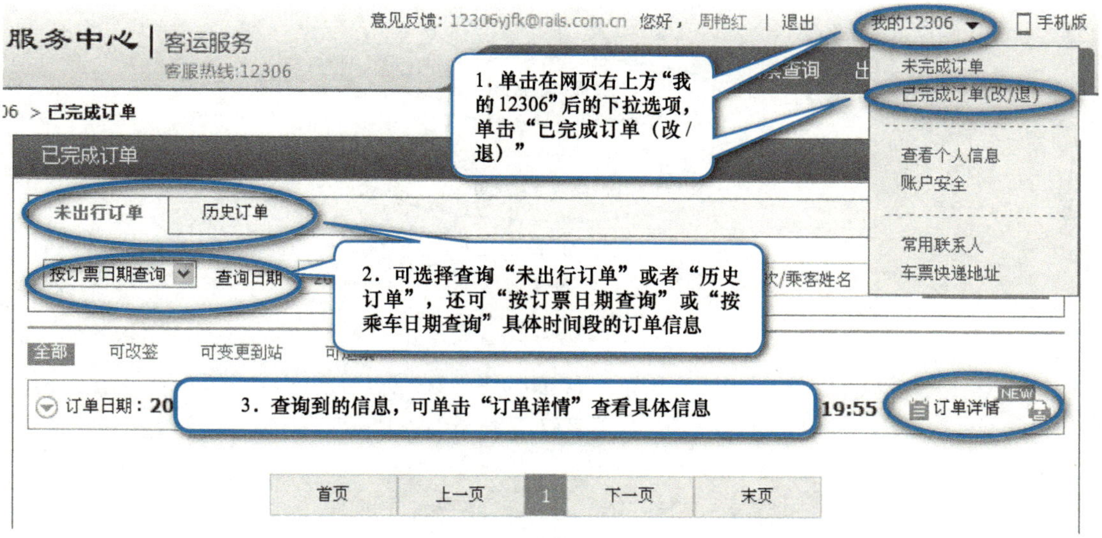

图 8-22 已完成订单查询页面

提示

在中国铁路 12306 官网购票且乘车站和下车站均具备居民身份证检票条件的，旅客可以凭购票时所使用的居民身份证原件直接通过自动检票机（闸机）办理进、出站检票。

在 12306 网站购买且未检票使用的车票，均可在开车前通过 12306 网站或车站指定窗口办理退票及改签手续，已打印报销凭证的铁路电子客票应到车站指定窗口办理改签，且须交回报销凭证。

在有运输能力的前提下，开车前 48 小时（不含）以上，可改签预售期内的其他列车；开车前 48 小时以内，可改签开车前的其他列车，也可改签开车后至票面日期当日 24:00 之间的其他列车，不办理票面日期次日及以后的改签；开车之后，旅客仍可改签当日其他列车。已经办理“变更到站”的车票，不再办理改签。

线上购票流程

在中国铁路 12306 官网订购火车票的一般流程，如图 8-23 所示。

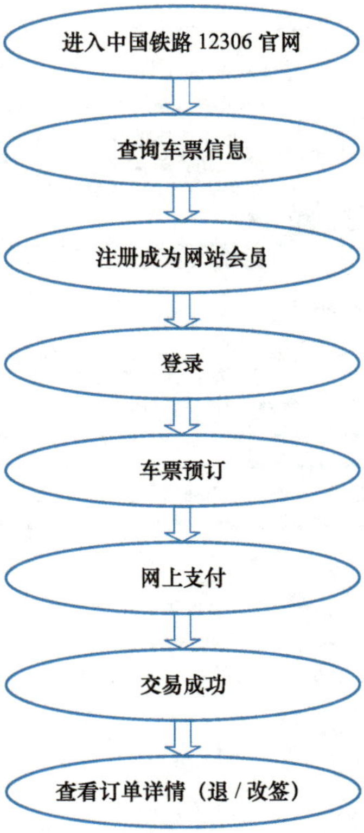

图 8-23　中国铁路 12306 官网订购火车票的一般流程

体验报告 ››››

目的： 结合网上订购火车票的实际情况，加强体验式学习，激发学习专业知识的兴趣，从而增强学生的自信。

内容： 在中国铁路 12306 官网订购一张的火车票，采用支付宝支付的方式。

要求： 把网上订购火车票的操作过程和网上订购火车票的新体验填入表 8-1 中，并按表 8-2 的要求，对操作方法和技巧的掌握程度进行评价。

表 8-1　网上订购火车票体验报告

选定网上订购火车票的地址（网址）：
网上订购火车票的步骤：
与传统的订购火车票方式相比，网上订购火车票的新体验是： 年　月　日

表 8-2　网上订购火车票体验活动评价表

评价项目	分值 / 分	自我评价	小组评价	教师评价	标准
查询网上火车票信息（选定路线）	20				熟练掌握：85 ～ 100 分 基本掌握：75 ～ 84 分 部分掌握：60 ～ 74 分 没有掌握：60 分以下
官方网站会员注册	30				
网上订票操作	30				
与传统订购火车票方式进行比较	20				
合　计	100				

模块二　知识探索：各行业领域的电子商务应用

网上订票是一种较为成熟的电子商务应用，但是您知道电子商务应用分为哪几个层次吗？电子商务的基本业务流程是什么？电子商务在各领域的应用又是怎样的？

一、电子商务应用的层次

电子商务是一个复杂的系统，电子商务应用的主流是传统企业利用计算机网络等先进技术实现企业经营管理和商务活动的数字化。电子商务作为信息技术发展的产物，它在企业的应用是分阶段推进和实施的。按信息技术的发展及在企业的应用程度，将电子商务应用分为三个层次：初级层次、中级层次、高级层次。

（一）初级层次——建立易于实施的、可操作的系统

1．初级层次的基本含义

电子商务应用的初级层次是指企业在传统商务活动中，开始部分引入计算机网络信息处理与交换来代替企业（内部或外部）部分传统的信息储存与传递方式。初级层次电子商务又称“企业电子商务”，是指企业利用电子商务技术实现企业内部交易的数字化，其更好地保证了企业外部电子商务的实施。例如，企业建立内部计算机网络（Intranet）进行信息共享和一般商务资料的储存和处理；企业通过互联网与贸易合作伙伴进行文件传输及商务洽谈；企业在互联网上建立网页、做广告、宣传企业形象等。

2．初级层次的特点和应用范围

在电子商务应用的初级层次阶段，企业实施电子商务投资成本低，易于操作。企业利

用计算机网络进行信息处理和交换，所做的未构成交易成立的有效条件或未构成履行商务合同的一部分，也不涉及复杂的技术问题和法律问题。

（二）中级层次——维系牢固的商业链

1. 中级层次的基本含义

电子商务应用的中级层次是指企业利用计算机网络的信息传递部分地代替了某些合同成立的有效条件，或者构成履行商务合同的部分义务。例如，企业实施网上在线式交易系统、网上有偿信息的提供、贸易伙伴之间约定文件或单据的传输等。在某种程度上，电子商务应用的中级层次是使企业走上建立企业外部网的道路。中级层次电子商务又称“市场电子商务”，是面向市场的、以市场交易为中心的电子商务活动，包括网上展示、网上公关、网上洽谈、网上支付、网上售后服务等所有促成交易实现的各种商务活动。

2. 中级层次的特点和应用范围

在电子商务应用的中级层次阶段，企业实施电子商务的程度有所加深，虽然有些计算机网络系统传输的信息并不十分复杂，操作程序也很简单，但是它还需要不同程度的人工干预，如在线销售环节与产品供应不能有效衔接，仍需要部分传统方式的操作，特别是要涉及交易成立的实质条件，或已构成履行商务合同的一部分。因此，电子商务应用的中级层次要涉及一些复杂的技术问题（如安全、数字签名）和法律问题（如法律有效性）等，这一层次电子商务的应用需要社会各界相互配合，特别是政府机构和商业团体应该为电子商务创造良好的发展环境。该层次的电子商务是世界各国近期主要发展的目标。

（三）高级层次——实现全方位的数字自动化

1. 高级层次的基本含义

电子商务应用的高级层次是电子商务发展的理想阶段。它是将企业商务活动的全部程序用计算机网络的信息处理和信息传输代替，尽可能地消除了人工干预。在企业内部和企业之间，从交易的达成到产品的生产、原材料的供应、贸易伙伴之间单据的传输、货款的清算、产品提供的服务等均实现了一体化的计算机网络信息传输和处理。该层次中的交易所涉及的信息是由相关人员一次性录入，并得到计算机网络的自动处理后，按照交易的流程自动生成适应内部或与外部交流的相关单据或文件。高级层次电子商务又称“社会电子商务”，是指整个社会经济活动都利用网络进行，如政府的活动、社团的活动。

2. 高级层次的特点和应用范围

电子商务应用的高级层次是将商业机构对消费者的电子商务与商业机构对商业机构、甚至商业机构对行政机构的电子商务有机地结合起来，实现企业最大程度的内部办公自动化和外部交易的电子化连接。例如，政府通过互联网处理政府事务，利用互联网进行招投标，实现政府采购、收缴税费等。这一层次电子商务的应用将有赖于全社会对电子商务的认同以及电子商务环境的改善。随着电子商务应用的深入，企业从电子商务系统上获得的利益会越来越大，电子商务系统的经济价值会越来越高。

电子商务应用三个层次的关系为：高级层次的电子商务应用是初级层次和中级层次电子商务应用的支撑环境。初级层次与中级层次的交融部分称为网上商贸，是高级层次电子商务应用的基础，如图 8-24 所示。只有三个层次的电子商务应用共同协调发展，才可能推动电子商务朝着良性循环的方向发展。

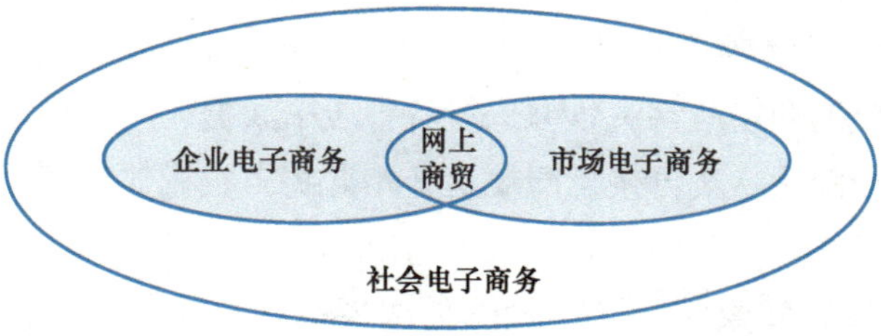

图 8-24　电子商务应用三个层次的关系

二、电子商务的基本业务流程

电子商务的交易过程大致可以分为以下三个阶段：交易前、交易中、交易后。这也是电子商务的基本业务流程。

1. 交易前—— 各方的准备

这一阶段主要是指买卖双方和参加交易的各方在签约前的准备活动。

（1）买方要根据本单位的情况制订采购计划，按计划拟定采购清单，进行市场调查及分析（包括买方的国家贸易政策、市场行情、海关的政策、运输方式及价格条件等），按市场调查及分析结果修改采购计划及采购清单，确定和审批采购计划及采购清单，准备货款，确定最终卖方。在此阶段，买方要充分利用互联网和各种电子商务网络寻找自己满意的商品和卖方。

（2）卖方要结合自己所销售的商品，一方面全面进行市场调查和市场分析，制订各种销售策略和销售方式；另一方面召开产品新闻发布会，借助各种媒体进行广告宣传，其中就可以借助互联网发布商品的信息、交易方式的说明等，寻求合作伙伴和贸易机会，扩大贸易范围和商品所占市场的份额。

（3）其他参加交易的各方有中介方、银行金融机构、海关系统、商检系统、保险公司、税务系统、运输公司等，它们也都要为进行电子商务交易做好相应的准备。

2. 交易中——交易谈判和签订合同

这一阶段主要是指买卖双方对所有的交易细节进行谈判，将双方磋商的结果以文件的形式确定下来，即以书面文件形式或电子文件形式签订贸易合同。

电子商务的特点是可以签订电子合同，买卖双方可以利用现代电子通信设备和通信方法，经过认真谈判和磋商后，将双方在交易中的权利、所承担的义务以及购买商品的种类、数量、价格、交货地点、交货期限、交易方式、运输方式、违约和索赔等合同条款，全部以电子合同的形式做出全面详细的规定。进行确认后，买卖双方可以利用电子数据交换进行签约，可以通过数字签名等方式进行签名。

3. 交易后——履行合同和货款结算

（1）办理交易进行前的手续　这一阶段主要是指买卖双方从签订合同后到合同开始履行之前办理各种手续的过程，即双方贸易前的交易准备过程。具体工作包括组织货源、联系检疫、与海关谈判、运输工具、保险、信用、税务等各方面的安排等。交易中可能要涉及中介方、银行金融机构、信用卡公司、海关系统、商检系统、保险公司、税务系统、运输公司等，买卖双方可利用电子数据交换与有关各方进行各种电子票据、电子凭证、电子文书的交换，直到办理完可以将所购商品从卖方按合同规定开始向买方发货的一切手续，才完成交易进行前的准备工作。

（2）交易合同的履行和索赔　这一阶段是从买卖双方办完所有的手续之后开始，卖方要备货、组货，同时进行报关、保险、取证、信用等，将所购商品交付给运输公司包装、起运、发货，买卖双方可通过电子商务服务器跟踪发出的货物；银行和金融机构也要按照合同，处理双方收付款，进行结算，并出具相应的银行单据等，直到买方收到自己所购的商品，整个交易过程才完成。如果在交易过程中有一方出现违约责任而致使另一方受损时，要进行违约责任的处理，必要时要进行索赔。

对于不同类型的电子商务系统，它们在结构、开发技术和对用户的要求等方面都有很大的不同。例如，对支持交易前的系统来说，只要求用户双方上网即可，而对支持交易中或交易后的系统来说，还必须有联机注册、动态认证、安全交易及支付、防火墙等诸多过程，其目的是为了保证电子商务交易过程的安全性。

电子商务基本业务流程中各阶段的主要内容和典型服务功能，见表8-3。

表8-3　电子商务的基本业务流程

阶　段	主 要 内 容	典型服务功能
交易前	卖方发布产品信息，买方寻找商品和卖方	网上广告宣传服务、网上咨询服务
交易中	经过认真谈判和磋商后，买卖双方将所有交易细节以合同形式确定下来，作为交易活动的依据	网上交易洽谈服务、网上产品订购服务、交易活动管理服务
交易后	当买卖双方完成各种交易手续之后，买卖双方开始履行合同，卖方向买方提供方便、实时、优质的售后服务等	网上发布信息服务、网上货币支付服务、商品传递及查询服务等

三、电子商务的应用领域

（一）电子商务的应用领域概述

电子商务系统作为信息流、物流、资金流的实现手段，应用极其广泛，尤其适于以下行业和部门：国际旅游和旅行服务行业，传统的出版社和电子书刊、音像出版部门，计算机、网络、数据通信软件和硬件生产商，各种传统商品生产企业，批发、零售商店，无收入的慈善机构，商业银行、证券公司、投资公司、保险公司等金融机构，政府机关部门，信息公司、咨询服务公司，教育部门和医疗卫生行业等。

（二）应用视角下的电子商务框架（见图 8-25）

（1）CA（Certification Authority）是认证机构的国际通称，是指对数字证书的申请者发放、管理、取消数字证书的机构。CA 的作用是检查证书持有者身份的合法性，并签发证书，以防证书被伪造或篡改。

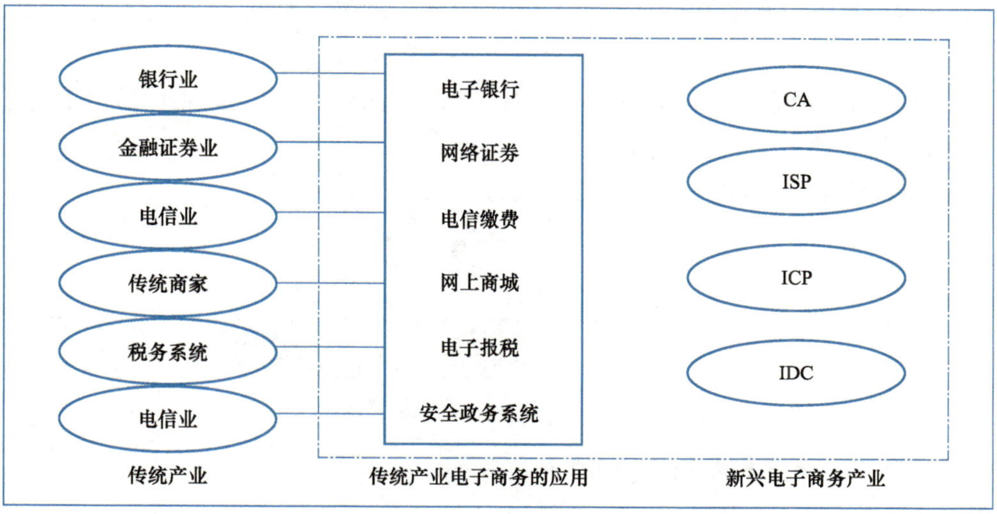

图 8-25　应用视角下的电子商务框架

（2）ISP（Internet Service Provider）是指互联网服务提供商，即向广大用户综合提供互联网接入业务、信息业务和增值业务的电信运营商。ISP 是经国家主管部门批准的正式运营企业，享受国家法律保护。国内主流的 ISP 有中国电信、中国联通、中国移动等。

（3）ICP（Internet Content Provider）是指互联网内容提供商，即向广大用户综合提供互联网信息业务和增值业务的电信运营商。ICP 同样是经国家主管部门批准的正式运营企业，享受国家法律保护。国内知名的 ICP 有新浪、搜狐、网易等。

（4）IDC（Internet Data Center）是指互联网数据中心，即一种通过完善的电信设备，向用户提供专业化和标准化的数据存放业务和相关服务的平台。主机托管和整机租赁是 IDC 的主要支柱业务，从事 IDC 业务的机构主要是电信运营商（如中国电信等）、互联网服务商（如首都在线、世纪互联等）等。国内比较著名的 IDC 服务提供商有阿里云旗下万网、新网等。

电子商务服务商
微课

（三）不同领域中的电子商务模式

1．生产领域电子商务模式

（1）生产领域对电子商务的需求　激烈的市场竞争已渐渐从厂商导向型转为市场导向型。众多的生产制造商为了回避风险，生产出适销对路的产品，进而提高自己的经济效益和社会效益，需要逐步应用电子商务来实施市场调查和市场分析，做出准确的市场预测，确定产品规格、样式、生产数量、价格和包装等。

（2）商品生产网　商品生产网是制造生产领域中的电子商务网络，主要是实现对商品市场的咨询、签订生产合同、采购原材料，而后将产成品再销售给商品市场或直接到达个体商品消费者手中。

商品生产网的主要功能有实现商品生产者需求信息的获取和分析，辅助商品生产计划的制订，实现原材料、能源等的电子采购，实现产成品的电子销售，实现未来商品的电子设计等。

（3）商品生产网模式　商品生产网包括生产前电子商务子系统、生产后电子商务子系统和创新商品电子商务子系统三个部分。

1）商品生产网总模式图，如图8-26所示。

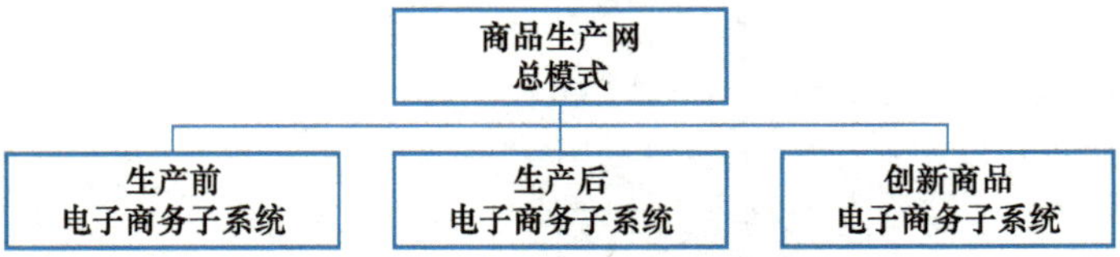

图8-26　商品生产网总模式图

2）生产前电子商务子系统图，如图8-27所示。

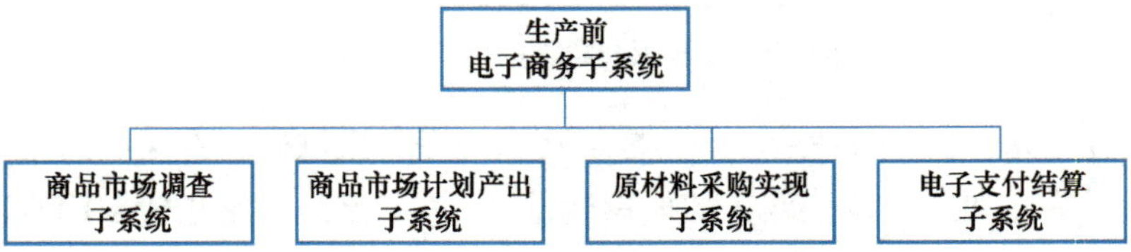

图8-27　生产前电子商务子系统图

3）生产后电子商务子系统图，如图8-28所示。

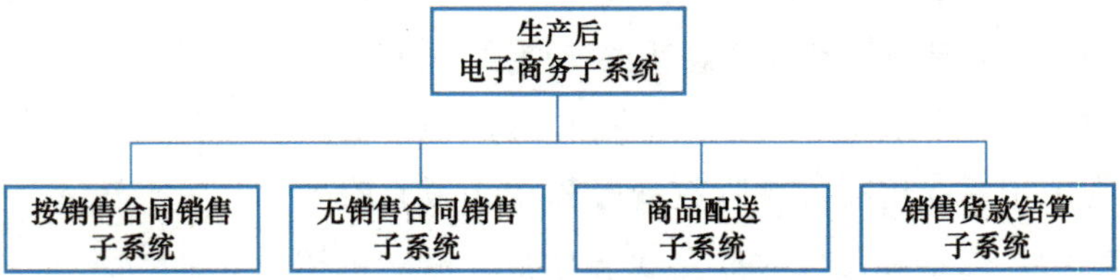

图8-28　生产后电子商务子系统图

4）创新商品电子商务子系统图，如图8-29所示。

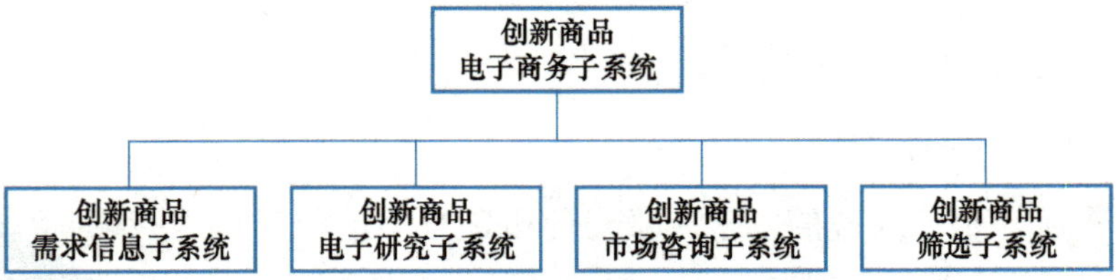

图8-29　创新商品电子商务子系统图

2．流通领域电子商务模式

（1）流通领域对电子商务的需求（见表 8-4）　流通领域是国民经济的中心环节，是经济增长率最高的部分，对电子商务的需求可以概括为建立大型批发市场、大型商贸企业的电子商品交易系统，建立大型零售企业的商品电子辅助销售系统，建立大型零售企业、连锁商店的电子配送系统，建立以财务管理为中心的企业内部管理信息系统。随着电子商务在流通领域的不断应用，越来越多的企业对电子商务管理提出了新的需求，即建立全国统一的电子商务网络，建设有特色的全国商务信息网，加强电子商务设计、管理和应用人才的培养。

表 8-4　流通领域对电子商务的需求

商品流通企业对电子商务的需求	建立大型批发市场、大型商贸企业的电子商品交易系统
	建立大型零售企业的商品电子辅助销售系统
	建立大型零售企业、连锁商店的电子配送系统
	建立以财务管理为中心的企业内部管理信息系统
商品流通企业对电子商务的管理需求	建立全国统一的电子商务网络
	建设有特色的全国商务信息网
	加强电子商务设计、管理和应用人才的培养

（2）商品流通网　商品流通网是指多条商品流通渠道交织而成的网状流通渠道体系。商业企业是构成商品流通网络的连接点，商业企业之间和商业企业同生产者、消费者之间的购销关系是形成商品流通网络的连接线。商品流通网络中的单个商业企业就是通常所说的商业网点，也就是商品由生产领域向消费领域运动过程中的流通环节，各环节之间的交换共同构成了商品流通渠道，各种流通渠道的有机结合形成了商品流通网络。

（3）商品流通网模式　商品流通网包括商品流通相关数据子系统、商品流通数据子系统、商品数据交换子系统和商品支付结算子系统四个部分。

1）商品流通网总模式图，如图 8-30 所示。

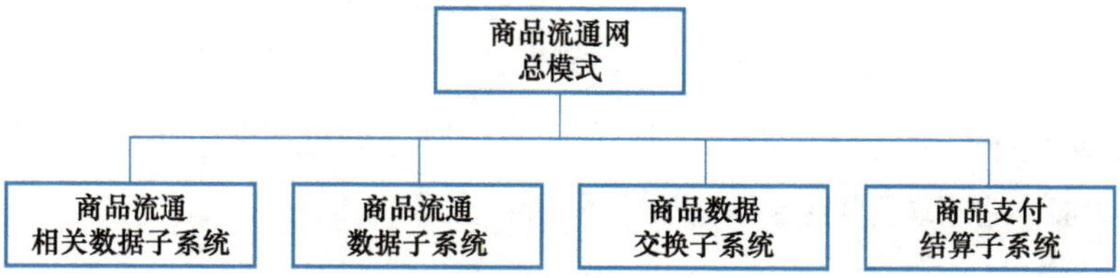

图 8-30　商品流通网总模式图

2）商品流通相关数据子系统图，如图 8-31 所示。

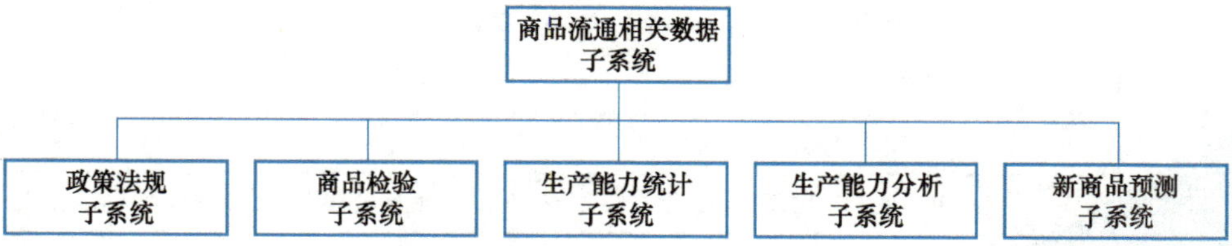

图 8-31　商品流通相关数据子系统图

3）商品流通数据子系统图，如图 8-32 所示。

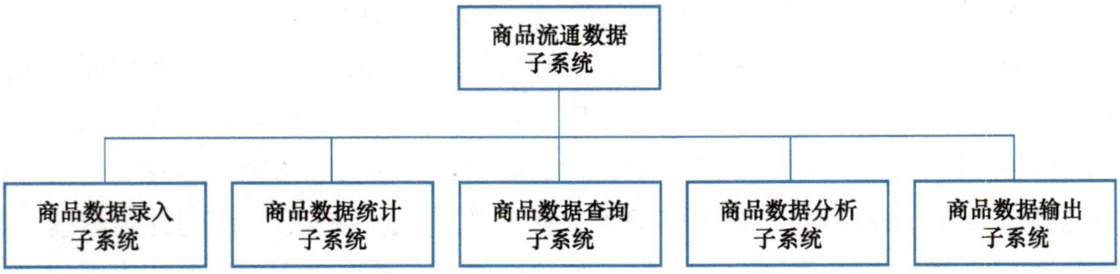

图 8-32　商品流通数据子系统图

4）商品数据交换子系统图，如图 8-33 所示。

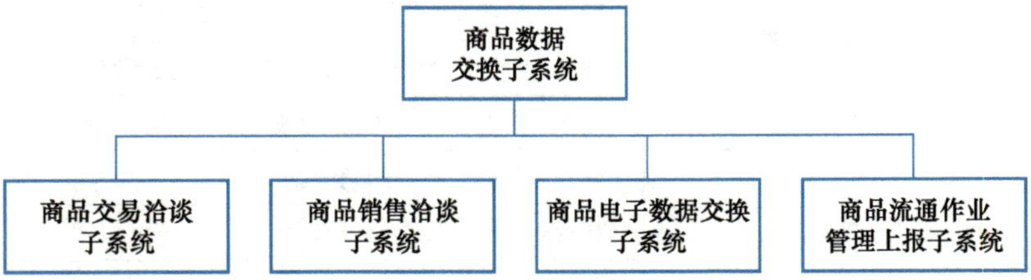

图 8-33　商品数据交换子系统图

5）商品支付结算子系统图，如图 8-34 所示。

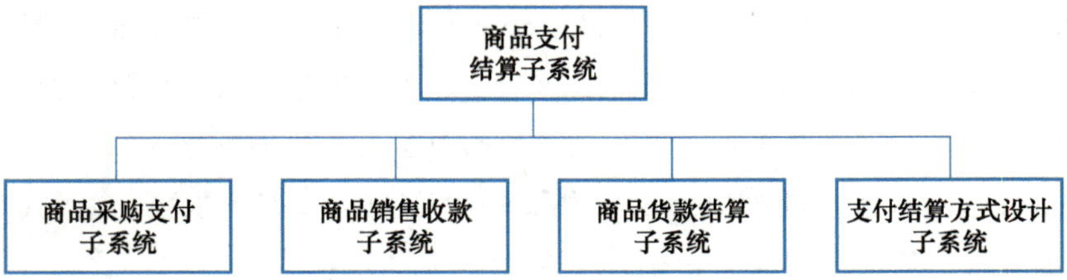

图 8-34　商品支付结算子系统图

3. 消费领域电子商务模式

（1）消费领域对电子商务的需求　消费市场可以分为现货消费市场、旧货消费市场和未来商品消费市场。各市场的电子商务需求分析，见表 8-5。

表 8-5　消费领域对电子商务的需求

市场分类		需求分析
现货消费市场	购买前	利用电子商务检索所需产品
		利用电子商务对所选商品进行比较分析
	购买时	利用电子商务进行商品采购
		利用电子商务进行采购结算
	购买后	利用电子商务实现电子产品或实物产品的配送；利用电子商务联系厂商，实现实时配送
		利用电子商务实现售后服务支持，如咨询等

（续）

市场分类	需求分析
旧货消费市场	旧货信息进入旧货市场
	利用电子商务进行旧货电子交易
	旧货配送电子化
未来商品消费市场	对未来商品需求信息的收集
	对未来商品的研制
	对未来商品的选择

（2）消费电子商务网模式　消费电子商务网包括现货市场电子商务子系统、旧货市场电子商务子系统和未来商品市场电子商务子系统三个部分。

1）消费电子商务网总模式图，如图 8-35 所示。

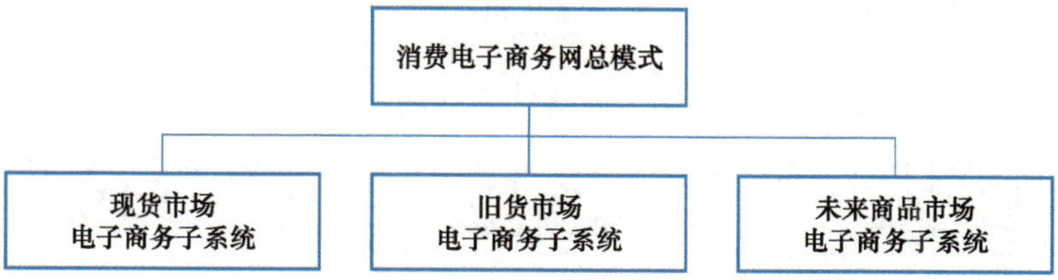

图 8-35　消费电子商务网总模式图

2）现货市场电子商务子系统图，如图 8-36 所示。

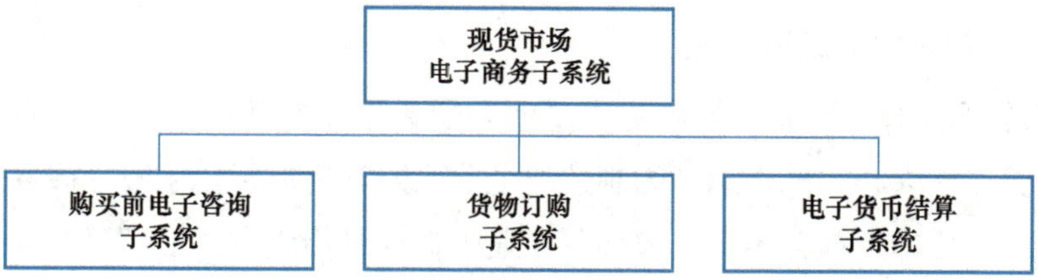

图 8-36　现货市场电子商务子系统图

3）旧货市场电子商务子系统图，如图 8-37 所示。

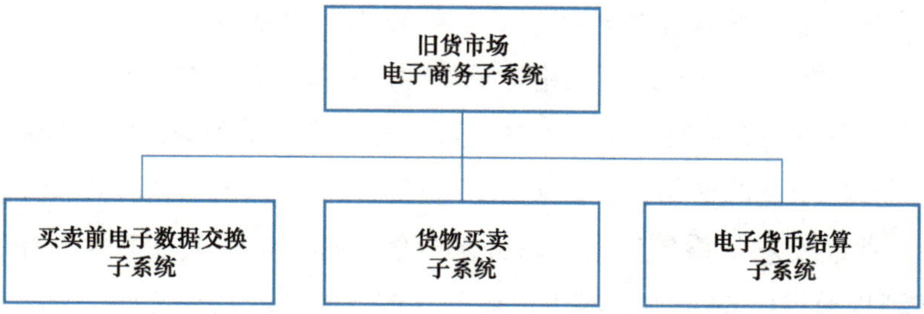

图 8-37　旧货市场电子商务子系统图

4）未来商品市场电子商务子系统图，如图 8-38 所示。

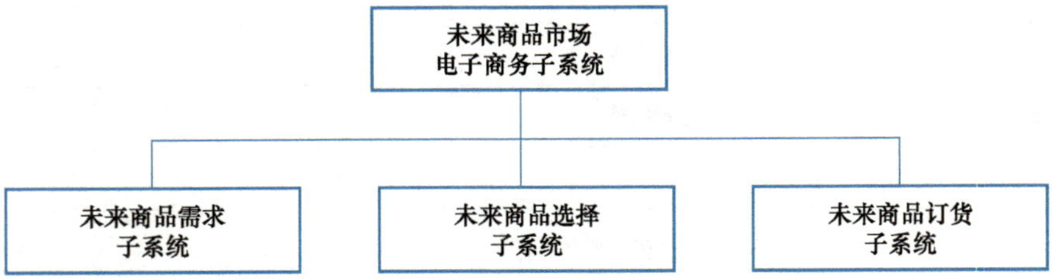

图 8-38　未来商品市场电子商务子系统图

四、电子商务应用领域的典型行业介绍

以下主要介绍我国三个典型行业的电子商务应用情况，如图 8-39 所示。

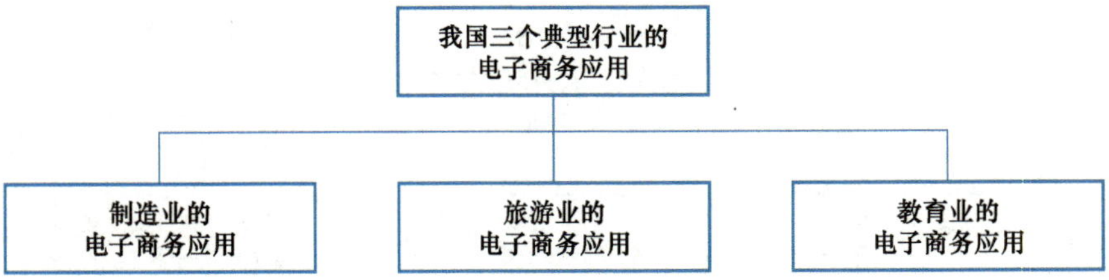

图 8-39　我国三个典型行业的电子商务应用

（一）制造业的电子商务应用

1. 制造业的电子商务应用概述

电子商务的开展给制造业的发展提供了便利的条件和有效的工具。目前，电子商务的概念在制造业已深入人心，越来越多的制造业企业开始利用电子化手段开展商务活动，但真正有效利用这种手段的企业并不多，大部分企业仍在通过传统方式处理日常业务，仅将网络作为内部沟通或用来与供应商和代理商联络的工具，只有少数企业实现了真正意义上的在线购买和在线销售。面对当今的经济形势和激烈的市场竞争，制造业的电子商务应用会越来越广泛并向纵深化发展。

电子商务在生产制造领域中的应用主要表现在电子化采购、数字化产品设计、零库存与准时化生产、电子化供应链管理、网络营销、客户关系管理和电子化服务等方面。

开展电子商务可以为企业摆脱渠道商的控制，开拓新的销售渠道，减少销售环节，节约销售成本，起到开源节流的作用。数据显示，从 2019 年我国电子商务行业主要细分市场结构来看，B2B 行业的交易规模依然占据着大部分的市场份额，其次是零售电商行业。2019 年 B2B 行业市场规模占比 66.74%，零售电商行业市场规模占比 28.88%。制造业实施电子商务以 B2B 为主，其模式如图 8-40 所示。

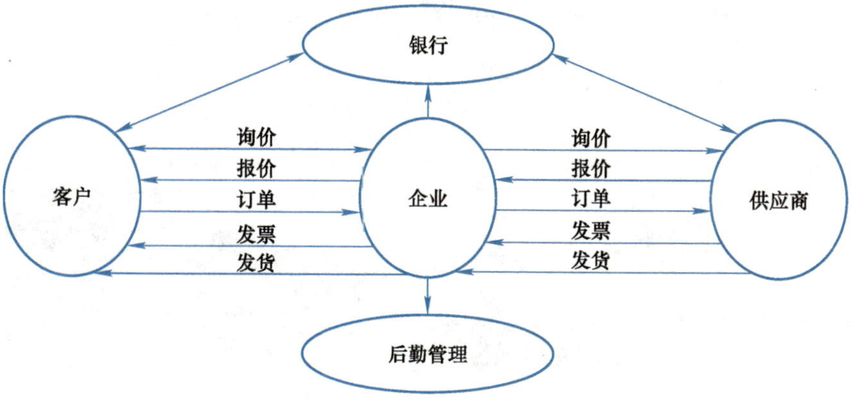

图 8-40　制造业实施电子商务（B2B）模式

2. 制造业的电子商务应用举例

海尔集团创立于 1984 年，是全球领先的美好生活解决方案服务商。海尔集团拥有 3 家上市公司，拥有海尔 Haier、卡萨帝 Casarte 等七大全球化高端品牌，在全球布局了 10+N 开放式创新生态体系、28 个工业园、122 个制造中心和 24 万个销售网络，深入全球 160 个国家和地区，服务全球 10 亿 + 用户家庭（数据截至 2021 年 2 月）。海尔集团网站首页如图 8-41 所示。

2 分钟速览
海尔全球化

图 8-41　海尔集团网站首页

海尔集团于 2003 年 3 月 10 日投资成立海尔电子商务有限公司，首开国内家电行业成立电子商务公司的先河。目前海尔集团的电子商务主要在海尔在线商城和海尔 B2B 智慧集成解决方案海尔企业购两个领域展开，如图8-42和图8-43所示。

图8-42 海尔网上商城网站首页

图8-43 海尔企业购网站首页

（二）旅游业的电子商务应用

1. 旅游业的电子商务应用概述

经过改革开放40多年的发展，旅游业已成为我国国民经济的重要支柱产业，我国也成了世界主要的旅游大国。近年来，随着现代科技和信息产业的发展，我国旅游业面临的旅游需求结构正在发生变化。信息革命正在冲击着传统的旅游接待模式。旅游业作为全球最大的产业，也作为适合电子商务应用的典型产业，已经成为全球电子商务重要的应用领域之一。

随着经济的迅速发展和人们生活水平的不断提高，外出旅游越来越成为人们度假的第一选择。快节奏的生活和对生活高品质的追求，使人们不再满足于传统旅游的低效率，旅游者希望在出门之前就能对与旅游相关的各种信息有一个全面的了解，并且可以享受到各种方便、快捷的服务。面对旅游者的新需求，旅游企业开始通过互联网整合旅游资源，方便、快捷地向潜在的旅客群体提供客房、机票、旅游线路的预订与咨询服务等，这在很大程度上刺激了需求，扩大了旅游消费市场，促进了旅游行业的发展。目前，各国旅游部门都大力开发旅游电子商务系统，并取得了较大的进展。

旅游电子商务是指以网络为主体，以旅游信息库、电子化商务银行为基础，利用先进的电子手段运作旅游业及其分销系统的商务体系。旅游电子商务的应用机构主要有旅游服务企业（包括旅游饭店、旅游车船公司、从事接待服务的旅行社等）、旅游中间商（包括旅游批发商、旅游代理商等）和旅游营销机构。

旅游与互联网有良好的结合性，电子商务在旅游业的应用正以惊人的速度增长。旅游电子商务涉及的产品是无形的旅游信息及其相关的服务，产品的购买和消费是同时发生的，不发生产品所有权的转移和交换。

旅游电子商务网站把众多的旅游供应商、旅游中介、旅游者联系在一起。旅游企业可以借助网站吸引更多的旅游者，而且可以根据旅游者的个人偏好和要求来设计旅游产品，为旅游者提供个性化的旅游方案，使旅游者获得更大程度的满足，从而提高产品的附加值，为企业赢得更多的利润空间。对于旅游者来说，则可通过网站快速查询到各种旅游信息和旅游服务，可以方便地对收集到的信息进行比较和筛选，选择合适的旅行社为自己提供服务。艺龙旅行网首页，如图 8-44 所示。

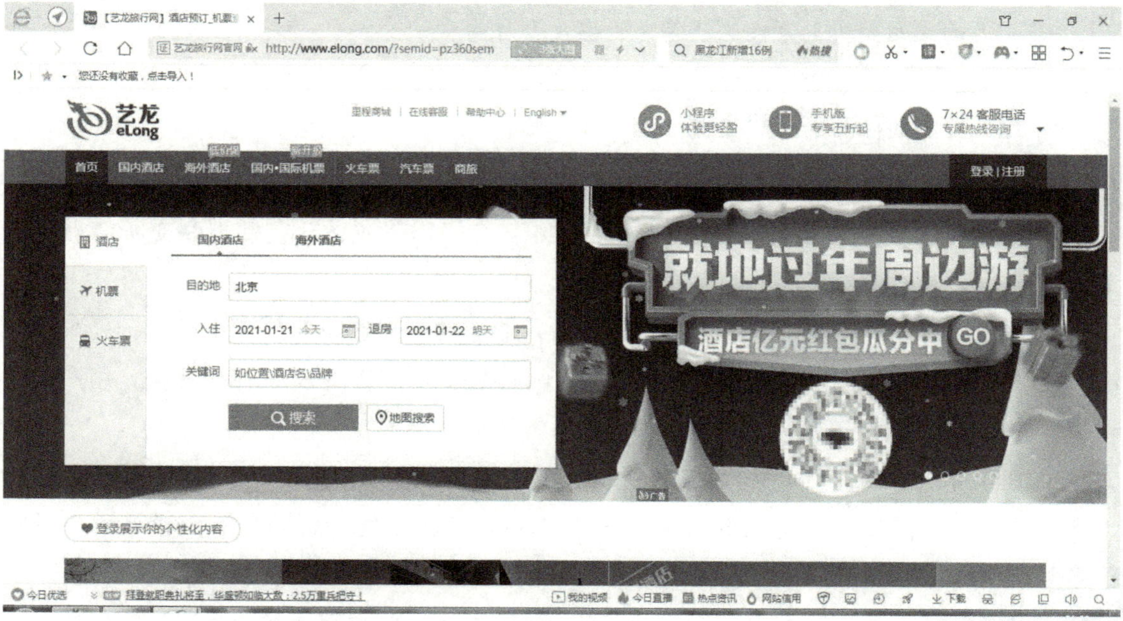

图 8-44　艺龙旅行网首页

目前，随着电子支付手段和电子机票在航空公司的应用，简化了支付手续和旅游票据的配送问题，这将更加有利于旅游电子商务的发展，无票旅行将成为旅游电子商务发展的必然趋势。

旅游电子商务网站主要提供的服务包括以下几个方面。

（1）信息查询服务　其中包括旅游服务机构信息（如酒店、旅行社以及民航航班等信息）、旅游景点信息、旅游线路信息以及旅游常识。

（2）在线预订服务　主要提供机票、酒店客房、旅行社以及旅游线路等方面的实时、动态的在线预订业务。

（3）客户服务　提供可实施互联网在线旅游产品预订的客户端应用程序。利用这种预订客户（即通过系统进行预订的个人以及机关团体）可以与代理人（如酒店、民航、旅行社等相关旅游服务机构）进行实时的网上业务洽谈，管理网站的预订记录。

（4）代理人服务　代理人可以与客户进行实时的网上业务洽谈，管理其旅游产品的预订记录，查阅其账目。

小知识

在线旅游

在线旅游 (Online Travel Agency)，是旅游电子商务行业的专业词语，是指旅游消费者通过网络向旅游服务提供商预定旅游产品或服务，并通过网上支付或者线下付费，即各旅游主体可以通过网络进行产品营销或产品销售。

在线旅游的出现将原来传统的旅行社销售模式放到网络平台上，更广泛地传递了线路信息，互动式的交流更方便了消费者的咨询和订购。

2. 旅游业的电子商务应用举例

同程艺龙是我国在线旅行行业的创新者和领先者，由同程集团旗下同程网络与艺龙旅行网于2018年3月合并而成。2018年11月26日，同程艺龙成功在香港联交所主板挂牌上市。

同程艺龙致力于打造在线旅行一站式平台，业务涵盖交通票务预订（机票、火车票、汽车票、船票等）、在线住宿预订、景点门票预订以及多个出行场景的增值服务，用户规模超过2亿，是我国著名的出行平台之一。

2020年4月22日，同程艺龙启动品牌升级，同程旅游APP及同程艺龙小程序更名为“同程旅行”，同步启用全新的LOGO和品牌口号“再出发，就同程”，彰显活力以服务更多用户。

同程旅行网站首页及APP如图8-45和图8-46所示。同程旗下网站有同程旅行网、一起游、旅交汇、同程手机站等，如图8-47所示。

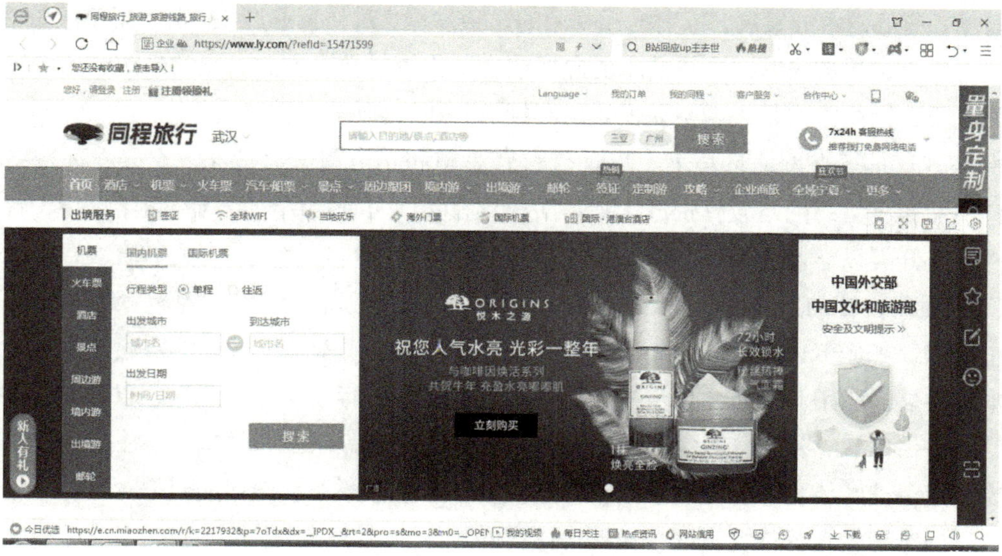

图 8-45　同程旅行网首页

图 8-46　同程旅行 APP

图 8-47　同程旗下网站

小知识

智慧旅游

智慧旅游，又称智能旅游，是指利用云计算、物联网等新技术，通过互联网、移动互联网，借助便携的终端上网设备，主动感知旅游资源、旅游经济、旅游活动、旅游者等方面的信息，及时发布，让人们能够及时了解这些信息，及时安排和调整工作与旅游计划，从而达到对各类旅游信息的智能感知、方便利用的效果。智慧旅游的建设与发展最终将体现在旅游管理、旅游服务和旅游营销的三个层面。

在物联网及云计算的大环境下，智慧旅游日渐受到关注。在目前阶段下，优势技术在旅游领域内的应用还不太广泛，实际能够提升消费者体验的技术还不足够。未来，随着技术层面的进一步更新迭代，旅游业将会迎来颠覆性的技术改革，从根本上解决目前消费者体验及旅游资源运营方等产业链上各个环节参与者面临的问题。随着技术的兴起，旅游业必将迎来数字化变革。

（三）教育业的电子商务应用

1. 教育业的电子商务应用概述

21 世纪，教育业必将成为我国国民经济发展最大的支柱和基础产业。计算机技术、多媒体技术、通信技术的发展，特别是互联网的迅猛发展，对教育业产生了巨大而深刻的影响，使教育手段有了质的飞跃。网络技术的应用改变了传统的教育方式，让学生的学习变得更加灵活而有趣，网络学习越来越被人们认可和接受，成为新的流行趋势。

网络教育是指在网络环境下，以现代教育思想和学习理论为指导，充分发挥网络的各种教育功能和丰富的网络教育资源优势，向教育者和学习者提供一种网络教学环境，传递数字化内容，开展以学习者为中心的非面授教育活动，有时也称为现代远程教育。

（1）远程教育的发展　远程教育的发展经历了函授教育、广播电视教育和网上远程教育三个阶段，如图 8-48 所示。现代远程教育是建立在现代信息技术、网络通信技术、多媒体技术的发展与应用基础上，逐步构建而成的一种新型教育与教育体系。它以面授教学、函授教学和广播电视（视听）教学为辅助，以学习者为主体，学生和教师、学生和教育机构之间主要运用多种媒体和多种交互手段进行系统教学和通信联系。现代远程教育是相对于函授教育、广播电视教育等传统远程教育形态而言的。

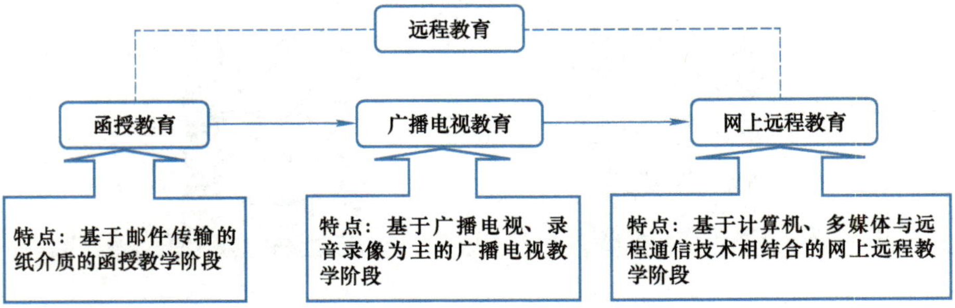

图 8-48　远程教育发展过程

第一代：基于邮件传输的纸介质的函授教学阶段。

远程教育最早的足迹可追溯到 1728 年出现在波士顿报纸的一则广告，它提出教授一门技艺的新方法——波士顿以外的学生可每周通过信件得到指导，其效果与住在波士顿的学生一样。这则商业性的广告开创了一个重要的观念，即使教师与学生是物理分离的，也可以通过信件传递来实现传授知识的目的。此后，从 17 世纪的英国开始，基于邮件传输的纸介质的函授教育逐渐开始流行。它的本质是为不能到校园进行学习的人提供学习的方便。

第二代：基于广播电视、录音录像为主的广播电视教学阶段。

广播电视教学伴随着广播电视大学的兴起和发展而普及。我国中央广播电视大学创办于 1978 年。改革开放以来，国家经济持续快速发展，人民生活水平显著提高，老百姓对教育的需求十分旺盛。各级广播电视大学抓住录像机、计算机进入百姓生活的机会，探索多种形式、多途径地办学，从广播电视手段发展了录音、录像、光盘等多种远程教学形式。

第三代：基于计算机、多媒体与远程通信技术相结合的网上远程教学阶段。

网上远程教育的发展速度极快。据统计，广播用了 38 年拥有 5 000 万听众，电视用了 14 年拥有 5 000 万观众，而互联网从 1993 年对公众开放，只用了 4 年就达到了 5 000 万用户。

远程教育是学生与教师、学生与教育组织之间主要采取多种媒体方式进行系统教学和通信联系的教育形式，是将课程传送给校园外的一处或多处学生的教育。远程教育的特点是师生处于时间和空间上的分离状态。

（2）电子商务在远程教育中的主要应用　远程教育的实质和核心是一种新的教育模式和学习方法，它主要借助网络、数据库、知识发现等技术来实现，而这些也正是电子商务的核心技术。网上课程如电子商务产品——记事本、图书或水果一样在网络中有序地排列，整个交易过程通过安全包完成，支付方式主要采用信用卡。网上课程与传统的电子商务交易的不同之处在于产品的传送，而且对课程材料的编辑、追索和报告也是有时间限制的。电子商务在远程教育中的主要应用，如图 8-49 所示。

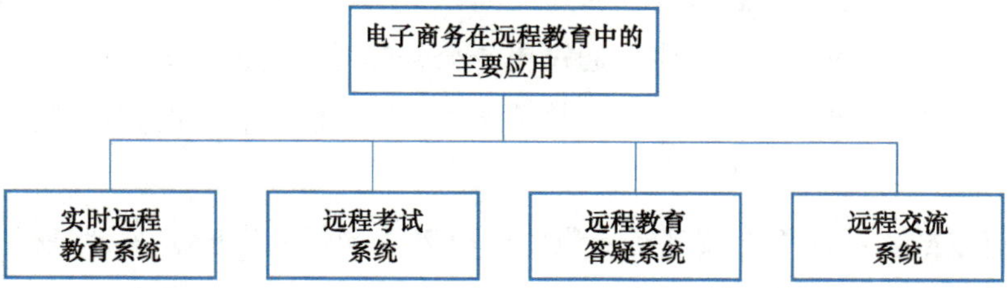

图 8-49　电子商务在远程教育中的主要应用

小知识

什么是知识发现

知识发现是从数据集中识别出有效的、新颖的、潜在有用的以及最终可理解的模式的非平凡过程。知识发现将信息变为知识，从数据矿山中找到蕴藏的知识金块，将为知识创新和知识经济的发展做出贡献。

1）实时远程教育系统：实时远程教育系统是一个基于互联网的网上虚拟集成学习环境的模型。它是针对如何共享有限的教育资源而提出的，提供了一个虚拟的教室，教师在某地上课，学生可在任意地点、任何时间通过网络听课，师生之间也可以通过语音和图像进行实时交流，就如同在一个教室中一样。同时，它采用定制式的教学方式，可以由学生根据个人需要选择学习的时间和学习的内容，使学生不受时间、空间的限制，更多、更快、更生动地获取教育信息。

2）远程考试系统：远程考试系统是一个基于数据库和互联网的远程在线实时测试系统。其包括学生考试系统、教师批阅系统和题库管理系统等，通常支持自动组卷、自动批卷功能。它实际是一个基于大型关系式数据库的应用软件，大量的题库、试卷、用户信息等都是以数据库记录的形式存储的。数据以数据库方式进行存储，使系统的管理维护和扩展更为方便，也能更容易地从数据库中随机自动产生一份试卷。同时，考试系统又是一个建立在互联网上的应用系统，客户端的配置可以极为简单，并且支持远程访问。客户端的平台无关性使得系统可以适用各种复杂的应用，特别是适合于互联网的网络环境。

3）远程教育答疑系统：通常在同一领域的知识学习过程中，不同学生所提的问题往往具有相似性。对学生所提的问题加以汇总和分析，可以总结出教师在教学过程中的得失，可以使教师及时、高效地调整教学方法，从而大大缩短了具有丰富经验教师的培养周期。远程教育提供了具有智能搜索引擎的数据库系统，学生在学习过程中提出的普遍性问题和教师精心挑选的问题、答案，可以作为一条条独立的数据存放在数据库中。当学生提出问题时，系统可以通过分析自动在数据库中寻找最适合的答案，还可以通过关键字匹配、搜索算法和问题关联技术，使学生在学习中快速得到问题的答案。系统提供的问题分析功能，可以使教师充分利用学生的问题资源，从而提高教学质量。对于具有典型和独创性的问题，如果系统没有找到合适的答案，学生可通过电子公告板（BBS）方式或论坛等方式，直接向远程教育中心配备的专门教师提出并要求给予解答，这种随时答疑的方式是传统教学远远无法达到的。

4）远程交流系统：远程交流系统提供了一个基于网络的实时、异地进行交流的场所。它实际上是一个基于电子公告板的系统。学生可以利用此系统浏览教学课件，并可实现实时多点同步语音交流。学生可以把提出的主题贴在电子公告板上，通过互联网和线上人员进行公开讨论和私下交流。不少远程教育系统还内置了搜索功能和网络导游功能，可以让学生共同浏览感兴趣的网页内容，也可以就网页内容进行交流。更先进的技术是实现实时语音交流，学生和教师可以通过网络进行实时的语音交谈。在一个教室中的任何学生都可以申请发言，教师有权赋予特定学生发言的权力。在得到教师的授权后，学生可以用语音发表见解，在这个教室中的所有学生和教师可以实时地听到该学生的发言。

2. 远程教育在我国应用举例—— 正保远程教育

1998年，我国开始实施现代远程教育工程。2000年，正保远程教育（China Distance Education Holdings Ltd.，CDEL）诞生于北京西北一隅，成为中国远程教育的第一批拓荒者。正保远程教育是一家具备网络教育资质、经教育部批准开展远程教育的专业公司，为北京市高新技术企业、联合国教科文组织技术与职业教育培训试点项目，常年开展面向多行业、多领域的网络教育，并提供远程多媒体网络教育平台系列产品。正保远程教育网站首页(www.cdeledu.com），如图8-50所示。

正保远程教育以远程职业教育为核心，围绕线上线下相结合的发展策略，为各行业领域的个人和企业提供教育产品和服务，公司目前已经拥有20个品牌网站（见图8-51），开设了300多个辅导类别，覆盖了会计、医药卫生、建设工程、法律、创业实训、中小学、自考、考研等13个不同领域，已经在会计领域形成了“考试培训、继续教育、实务操作、财税咨询、就业服务”为一体的完整终身教育体系。

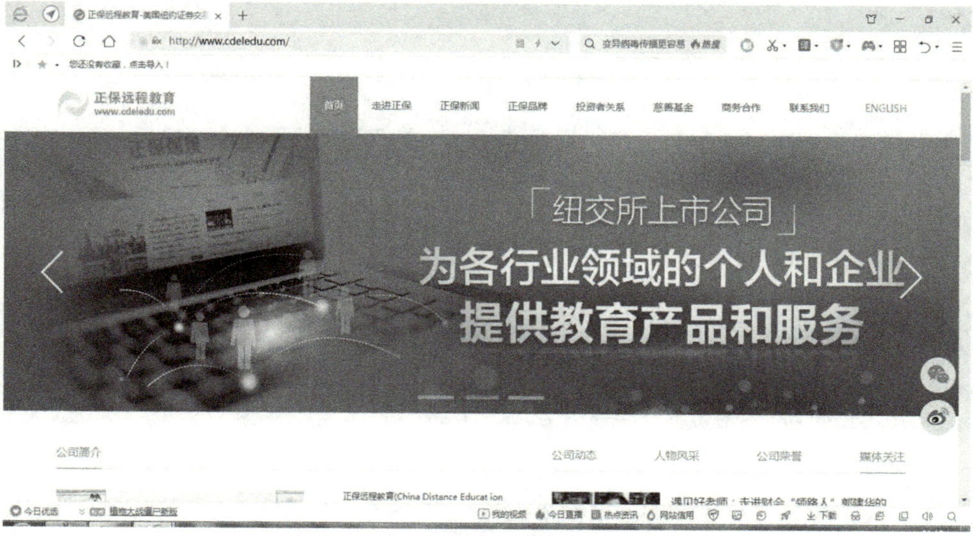

图 8-50　正保远程教育网站首页

图 8-51　正保远程教育及正保品牌介绍页面

正保远程教育始终坚持以自我发展为核心，结合投资和并购，在已有行业领域深耕细作的同时，广泛寻找业内优秀企业强强联合，资源互补，先后投资收购网中网、瑞达教育等公司，为建立完善的“终身教育体系”和“完全教育体系”的发展战略奠定了坚实的基础。

2008 年 7 月 30 日，正保远程教育在美国纽约证券交易所正式挂牌上市，成为我国远程教育行业内第一家登陆纽约证券交易所的公司，开创了我国远程教育登陆纽约证券交易所的历史。

作为首家在美国纽交所上市的远程教育企业，正保远程教育牢固树立了中国远程教育领域良好的品牌形象，成为远程教育行业当之无愧的领跑者，对我国的互联网远程教育产业发展有着积极的示范意义。

第九单元
走进"互联网 +"

知识目标

通过网上理财体验活动，了解"互联网 +"普惠金融，了解网上理财的一般操作步骤。

本单元从"互联网 +"入手，结合国务院印发《关于积极推进"互联网 +"行动的指导意见》，介绍"互联网 +"的 11 个应用领域，以及对我们衣食住行的影响。

能力目标

能通过正规投资理财网站正确进行网上理财操作；能够通过网站搜索投资知识，并能通过投资网站获取相关信息。

学海导航 ›››››

1. 知识卡片

"互联网 +"创业创新是指"互联网 +"创业创新是指充分发挥互联网的创新驱动作用，以促进创业创新为重点，推动各类要素资源聚集、开放和共享，大力发展众创空间、开放式创新等，引导和推动全社会形成大众创业、万众创新的浓厚氛围，打造经济发展新引擎。

"互联网 +"协同制造是指推动互联网与制造业融合，提升制造业数字化、网络化、智能化水平，加强产业链协作，发展基于互联网的协同制造新模式。在重点领域推进智能制造、大规模个性化定制、网络化协同制造和服务型制造，加快形成制造业网络化产业生态体系。

"互联网 +"现代农业是指利用互联网提升农业生产、经营、管理和服务水平，培育一批网络化、智能化、精细化的现代"种养加"生态农业新模式，形成示范带动效应，加快完善新型农业生产经营体系，培育多样化农业互联网管理服务模式，逐步建立农副产品、农资质量安全追溯体系，促进农业现代化水平明显提升。

“互联网+”智慧能源是指通过互联网促进能源系统扁平化，推进能源生产与消费模式革命，提高能源利用效率，推动节能减排。加强分布式能源网络建设，提高可再生能源占比，促进能源利用结构优化。加快发电设施、用电设施和电网智能化改造，提高电力系统的安全性、稳定性和可靠性。

“互联网+”普惠金融是指促进互联网金融健康发展，全面提升互联网金融服务能力和普惠水平，鼓励互联网与银行、证券、保险、基金的融合创新，为大众提供丰富、安全、便捷的金融产品和服务，更好满足不同层次实体经济的投融资需求，培育一批具有行业影响力的互联网金融创新型企业。

“互联网+”益民服务是指充分发挥互联网的高效、便捷优势，提高资源利用效率，降低服务消费成本。大力发展以互联网为载体、线上线下互动的新兴消费，加快发展基于互联网的医疗、健康、养老、教育、旅游、社会保障等新兴服务业，创新政府服务模式，提升政府科学决策能力和管理水平。

“互联网+”高效物流是指加快建设跨行业、跨区域的物流信息服务平台，提高物流供需信息对接和使用效率。鼓励大数据、云计算在物流领域的应用，建设智能仓储体系，优化物流运作流程，提升物流仓储的自动化、智能化水平和运转效率，降低物流成本。

“互联网+”电子商务是指巩固和增强我国电子商务发展领先优势，大力发展农村电商、行业电商和跨境电商，进一步扩大电子商务发展空间。电子商务与其他产业的融合不断深化，网络化生产、流通、消费更加普及，标准规范、公共服务等支撑环境基本完善。

“互联网+”便捷交通是指加快互联网与交通运输领域的深度融合，通过基础设施、运输工具、运行信息等互联网化，推进基于互联网平台的便捷化交通运输服务发展，显著提高交通运输资源利用效率和管理精细化水平，全面提升交通运输行业服务品质和科学治理能力。

“互联网+”绿色生态是指推动互联网与生态文明建设深度融合，完善污染物监测及信息发布系统，形成覆盖主要生态要素的资源环境承载能力动态监测网络，实现生态环境数据互联互通和开放共享。充分发挥互联网在逆向物流回收体系中的平台作用，促进再生资源交易利用便捷化、互动化、透明化，促进生产生活方式绿色化。

“互联网+”人工智能是指依托互联网平台提供人工智能公共创新服务，加快人工智能核心技术突破，促进人工智能在智能家居、智能终端、智能汽车、机器人等领域的推广应用，培育若干引领全球人工智能发展的骨干企业和创新团队，形成创新活跃、开放合作、协同发展的产业生态。

2. 概念地图

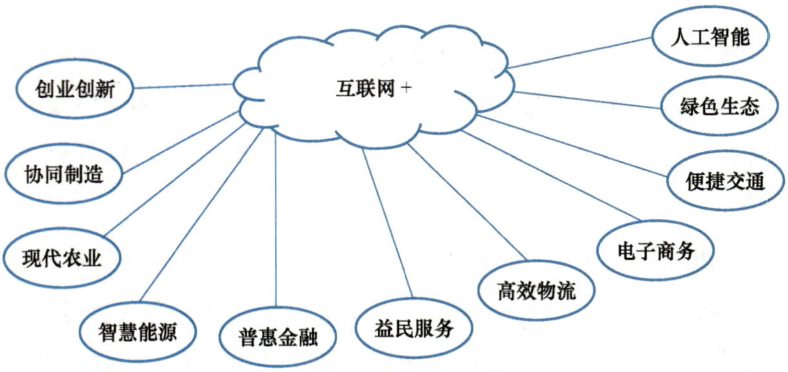

要点提示

本单元主要内容是围绕李克强总理在第十二届全国人民代表大会第三次会议上所做的政府工作报告中提出的“互联网 +”概念展开的，“概念地图”所展示的逻辑关系是本单元知识及其内在联系。

（1）2015年7月，国务院印发《关于积极推进“互联网 +”行动的指导意见》，这是我国国家层面对“互联网 +”的顶层设计，是推动互联网由消费领域向生产领域拓展，加速提升产业发展水平，增强各行业创新能力，构筑经济社会发展新优势和新动能的重要举措。

（2）国务院《关于积极推进“互联网 +”行动的指导意见》中的重点行动主要涉及11个领域：创新创业、协同制造、现代农业、智慧能源、普惠金融、益民服务、高效物流、电子商务、便捷交通、绿色生态、人工智能。

3. 为您支招

借助“概念地图”正确理解“互联网 +”在全球新一轮科技革命和产业变革中、在与各领域的融合发展中具有广阔前景和无限潜力，已成为不可阻挡的时代潮流。“互联网 +”给我们生活带来的影响将不可估量。

模块一　电商体验：“互联网 +”网上理财

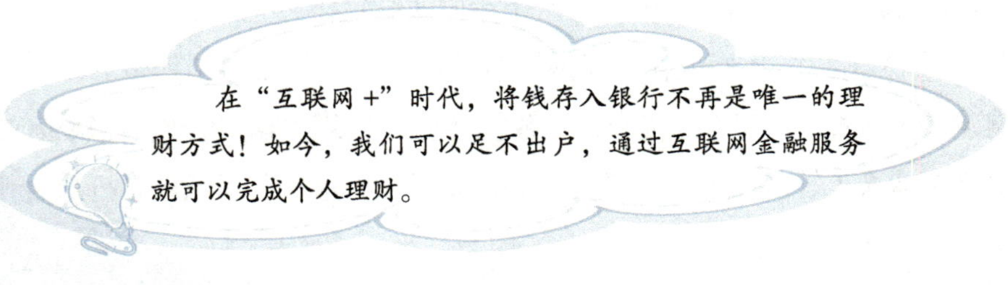

情景设置

李伟同学是一名职校生，他每个月能够从父母处获得日常生活费800元，由于李伟有着勤俭节约、不铺张浪费的良好生活习惯，每个月可以结余300元。对于这笔钱，李伟想建立自己的学习基金，为了能够得到更高收益，经过多方查询、比对，最后他决定将这笔钱存入到陆金所。

操作指南

1. 注册

步骤一：打开浏览器，在地址栏输入“https://www.lu.com”，进入陆金所网站主页，找到陆金所APP下载二维码链接，如图9-1所示。

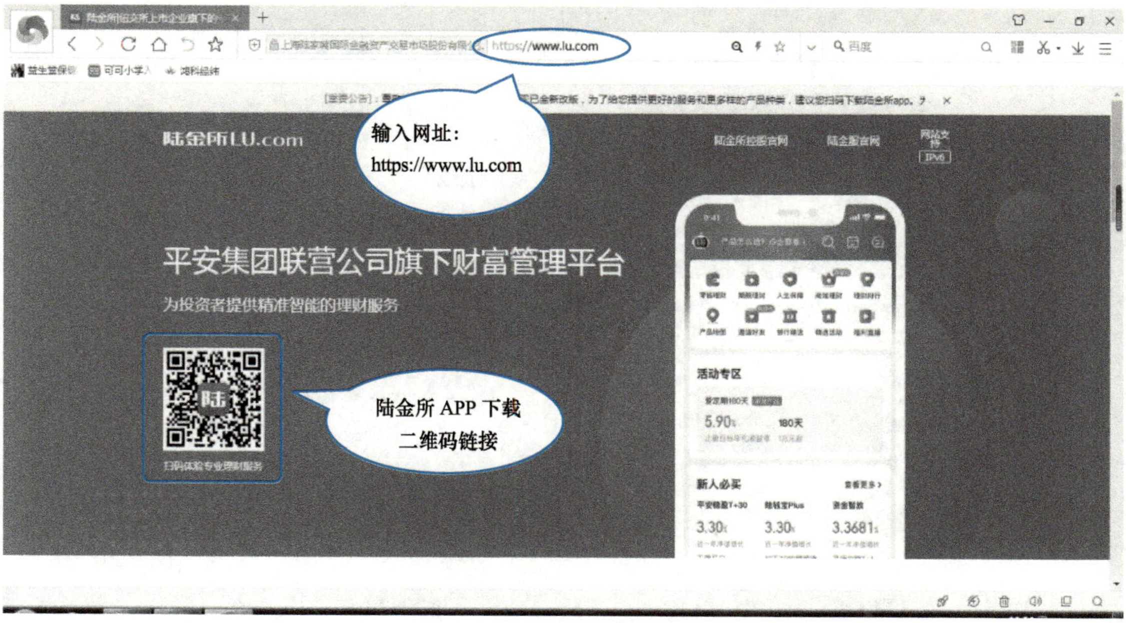

图9-1　陆金所网站主页

步骤二：通过手机扫一扫功能扫描二维码，下载并安装陆金所APP，如图9-2和图9-3所示。

步骤三：打开APP，按照要求注册会员，并进行实名验证，注册成功后登录陆金所APP；之后点击右下角“我的”选项，进入账户设置界面，如图9-4和图9-5所示。

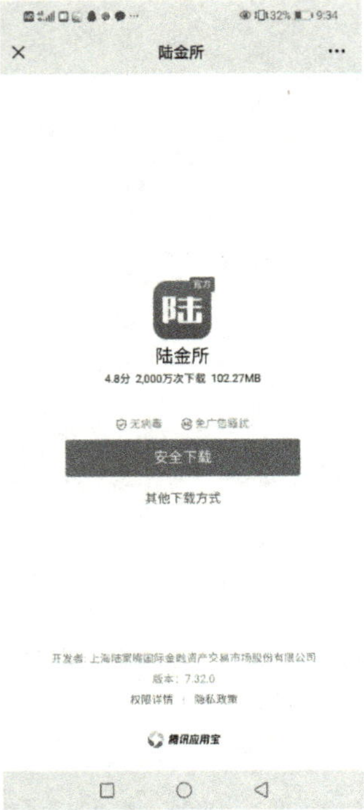

图 9-2　下载陆金所 APP

图 9-3　陆金所 APP 安装完成

图 9-4　登录陆金所 APP

图 9-5　账户设置界面

提示

注册会员信息非常重要，应认真填写，并注意保存相关信息。

步骤四：在账户设置界面点击“银行卡”选项，进入“我的银行卡”界面。点击“绑定”进入实名认证环节，上传身份证正反面，并填写相关实名认证信息；勾选“我已同意”，点击“确认并提交”按钮，完成实名认证。相关操作如图 9-6 和图 9-7 所示。

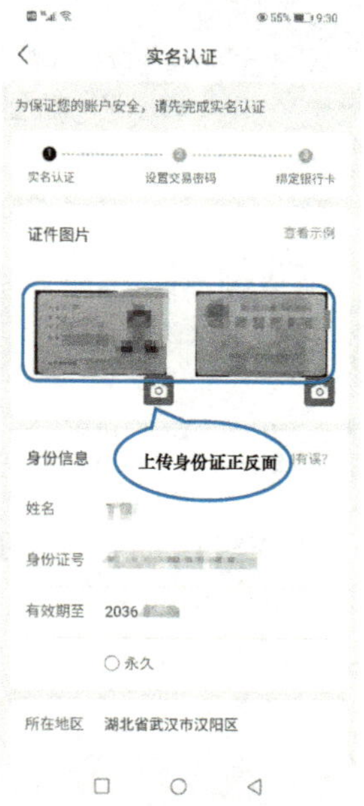

图 9-6　上传身份证证件图片

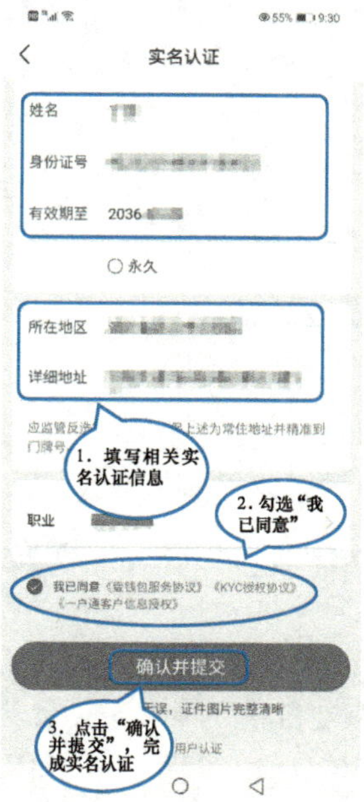

图 9-7　填写相关实名认证信息

步骤五：在弹出的“填写银行卡信息”界面中，输入自己投资理财使用的银行卡卡号，点击“下一步”按钮，进入“银行卡确认”界面，输入手机号及验证码进行验证，勾选“我已同意”选项并进行提交，完成银行卡绑定操作，如图 9-8 和图 9-9 所示。

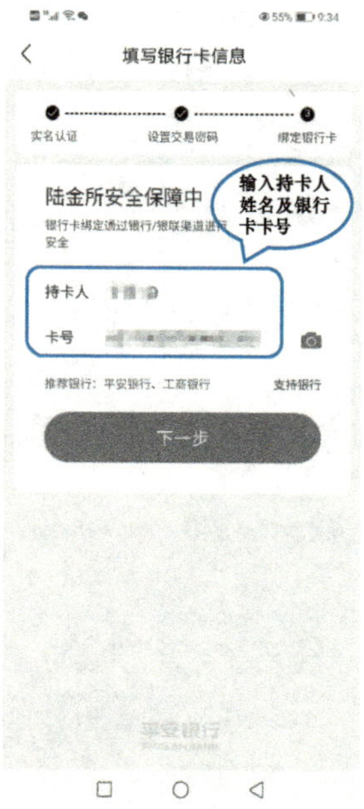

图 9-8　填写银行卡信息

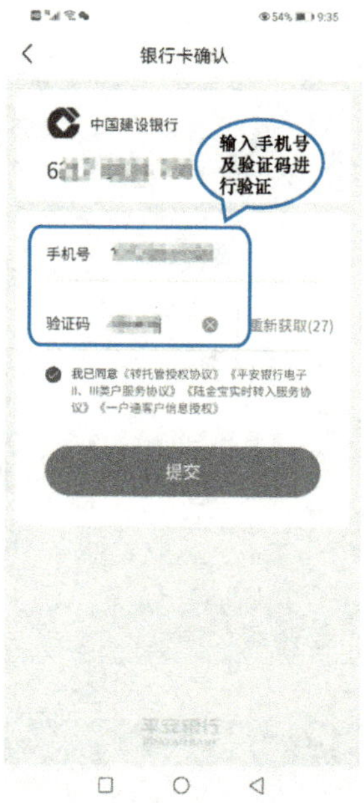

图 9-9　验证手机号

2. 投资理财

步骤一：通过用户名和密码登录陆金所 APP，进入 APP 主界面；点击“新人权益”版块下的“去投资”按钮，进入理财界面，可查看各种理财产品，如图 9-10 和图 9-11 所示。

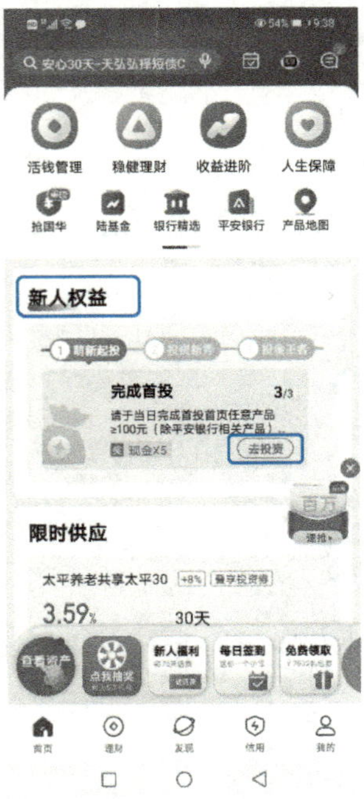

图 9-10 陆金所 APP 主界面

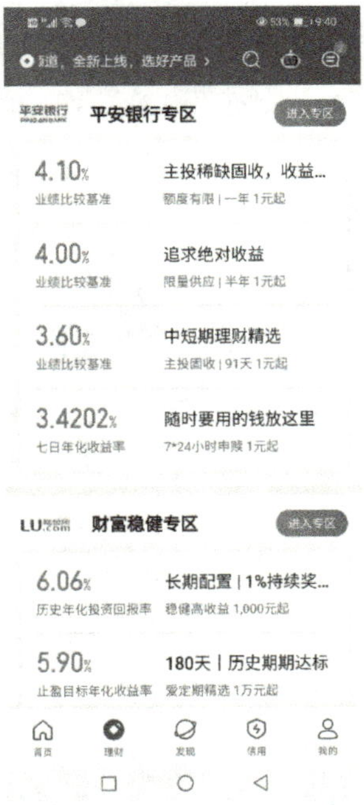

图 9-11 理财界面

步骤二：选择一项理财产品，查看该理财产品的详细介绍，点击“查看详情”进入“风险承受能力评估”界面，如图 9-12 和图 9-13 所示。

图 9-12 查看理财产品详情

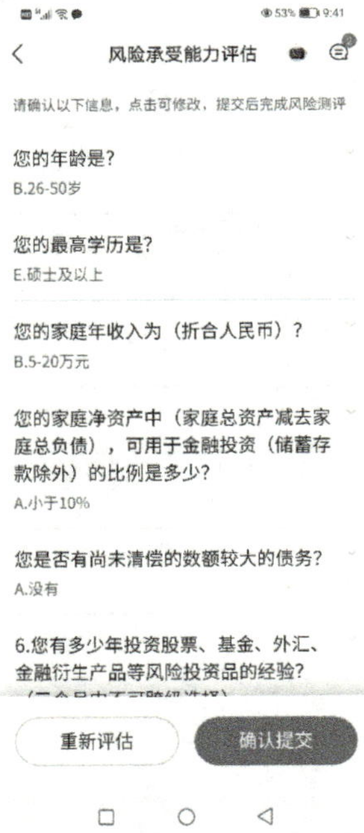

图 9-13 风险承受能力评估

步骤三：完成风险承受能力评估后，可以选择自己感兴趣的理财产品，点击“查看详情”查看该理财产品的详细收益情况，点击“立即购买”即可购买该理财产品，如图 9-14 所示。

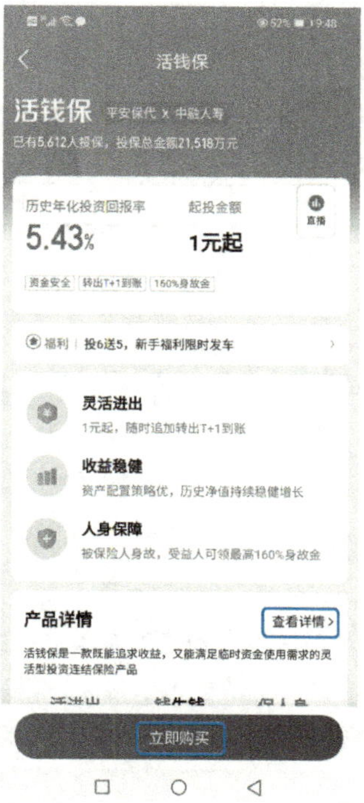

图 9-14 查看理财产品详情并购买

体验报告

目的：通过网上投资体验活动，培养“做中学”的学习习惯，提高网上投资的基本操作技能。

内容：张小平现有 500 元，准备在陆金所投资。

要求：根据陆金所注册和投资过程，写一份网上投资体验报告。具体要求是把网上投资的操作过程填入表 9-1，并按表 9-2 的要求，对操作方法和技巧的掌握程度进行评价。

表 9-1 网上投资体验报告

选定网上投资交易平台（网址）：	
小组成员：	
投资品种名称：	投资数量：
网上投资步骤：	
与银行存款体验活动相比，网上投资的新体验是： 年 月 日	

表 9-2 网上投资体验活动评价表

评价项目	分值/分	自我评价	小组评价	教师评价	说明
获取网上投资网站信息	50				熟练掌握：85～100分 基本掌握：75～84分 部分掌握：60～74分 没有掌握：60分以下
网上投资项目	50				
合计	100				

模块二 知识探索：推进“互联网+”行动

在全球新一轮科技革命和产业变革中，互联网与各领域的融合发展具有广阔前景和无限潜力，已成为不可阻挡的时代潮流。“互联网+”给我们生活带来的影响将不可估量。

2015年3月5日，在第十二届全国人民代表大会第三次会议开幕式上，国务院总理李克强在政府工作报告中首次提出“互联网+”的概念。同年7月4日，国务院印发《关于积极推进“互联网+”行动的指导意见》，这是我国国家层面对“互联网+”的顶层设计，是推动互联网由消费领域向生产领域拓展，加速提升产业发展水平，增强各行业创新能力，构筑经济社会发展新优势和新动能的重要举措。

“互联网+”是把互联网的创新成果与经济社会各领域深度融合，推动技术进步、效率提升和组织变革，提升实体经济创新力和生产力，形成更广泛的以互联网为基础设施和创新要素的经济社会发展新形态。在全球新一轮科技革命和产业变革中，互联网与各领域的融合发展具有广阔前景和无限潜力，已成为不可阻挡的时代潮流，正对各国经济社会发展产生着战略性和全局性的影响。

国务院《关于积极推进“互联网+”行动的指导意见》中的重点行动主要涉及11个领域。

一、“互联网+”创业创新

“互联网+”创业创新是指充分发挥互联网的创新驱动作用，以促进创业创新为重点，推动各类要素资源聚集、开放和共享，大力发展众创空间、开放式创新等，引导和推动全社会形成大众创业、万众创新的浓厚氛围，打造经济发展新引擎。

（1）强化创业创新支撑　大型互联网企业和基础电信企业向小微企业和创业团队开放平台入口、数据信息、计算能力等资源，提供研发工具、经营管理和市场营销等方面的支持和服务，提高小微企业信息化应用水平。

（2）积极发展众创空间　充分发挥互联网开放创新优势，支持创新工场、创客空间、社会实验室、智慧小企业创业基地等新型众创空间发展。

（3）发展开放式创新　创新主体应充分利用互联网，把握市场的需求导向，加强创新资源共享，及时转化创新成果。

小资料

3W 咖啡屋成立于 2011 年，由许单单、马德龙、鲍艾乐三人一起开办。其位于中关村创业大街一个面积不足 200 平方米的门面。

2013 年，三位合伙人成立了一个名叫拉勾网的招聘网站。2014 年 7 月，该网站获得贝塔斯曼亚洲投资基金 500 万美元的 A 轮融资，同年 8 月又获得了启明创投和贝塔斯曼亚洲投资基金 2 500 万美元的 B 轮融资，估值高达 1.5 亿美元。咖啡屋与招聘网相辅相成，各具资源，在中关村创业大街上已打响了名声，现已成为创业创新的一块金字招牌。

2020 年拉勾网升级为互联网人才职业成长平台，将为互联网人才提供职业成长的一站式服务。截至 2020 年 6 月，拉勾网已服务超 945 家优秀企业，服务互联网人才超 2 650 万人。

二、“互联网+”协同制造

“互联网+”协同制造是指推动互联网与制造业融合，提升制造业数字化、网络化、智能化水平，加强产业链协作，发展基于互联网的协同制造新模式。在重点领域推进智能制造、大规模个性化定制、网络化协同制造和服务型制造，加快形成制造业网络化产业生态体系。

（1）大力发展智能制造　以智能工厂为发展方向，加快推动云计算、物联网、智能工业机器人、增材制造等技术在生产过程中的应用，推进生产装备智能化升级、工艺流程改造和基础数据共享。

（2）发展大规模个性化定制　支持企业利用互联网采集并对接用户个性化需求，推进设计研发、生产制造和供应链管理等关键环节的柔性化改造，开展基于个性化产品的服务模式和商业模式创新，为制造企业开展个性化定制提供决策支撑。

（3）提升网络化协同制造水平　鼓励制造业骨干企业通过互联网与产业链各环节紧密协同，促进生产、质量控制和运营管理系统全面互联，推行众包设计研发和网络化制造等新模式。鼓励互联网企业构建网络化协同制造公共服务平台。

（4）加速制造业服务化转型　制造企业利用物联网、云计算、大数据等技术，形成面向生产组织全过程的决策服务信息，为产品优化升级提供数据支撑。鼓励企业基于互联网开展故障预警、远程维护、质量诊断、远程过程优化等在线增值服务，拓展产品价值空间，实现从制造向“制造＋服务”的转型升级。

小资料

在2017工业互联网峰会上，海尔COSMO平台正式发布并对外提供社会化服务，这是我国首个也是最大的自主研发、自主创新的工业互联网平台。简单来说，它是一个解决用户和工厂可交互、参与定制的全流程的平台，也就是用户可以向工厂直接发出请求，让其生产自己想要的产品。

COSMO是在互联工厂模式的核心基础上建立起来的，企业可以迅速复制海尔互联工厂的现有成果，帮助企业快速向定制化转型，缩小了与其他先进国家在品牌塑造、创新能力等方面的差距。海尔COSMO平台的搭建，让我国制造企业可以与全球顶级资源合作，将加速我国制造走向全球智造的顶端，助力完成由制造大国向制造强国的转身。

三、“互联网＋”现代农业

“互联网＋”现代农业是指利用互联网提升农业生产、经营、管理和服务水平，培育一批网络化、智能化、精细化的现代“种养加”生态农业新模式，形成示范带动效应，加快完善新型农业生产经营体系，培育多样化农业互联网管理服务模式，逐步建立农副产品、农资质量安全追溯体系，促进农业现代化水平明显提升。

（1）构建新型农业生产经营体系　互联网企业建立农业服务平台，支撑专业大户、家庭农场、农民合作社、农业产业化龙头企业等新型农业生产经营主体，加强产销衔接，实现农业生产由生产导向向消费导向转变。

（2）发展精准化生产方式　推广成熟可复制的农业物联网应用模式，普及基于环境感知、实时监测、自动控制的网络化农业环境监测系统，构建天地一体的农业物联网测控体系，实施智能节水灌溉、测土配方施肥、农机定位耕种等精准化作业。在畜禽标准化规模养殖基地和水产健康养殖示范基地，推动饲料精准投放、疾病自动诊断、废弃物自动回收等智能设备的应用普及和互联互通。

（3）提升网络化服务水平　推进信息进村入户试点，鼓励通过移动互联网为农民提供政策、市场、科技、保险等生产生活信息服务。

（4）完善农副产品质量安全追溯体系　充分利用现有互联网资源，构建农副产品质量安全追溯公共服务平台，建立产地准出与市场准入衔接机制，实现农副产品“从农田到餐桌”全过程可追溯，保障“舌尖上的安全”。

小资料

“互联网＋农业”时代来了。百度人工智能正全面展开国民经济产业层面的应用落地，利用人工智能的方法，建立起以“气候、土壤、农事、”等多位一体的农田标准化种植模型，通过遥感等工具，精准播种、施肥，同时还能及时发现病虫害，并做到精准施药，从而有效节省农药支出、提高耕作产出、有效降低粮食农药残留等。

四、“互联网+”智慧能源

“互联网+”智慧能源是指通过互联网促进能源系统扁平化，推进能源生产与消费模式革命，提高能源利用效率，推动节能减排。加强分布式能源网络建设，提高可再生能源占比，促进能源利用结构优化。加快发电设施、用电设施和电网智能化改造，提高电力系统的安全性、稳定性和可靠性。

（1）推进能源生产智能化　建立能源生产运行的监测、管理和调度信息公共服务网络，加强能源产业链上下游企业的信息对接和生产消费智能化，鼓励能源企业运用大数据技术对设备状态、电能负载等开展精准调度、故障判断和预测性维护，提高能源利用效率和安全稳定运行水平。

（2）建设分布式能源网络　建设以太阳能、风能等可再生能源为主体的多能源协调互补的能源互联网，使电力设备和用电终端基于互联网进行双向通信和智能调控，实现分布式电源的及时有效接入，逐步建成开放共享的能源网络。

（3）探索能源消费新模式　推进以智能电网为配送平台，以电子商务为交易平台，融合储能设施、物联网、智能用电设施，发展用户端智能化用能、能源共享经济和能源自由交易，促进能源消费生态体系建设。

（4）发展基于电网的通信设施和新型业务　推进电力光纤到户工程，完善能源互联网信息通信系统。统筹部署电网和通信网深度融合的网络基础设施，实现同缆传输、共建共享。鼓励依托智能电网发展家庭能效管理等新型业务。

五、“互联网+”普惠金融

“互联网+”普惠金融是指促进互联网金融健康发展，全面提升互联网金融服务能力和普惠水平，鼓励互联网与银行、证券、保险、基金的融合创新，为大众提供丰富、安全、便捷的金融产品和服务，更好满足不同层次实体经济的投融资需求，培育一批具有行业影响力的互联网金融创新型企业。

（1）探索推进互联网金融云服务平台建设　探索互联网企业构建互联网金融云服务平台。支持金融企业与云计算技术提供商合作开展金融公共云服务，提供多样化、个性化、精准化的金融产品。支持银行、证券、保险企业架构转型，利用云服务平台开展金融核心业务，提供基于金融云服务平台的信用、认证、接口等公共服务。

（2）鼓励金融机构利用互联网拓宽服务覆盖面　鼓励各金融机构利用云计算、移动互联网、大数据等技术手段，加快金融产品和服务创新，在更广泛的地区提供便利的存贷款、支付结算、信用中介平台等金融服务，拓宽普惠金融服务范围，为实体经济发展提供有效支撑。支持金融机构和互联网企业依法合规开展网络借贷、网络证券、网络保险、互联网基金销售等业务。

（3）积极拓展互联网金融服务创新的深度和广度　鼓励互联网企业依法合规提供创新

金融产品和服务，更好地满足中小微企业、创新型企业和个人的投融资需求。发展个人征信业务，加快网络征信和信用评价体系建设，加强互联网金融消费权益保护和投资者保护。

小资料

华夏银行积极推进“互联网+”普惠金融。2018年，华夏银行提出了“移动生态圈+Bank4.0+Nn平台+直销银行”具体战略，一是围绕“互联网+”移动金融生态圈，将“普惠”自然嵌入各种客户日常生活场景，让金融服务无处不在；二是围绕“互联网+”Bank4.0移动银行，将“普惠”和“智慧”完美结合，让金融服务适时而在；三是围绕“互联网+”“Nn”平台，将“普惠”辐射到各行各业，让金融服务无限延展；四是围绕“互联网+”直销银行，让金融服务更便捷优惠，将“普惠”进行到底。华夏银行通过积极推进“互联网+”普惠金融行动，为用户提供更便捷、更安全、更丰富的产品和客户体验，为发展普惠金融、支持实体经济发展做出积极贡献。

六、“互联网+”益民服务

“互联网+”益民服务是指充分发挥互联网的高效、便捷优势，提高资源利用效率，降低服务消费成本。大力发展以互联网为载体、线上线下互动的新兴消费，加快发展基于互联网的医疗、健康、养老、教育、旅游、社会保障等新兴服务，创新政府服务模式，提升政府科学决策能力和管理水平。

（1）创新政府网络化管理和服务　构建面向公众的一体化在线公共服务体系。加快推进政务新媒体发展建设，加强政府与公众的沟通交流，提高政府公共管理、公共服务和公共政策制定的响应速度，提升政府科学决策能力和社会治理水平。

（2）发展便民服务新业态　发展体验经济，支持实体零售商综合利用网上商店、移动支付、智能试衣等新技术，打造体验式购物模式。发展社区经济，在餐饮、娱乐、家政等领域培育线上线下结合的社区服务新模式。发展共享经济，规范发展网络约租车，积极推广在线租房等新业态。发展基于互联网的文化、媒体和旅游等服务。积极推广基于移动互联网入口的城市服务，开展网上社保办理、个人社保权益查询、跨地区医保结算等互联网应用，让老百姓足不出户享受便捷高效的服务。

（3）推广在线医疗卫生新模式　发展基于互联网的医疗卫生服务，支持第三方机构构建医学影像、健康档案、检验报告、电子病历等医疗信息共享服务平台，逐步建立跨医院的医疗数据共享交换标准体系。积极利用移动互联网提供在线预约诊疗、候诊提醒、划价缴费、诊疗报告查询、药品配送等便捷服务。鼓励互联网企业与医疗机构合作建立医疗网络信息平台。

（4）促进智慧健康养老产业发展　支持智能健康产品创新和应用，推广全面量化健康生活新方式。依托现有互联网资源和社会力量，以社区为基础，搭建养老信息服务网络平台，提供护理看护、健康管理、康复照料等居家养老服务。

（5）探索新型教育服务供给方式　互联网企业与社会教育机构根据市场需求开发数字教育资源，提供网络化教育服务。学校利用数字教育资源及教育服务平台，扩大优质教育资源覆盖面。开展学历教育在线课程资源共享，推广大规模在线开放课程等网络学习模式，探索建立网络学习学分认定与学分转换等制度，加快推动高等教育服务模式变革。

小资料

在传统渠道难以获取的信息和难以整合的资源，通过互联网的介入可以产生强大的能量效应。例如：通过微信查询违章记录、手机候诊提醒、手机充值公交卡等一系列益民服务使人民群众办事更加便捷、高效。通过“互联网 +”益民服务，公众能够更广泛地参与社会管理服务。政府的公共管理、公共服务和公共政策的响应速度得以提高，公共服务的普惠水平能得以快速提升。

七、“互联网 +”高效物流

“互联网 +”高效物流是指加快建设跨行业、跨区域的物流信息服务平台，提高物流供需信息对接和使用效率。鼓励大数据、云计算在物流领域的应用，建设智能仓储体系，优化物流运作流程，提升物流仓储的自动化、智能化水平和运转效率，降低物流成本。

（1）构建物流信息共享互通体系　物流企业和第三方机构搭建面向社会的物流信息服务平台，共享仓储、运输和配送信息，提高物流安全、环保和诚信水平，在更广范围促进物流信息充分共享与互联互通。

（2）建设深度感知智能仓储系统　积极推广应用二维码、无线射频识别等物联网感知技术和大数据技术，实现仓储设施与货物的实时跟踪、网络化管理以及库存信息的高度共享，提高货物调度效率。

（3）完善智能物流配送调配体系　推进货运车联网与物流园区、仓储设施、配送网点等信息互联，降低货车空驶率，提高配送效率。加快县到村的物流配送网络和村级配送网点建设，解决物流配送“最后一公里”问题。

小知识

“互联网 +”高速物流的核心是通过数据驱动，与物流合作伙伴搭建智慧物流骨干网络，提高物流运作效率，加快经销商库存周转，降低社会物流成本。其商业逻辑是搭建平台，引入智能、开放的互联网协同模式，让物流供应链条上不同服务商、经销商和消费者实现高效连接，从而适应未来物流发展的需求，达到提升品质、降本提效的目的。

截至 2019 年，我国的物流网络已经覆盖和深入到全国 2 900 多个区县，其中 1 000 多个区县的消费者可以体验到当日达和次日达的极致配送。

八、“互联网+”电子商务

“互联网+”电子商务是指巩固和增强我国电子商务发展领先优势，大力发展农村电商、行业电商和跨境电商，进一步扩大电子商务发展空间。电子商务与其他产业的融合不断深化，网络化生产、流通、消费更加普及，标准规范、公共服务等支撑环境基本完善。

（1）积极发展农村电子商务　开展电子商务进农村综合示范，支持新型农业经营主体和农产品、农资批发市场对接电商平台，积极发展以销定产模式。开展生鲜农产品和农业生产资料电子商务试点，促进农业大宗商品电子商务发展。

（2）大力发展行业电子商务　鼓励能源、化工、钢铁、电子、轻纺、医药等行业企业，积极利用电子商务平台优化采购、分销体系，提升企业经营效率。推动各类专业市场线上转型，引导传统商贸流通企业与电子商务企业整合资源，积极向供应链协同平台转型。鼓励生产制造企业面向个性化、定制化消费需求深化电子商务应用，支持设备制造企业利用电子商务平台开展融资租赁服务，鼓励中小微企业扩大电子商务应用。

（3）推动电子商务应用创新　建立电子商务产品质量追溯机制，建设电子商务售后服务质量检测云平台，完善互联网质量信息公共服务体系。加强互联网食品药品市场监测监管体系建设，积极探索处方药电子商务销售和监管模式创新。鼓励企业利用移动社交、新媒体等新渠道，发展社交电商、“粉丝”经济等网络营销新模式。

（4）加强电子商务国际合作　推进跨境电子商务通关、检验检疫、结汇等关键环节单一窗口综合服务体系建设。创新跨境权益保障机制，利用合格评定手段，推进国际互认。

小知识

我国的电子商务发展成果丰硕，在国际和国内两个市场发挥了重要的引领作用。从国内市场来看，电子商务在促消费、稳外贸、助扶贫、扩就业，以及带动产业数字化转型等方面做出了积极贡献，成为稳定经济增长和促进经济高质量发展的重要依托。从国际市场看，我国已与全球众多国家建立了双边电子商务合作机制，“丝路电商”成为贸易合作新渠道，带动了伙伴国数字经济的发展，在世界舞台上受到越来越多的关注。

九、“互联网+”便捷交通

“互联网+”便捷交通是指加快互联网与交通运输领域的深度融合，通过基础设施、运输工具、运行信息等互联网化，推进基于互联网平台的便捷化交通运输服务发展，显著提高交通运输资源利用效率和管理精细化水平，全面提升交通运输行业服务品质和科学治理能力。

（1）提升交通运输服务品质　交通运输主管部门和企业将服务性数据资源应向社会开放，互联网平台为社会公众提供实时交通运行状态查询、出行路线规划、网上购票、智能停车等服务，推进基于互联网平台的多种出行方式信息服务对接和一站式服务。加快完善汽车健康档案、维修诊断和服务质量信息服务平台建设。

（2）推进交通运输资源在线集成　利用物联网、移动互联网等技术，进一步加强对公路、铁路、民航、港口等交通运输网络关键设施运行状态与通行信息的采集。推动跨地域、跨类型交通运输信息互联互通，推广船联网、车联网等智能化技术应用，形成更加完善的交通运输感知体系，全面支撑故障预警、运行维护以及调度智能化。

（3）增强交通运输科学治理能力　强化交通运输信息共享，利用大数据平台挖掘分析人口迁徙规律、公众出行需求、枢纽客流规模、车辆船舶行驶特征等，为优化交通运输设施规划与建设、安全运行控制、交通运输管理决策提供支撑。利用互联网加强对交通运输违章违规行为的智能化监管，不断提高交通运输治理能力。

十、“互联网 +”绿色生态

“互联网 +”绿色生态是指推动互联网与生态文明建设深度融合，完善污染物监测及信息发布系统，形成覆盖主要生态要素的资源环境承载能力动态监测网络，实现生态环境数据互联互通和开放共享。充分发挥互联网在逆向物流回收体系中的平台作用，促进再生资源交易利用便捷化、互动化、透明化，促进生产生活方式绿色化。

（1）加强资源环境动态监测　充分利用多维地理信息系统、智慧地图等技术，结合互联网大数据分析，优化监测站点布局，扩大动态监控范围，构建资源环境承载能力立体监控系统。依托现有互联网、云计算平台，逐步实现各级政府资源环境动态监测信息互联共享。加强重点用能单位能耗在线监测和大数据分析。

（2）大力发展智慧环保　利用智能监测设备和移动互联网，完善污染物排放在线监测系统，形成全天候、多层次的智能多源感知体系。建立环境信息数据共享机制，通过互联网实现面向公众的在线查询和定制推送。

（3）完善废旧资源回收利用体系　利用物联网、大数据开展信息采集、数据分析、流向监测，优化逆向物流网点布局。支持利用电子标签、二维码等物联网技术跟踪电子废物流向，鼓励互联网企业参与搭建城市废弃物回收平台，创新再生资源回收模式。

（4）建立废弃物在线交易系统　鼓励互联网企业积极参与各类产业园区废弃物信息平台建设，推动现有骨干再生资源交易市场向线上线下结合转型升级，逐步形成行业性、区域性、全国性的产业废弃物和再生资源在线交易系统，完善线上信用评价和供应链融资体系，开展在线竞价，发布价格交易指数，增强主要再生资源品种的定价权。

十一、“互联网 +”人工智能

“互联网 +”人工智能是指依托互联网平台提供人工智能公共创新服务，加快人工智能核心技术突破，促进人工智能在智能家居、智能终端、智能汽车、机器人等领域的推广应用，培育若干引领全球人工智能发展的骨干企业和创新团队，形成创新活跃、开放合作、协同发展的产业生态。

（1）培育发展人工智能新兴产业 建设支撑超大规模深度学习的新型计算集群，构建包括语音、图像、视频、地图等数据的海量训练资源库，加强人工智能基础资源和公共服务等创新平台建设。进一步推进计算机视觉、智能语音处理、生物特征识别、自然语言理解、智能决策控制以及新型人机交互等关键技术的研发和产业化，推动人工智能在智能产品、工业制造等领域规模商用。

（2）推进重点领域智能产品创新 鼓励传统家居企业与互联网企业开展集成创新，不断提升家居产品的智能化水平和服务能力，创造新的消费市场空间。推动汽车企业与互联网企业设立跨界交叉的创新平台，加快智能辅助驾驶、复杂环境感知、车载智能设备等技术产品的研发与应用。支持安防企业与互联网企业开展合作，发展和推广图像精准识别等大数据分析技术，提升安防产品的智能化服务水平。

（3）提升终端产品智能化水平 着力做大高端移动智能终端产品和服务的市场规模，提高移动智能终端核心技术研发及产业化能力。大力丰富可穿戴设备的应用服务，提升用户体验。推动互联网技术以及智能感知、模式识别、智能分析、智能控制等智能技术在机器人领域的深入应用。

小知识

“互联网+”人工智能正在改变我们的生活方式，如无人驾驶、机器人医生、唇语识别技术、人脸识别等。人工智能广泛应用于教育、医疗、养老等领域，正在有效解决人们生活中的难题，同时通过我国人工智能技术的发展，也可以看出我国“以人为本，惠及民生”的大国智慧。

目　　录

A　电子商务学习指导工作页

拓展体验

目的：通过与电子商务的零距离接触，加强体验式学习，激发学习兴趣，提高电子商务专业操作技能，从而增强学生的自信。

内容：在网上购买一件心仪的、廉价的商品，采用货到付款的方式。

要求：把网上购物的操作过程和网上购物的新体验填入表 A-1 中，并按表 A-2 的要求，对网上购物操作方法和技巧的掌握程度进行评价。

表 A-1　网上购物体验报告

选定网上商城的地址（网址）：	
选购商品名称：	选购商品价格：
网上购物步骤：	
与实体商店购物相比，网上购物的新体验： 年　月　日	

表 A-2　网上购物体验活动评价表

评价项目	分值 / 分	自我评价	小组评价	教师评价	标　准
查询网上商品信息（选商品）	20				熟练掌握：85 ～ 100 分 基本掌握：75 ～ 84 分 部分掌握：60 ～ 74 分 没有掌握：60 分以下
网上购买商品（下订单）	20				
更改商品信息（更改订单）	20				
撤销订单	20				
收到货物和支付现金	10				
网上购物体验	10				
合　计	100				

案例评析

西门子公司170周年庆典，需要几百棵圣诞树，于是其在网上发布了需求信息。泉州一家乡镇企业在互联网上看到了这则消息，并通过网络与西门子公司联系。6天后，该乡镇企业就为西门子公司提供了所需的圣诞树。现在西门子公司每年的圣诞树都从泉州这家乡镇企业订购。

【问题】

1. 结合案例，试分析泉州这家乡镇企业为什么能成功抓住这次“商机”。

2. 通过案例分析，与传统商务相比，请谈一谈对电子商务的定义和特点有哪些新的理解。

巩固练习

1. 判断题（正确的打“√”，错误的打“×”）

（1）计算机网又称国际互联网，也被译为因特网。（ ）

（2）“电子”是手段，“商务”是目的，做好商务活动才是电子商务的本质。（ ）

（3）电子商务系统是指在电子虚拟市场进行商务活动的物质基础和商务环境的总称。（ ）

（4）网络用户是指连接在互联网上的自然人和法人，其构成了电子商务交易的客体。（ ）

（5）网上市场是提供给买卖双方进行网络交易的商品。（ ）

（6）认证中心是法律承认并授权的权威机构，负责发放和管理数字证书，使网上交易的各方能互相确认身份。它是不直接从电子商务交易中获利的第三方机构。（ ）

（7）电子商务产生的原动力是信息技术的进步和社会商业的发展。（ ）

（8）信息技术与社会商业的融合发展，导致了社会网络化、经济数字化、竞争全球化、贸易自由化的趋势不断加强，电子商务正是在这种背景下应运而生的。（ ）

（9）电子商务是交易当事人或参与人，利用计算机技术和网络技术等现代信息技术所进行的某种商务活动。（ ）

（10）信用卡卡号或银行账号都是电子账户的一种标志。 （　　）

2. 单项选择题（请将正确选项的代号填在括号中）

（1）互联网起源于（　　）。

A. 英国　　B. 美国

C. 法国　　D. 中国

（2）Internet 又称为（　　）网络。

A. 国际互联　　B. 局部计算机

C. 城市计算机　　D. 高速信息火车

（3）中国的“政府上网年”是（　　）年。

A. 1996　　B. 1997

C. 1998　　D. 1999

（4）通过互联网进行的商务活动称为（　　）。

A. 一般电子商务　　B. 广义电子商务

C. 狭义电子商务　　D. 虚拟电子商务

（5）电子商务系统实际是信息流、物流、资金流三位一体的统一整体。电子商务是以信息流作为指导，通过资金流实现商品的价值，通过物流实现商品的使用价值。三者的关系是（　　）。

A. 相互分离　　B. 相互联系

C. 既相互分离，又相互联系　　D. 前三者都不是

（6）网络广告宣传就是广告宣传采用了新媒体的广告形式，即通过（　　）的载体形式传播信息。

A. 报纸　　B. 电视

C. 广播　　D. 互联网

（7）网上银行是（　　）。

A. 在营业厅的银行柜台　　B. 在互联网上的虚拟银行柜台

C. 自动柜员机　　D. 前三者都是

（8）认证中心是法律承认并授权的权威机构，负责发放和管理数字证书，使网上交易的各方能互相确认身份，它是（　　）机构。

A. 不直接从电子商务交易中获利的第三方

B. 需要从电子商务交易中获利的第三方

C. 不直接从电子商务交易中获利的

D. 前三者都不是

（9）物流是指物品从供应地到接收地的（　　）流动过程。

A. 价值　　B. 信息

C. 实体　　D. 三者都不是

3. **多项选择题**（每题的备选答案中有两个或两个以上符合题意的答案，请将正确选项的代号填在括号中）

（1）电子商务最早产生于20世纪60年代，高速发展于20世纪90年代，其产生的主要推动力有（ ）。

A. 计算机的广泛应用　　B. 我国第一宗网络购物的成功

C. 电子安全交易协议的制定　　D. 政府的支持与推动

（2）电子商务是在与计算机技术、网络通信技术的互动发展中产生和不断完善的，随着电子商务的急剧发展，其演变过程可以简单地分为（ ）三个阶段。

A. 基于第三方的电子商务　　B. 基于EDI技术的电子商务

C. 基于互联网的电子商务　　D. 基于e概念的电子商务

（3）电子商务系统实际是（ ）三位一体的统一整体。

A. 信息流　　B. 物流

C. 职工流　　D. 资金流

（4）下面体现了电子商务本质的是（ ）。

A. 电子商务是高科技在商务领域中的应用

B. 电子商务主要是商务，而不是技术

C. “电子”是手段，“商务”是目的

D. 电子商务主要是指计算机技术、网络通信技术

（5）电子商务的基本特点有（ ）。

A. 交易虚拟化　　B. 交易透明化

C. 交易互动化　　D. 交易全球化

（6）网络是连接电子商务系统各要素的纽带，是开展电子商务活动的中心，它包括（ ）。

A. 互联网　　B. 企业内部网

C. 企业外部网　　D. 三者都对

（7）从电子商务的应用角度来看，完整的电子商务系统是由网络、（ ）、认证中心等基本要素组成的，它们一起构成了电子商务的运行环境，即电子商务的总体框架结构。

A. 网络用户　　B. 网上市场

C. 物流配送中心　　D. 网上银行

（8）电子商务网站的作用具体体现在（ ）等基本功能上。

A. 网上咨询洽谈　　B. 网上订购

C. 网上支付　　D. 交易管理

（9）企业与客户进行网上咨询洽谈，可借助（ ）等方式。

A. 非实时性的电子邮件　　B. 新闻组

C. 实时性的讨论组　　D. 白板会议

（10）电子商务对经济的影响主要表现在（　　　　）等多个方面。

A. 电子商务改变了人们的消费方式

B. 电子商务改变了企业的生产方式

C. 电子商务带来了一个全新的金融业

D. 电子商务改变了政府的行为方式

4. 填图表题

（1）电子商务产生的动力及网络经济“四化”特征。

【要求】根据教材内容填写表 A-3。

表 A-3　电子商务产生的动力及网络经济“四化”特征

电子商务产生的原动力	电子商务产生的主要推动力	网络经济“四化”特征

（2）电子商务的基本特点。

【要求】结合体验活动和网上实践活动，举例说明电子商务的基本特点并填写表 A-4。

表 A-4　电子商务基本特点举例

交易虚拟化	交易成本低	交易效率高	交易透明化	交易互动化	交易全球化

拓展训练 ››››

拓展训练 1

【目的】加深理解电子商务网站的基本功能。

【内容】登录当当网首页（www.dangdang.com）。

【要求】将当当网八个基本功能的具体内容填写在表 A-5 中。

表 A-5 当当网基本功能一览表

网站功能	具体内容	简单说明
网络广告宣传		
网上咨询洽谈		
网上订购		
网上支付		
电子账户		
服务传递		
意见征询		
交易管理		

【说明】以表中“网络广告宣传”为例，主要根据当当网首页的内容来填写。而其他项目可能要通过首页的一级目录链接到二级目录，才能获取相关信息。

拓展训练 2

【目的】熟悉中国电子商务的环境——中国网民的增长情况和普及情况。通过上网查阅资料，从中国网民数量增长的态势和网络普及的趋势来进一步了解中国电子商务的环境和发展前景。

【内容】请上网浏览中国互联网络信息中心近期公布的《中国互联网络发展状况统计报告》，了解近五年我国上网用户的增长情况和中国互联网的普及情况。

【要求】填写表 A-6。

表 A-6 中国上网用户总数和普及率

年度					
上网用户总数 / 万人					
中国互联网普及率（%）					

拓展知识 >>>>

电子商务的定义

世界电子商务会议所下的定义是电子商务是指对整个贸易活动实现电子化。从涵盖范围方面可以定义为电子商务是交易各方以电子交易方式而不是通过当面交换或直接面谈方式进行的任何形式的商业交易；从技术方面可以定义为电子商务是一种多技术的集合体，包括交换数据（如电子数据交换、电子邮件）、获得数据（共享数据库、电子公告牌）以及自动捕获数据（条码）等。

欧洲议会所下的定义是电子商务是通过电子方式进行的商务活动。它包括货物电子贸易和服务、在线数据传递、电子资金划拨、电子证券交易、电子货运单证、商业拍卖、合作设计和工程、在线资料、公共产品获得等。

学习评价 >>>>

序　号	知识点和实践项目名称	能准确阐述或能独立完成（优）	能阐述或能合作完成（良）	能大致阐述或能基本完成（合格）	不能阐述或不能完成（不合格）	备　注
1	电子商务					
2	电子数据交换					
3	互联网					
4	网络用户					
5	概念地图					
6	案例评析					
7	判断题					
8	单项选择题					
9	多项选择题					
10	填图表题					
11	拓展训练 1					
12	拓展训练 2					

教师评语：

教师签字：　　　　　　年　月　日

教师评分		学生签字	

【说明】学生学完本单元后进行自我反思并完成评价表的填写。根据自己对本单元知识点和实践项目的掌握程度做客观的评价，在“优”“良”“合格”“不合格”所对应的栏目中打“√”。学生可以在“备注”栏中写出不能顺利完成学习任务的原因或对教师教学提出的建议。“教师评语”栏是指在学生学完本单元后，教师要对学生掌握知识与能力的情况进行综合评价，并在“教师评分”栏给出成绩，作为本学科期末成绩的一部分。填写其他单元评价表的要求同上。

B　电子商务的分类学习指导工作页

拓展体验

目的：开展体验活动，掌握搜索信息的技巧（如采用“关键词”搜索），提高电子商务专业技能。

内容：学生登录本地政府的官方网站，查询有关助推大中专学生自主创业的优惠政策。

要求：

（1）2～4 人一组进行体验活动。

（2）按表 B-1 中的要求填入有关内容，并将小组填写的结果进行交流展示。

（3）按表 B-2 的要求，对小组学习态度、合作能力和学习效果进行评价。

表 B-1　电子政务体验报告

地方政府官方网站地址：
学习小组成员：
有关助推职业院校学生自主创业的优惠政策的要点： 1. 工商注册登记方面： 2. 税收方面： 3. 银行贷款方面： 4. 其他方面：

表 B-2　体验活动评价表

小组学习过程评分标准			小组学习结果展示评分标准		
项目评价考核标准	标准分	实得分	项目评价考核标准	标准分	实得分
组内参与教学活动人数满员	3		能完整地描述小组完成学习目标的步骤	2	
组内教学活动开展深入、热烈	3		在规定的时间内，每位同学都完成了任务	5	
组内学员之间信息沟通顺畅	2		能完整地展示小组学习成果或操作流程	2	
组长组织小组活动效果好	2		在规定时间内完成成果展示	1	
小组学习过程得分满分	10		小组学习结果展示满分	10	
			超额完成任务另加附加分		

案例评析

国外有位40多岁的妇女为她的姨妈向政府申请了一个免费轮椅，她所做的就是准备一些必要的文件和填写一些表格。

申请成功之后，她写了一篇如何向政府申请免费轮椅的报告，并且在网上以每份2美元的价格出售，她因此赚到了3万美元！随后，她又在报纸、杂志上刊登广告，却赔了钱。很奇怪，这份报告为什么只能在网上赚钱呢？

【问题】

1. 结合案例，试分析这位妇女为什么能在网上赚钱。

2. 谈一谈这位妇女为什么在报纸、杂志上刊登广告后反而赔钱。

巩固练习

1. 判断题（正确的打“√”，错误的打“×”）

（1）企业对消费者（也称商家对个人客户或商业机构对消费者）的电子商务模式，是指企业通过互联网将商品或服务对消费者进行直销的电子商务模式，简称B2G。（　　）

（2）电子商务模式是指电子商务活动中的各主体，按照一定的交互关系和交互内容所形成的相对固定的商务活动样式，其实质是对电子商务经营方式的抽象和概括。（　　）

（3）B2C电子商务类似于电子化的批发商务。（　　）

（4）C2C模式的特点类似于现实商务世界中的跳蚤市场，其构成要素除了包括买卖双方外，还包括第三方电子商务平台提供商，这也类似于跳蚤市场的场地提供者和管理员。网络市场是提供给买卖双方进行网络交易的商品。（　　）

（5）上下游贯通的产业链是指一种或几种资源通过若干产业层次不断从上游向下游产业转移直至到达消费者的路径，这属于面向中间交易市场的水平B2B电子商务模式。（　　）

（6）面向中间交易市场的水平B2B电子商务模式的特点是将各行业中相近的交易过程集中到一个场所，为企业的采购方和供应方提供一个交易的机会。（　　）

（7）电子政务实质上就是要在全国范围内构建一个电子政府，将原有的政府通过互联网办公技术转变为新型的管理体系，以适应虚拟的、全球性的、以知识为基础的数字经济，适应社会运行方式的根本转变。（ ）

（8）移动电子商务（M-commerce）是指通过智能手机、平板电脑、笔记本电脑等移动通信设备与无线上网技术结合所构成的电子商务体系，又称为“有线电子商务”。（ ）

（9）直接电子商务是指有形货物和服务，如计算机软件、娱乐内容的联机订购、付款和交付，全球规模的信息服务等。（ ）

2. 单项选择题（请将正确选项的代号填在括号中）

（1）（ ）电子商务模式是我国最早产生的电子商务模式。

A. B2C　B. B2B　C. C2C　D. B2G

（2）B2C电子商务模式的特点是：在这种网络交易过程中，商品流向是（ ），类似于电子化的零售商务。

A. 从企业到消费者　B. 从企业到企业

C. 从消费者到企业　D. 从企业到政府采购

（3）B2B电子商务模式的特点是：在这种网络交易过程中，商品流向是（ ），类似于电子化的批发商务。

A. 从企业到消费者　B. 从企业到企业

C. 从消费者到企业　D. 从企业到政府采购

（4）C2C模式的产生以1999年（ ）成立为标志。

A. 拍拍网　B. 淘宝网

C. 雅宝网　D. 易趣网

（5）从成交金额和市场规模角度来说，（ ）模式是电子商务的主流类型，被认为是未来最有前途的一种商务模式。

A. B2C　B. B2B　C. C2C　D. B2G

（6）电子商务按使用网络类型的不同，可分为（ ）。

A. 完全电子商务和不完全电子商务

B. 间接电子商务和直接电子商务

C. EDI电子商务、互联网电子商务、内联网（企业内部网）电子商务和移动电子商务

D. 本地电子商务、远程国内电子商务和全球电子商务（跨境电子商务）

（7）完全电子商务是指可以完全通过电子商务方式（ ）交易过程的交易。

A. 实现和完成部分　B. 靠运输系统等来完成

C. 实现和完成整个　D. 前三者都不是

（8）远程国内电子商务是指在（　　）进行的网上电子交易活动。

A. 本城市内　　B. 本国范围内

C. 本地区内　　D. 全世界范围内

（9）（　　）发生在政府和消费者或普通个人之间，如个人的交税、财产申报、社会福利发放、政府调查等，这类电子商务活动目前还没有真正形成。

A. C2G 和 G2C 模式　　B. B2C 和 C2B 模式

C. B2B 和 C2C 模式　　D. 前三者都是

（10）不属于 C2C 电子商务模式的网站是（　　）。

A. 易趣网　　B. 淘宝网

C. 亚马逊网　　D. 阿里巴巴网

3. **多项选择题**（每题的备选答案中有两个或两个以上符合题意的答案，请将正确选项的代号填在括号中）

（1）电子商务活动的主体主要是（　　）三大类，它们是“网络用户”中的主力军。

A. 企业（Business，B）　　B. 消费者（Customer，C）

C. 政府（Government，G）　　D. 电子商务（Electronic Commerce）

（2）B2C 网站即企业通过互联网为消费者提供的新型的购物环境——网上商店（城），属于这类电子商务模式的有（　　）。

A. 中华人民共和国教育部网站　　B. 亚马逊网

C. 当当网　　D. 淘宝网

（3）移动电子商务具有的明显特征是（　　）。

A. 移动性　　B. 即时性

C. 私人性　　D. 方便性

（4）B2C 模式中的企业类型大致可分为（　　）几种。

A. 以经营离线商店为主的零售企业

B. 没有离线商店的虚拟零售企业

C. 网上直销的商品制造商

D. 以上三者都是

（5）企业采用的 B2B 模式可以分为（　　）。

A. 面向中间交易市场的水平 B2B　　B. 没有离线商店的虚拟零售企业

C. 面向制造业或商业的垂直 B2B　　D. 以经营离线商店为主的零售企业

（6）属于第三方电子商务平台的有（　　）。

A. 阿里巴巴网　　B. 中国制造网

C. 慧聪网　　D. 海尔网站

（7）企业对政府机构（B2G）的电子商务模式，是指利用互联网完成企业（商业机构）与政府之间的（　　）等各项事务的电子商务模式。

A. 办理出口退税　　B. 电子报关

C. 企业年检　　D. 缴纳各种税款

（8）面向制造业或商业的垂直B2B的特定的行业网站有（　　）。

A. 汽车行业网　　B. 中国联合钢铁网

C. 化工网　　D. 服装网

（9）中国网民对政府网站的访问行为主要还集中在（　　）。

A. 信息浏览，包括政策法规介绍、政府通知公告和政府新闻等

B. 网上办事，包括下载表格、在线申请业务等，即把部分柜台业务挪到网上等

C. 网站互动交流，包括在线咨询、建议、投诉等

D. 后两者不是

（10）（　　）不是5G的优势。

A. 手机终端多　　B. 上网速度快

C. 智能性更高　　D. 技术不成熟

4. 填图表题

（1）电子商务的主要分类。

【要求】根据教材内容填写表B-3。

表B-3　电子商务的主要分类

序　号	分类的标志	分类的类型
1		
2		
3		
4		
5		

【要求】将“电子商务模式类型”与对应的“电子商务网站”用线连接。

电子商务模式类型	电子商务网站
	环球资源网
水平B2B电子商务模式	慧聪网
	中国制造网
垂直B2B电子商务模式	阿里巴巴网
	中国供应商

（2）按电子交易主体分类。

【要求】结合网上实践活动，在表 B-4 的每一类电子商务模式中至少填写三个具体的网站名称和网址。

表 B-4　电子商务模式举例

模　式	网站名称和网址
B2B	
B2C	
C2C	

拓展训练

拓展训练 1

【目的】深入了解 C2C 电子商务模式的特点和模式构成。

【内容】登录淘宝网首页（https://www.taobao.com）。

【要求】在“首页”最下方，单击“关于淘宝”链接进行浏览，了解该公司的经营特点和范围。同时，注意观察淘宝网首页左侧的“主题市场”，网站为方便用户找到所需要的商品，对商品进行了分类管理，如“男装 / 运动户外”栏目。除此之外，淘宝网借鉴实体商场的布局特点，开设了淘宝商城等频道，并嵌入了功能强大的搜索引擎。请将观察到的情况填入表 B-5 中。

表 B-5　淘宝网布局和结构特点

要　点	具体内容
淘宝网首页左侧“主题市场”	主题市场：
淘宝网借鉴实体商场的布局	开设了：
淘宝网简介	简介：

拓展训练 2

【目的】掌握“关键词”搜索的方法和技巧，提高利用搜索引擎获取商品和服务信息的能力。

【内容】选择搜索引擎百度（https://www.baidu.com），从以下三种备选商品或服务中选择一种，假设您希望购买这种商品或服务，或者希望了解更多有关性价比的相关信息。备选商品或服务：① 2 000 元价位的智能手机；②电子商务师认证考试；③平板电脑。

【要求】将检索某一商品或服务的结果，择其要点填入表 B-6 中。

（1）利用该关键词分别在两个搜索引擎中进行检索，观察检索结果第一页的信息差异情况；从检索结果中选择一个感兴趣的网页，单击进入。

（2）如果同一关键词在不同搜索引擎中检索的结果有较大差异，分析是什么原因造成的这种差异，这种状况对网络营销的信息传递会产生哪些影响。

（3）搜索引擎检索结果中的信息为什么吸引浏览者注意并促使点击进入网页？ 对此有什么启发？在选择进入的网站中，是否能获得期望的信息和服务？

表 B-6　商品有关性价比的信息

搜索引擎	选取第一页前三条商品有关性价比的信息	检索差异	差异原因	差异对信息传递的影响
百度				

拓展知识

1. 网络消费者类型

进行网上购物的消费者可以分为以下几种类型。

（1）简单型　简单型的消费者需要的是方便、直接的网上购物。他们每月只花少量的时间上网，但他们产生的网上交易量却很大。零售商必须为这一类型消费者提供真正的便利，让他们觉得在零售商的网站上购买商品将会节约更多的时间。

（2）冲浪型　冲浪型的消费者数量较大，在网上花费的时间也较多，其访问的网页数量也较多。冲浪型的消费者对常更新、具有创新设计特征的网站很感兴趣。

（3）接入型　接入型的消费者是刚触网的新手，购物次数较少，但成长潜力巨大。那些有着著名传统品牌的公司应对这群消费者保持足够的重视，因为网络新手们更愿意相信生活中所熟悉的品牌。

（4）议价型　议价型的消费者购物时乐于货比三家，喜欢讨价还价，并有强烈的在交易中获胜的愿望。

（5）定期型和运动型　定期型和运动型的消费者通常都是被网站的内容所吸引。定期型的消费者常常访问新闻和商务网站，而运动型的消费者喜欢运动和娱乐网站。

2. 产业链的含义

产业链是指一种或几种资源通过若干产业层次不断向下游产业转移直至到达消费者的路径，它包含四层含义：①产业链是产业层次的表达；②产业链是产业关联程度的表达，产业关联性越强，链条越紧密，资源的配置效率也就越高；③产业链是资源加工深度的表达，产业链越长，表明加工可以达到的深度越深；④产业链是满足需求程度的表达。产业链始于自然资源，止于消费市场，但起点和终点并非固定不变。

3. 选择最佳关键词

大多数人在网上寻找信息都是从搜索引擎开始的，通过输入关键词来寻找想要的信息。搜索引擎为来访者选择最佳关键词的十个技巧：①站在来访者的角度考虑；②将关键词扩展成一系列的短语；③进行多重排列组合；④使用专业概念词汇以限定来访者；⑤如果是品牌企业，则用企业名；⑥使用地理位置；⑦回顾竞争者使用的关键词；⑧毋用意义太泛的词或短语；⑨毋用单一词汇；⑩使用自己的名字，而不是他人的商标名。

学习评价 ››››

序　号	知识点和实践项目名称	能准确阐述或能独立完成（优）	能阐述或能合作完成（良）	能大致阐述或能基本完成（合格）	不能阐述或不能完成（不合格）	备　注
1	电子商务模式					
2	B2C 模式					
3	B2B 模式					
4	C2C 模式					
5	B2G 模式					
6	概念地图					
7	案例评析					
8	判断题					
9	单项选择题					
10	多项选择题					
11	填图表题					
12	拓展训练 1					
13	拓展训练 2					

教师评语：

教师签字：　　　　年　　月　　日

教师评分		学生签字	

C 第三方电子商务平台学习指导工作页

拓展体验

目的：掌握 C2C 第三方电子商务平台新用户的注册方法，了解第三方电子商务平台的特点。

内容：为了实现网上购物，请选择一家 C2C 第三方电子商务平台进行会员注册。

要求：

（1）在课内或课外，以独立形式或小组合作形式完成。

（2）按表 C-1 中的要求填入有关内容；并按表 C-2 的要求，对操作方法和技巧的掌握程度进行评价。

表 C-1 会员注册体验报告

选定 C2C 第三方电子商务平台的网址：
新用户的注册步骤：
新用户的注册体验： 年 月 日

表 C-2 会员注册体验活动评价表

评价项目	分值/分	自我评价	小组评价	教师评价	标准
选择网站正确	20				熟练掌握：85～100 分 基本掌握：75～84 分 部分掌握：60～74 分 没有掌握：60 分以下
新用户的注册步骤	40				
基本信息的填写	20				
注册成功并重新启动	20				
合计	100				

案例评析

一亩田成立于2011年，是一家基于移动互联网技术、深耕农产品产地、促进农产品流通效率的互联网公司。成立以来，着眼于全品类农产品，力求打造全国领先的农业互联网综合服务平台。

一亩田采取B2B电商业态，主要为具备一定规模的农产品经营主体提供交易撮合服务，平台供应商主要有农村合作社、种植大户、家庭农场等；采购商有农产品批发商、加工企业、超市、餐饮连锁企业、B2C卖家、出口贸易企业等。截至2020年年底，一亩田平台已经覆盖全国2 800个县的1.2万种农产品品类，用户数量达到3 000万，其中2 000万为采购商用户。一亩田通过算法和数据实现供应商与采购商的精准匹配，每天有多达30万对有效交易撮合。一亩田正逐渐成为全国领先的农产品电商服务平台。

【要点提示】

学生可通过搜索引擎搜索“一亩田”关键词，详细了解相关内容。

【问题】

结合案例，试分析电子商务平台在促进农产品流通方面所起到的积极作用。

巩固练习

1. 判断题（正确的打“√”，错误的打“×”）

（1）电子商务平台全部都是由独立于买方和卖方的第三方企业构建。（　　）

（2）C2C第三方电子商务平台又称C2T2C模式（Customer to Third Party to Customer），其实质是第三方为企业（法人）提供开展电子商务的公共平台，即C2C网上交易市场。（　　）

（3）第三方电子商务是指独立于产品或服务的提供者与需求者，通过网络服务平台，按照特定的交易与服务规范，为双方提供包括认证、交易、支付、物流、信息增值业务在内的服务。（　　）

（4）中立性是指第三方电子商务平台是由买方、卖方之外的第三方投资而建立起来的、中立的网上交易市场。（　　）

（5）第三方电子商务综合性（平行性）平台是指定位于某一特定专业领域的电子商务网站。（　　）

（6）负责对网上交易市场的交易进行管理的第三方，也可以参与网上市场的交易。（ ）

（7）第三方电子商务简单信息服务平台主要是为买卖双方提供信息，买卖双方选定交易对象后并不直接在网上交易，而是另外接触和签订合同。（ ）

（8）注册会员数是衡量第三方电子商务平台市场规模的重要指标，因为最多商品、最高人气的网站也最具市场潜力。（ ）

（9）商圈分析是指对商圈的构成、特点和影响商圈规模变化的各种因素进行综合性的研究，其目的是为了“选址”，就像现实市场一样，建店选址总是力求较大的目标市场，吸引更多的目标顾客。（ ）

2. 单项选择题（请将正确选项的代号填在括号中）

（1）第三方电子商务平台是由（ ）的。

A. 买方企业构建
B. 卖方企业构建
C. 独立于买方和卖方的第三方企业构建
D. 前三者都不是

（2）按服务行业范围的不同，第三方电子商务平台可分为（ ）。

A. 综合性（平行性）平台、行业（垂直性）平台
B. B2B 第三方电子商务平台、C2C 第三方电子商务平台
C. 第三方电子商务交易服务平台、第三方电子商务业务服务平台和第三方电子商务技术服务平台
D. 第三方电子商务简单信息服务平台、第三方电子商务全方位服务平台

（3）B2B 第三方电子商务平台又称 B2T2B 模式（Business to Third Party to Business），其实质是第三方为（ ）提供开展电子商务的公共平台，即 B2B 网上交易市场。

A. 消费者（自然人） B. 企业（法人）
C. 个人消费者和企业 D. 政府采购

（4）与一般的企业网站相比，第三方电子商务平台更能将众多的企业和个人聚集到一起，能更好地形成第三方平台的规模效益，为买卖双方展现一个巨大的全球网上交易市场，这充分体现了第三方电子商务平台的（ ）特点。

A. 中立性 B. 公平性 C. 服务性 D. 规模性

（5）由买方、卖方之外的第三方投资而建立起来的、中立的网上交易市场，体现了第三方电子商务的（ ）特点。

A. 中立性 B. 公平性 C. 服务性 D. 规模性

（6）会员只要借助于统一的技术平台与交易标准，就可以自由进入网上交易市场，这体现了第三方电子商务平台的（ ）特点，它为企业或个人创造了更多的贸易机会。

A. 中立性 B. 开放性 C. 服务性 D. 规模性

（7）按服务对象的不同，第三方电子商务平台可分为（　　）类型。

A. 综合性（平行性）平台、行业（垂直性）平台

B. B2B 第三方电子商务平台、C2C 第三方电子商务平台

C. 第三方电子商务交易服务平台、第三方电子商务业务服务平台和第三方电子商务技术服务平台

D. 第三方电子商务简单信息服务平台、第三方电子商务全方位服务平台

（8）买方或者卖方只要在第三方电子商务平台注册，就可以在网上发布自己的采购信息或者发布企业的产品出售信息，并根据发布的信息来选取企业自己潜在的供应商或客户。这体现了第三方电子商务平台（　　）的功能。

A. 提供信息服务

B. 提供专业化应用服务

C. 提供电子认证和电子公证服务

D. 提供客户管理服务

（9）第三方电子商务平台在交易前需要确认信息发送人的身份，对交易双方身份真实性、合法性予以确认。这体现了第三方电子商务平台（　　）的功能。

A. 提供信息服务

B. 提供专业化应用服务

C. 提供电子认证和电子公证服务

D. 提供客户管理服务

（10）按提供服务的层次不同，第三方电子商务平台可分为（　　）类型。

A. 综合性（平行性）平台、行业（垂直性）平台

B. B2B 第三方电子商务平台、C2C 第三方电子商务平台

C. 第三方电子商务交易服务平台、第三方电子商务业务服务平台和第三方电子商务技术服务平台

D. 第三方电子商务简单信息服务平台、第三方电子商务全方位服务平台

3. 多项选择题（每题的备选答案中有两个或两个以上符合题意的答案，请将正确选项的代号填在括号中）

（1）电子商务平台可以由（　　）企业构建。

A. 买方　　B. 卖方

C. 独立于买方和卖方的第三方　　D. 前三者都可以

（2）第三方电子商务平台与企业自建的电子商务平台相比，具有（　　）特点。

A. 中立性　　B. 公平性

C. 服务性　　D. 规模性

（3）第三方电子商务平台具有强大的功能，其主要功能体现在（　　）等方面。

A. 提供信息服务

B. 提供专业化应用服务

C. 提供电子认证和电子公证服务

D. 提供客户管理服务

（4）第三方电子商务平台的服务性特点体现在（　　）等方面。

A. 市场规模　　B. 交易安全

C. 资金效率　　D. 以上三者都不是

（5）制约我国中小企业发展的主要因素是（　　）。

A. 资金不足　　B. 人才缺乏

C. 技术力量薄弱　　D. 管理水平较低

（6）中小企业选择第三方电子商务平台重点考察（　　）等因素。

A. 网站排名　　B. 商圈人气

C. 服务、技术、费用　　D. 适合自己的平台

（7）第三方电子商务服务业的范围包括（　　）。

A. 第三方电子商务支付平台

B. 第三方电子商务物流服务

C. 第三方电子商务信用服务

D. 第三方电子商务交易信息服务

（8）合法的第三方电子商务平台，其网站首页下方有（　　）等信息。

A. 企业营业执照　　B. 企业税务登记证

C. 真实的企业经营地址　　D. 企业联系电话

（9）中小企业选择适合自己的第三方电子商务平台，就是要选择（　　）。

A. 提供的服务与自己行业比较相近的中介服务

B. 适合自己的才是最好的

C. 有一定品牌形象和知名度的中介网站

D. 前三者都可以

（10）第三方电子商务平台提供商不得为（　　）提供服务。

A. 合法经营者　　B. 非法经营者

C. 合法交易者　　D. 非法交易者

4. 填图表题

（1）第三方电子商务平台的特点。

【要求】根据教材内容填写表C-3。

表 C-3　第三方电子商务平台的特点

第三方电子商务平台的特点	第三方电子商务平台的特点描述
中立性	
开放性	
服务性	
规模性	
公平性	

（2）第三方电子商务平台的类型。

【要求】根据教材内容填写表 C-4。

表 C-4　第三方电子商务平台的类型

第三方电子商务平台的类型	第三方电子商务平台的具体类型
按服务行业范围分类	
按服务对象分类	
按服务内容分类	
按提供服务的层次分类	

拓展训练 >>>>

拓展训练 1

【目的】进一步了解我国 B2B 第三方电子商务营运商的发展状况。

【内容】通过网上搜索，找出近期我国 B2B 第三方电子商务排名前五位的营运商。

【要求】请将网上搜索的近期我国 B2B 第三方电子商务排名前五位的营运商企业名字、排名指标、主要特点等，填写在表 C-5 中。

表 C-5 中国 B2B 第三方电子商务营运商排名

第三方电子商务营运（提供）商	具体内容
第一名	
第二名	
第三名	
第四名	
第五名	
资料来源（发布单位和发布时间）：	

拓展训练 2

【目的】了解阿里巴巴 1688 网站的内容，进一步认识第三方电子商务平台的功能。

【内容】登录阿里巴巴 1688 网站，仔细观察首页的三个栏目。

【要求】单击有关按钮，将三个栏目相关内容填入表 C-6 中。

表 C-6 阿里巴巴 1688 网站首页有关栏目介绍

栏 目	内 容
单击“找货源”按钮，了解该栏目的业务范围	
单击“找工厂”按钮，了解该栏目的业务范围	
单击“找工业品”按钮，了解该栏目的业务范围	

拓展知识

1. 互联网的三种模式

互联网有三种模式：第一种是内容模式。例如，雅虎网、搜狐网、新浪网等以媒体的方式出现，以新闻信息为主要内容，又提供娱乐、聊天的场所，这类网站的收入来源是提高访问率以获取网上广告，属于“眼球经济”。第二种是社区模式。例如，关于“鞋”的、关于“钟表”的网站，满足网民的专类需求。第三种是整合模式。这种网站是为买家、卖家提供第三方服务的整合平台。它使买卖双方在网上沟通、洽谈，同时为可能达成的贸易合同提供整套的、一站式服务。整合模式对于在国内做产品外贸最为有效，因为买家（外国商家）只需要上网，卖家（国内企业）就可以依靠这类电子商务网站与其做生意，从而实现企业与电子商务网站的双赢。

2. 支付宝

支付宝是支付宝公司针对网上交易而特别推出的安全付款服务，其运作的实质是以支付宝为信用中介，在买家确认收到商品前由支付宝替买卖双方暂时保管货款的一种增值服务。支付宝的特点是在线支付，消费者不直接付钱给卖家而是付钱给支付宝，当消费者收到货品并表示满意时再通知支付宝付钱给卖家，这样可防止买家被卖家欺骗。

支付宝于 2003 年 10 月 18 日推出，经过十几年的发展，支付宝的功能不断扩大，涵盖了生活的各个方面。截至 2020 年 4 月，支付宝全球用户已超 12 亿，成为当前网上交易不可缺少的支付方式，是互联网企业的一个创举，是电子商务发展的一个里程碑，从实质上突破了长期困扰中国电子商务发展的诚信、支付、物流三大瓶颈。

3. 微信支付

微信（WeChat）是腾讯公司于 2011 年推出的一款为智能终端提供即时通信服务的免费应用程序；而微信支付是集成在微信客户端的支付功能，用户可以通过手机快速完成支付流程。微信支付以绑定银行卡的快捷支付为基础，向用户提供安全、快捷、高效的支付服务。

自 2013 年发布以来，经过多年的发展，微信支付覆盖场景不断扩大，使用人数急速上升，截至 2018 年年初，微信支付绑卡用户已超过 8 亿，与支付宝共同成为当前移动支付领域的“两大霸主”。

学习评价 ››››

序　号	知识点和实践项目名称	能准确阐述或能独立完成（优）	能阐述或能合作完成（良）	能大致阐述或能基本完成（合格）	不能阐述或不能完成（不合格）	备　注
1	第三方电子商务					
2	第三方电子商务平台					
3	概念地图					
4	案例评析					
5	判断题					
6	单项选择题					
7	多项选择题					
8	填图表题					

（续）

序　号	知识点和实践项目名称	能准确阐述或能独立完成（优）	能阐述或能合作完成（良）	能大致阐述或能基本完成（合格）	不能阐述或不能完成（不合格）	备　注
9	拓展训练 1					
10	拓展训练 2					

教师评语：

教师签字：　　　　年　　月　　日

教师评分		学生签字	

D　电子支付系统学习指导工作页

拓展体验 ››››

目的：通过与电子商务的零距离接触，掌握采用电子支付方式进行网上购物的操作方法和技巧。

内容：在网上购买一件心仪的、廉价的商品，采用网上支付的方式。

要求：

（1）在课堂或课外，以独立形式或小组合作形式完成。支付工具可以使用个人网上银行或各种银行卡。

（2）按表 D-1 的要求填入有关内容，并按表 D-2 的要求对操作方法和技巧的掌握程度进行评价。

（3）等收到商品后，把采用网上支付方式进行网上购物的新体验在班上进行交流。

表 D-1　网上支付体验报告

选定网上商城的地址（网址）：	支付工具：
选购商品名称：	选购商品价格：
网上购物步骤：	
与实体商店购物相比，采用网上支付方式进行网上购物的新体验是： 年　　月　　日	

表 D-2 网上购物体验活动评价表

评价项目	分值/分	自我评价	小组评价	教师评价	标准
查询网上商品信息（选定商品）	20				熟练掌握：85～100 分 基本掌握：75～84 分 部分掌握：60～74 分 没有掌握：60 分以下
网上购买商品（下订单）	20				
更改商品信息（更改订单）	20				
撤销订单	10				
电子支付	30				
合计	100				

案例评析

郭先生打算买一台笔记本电脑，他为此犹豫了很长时间，因为尽管市场上笔记本电脑的价格一降再降，但是对他来说这依然是一笔不小的开支。这天，郭先生在联想集团网站发现了一条信息，得知可以免息分期付款购买笔记本电脑。这样他每个月只需通过自己的招商银行信用卡转账 1 000 元，就可以拥有一台价值为 6 000 元的商务笔记本电脑了，并且这些手续都可以在线办理。郭先生随即在网上下了订单，几天以后，商品就送到了他的家中。郭先生感慨道："这种销售方式真是太灵活、太方便了。"

【问题】

结合案例，试分析联想集团为什么能开拓市场，提高销售业绩。

巩固练习

1. 判断题（正确的打"√"，错误的打"×"）

（1）支付是指将资金从收款人转移到付款人的行为，包括在商品交易、证券交易和货币交易中交易双方的资金往来。（　　）

（2）电子支付是指单位、个人直接或授权他人通过电子终端发出支付指令，实现货币支付与资金转移的行为。（　　）

（3）现金的特点是不需要任何机构作为中介就可以立即转换，不记名，可携带，持有者可获得即时购买力。现金支付通常适合于大额交易。（　　）

（4）移动支付是使用移动设备，通过无线方式完成支付行为的一种新型的支付方式。移动支付所使用的移动终端可以是手机、移动 PC 和固定电话等。（　　）

（5）电子货币（Electronic Money 或 E-money）是指一种使用电子数据信息，通过计算机及通信网络进行金融交易的货币，也称电子通货、数字现金、数码通货、电子现金等。（ ）

（6）电子钱包（Electronic Wallet）是指一个可以由持卡人用来进行安全电子交易和储存交易记录的软件，就像生活中随身携带的钱包一样。电子钱包有两层含义：一是纯粹的软件，主要用于网上消费、账户管理；二是小额支付的智能储值卡，交易时直接从储值账户中扣除交易金额。（ ）

（7）银行卡是指由金融机构中的银行发布的具有金融货币流通功能的信用卡。（ ）

（8）第三方电子支付服务商是指中立于网上交易双方的，中立于电子商务企业与银行的，自行建立支付平台连接交易双方，连接电子商务企业与银行，提供网上购物资金划拨渠道的独立法人。（ ）

（9）第三方电子支付平台与第三方电子商务平台是同一个平台。（ ）

（10）第三方电子支付平台既不是银行投资的，也不是为了给自身经营提供支付服务的，而是给互联网中的大量企业与个人提供支付服务的平台。（ ）

2. 单项选择题（请将正确选项的代号填在括号中）

（1）支票是指由出票人签发，委托办理支票存款业务的银行或者其他金融机构在见票时无条件支付确定的金额给收款人或持票人的票据。如果（ ），则这种支票被称为空头支票，出票人要负法律上的责任。

A. 存款大于支票金额　　B. 存款低于支票金额

C. 存款小于支票金额　　D. 前三者都是

（2）货币是指由国家法律确定的、被广泛接受的、充当一般等价物的金融资产。货币的表现形式经历了五次重大变革，其先后顺序是（ ）。

A. 电子货币→实物货币→金属货币→纸质货币→信用货币

B. 信用货币→电子货币→实物货币→金属货币→纸质货币

C. 纸质货币→信用货币→电子货币→实物货币→金属货币

D. 实物货币→金属货币→纸质货币→信用货币→电子货币

（3）网上银行常用的电子支付方式可分为三大类：电子现金支付方式、银行卡支付方式、电子支票支付方式。属于电子现金支付方式的有（ ）。

A. 现金、支票、银行转账等

B. 智能卡、借记卡、购物卡、信用卡等

C. 电子支票、电子汇款、电子划款等

D. 电子现金、电子钱包等

（4）网上银行有两种类型：一种是完全依赖于互联网的无形电子银行，即虚拟银行；另一种是在现有传统银行的基础上，利用互联网开展传统银行业务交易服务的有形电子银行。（　　）属于第一种类型。

A. 中国工商银行的企业网上银行

B. 中国建设银行的个人网上银行

C. 微众银行

D. 支付宝公司

（5）从事第三方电子支付的非银行金融机构被称为第三方电子支付服务商，不属于第三方电子支付服务商的有（　　）。

A. 支付宝（中国）网络技术有限公司

B. 阿里巴巴（中国）网络技术有限公司

C. 腾讯公司（财付通）

D. 快钱公司

（6）第三方电子支付业务属于（　　）的范畴。

A. 银行类金融业务　　B. 非银行类商家业务

C. 非银行类金融业务　　D. 前三者都不是

（7）第三方电子支付的最大特点是支付的（　　）。

A. 便利性和安全性　　B. 私密性与标准化

C. 互动性与持续性　　D. 不受时间、空间限制

3. 多项选择题（每题的备选答案中有两个或两个以上符合题意的答案，请将正确选项的代号填在括号中）

（1）传统支付系统是指以手工操作为主，以银行的金融专用网络为核心，通过传统的通信方式来进行凭证的传递，从而实现货币支付结算的系统。传统的支付方式主要有（　　）等。

A. 现金　　B. 支票　　C. 银行转账　　D. 电话支付

（2）根据电子支付指令发起方式的不同，电子支付可分为（　　）和其他电子支付。

A. 网上支付　　B. 电话支付

C. 移动支付　　D. 销售点终端交易、自动柜员机交易

（3）在虚拟世界中，具有网上银行功能并属于银行类金融业务的支付方式有（　　）。

A. 电子货币支付方式　　B. 第三方电子支付方式

C. 电子支票支付方式　　D. 银行卡支付方式

（4）网上银行与传统银行相比，具有（　　）等方面的优势。

A. 有助于降低经营成本　　B. 具有互动性与持续性服务

C. 业务全球化　　D. 提供私密性与标准化服务

（5）电子支付系统安全性的基本要求包括（　　）。

A. 保密性　　B. 完整性

C. 身份认证　　D. 抗否认性

（6）电子货币功能主要有（　　）。

A. 转账结算功能　　B. 储蓄功能

C. 兑现功能　　D. 消费贷款功能

（7）网上银行与传统银行相比，主要有（　　）特点。

A. 实现交易无纸化、业务无纸化和办公无纸化

B. 运营成本低

C. 无时空的限制

D. 提供个性化服务

（8）目前，银行卡的主要品种有（　　）等多种，其中信用卡是最主要的、使用最广泛的一种银行卡。

A. 智能卡　　B. 借记卡　　C. 信用卡　　D. 储值卡

（9）第三方电子支付的实质是（　　）。

A. 以其信用为中介

B. 收款人和付款人不直接进行交易结算而通过第三方支付

C. 中立于网上交易双方

D. 中立于电子商务企业与银行

4. 填图表题

（1）电子货币和银行卡种类。

【要求】根据教材内容填写表D-3。

表D-3　电子货币和银行卡的种类

类　型	具体种类
电子货币	
银行卡	

（2）支付系统的类型。

【要求】根据教材内容填写表D-4。

表 D-4 支付系统的类型

类　型	具体支付方式的种类
传统支付方式	
电子支付方式	根据电子支付指令发起方式的不同，可分为：
	根据电子支付是否通过银行业金融机构交易支付，可分为：

拓展训练 ››››

拓展训练 1

【目的】进一步了解我国第三方电子支付的发展状况。

【内容】通过网上搜索，找出近期我国第三方电子支付（交易额）排名前五位的营运商。

【要求】请将网上搜索的近期我国第三方电子支付排名前五位的营运（提供）商公司名称、支付平台名称、平台最主要的特点等，填写在表 D-5 中。

表 D-5 国内第三方电子支付平台运营商排名

序　号	公 司 名 称	支付平台的名称	平台最主要的特点
1			
2			
3			
4			
5			

拓展训练 2

【目的】通过对近三年我国网民网上购物、网上支付主要指标的调查，进一步了解和认识我国电子支付市场的发展变化。

【内容】搜索近三年我国网民网上购物、网上支付的人数规模和比例。

【要求】采用关键词“中国互联网发展状况报告”的搜索方法，将搜索结果填入表 D-6 中。

表 D-6 我国网民网上购物、网上支付的人数规模和比例

时　间	我国网民人数 / 亿人	我国网民网上购物		我国网民网上支付	
		人数规模 / 亿人	比例（%）	人数规模 / 亿人	比例（%）
2018 年年底					
2019 年年底					
2020 年年底					

拓展知识

1. IC 卡

IC（Integrate Circuit）卡是集成电路卡的意思，是一种内藏大规模集成电路的塑料卡片，其大小和原来的磁卡电话使用的磁卡大小相同。IC 卡通常可分为存储卡、加密卡和智能卡三类，存储卡是可以直接对其进行读、写操作的存储器，加密卡在存储卡的基础上增加了读、写加密功能，对加密卡进行操作时必须首先核对卡中的密码，密码正确才能进行正常操作，智能卡带有微处理器（CPU），同时也被称作 CPU 卡。

2. 马太效应

马太效应（Matthew Effect），是指好的越好、坏的越坏、多的越多、少的越少的一种现象。马太效应揭示了一个不断增长个人和企业资源的需求原理，关系到个人的成功和生活幸福，因此它是影响企业发展和个人成功的一个重要法则。

3. 个性化定制服务

个性化定制服务是满足网民个性需求的服务。个性化定制网站针对每个人的不同需求，为其提供独一无二的礼品、用品或服务。买方可以获得自己喜爱的个性化用品，卖方可以出售自己的创意，网站则充当个性化的电子商务平台，这就是个性化定制网站的商务模式。“定制”是时尚的一个轮回，或者说是旧时的一个传承。今天，互联网为满足个性化定制服务提供了最便捷的平台，使许多时尚和个性需求能梦想成真。

学习评价

序　号	知识点和实践项目名称	能准确阐述或能独立完成（优）	能阐述或能合作完成（良）	能大致阐述或能基本完成（合格）	不能阐述或不能完成（不合格）	备　注
1	支付和支付系统					
2	电子支付					
3	电子货币					
4	电子钱包					
5	网上银行					
6	第三方电子支付					
7	概念地图					
8	案例评析					
9	判断题					
10	单项选择题					
11	多项选择题					
12	填图表题					
13	拓展训练 1					
14	拓展训练 2					

教师评语：

教师签字：　　　　　　年　　月　　日

教师评分		学生签字	

E　物流支撑体系学习指导工作页

拓展体验

目的：加强体验式学习，激发学习专业知识的兴趣，从而增强学生的自信。

内容：查询物流企业的基本情况。

要求：在完成主教材要求的体验活动的基础上，以模拟客户的身份了解另外两家物流企业的情况，并将选择物流企业的决策依据和收集的信息填入表E-1中。按表E-2的要求，对操作方法和技巧的掌握程度进行评价。

表E-1 物流企业基本情况调查

内　容		
网　址		
网站的主要功能		
企业成立时间		
企业所在地		
所属行业		
主要经营内容		
提供的主要服务		
业务覆盖范围		
发展或荣誉（至少三条）		
企业新闻（至少两条）		

表 E-2 物流企业基本情况调查评价表

评价项目	分值/分	自我评价	小组评价	教师评价	标准
进入企业网站	10				熟练掌握：85～100 分 基本掌握：75～84 分 部分掌握：60～74 分 没有掌握：60 分以下
企业基本情况	10				
企业主营业务	20				
产品（服务）类型	20				
具体产品详细介绍	20				
业务网点	10				
企业特点	10				
合　计	100				

案例评析

宝洁公司是世界最大的日用消费品生产企业。1992 年，宝洁公司进入中国市场，并在广东地区建立了大型生产基地。对于刚刚进入中国市场的宝洁公司来说，产品能否及时、快速地运送到全国各地是其能否迅速抢占中国市场的重要因素。宝洁公司为了节省运输成本，在公路运输之外，还在寻求着铁路解决方案，其具有运输物流服务的需求。

作为日用消费品生产企业，宝洁公司的物流服务需求对响应时间、服务可靠性以及质量保护体系具有很高的要求。根据物流服务需求和服务要求，进入宝洁公司视野的物流企业主要有两类，分别是占据物流行业主导地位的国有企业和民营储运企业。经过调查评估，宝洁公司认为当时国有物流企业业务单一，要么只管仓库储存，要么只负责联系铁路运输，而且储存的仓库设备落后，质量保护体系不完善，运输中应用的信息技术落后，员工缺乏服务意识，响应时间和服务可靠性得不到保证。于是，宝洁公司把目光投向了民营储运企业。

在筛选第三方物流企业时，宝洁公司发现宝供承包铁路货运转运站（以下简称宝供）以“质量第一、顾客至上、24 小时服务”的经营特色，提供“门到门”的服务。于是，宝洁公司将物流需求建议书提交给宝供，对宝供的物流能力和服务水平进行试探性考察。

围绕着宝洁公司的物流需求，宝供设计了业务流程和发展方向，制订了严格的流程管理制度，对宝洁公司的产品“呵护倍至”，达到了宝洁公司的要求。同时，宝供长期、良好合作的愿望以及认真负责的合作态度，受到了宝洁公司的欢迎，使得宝供顺利通过了考察。宝洁公司最终选择了宝供作为自己的合作伙伴，双方签订了铁路运输的总代理合同，开始了正式的合作。

【问题】

1. 结合案例，试分析宝洁公司初入中国市场为何不建立自己的物流体系，而要选择第三方物流企业作为其合作伙伴。

2. 结合案例，试分析宝洁公司在物色合作伙伴时为何放弃“块头”大的国有物流企业，而选择了私营的宝供作为其合作伙伴，宝供的优势体现在哪些方面。

巩固练习

1. 判断题（正确的打“√”，错误的打“×”）

（1）物流是指为满足用户需求，对原材料、中间库存、最终产品及相关信息从产地到消费地的高效率、低成本流动和存储而进行的计划、管理、控制过程。（　）

（2）综合物流的作用领域以商品的销售作为主要对象，完成将生产的商品送交消费者的过程中所发生的各种活动，包括企业内部原材料的接收、保管，产成品的接收和保管，工厂或物流中心的运输等。（　）

（3）现代物流包含了产品从“生”到“死”的整个物理性的流通全过程。（　）

（4）传统物流与现代物流的区别之一表现在传统物流只提供简单的位移，现代物流则提供增值服务。（　）

（5）传统物流无统一的服务标准，现代物流实施标准化服务。（　）

（6）第三方物流又称为合同制物流，是指生产经营企业为集中精力搞好主业，把原来属于自己处理的物流活动，以合同方式委托给专业物流服务企业，同时通过信息系统与物流服务企业保持密切联系，以达到对物流全程的管理和控制的一种物流运作与管理方式。（　）

（7）传统物流企业是站在货主的立场上，以货主企业的物流合理化为设计物流系统的目标。（　）

（8）与传统的运输服务相比，第三方物流企业的利润来源与客户的利益是一致的，其利润来源于与客户一起在物流领域创造的新价值。（　）

（9）搬运作业是将不同形态（如散装、包装或整体）的原料、半成品或成品，在平面或垂直方向加以提起、放下或移动，最终使货品适时、适量地移至适当的位置或场所存放。（　）

（10）生产企业退货物流是指与已采购但验收不合格的原材料和零部件退货，以及已售出的商品退货有关的运输、验收和保管等物流活动。（　　）

（11）配送中心是指从事货物配备（即集货、加工、分货、拣选、配货）和组织对客户的送货，以高水平实现销售和供应服务的现代流通设施。（　　）

（12）物流配送中心由于所配送的货物不同，配送中心的规划方向就有可能完全不同。（　　）

（13）区域配送中心往往和零售经营相结合。由于运距短、反应能力强，因而从事多品种、少批量、多客户的配送较有优势。（　　）

（14）流通营销是配送中心的一个重要功能。在现代化的工业时代，各项信息媒体的发达及商品品质的稳定，使得许多直销业者利用配送中心，通过有线电视或互联网等配合进行商品营销。（　　）

2. 单项选择题（请将正确选项的代号填在括号中）

（1）“物流”这一名词最早出现于（　　）。

A. 英国　B. 美国　C. 法国　D. 中国

（2）“物流”这一概念于（　　）被引入我国。

A. 20世纪80年代初

B. 20世纪70年代末

C. 20世纪80年代末90年代初

D. 20世纪70年代末80年代初

（3）（　　）是指将信息、运输、仓储、库存、装卸搬运以及包装等物流活动综合起来的一种新型的集成式管理，其任务是尽可能降低物流的总成本，为消费者提供最好的服务。

A. 传统物流　B. 第三方物流

C. 综合物流　D. 现代物流

（4）（　　）是指物质实体（商品或服务）的流动过程，如商品的储存、保管、配送、运输、装卸、信息管理等活动。

A. 信息流　B. 物流

C. 商流　D. 资金流

（5）现代物流业的发展方向是（　　）。

A. 信息化　B. 全球化

C. 一流的服务　D. 多功能化

（6）现代物流业发展的必由之路是（　　）。

A. 信息化　B. 全球化

C. 一流的服务　D. 多功能化

（7）（　　）位于生产企业生产活动的开始，其作用的好坏将影响到整个生产活动的结果。

A. 销售物流　　B. 退货物流和废弃物与回收物流

C. 厂内物流　　D. 采购物流

（8）（　　）包括商品出库并运输到总店的销售现场上柜或各分店及连锁店进行销售，以及从总店向其他商业企业的调拨运输。

A. 商业企业采购物流　　B. 商业企业销售物流

C. 商业企业退货物流　　D. 商业企业内部物流

（9）（　　）包括通过型或转运型配送中心，基本上没有长期储存的功能，是仅以暂存或随进随出的方式进行配货和送货的配送中心。

A. 储存型配送中心　　B. 流通型配送中心

C. 加工型配送中心　　D. 城市配送中心

（10）（　　）配送中心的物品来自各制造商，它所进行的一项重要的活动是对物品进行汇总和再销售，而它的全部进货和出货都是社会配送的，社会化程度高。

A. 制造商型配送中心　　B. 批发商型配送中心

C. 零售商型配送中心　　D. 专业物流配送中心

（11）根据（　　），可以将配送中心分为食品配送中心、日用品配送中心、医药品配送中心、化妆品配送中心、家电品配送中心、电子产品配送中心等。

A. 配送中心的服务范围　　B. 配送中心的设立者

C. 配送货物的属性　　D. 配送中心的功能

3. 多项选择题（每题的备选答案中有两个或两个以上符合题意的答案，请将正确选项的代号填在括号中）

（1）虽然物流的定义尚未统一，但不论哪种定义，都包括了物流的（　　）特点。

A. 交易双方进行交易的内容被第三方窃取

B. 物流管理的目标是为了达到一定的客户服务水平

C. 物流是一个计划、管理、控制的过程

D. 物流是一种管理的理念和方法

（2）物流的发展大致经历了（　　）阶段。

A. 传统物流　　B. 第三方物流

C. 综合物流　　D. 现代物流

（3）综合物流的作用领域包括企业运营中（　　）过程。

A. 原材料采购　　B. 商品生产、商品销售

C. 传统物流　　D. 多余材料的回收及生产废弃物的处理

（4）现代物流作为一种先进的组织方式和管理技术，一般包括（　　）。

A. 物流活动　B. 物流作业　C. 物流技术　D. 物流管理

（5）根据国外物流发展情况而言，现代物流的主要特征可以归纳为（　　）等。

A. 功能模块集成化、服务功能系列化

B. 响应时间快速化、作业操作规范化

C. 物流目标系统化、实施手段现代化

D. 物流组织网络化、经营手段市场化

（6）电子商务对现代物流业的影响，主要体现在（　　）等。

A. 电子商务改变了传统的物流观念

B. 电子商务改变了物流的运作方式

C. 电子商务将改变物流企业的经营形态

D. 电子商务对物流人才提出了更高的要求

（7）第三方物流的经济价值表现在（　　）等方面。

A. 成本价值　B. 服务价值

C. 社会价值　D. 有助于缓解城市交通压力

（8）生产企业物流可以细分为（　　）等物流活动。

A. 生产企业采购物流

B. 生产企业退货物流和生产企业废弃物与回收物流

C. 生产企业内部物流

D. 生产企业销售物流

（9）商业企业的物流活动具体包括（　　）。

A. 商业企业采购物流　B. 商业企业销售物流

C. 商业企业退货物流　D. 商业企业内部物流

（10）按配送中心的设立者分类，可分为（　　）。

A. 制造商型配送中心　B. 批发商型配送中心

C. 零售商型配送中心　D. 专业物流配送中心

（11）配送中心重视商品流通的全方位功能，具有（　　）功能。

A. 商品储存保管　B. 流通营销

C. 分拣配送　D. 流通加工及信息提供

拓展训练 ››››

【目的】加深理解物流是电子商务实施的保证。

【内容】了解李宁运动品公司物流配送的特点与优势。

【要求】使用百度等搜索引擎，上网查找有关李宁运动品公司物流配送方面的信息，整理形成一个关于李宁运动品公司物流配送特点的调查报告。

拓展知识

1. 供应链及供应链管理

供应链也称物流网络，是围绕核心企业，通过对信息流、物流、商流、资金流的控制，从采购原材料开始，以至制成中间产品和最终产品，到由销售网络把产品送到消费者手中，将供应商、制造商、分销商、零售商、客户连成一个整体的功能网络结构模式。它是一个范围更广的企业结构，包含所有加盟的节点企业，从原材料的供应开始，经过链中不同企业的加工制造、包装、销售等过程，最后将产品送到客户手中。

供应链管理是在满足服务水平需要的同时，为了使得系统成本最小而采用的把供应商、制造商、仓库和零售商有效地结合成一体来生产商品，并把需要数量的商品在需要的时间配送到需要的地点的一套方法。

2. 我国物流企业类型

我国现有物流企业的类型，大致可以分为以下几类：

（1）中央直属的专业性物流企业，即专营生产资料的物资储运总公司和外运总公司。仓储作业主要针对系统内部，因此商流与物流分离，受行政控制。

（2）地方专业性物流企业，即地方商业系统的储运公司及粮食仓储系统，完全受当地行政领导。

（3）兼营性物流企业，即集物流与商流为一体的物流企业，所占比例大且数量正在不断增多。

3. 第三方利润源

第三利润源是日本早稻田大学教授、日本物流成本学说的权威学者西泽修先生于1970年提出来的。从历史发展来看，人类历史上有三个大量提供利润的领域，即利润源。

（1）第一个是资源领域，主要依靠降低物耗来获得利润。资源领域起初是以廉价原材料的掠夺来获得利润，其后则是依靠科技进步、节约消耗、综合利用、回收利用乃至大量人工合成资源而获取高额利润，习惯上称之为“第一个利润源”。

（2）第二个是人力领域，主要靠提高劳动生产率来获得利润。人力领域最初是以廉价劳动力来获得利润，其后则是依靠科技进步提高劳动生产率，降低人力消耗从而降低成本来增加利润，这个领域习惯上被称作“第二个利润源”。

（3）第三个是物流领域，在前面两个利润源潜力越来越小，利润开拓越来越困难的情况下，物流领域的潜力逐渐被人重视，可称之为“第三个利润源”。很多企业日益重视物流成本的降低，物流效益的提升。于是，出现了日本早稻田大学西泽修教授提出的“第三利润源”。

学习评价 >>>>

序号	知识点和实践项目名称	能准确阐述或能独立完成（优）	能阐述或能合作完成（良）	能大致阐述或能基本完成（合格）	不能阐述或不能完成（不合格）	备注
1	物流					
2	现代物流					
3	第三方物流					
4	物流企业					
5	配送中心					
6	概念地图					
7	案例评析					
8	判断题					
9	单项选择题					
10	多项选择题					
11	拓展训练					

教师评语：

教师签字：　　　　年　　月　　日

教师评分		学生签字	

F　电子商务安全学习指导工作页

拓展体验 >>>>

目的： 通过申请数字证书，进一步理解电子商务安全认证技术。

内容： 申请天威诚信数字认证中心（https://www.itrus.cn）免费数字证书。

要求： 以独立形式或小组合作形式完成。按表 F-1 的要求填入有关内容。按表 F-2 的要求，对操作方法和技巧的掌握程度进行评价。

表 F-1 发送签名邮件体验报告

<table>
<tr><td colspan="3">申请网址：</td></tr>
<tr><td>申请、安装试用型个人数字证书</td><td>申请数字证书的操作步骤
（1）
（2）
（3）
（4）
（5）
（6）
（7）
（8）
（9）
（10）
（11）
（12）
（13）
（14）
（15）</td><td>试用型个人数字证书信息
身份识别码（PIN）：
证书信息：
证书的目的：
颁发给：
颁布者：
有效起始日期：</td></tr>
<tr><td>在 Outlook Express 中设置账户及数字证书</td><td>设置数字证书的操作步骤
（1）
（2）
（3）
（4）
（5）
（6）
（7）
（8）
（9）
（10）
（11）</td><td>邮箱设置信息
显示名：
电子邮箱地址：
电子邮箱服务器名：
接收服务器（类型）：
接收邮件服务器：
发送邮件服务器：</td></tr>
<tr><td>发送具有数字签名的电子邮件</td><td>操作步骤
（1）
（2）
（3）
（4）
（5）</td><td></td></tr>
</table>

表 F-2　发送签名邮件活动评价表

评价项目	分值/分	自我评价	小组评价	教师评价	标　准
申请数字证书	30				熟练掌握：85～100分 基本掌握：75～84分 部分掌握：60～74分 没有掌握：60分以下
安装数字证书	30				
设置数字证书	20				
发送签名邮件	20				
合　计	100				

案例评析 ››››

网上银行案件频发　专家提醒信息安全

2020年5月27日，楚天都市报道了一则新闻：卡未离身，卡里的十几万元却被刷走了。家住永清街的武汉市民梁女士反映，自己收到银行卡扣款通知短信，称其对外转账了1万元。“银行卡一直在我自己手上，没给别人转过钱，怎么会收到这样的短信？”梁女士来到开卡行查询，确认1万元的确已通过手机银行渠道被转走。工作人员表示，应该是梁女士的手机银行账户密码泄露，给了不法分子可乘之机。工作人员建议其尽快修改密码，并向警方报案。

有专家建议，消费者须注意不要把自己的手机钱包载体（例如SIM卡、SD卡、手机等）交给他人使用。同时，消费者须注意妥善保管个人身份信息、银行卡信息、各类金融服务密码、验证码和电子令牌等；通过正规和安全的渠道下载金融服务类应用软件，谨慎连接不明网络热点或点击网站链接；定期修改金融业务中的各类密码，并提高密码复杂程度，加强密码安全性。

【问题】

1. 结合案例，对于网上银行的安全性，您有何见解？您认为是否存在需要增强的环节或内容？

2. 结合案例和教材所讲解的内容，谈谈您对网上信息安全的认识和建议。

巩固练习

1. **判断题**（正确的打“√”，错误的打“×”）

（1）电子商务的交易信息在网络传输的过程中，可能被他人非法拦截、修改、删除或被多次使用，这样就使信息失去了真实性和完整性。（　　）

（2）信息破坏是指攻击者假冒合法用户或发送假冒信息来欺骗其他用户，以达到自己不可告人的目的。（　　）

（3）计算机网络安全与商务交易安全实际上是密不可分的，两者相辅相成，缺一不可。（　　）

（4）电子商务的安全性首先依托于法律、法规和相关的政策，这是最根本的基础。（　　）

（5）认证中心又称为数字证书认证中心，作为电子商务交易中受信任的第三方，专门解决公钥体系中公钥的合法性问题。（　　）

（6）CA 服务器是整个证书机构的核心，负责证书的签发。（　　）

（7）LDAP 服务器是认证机构中的核心部分，用于对认证机构中的数据（如密钥和用户信息等）、日志和统计信息的存储和管理。（　　）

（8）在私钥加密系统中，收信方和发信方使用相同的密钥，即加密密钥和解密密钥是相同或等价的。（　　）

（9）私钥加密算法中密钥的传递和管理比较困难，对于大型网络，当用户群很大、分布很广时，密钥的分配和保存就成了问题。（　　）

（10）公钥加密算法不仅可以作为加密算法使用，而且可以用作数字签名和对私钥加密的密钥，它是目前最好的现代加密算法。（　　）

（11）信息认证的目的有两个：一是确认信息发送者的身份；二是验证信息的完整性，即确认信息在传送或存储过程中未被篡改过。（　　）

（12）生物特征法是基于物理特征或行为特征自动识别人员的一种方法，其优点是严格依据人的物理特征并且不依赖任何能被复制的文件或可被破解的口令。（　　）

（13）防火墙是一种将内部网和公众网（如 Internet）分开的方法。它能限制被保护的网络与互联网之间，或者与其他网络之间进行的信息存取、传递等操作。（　　）

2. **单项选择题**（请将正确选项的代号填在括号中）

（1）电子商务安全从整体上可分为两大部分：计算机网络安全和（　　）。

A. 商务交易安全　　B. 网上信息安全

C. 网上交易安全　　D. 资金支付安全

（2）（　　）又称数字证书注册审批机构，负责证书申请者的信息录入、审核以及证书发放等工作。

A. CA　　B. DA　　C. RA　　D. PKI

（3）（　　）面向普通用户，用于提供证书申请、浏览证书撤销列表以及证书下载等安全服务。

A. 安全服务器　　B. 注册机构

C. CA 服务器　　D. LDAP 服务器

（4）（　　）服务器面向登记中心操作员，在认证中心体系结构中起着承上启下的作用。

A. 安全服务器　　B. 注册机构

C. CA 服务器　　D. LDAP 服务器

（5）（　　）提供目录浏览服务，负责将注册机构服务器传输过来的用户信息以及数字证书加入到服务器上。

A. 安全服务器　　B. 注册机构

C. CA 服务器　　D. LDAP 服务器

（6）（　　）也称对称加密算法，是指加密密钥和解密密钥为同一密钥的密码算法。

A. 私钥加密算法　　B. 数字证书

C. 综合加密算法　　D. 公钥加密算法

（7）（　　）的优点是计算开销小、加密速度快、保密强度高，是目前用于信息加密的主要算法。

A. 公钥加密算法　　B. 数字证书

C. 综合加密算法　　D. 私钥加密算法

（8）（　　）也称非私钥加密算法，是指加密密钥和解密密钥为两个不同密钥的密码算法。

A. 公钥加密算法　　B. 私钥加密算法

C. 综合加密算法　　D. 数字证书

（9）（　　）的优点是可以适应网络的开放性要求，密钥分配协议简单。

A. 综合加密算法　　B. 私钥加密算法

C. 公钥加密算法　　D. 数字证书

（10）（　　）是各类实体（如持卡人 / 个人、商户 / 企业、网关 / 银行等）在网上进行信息交流及商务活动的身份证明。

A. 数字签名　　B. 数字摘要　　C. 数字证书　　D. 数字信封

（11）（　　）是采用单向哈希函数对文件中若干重要元素进行某种变换运算得到固定长度的摘要码。

A. 数字签名　　B. 数字摘要　　C. 数字证书　　D. 数字信封

（12）（　　）是用户用自己的私钥对原始数据的哈希摘要进行加密所得的数据。

A. 数字签名　B. 数字摘要　C. 数字证书　D. 数字信封

（13）（　　）是计算机网络安全技术的重要组成部分之一，它的目的是证实被识别对象是否属实和是否有效。

A. 病毒防范技术　B. 身份识别技术

C. 防火墙技术　D. 虚拟专用网技术

（14）（　　）是个人持有物，它的作用类似于钥匙，用于启动电子设备，其上记录着用于机器识别的个人信息。

A. 口令　B. 生物特征法　C. 标记法　D. 数字证书

（15）（　　）是用于互联网电子交易的一种专用网络，它可以在两个系统之间建立安全的通道，非常适合电子数据交换。

A. 病毒防范技术　B. 身份识别技术

C. 防火墙　D. 虚拟专用网识别

3. 多项选择题（每题的备选答案中有两个或两个以上符合题意的答案，请将正确选项的代号填在括号中）

（1）信息泄露在电子商务中主要表现为商业机密的泄露，主要包括（　　）。

A. 交易双方进行交易的内容被第三方窃取

B. 交易双方的信息不一致

C. 使用的文件被第三方非法使用

D. 使用的文件被改变

（2）电子商务面临的安全问题主要表现在（　　）几个方面。

A. 信息泄露　B. 信息被篡改

C. 信息假冒、信息破坏　D. 交易抵赖

（3）电子商务的安全要求主要体现在（　　）几个方面。

A. 信息的机密性、完整性　B. 交易的不可抵赖性

C. 交易双方身份的真实性　D. 信息的有效性

（4）认证中心的功能有（　　）。

A. 证书发放　B. 证书更新　C. 证书撤销　D. 证书验证

（5）认证中心主要由（　　）等部分构成。

A. 安全服务器　B. 注册机构

C. CA 服务器　D. LDAP 服务器和数据库服务器

（6）按照双方收发的密钥是否相同可将算法划分为（　　）。

A. 私钥加密算法　B. 数字证书

C. 综合加密算法　D. 公钥加密算法

（7）电子商务安全认证技术主要有（　　　　）等。

A. 数字证书　　B. 数字摘要　　C. 数字时间戳　　D. 数字签名

（8）目前，在电子商务交易中使用最广泛的安全协议有（　　　　）。

A. SET 协议　　B. TCP/IP 协议

C. IPX/SPX 协议　　D. SSL 协议

（9）常用的计算机网络安全技术主要有（　　　　）等。

A. 病毒防范技术　　B. 身份识别技术

C. 防火墙技术　　D. 虚拟专用网技术

（10）防火墙的作用有（　　　　）。

A. 保护数据的完整性　　B. 保护网络的有效性

C. 保护用户的人身安全　　D. 保护数据的机密性

拓展训练 >>>>

【目的】加深理解电子商务安全认证技术的具体应用。

【内容】登录沃通数字证书在线申请系统（https://buy.wosign.com），申请免费数字证书。

【要求】申请免费数字证书，并参照教材上有关数字证书的应用发送带有数字签名的电子邮件。具体内容填写在表 F-3 中。

表 F-3　数字证书申请与应用记录表

项　目	结果记录
数字证书申请信息	证书业务受理号： 姓名： 省份： 城市： E-mail：
设置邮箱	邮箱地址： 电子邮箱服务器名： 接收服务器（类型）：

（续）

项　目	结果记录
设置邮箱	接收邮件服务器： 发送邮件服务器：
发送邮件	收件人邮箱地址： 邮件主题： 发送是否成功：
问题记录及解决方法	问题 1： 解决方法： 问题 2： 解决方法： 问题 3： 解决方法：

拓展知识 >>>>

1. 我国认证中心的现状

为促进电子商务的顺利开展，一些行业已建成了自己的一套 CA 体系，如中国电信认证中心（CTCA）、中国金融认证中心（CFCA）等；还有一些行政区域也建立了或正在建立区域性的 CA 体系，如上海市数字证书认证中心（SHECA）、广东省数字证书认证中心（GDCA）、云南省数字证书认证中心（YNCA）等。

2. 数字证书的类型

从数字证书使用对象的角度来划分，目前的数字证书类型主要包括个人身份证书、企业或机构身份证书、支付网关证书、服务器证书、企业或机构代码签名证书、安全电子邮件证书、个人代码签名证书。

3. 防火墙

防火墙是一个由软件和硬件设备组合而成的，在内部网和外部网之间、专用网与公共网之间的界面上构造的保护屏障，是一种获取安全性方法的形象说法。它是一种计算机硬件和软件的结合，使互联网与企业内部网之间建立起一个安全网关（Security Gateway），从而保护企业内部网免受非法用户的侵入。防火墙主要由服务访问规则、验证工具、包过滤和应用网关四个部分组成。防火墙是一个位于计算机和它所连接的网络之间的软件或硬件（硬件防火墙较少使用，国防部以及大型机房等地才用，因为它价格昂贵）。计算机流入、流出的所有网络通信均要经过防火墙。

学习评价 ››››

序　号	知识点和实践项目名称	能准确阐述或能独立完成（优）	能阐述或能合作完成（良）	能大致阐述或能基本完成（合格）	不能阐述或不能完成（不合格）	备　注
1	认证中心					
2	加密					
3	私钥加密算法					
4	公钥加密算法					
5	数字证书					
6	计算机病毒					
7	概念地图					
8	案例分析					
9	判断题					
10	单项选择题					
11	多项选择题					
12	拓展训练					

教师评语：

教师签字：　　　　年　　月　　日

教师评分		学生签字	

G　电子商务法规与职业道德学习指导工作页

拓展体验 ››››

目的：通过拓展体验活动，提高电子商务专业技能，激发学习专业的兴趣，从而增强学生的自信。

内容：在网上购买能力范围之内且喜欢的商品，并采用支付宝付款。

要求：把网上采购的操作过程填入表G-1，并按表G-2的要求，对操作方法和技巧的掌握程度进行评价。

表G-1　网上采购体验报告

选定网上交易平台（网址）：	
小组成员：	
选购商品名称：	选购商品价格及数量：
网上采购步骤：	
与个人网上购物体验活动相比，网上采购的新体验是： 年　月　日	

表G-2　网上采购体验活动评价表

评价项目	分值/分	自我评价	小组评价	教师评价	标准
网上获取和筛选商品信息	20				熟练掌握：85～100分 基本掌握：75～84分 部分掌握：60～74分 没有掌握：60分以下
网上洽谈	20				
网上购买商品	20				
更改商品信息	10				
撤销订单	10				
网上支付	20				
合　计	100				

案例评析

2020年3月5日上午，乙公司发送了一份要求购买甲木制品加工厂生产的办公家具的电子邮件（电子邮件中明确了办公家具的价格、数量、规格、交货时间等交易细节）。当天下午3:35，甲木制品加工厂也以电子邮件回复了乙公司，表示同意乙公司的全部要求。3月6日，甲木制品加工厂派专人去乙公司对其所订物品进行了确认。但当3月11日甲木制品加工厂按期将乙公司订购的办公家具送至时，乙公司却以双方没有签署书面合同为由拒收。双方协商不成，随即甲木制品加工厂将乙公司起诉至法院。

【问题】

1. 本案争议的焦点是什么?

2. 如果您是法官，您会怎么审判？请说出您的理由。

巩固练习 ››››

1．判断题（正确的打“√”，错误的打“×”）

（1）电子合同与传统合同相比较，合同的意义、作用和形式都发生了极大的变化。（ ）

（2）在网上发布虚假的、不真实的广告，不仅违反了商业道德和诚实信用原则，更重要的是侵犯了消费者的知情权。（ ）

（3）可靠的电子签名与手写签名或者盖章具有同等的法律效力。（ ）

（4）为商业目的将他人驰名商标注册为域名的，属于恶意注册域名的行为。（ ）

（5）在传统商业模式下，除即时清结的交易以外，都不必用书面合同。（ ）

（6）电子商务是以互联网为基础的网络贸易，贸易双方不一定要经过工商登记，当然也谈不上进行税务登记。（ ）

（7）涉及域名的侵权纠纷案件，由侵权行为地或者被告住所地的中级人民法院管辖。（ ）

（8）《民法典》采用“发出主义”原则，即合同在受要约人发出承诺函件之时即告成立，即使该函件未能寄达目的地也不影响合同的成立。（ ）

（9）《电子签名法》所称的电子签名，是指以电子方式将发送信息者的姓名含附于所发信息之上的一种形式。（ ）

2．单项选择题（请将正确选项的代号填在括号中）

（1）我国第一部真正意义上的电子商务法是（ ）。

A. 《中华人民共和国电子签名法》

B. 《计算机信息系统安全保护条例》

C. 《中国互联网络信息中心域名争议解决办法》

D. 《维护互联网安全的决定》

（2）电子合同在形式上表现为一种（　　）。

A. 数据电文　　B. 格式合同

C. 口头合同　　D. 非格式合同

（3）《中华人民共和国电子签名法》是在（　　）年颁布实施的。

A. 1999　　B. 2005　　C. 2004　　D. 2006

（4）书面形式是指可以有形地表现当事人订立的合同内容的形式，但不包括（　　）。

A. 合同书　　B. 传达的口信

C. 信件　　D. 电子邮件

（5）电子签名是指（　　）中以电子形式所含、所附用于识别签名人身份并表明签名人认可其中内容的数据。

A. 电子合同　　B. 电子邮件

C. 数据电文　　D. 磁盘

（6）《民法典》规定：当事人采用信件、数据电文等形式订立合同的，可以在合同成立（　　）要求签订确认书。签订确认书时合同成立。

A. 之前　　B. 之时

C. 之后　　D. 任何时候

（7）下列不属于数据电文的有（　　）。

A. 手机短信　　B. 书面合同

C. 电子邮件　　D. 电子数据交换

（8）下列关于数据电文的说法不正确的是（　　）。

A. 数据电文可以是以电子、光学、磁或者类似手段生成、发送、接收或者储存的信息

B. 数据电文符合法律原件的规定

C. 数据电文的实质是电子、光、磁等手段或者其他具有类似功能的手段的应用

D. 只要一份数据电文的内容保持完整，未被改动，对该数据电文做必要的添加并不影响其“原件”性质

（9）下列不完全属于电子商务法调整范围的是（　　）。

A. 数据电文　　B. 网站建设

C. 消费者权益保护　　D. 网上无形财产的保护

3. 多项选择题（每题的备选答案中有两个或两个以上符合题意的答案，请将正确选项的代号填在括号中）

（1）数据电文形式的合同包括以（　　）等形式达成的合同。

A. 电报　　B. 传真

C. 电传　　D. 电子邮件

（2）电子签名必须起到（　　）的作用。

A. 识别签名人身份　　B. 保证签名人认可文件中的内容

C. 确保文书的仪式性　　D. 证明某人某时身在某地的事实

（3）域名争议解决机构做出的裁决与人民法院或者仲裁机构已经发生法律效力的裁决不一致时应以（　　）为准。

A. 法院判决　　B. 仲裁裁决

C. 域名争议解决机构的裁决　　D. 三者都可以

（4）中国的电子商务立法遵循（　　）的立法原则。

A. 超前性　　B. 国际性

C. 统一性　　D. 灵活性

（5）投诉人向中国互联网络信息中心投诉的域名纠纷必须符合（　　）条件。

A. 被投诉的域名与投诉人享有民事权益的名称或者标志相同

B. 被投诉的域名与投诉人享有民事权益的名称或者标志相近，足以导致混淆

C. 被投诉的域名持有人对域名或者其主要部分享有合法权益

D. 被投诉的域名持有人对域名的注册或者使用具有恶意

（6）书面形式是指可以有形地表现当事人订立的合同内容的形式，包括（　　）。

A. 合同书　　B. 传达的口信　　C. 信件　　D. 电子邮件

（7）可靠的电子签名必须同时符合（　　）条件。

A. 电子签名制作数据用于电子签名时，属于电子签名人专有

B. 签署时电子签名制作数据仅由电子签名人控制

C. 签署后对电子签名的任何改动能够被发现

D. 签署后对数据电文内容和形式的任何改动能够被发现

（8）域名具有（　　）的特征。

A. 标识性　　B. 唯一性　　C. 排他性　　D. 通用性

（9）下列属于恶意注册域名的有（　　）。

A. 为商业目的将他人驰名商标注册为域名的

B. 只抢注域名而不使用域名，想通过转让来牟利的

C. 曾要约高价出售、出租或者以其他方式转让该域名获取不正当利益的

D. 注册域名后自己并不使用也未准备使用，而有意阻止权利人注册该域名的

4. 填图表

（1）电子商务相关法规问题举例。

【要求】根据教材内容和上网搜索的结果填写表 G-3。

表 G-3 电子商务相关法规问题举例

网上交易主体及市场准入问题	网络服务和网络管制问题	电子合同问题	网上税收问题	在线消费者权益保护问题

（2）电子商务法规的基本情况。

【要求】根据教材内容和上网搜索的结果填写表 G-4。

表 G-4 电子商务法规的基本情况

典型的电子商务法规	颁布法规的单位	通过或颁布时间	实施时间	共有几章几条
《电子签名法》				
《民法典》（含电子合同的内容）				

拓展训练

拓展训练 1

【目的】加深对电子商务所涉及的相关法律问题的认识和对已有的电子商务法规的理解。

【内容】访问电子商务法律网（http://www.chinaeclaw.com），搜索并整理电子商务领域最新的 1 ～ 2 个法律案例。

【要求】以个人或小组形式在整理电子商务领域最新的法律案例的基础上，分析我国目前的电子商务立法在哪些领域还需要加强，并在班上进行交流。

拓展训练 2

【目的】加深对电子商务从业人员职业道德规范和诚信经营的理解。

【内容】请为一家网上小饰品店起草一份员工守则。

【要求】以个人或小组形式上网搜索相关内容，然后参考并制订员工守则，并在班上进行交流。

拓展知识

1. 世界上第一部电子商务法律

联合国国际贸易法委员会在1996年6月提出了《联合国国际贸易法委员会电子商务示范法》，同年12月16日，联合国国际贸易法委员会第85次全体大会以51/162号决议通过了《联合国国际贸易法委员会电子商务示范法》这一法律范本，这是迄今为止世界上第一部关于电子商务的法律。该法解决了世界上许多国家在电子商务法律上空白或不完善的问题，促进了全球电子商务的发展。

《联合国国际贸易法委员会电子商务示范法》共分为两个部分，第一部分涉及电子商务总的方面，共三章15条，第二部分只有一章2条，它涉及货物运输中使用的电子商务。

2. 中国第一部电子商务法律

2004年8月28日，第十届全国人大常委会第十一次会议通过了《中华人民共和国电子签名法》（以下简称《电子签名法》），并确定2005年4月1日正式开始实施。《电子签名法》共五章36条，它是中国信息化领域（中国电子商务领域）的第一部法律。它的通过确立了电子签名的法律效力，规范了电子签名行为，维护了有关各方的合法权益，从法律制度上保障了电子交易的安全，促进了电子商务和电子政务的发展，同时为电子认证服务业的发展创造了良好的法律环境，为我国电子商务安全认证体系和网络信任体系的建立奠定了重要基础。

3. 域名

域名就是网站的网址，设立域名的目的是让别人能够方便地访问到一个网站。域名是互联网中用于解决地址对应问题的一种方法，是一个技术名词，但是由于互联网已经成为全世界人的互联网，所以域名也自然地成为一个社会科学名词。从社会科学的角度来看，域名已成为互联网文化的组成部分；而从商业的角度来看，域名已被誉为“企业的网上商标”，是一种有价值的稀缺资源。由于域名纠纷层出不穷，给域名持有者带来损害的同时，也妨害了网络正常的秩序，于是，域名的法律保护日益引起世界各国的高度重视。

学习评价

序　号	知识点和实践项目名称	能准确阐述或能独立完成（优）	能阐述或能合作完成（良）	能大致阐述或能基本完成（合格）	不能阐述或不能完成（不合格）	备　注
1	电子商务法					
2	电子签名					
3	数据电文					

（续）

序　号	知识点和实践项目名称	能准确阐述或能独立完成（优）	能阐述或能合作完成（良）	能大致阐述或能基本完成（合格）	不能阐述或不能完成（不合格）	备　注
4	职业道德					
5	概念地图					
6	案例评析					
7	判断题					
8	单项选择题					
9	多项选择题					
10	填图表题					
11	拓展训练 1					
12	拓展训练 2					

教师评语：

教师签字：　　　　年　　月　　日

教师评分		学生签字	

H　掌握电子商务的应用学习指导工作页

拓展体验 ››››

目的： 通过注册会员和对不同网站网络订票流程的比较，进一步激发学生对专业知识学习的兴趣，提高学生电子商务的应用及分析能力，从而增强学生的自信心。

内容： 选择某个购票网站并注册会员，将其订票流程与中国铁路客户服务中心网的订票流程进行比较，并分析异同。

要求：

（1）独立或分成 2 ～ 4 人一组进行体验活动。

（2）把注册会员及网络订票的操作过程填入表 H-1，写出该网络订票流程与中国铁路客户服务中心网站订票流程的异同。

（3）按表 H-2 的要求，对操作方法和技巧的掌握程度进行评价。

表 H–1 网上订购火车票体验报告

选定购票网站的地址（网址）：
购票网站注册会员的步骤：
网络订票步骤：
结合本网站订票的新体验，写出该网络订票流程与中国铁路客户服务中心网站订票流程的异同： 年　月　日

表 H–2 网上订票体验活动评价表

评价项目	分值/分	自我评价	小组评价	教师评价	标准
查询网上火车票信息（选定路线）	20				熟练掌握：85～100 分 基本掌握：75～84 分 部分掌握：60～74 分 没有掌握：60 分以下
购票网站会员注册	30				
网络订票操作	30				
与中国铁路客户服务中心网站的订票流程进行比较	20				
合　计	100				

案例评析

2020 年年初，一场突发的新冠肺炎疫情打乱了人们正常有序的生活。为阻断病毒传播，政府采取了各项防控措施，限制出行等措施给商品流通带来了不小影响，一头是村里销路遇阻，一头是城市居民急切的农产品需求，为解决突发的供需矛盾，各大电商平台使出“十八般武艺”，帮忙卖货。

2 月 6 日，淘宝上线“吃货助农”会场，消费者在淘宝 APP 上搜索“吃货助农”四个字便能直达页面，挑选到品质可靠、价格实惠的新鲜农产品。2 月 10 日，京东宣布开通全国生鲜产品绿色通道，专门提供冷链专项支持，且优先派送。拼多多也于 10 日上线专区，覆盖来自全国400多个农产区的农产品，并补贴5亿元保障特殊时期农户收入。

与此同时，各大电商平台上还刮起了一阵“直播潮”，直播带货发展势头迅猛。全国上万间的蔬菜大棚瞬间变成了直播间，市长、县长、乡长、镇长纷纷带货，还有网红带货，让直播成为“新农活”，也让农产品的销售找到了新的出路。

【问题】

1. 结合案例，简要分析开展农产品电子商务的好处。

2. 结合案例和实际，谈谈新冠肺炎疫情期间，电子商务对我国经济发展起到了哪些促进作用。

巩固练习 ››››

1. 判断题（正确的打“√”，错误的打“×”）

（1）电子商务应用的主流是传统企业利用计算机网络等先进技术实现企业经营管理和商务活动的数字化。（　）

（2）市场电子商务与企业电子商务的交融部分称为网上商贸。（　）

（3）高级层次电子商务又称“市场电子商务”，是指整个社会经济活动都利用网络进行，如政府的活动、社团的活动。（　）

（4）企业在建立自己的网站之前，无法利用互联网上的资源来开展电子商务活动。（　）

（5）IDC（Internet Data Center）是指互联网数据中心，即一种以电信级机房设备，向用户提供专业化和标准化的数据存放业务和相关服务的中心。（　）

（6）激烈的市场竞争已渐渐从市场导向型转为厂商导向型。（　）

（7）旅游电子商务是指以网络为主体，以旅游信息库、电子化商务银行为基础，利用先进的电子手段运作旅游业及其分销系统的商务体系。（　）

（8）远程教育的发展大致经历了基于邮件传输的纸介质的函授教学阶段和基于计算机、多媒体与远程通信技术相结合的网上远程教学阶段。（　）

（9）远程交流系统提供了一个基于网络的实时、异地进行交流的场所。它实际上是一个基于电子公告板的系统。（　）

2. 单项选择题（请将正确选项的代号填在括号中）

（1）（　　）是指互联网服务提供商。

A. ISP　　B. ICP　　C. CA　　D. IDC

（2）中级层次电子商务又称（　　）。

A. 企业电子商务　　B. 市场电子商务

C. 社会电子商务　　D. 政府电子商务

（3）电子商务在生产制造领域中的应用主要表现在电子化采购、数字化产品设计、（　　）、电子化供应链管理、网络营销、客户关系管理和电子化服务等方面。

A. 零库存与准时化生产　　B. 市场信息收集

C. 第三方物流　　D. 售后服务

（4）旅游电子商务的应用机构不包括（　　）。

A. 旅游服务企业　　B. 旅游中间商

C. 旅游营销机构　　D. 旅游网站

（5）旅游代理商属于（　　）。

A. 旅游服务企业　　B. 旅游中间商

C. 旅游营销机构　　D. 旅游网站

（6）（　　）是一个基于互联网的网上虚拟集成学习环境的模型。

A. 远程考试系统　　B. 远程教育答疑系统

C. 远程交流系统　　D. 实时远程教育系统

3. 多项选择题（每题的备选答案中有两个或两个以上符合题意的答案，请将正确选项的代号填在括号中）

（1）电子商务应用按信息技术的发展及在企业的应用程度分为（　　）。

A. 初级层次　　B. 中级层次　　C. 高级层次　　D. 顶级层次

（2）电子商务应用的中级层次要涉及一些复杂的（　　）等。

A. 技术问题　　B. 网站问题　　C. 诚信问题　　D. 法律问题

（3）国内知名的 ICP 有（　　）。

A. 新浪　　B. 搜狐　　C. 21CN　　D. TOM

（4）IDC 的主要支柱业务有（　　）。

A. 主机托管　　B. 数据存放　　C. 在线服务　　D. 整机租赁

（5）消费市场可以分为（　　）。

A. 现货消费市场　　B. 旧货消费市场

C. 未来商品消费市场　　D. 服务消费市场

（6）开展电子商务为企业带来的好处有（　　）。

A. 开拓新的销售渠道　　B. 减少销售环节

C. 节约销售成本　　D. 增加销售环节

（7）旅游电子商务网站主要提供的服务有（　　）。

A. 信息查询服务　　B. 在线预订服务

C. 客户服务　　D. 代理人服务

（8）远程教育的发展经历了（　　）阶段。

A. 函授教育　　B. 面授教育

C. 广播电视教育　　D. 网上远程教育

4. 填图表题

（1）电子商务应用的层次。

【要求】根据教材内容填写表H-3。

表H-3　电子商务的基本业务流程

阶　段	主要内容	典型服务功能
交易前		
交易中		
交易后		

（2）典型行业的电子商务应用举例。

【要求】结合网上实践活动，填入表H-4中至少2个具体的企业名称和网址。

表H-4　电子商务应用举例

行　业	企业名称和网址
制造业	
旅游业	
教育业	

拓展训练 >>>>

拓展训练1

【目的】深入了解淘宝网的功能，掌握网上开店的步骤。

【内容】登录淘宝网（https://www.taobao.com），进入“千牛卖家中心”栏目，查看“免费开店”相关内容；或者进入“淘宝大学”（https://daxue.taobao.com），在“新手入门”栏目中，查看“免费开店”相关内容。

【要求】记录网上开店的流程，填写表H-5。

表 H-5　淘宝网开店流程

步　骤	具体操作
1	
2	
3	
4	
⋮	

拓展训练 2

【目的】了解我国网民旅行预订情况。通过上网查阅资料，根据我国网民个人互联网应用普及状况，进一步理解我国旅游电子商务的应用和发展。

【内容】请上网浏览中国互联网络信息中心（CNNIC）公布的《中国互联网络发展状况统计报告》，了解我国网民互联网旅行预订的增长情况。

【要求】学生填写表 H-6。

表 H-6　我国在线旅行预订 / 手机在线旅行预订比较

时　间	旅游预订用户规模及使用率			
2019 年	在线旅行预订		手机在线旅行预订	
	用户规模 / 万人	使用率（%）	用户规模 / 万人	使用率（%）
2020 年	在线旅行预订		手机在线旅行预订	
	用户规模 / 万人	使用率（%）	用户规模 / 万人	使用率（%）
与上年相比增长量 / 万人		/		/
与上年相比增长率（%）	/		/	

拓展知识 ››››

1. 眼球经济

“眼球经济”是互联网发展过程中的一个特有现象，是互联网时代的一大创举。“眼球经济”又称“注意力经济”，是指实现注意力这种有限的主观资源与信息这种相对无限的客观资源的最佳配置的过程。

在网络时代，注意力之所以重要，是由于注意力可以优化社会资源配置，可以使网络商获得巨大利益，注意力已成为一种可以交易的商品，一种稀缺资源。注意力作为个体资源虽然是有限的，但如果从全社会总体的角度来看，它又是非常丰富的资源，而且其再生成本几乎可以忽略不计，从而引发的经济效益是具有倍增的乘数作用的。在网络时代没有注意力就没有利润，而没有利润的企业最终要失败。传统产业为了争得消费者乃至下游产业的关注而采取的一系列措施，与网站为争取访问量（点击率）而采取的措施，其根本几乎是一样的。

2. 电子机票

电子机票是纸质机票的电子形式，电子机票将票面信息存储在订座系统中，可以像纸质机票一样执行出票、作废、退票、换开、改转签等操作。

电子机票的特点：查询、预订、支付、取票、携带票等实现了全程电子化，足以应对任何突发事件，保证第一时间登机。无论何时何地，都可在线管理自己的旅程和查看历史信息，并可轻松地实现在线退改票操作。

从用户的角度来看，电子机票比传统机票至少拥有四大领先的优势。

（1）电子机票网上预订更方便 使用传统机票，需要经过送票、取票、付款等一系列程序，在机票没有送到之前，订票者必须在规定好的时间和地点等待送票人员的到来。购买电子机票，只需在购票时通过旅游网站，就可以订票和支付所有费用，无须再到柜台进行付款、取票，这样更方便。

（2）使用电子机票不必担心机票遗失 使用传统机票，在去往机场之前，人们总习惯性地担忧自己忘记了携带机票。与传统机票相比，电子机票包括了旅客的姓名、航班号、到达站等相关信息，旅客只需带上自己的身份证就可直接到机场办理登机牌，这样更省心。

（3）使用电子机票可节省更多的候机时间 在机场，经常可以看到排成长队焦急等候的旅客。使用传统机票，一旦丢失或未随身携带，将无法乘机，而购买电子机票的旅客无此忧虑，只需向检票人员出具有效的证件如身份证，就可乘机，而且电子机票的订购、改签与退票可直接通过互联网实现，方便了人们的出行。

（4）使用电子机票更便宜 据国家数据局统计，目前国内传统机票的成本费用每年在20亿元左右，与此相比，电子机票全部采取网上操作，大大节省了制票成本，其折扣的空间更大，也更便宜。

3. 网络大学

网络大学是以互联网为教学工具的现代远程教育。学生只要具备主动学习的愿望和基本的上网知识，就可以不受地域和时间的限制，在工作之余随心所欲地安排学习。网络大学代表了未来教育的发展方向。网络大学的特点有以下几个方面。

（1）学习方式　网络大学通常实行弹性学制，允许学生自由选择学习期限。

（2）招生对象　招生对象为高中起点的专科学生和高中起点的本科学生（须具有普通高中或中等职业学校的毕业证书），专业不限，年龄不限。

（3）学历认证　颁发就读网校主办大学的毕业证书，国家承认学历。

学习评价

序　号	知识点和实践项目名称	能准确阐述或能独立完成（优）	能阐述或能合作完成（良）	能大致阐述或能基本完成（合格）	不能阐述或不能完成（不合格）	备　注
1	电子商务应用的层次					
2	电子商务的基本业务流程					
3	电子商务应用的初级层次					
4	电子商务应用的中级层次					
5	电子商务应用的高级层次					
6	概念地图					
7	案例评析					
8	判断题					
9	单项选择题					
10	多项选择题					
11	填图表题					
12	拓展训练 1					
13	拓展训练 2					

教师评语：

教师签字：　　　　年　　月　　日

教师评分		学生签字	

I “互联网 +”学习指导工作页

拓展体验

目的：通过拓展体验活动，提高 “互联网 +” 普惠金融在生活中的应用能力，激发学生学习“互联网 +”的兴趣。

内容：在网上查询有关互联网理财的信息，寻找正规、安全的理财产品，并准备投资 500 元理财，支付方式采用“支付宝”付款方式。

要求：选择三款理财产品，通过网站了解相关信息，并将信息填入表 I-1 ～表 I-3 中，并按表 I-4 的要求，对操作方法和技巧的掌握程度进行评价。

表 I-1 理财报告一

网站名称：							
网　　址：							
小组成员：							
项目名称	借款对象	借款金额	还款期限	还款方式	约定年化利率	起投金额（元）	资金保障方式
	□小微企业 □个人						
	□小微企业 □个人						
	□小微企业 □个人						
根据上述信息，你认为投资哪一个项目比较合适，请说明理由： 年　月　日							

表 I-2 理财报告二

网站名称：
网　　址：
小组成员：

（续）

项目名称	借款对象	借款金额	还款期限	还款方式	约定年化利率	起投金额（元）	资金保障方式
	□小微企业 □个人						
	□小微企业 □个人						
	□小微企业 □个人						

根据上述信息，你认为投资哪一个项目比较合适，请说明理由：

年　　月　　日

表 I-3　理财报告三

网站名称：

网　　址：

小组成员：

项目名称	借款对象	借款金额	还款期限	还款方式	年化利率	起投金额（元）	资金保障方式
	□小微企业 □个人						
	□小微企业 □个人						
	□小微企业 □个人						

根据上述信息，你认为投资哪一个项目比较合适，请说明理由：

年　　月　　日

表 I-4　体验活动评价表

评价项目	分值/分	自我评价	小组评价	教师评价	标　准
网上获取理财产品信息	30				熟练掌握：85 ～ 100 分 基本掌握：75 ～ 84 分 部分掌握：60 ～ 74 分 没有掌握：60 分以下
项目资料记录	50				
说明理由	20				
合　计	100				

案例评析

互联网金融自诞生以来，一方面发展势头迅猛，另一方面也出现了很多问题。以P2P（互联网金融点对点借贷平台）为例，2016年年初，全国注册的P2P平台有6 000多家，而截至2018年年底正常运营平台只有不超过一千家，特别是从2018年6月份开始，平均每天都有几家平台倒闭，产生了非常大的不良影响。

由于P2P在中国还属于新兴行业，关于P2P贷款的法律几乎是空白的，没有形成体系的约束和监管。P2P平台良莠不齐，给P2P平台发展带来了极大的隐患。最终，在2020年年底，全国实际运营的P2P网贷机构全部清零。

【问题】

您怎么看待P2P的发展、问题、监管与风险？我国互联网金融应该如何健康有序发展？

巩固练习

1. 判断题（正确的打“√”，错误的打“×”）

（1）陆金所网址采用的是HTTPS协议。（　　）

（2）“互联网+”是把互联网的创新成果与经济社会各领域深度融合。（　　）

（3）体验式购物是便民服务新业态。（　　）

（4）拉勾网是一个购物网站。（　　）

（5）个性化定制产品在不远的将来可以得到实现。（　　）

（6）在线预约诊疗系统可以实现提前挂号。（　　）

2. 单项选择题（请将正确选项的代号填在括号中）

（1）发展（　　），支持实体零售商打造体验式购物模式。

A. 网上商店　B. 移动支付　C. 智能试衣　D. 体验经济

（2）积极推广基于（　　）入口的城市服务，开展网上社保办理、个人社保权益查询、跨地区医保结算等互联网应用，让老百姓足不出户享受便捷高效的服务。

A. 移动互联网　B. 电信互联网　C. 联通互联网　D. 智慧城市

（3）我国首次提出“互联网+”的概念是在（　　）年。

A. 2013　B. 2014　C. 2015　D. 2016

（4）依托现有互联网资源和社会力量，以（　　）为基础，搭建养老信息服务网络平台，提供护理看护、健康管理、康复照料等居家养老服务。

A. 街道　　B. 家庭　　C. 社区　　D. 敬老院

（5）物流配送“最后一公里”问题是指（　　）。

A. 县到村的物流配送网络　　B. 县到县的物流配送网络
C. 城市到县的物流配送网络　　D. 城市到城市的物流配送网络

（6）在线预约诊疗、候诊提醒、划价缴费、诊疗报告查询、药品配送等便捷服务属于（　　）。

A. “互联网+”普惠金融　　B. “互联网+”益民服务
C. “互联网+”协同制造　　D. “互联网+”电子商务

（7）国务院《关于积极推进“互联网+”行动的指导意见》中的“互联网+”共包括（　　）个应用领域。

A. 10　　B. 11　　C. 12　　D. 13

（8）到（　　）年，我国网络化、智能化、服务化、协同化的“互联网+”产业生态体系基本完善，“互联网+”新经济形态初步形成。

A. 2018　　B. 2020　　C. 2025　　D. 2030

（9）通过（　　），实现农副产品“从农田到餐桌”全过程可追溯，保障“舌尖上的安全”。

A. 构建新型农业生产经营体系　　B. 发展精准化生产方式
C. 提升网络化服务水平　　D. 完善农副产品质量安全追溯体系

（10）跟踪电子废物流向可以用（　　）。

A. 条码　　B. 二维码　　C. 商标　　D. 生产公司名称

3. 多项选择题（每题的备选答案中有两个或两个以上符合题意的答案，请将正确选项的代号填在括号中）

（1）大力发展“互联网+”电子商务，主要包括（　　）。

A. 农村电子商务　　B. 行业电子商务
C. 电子商务国际合作　　D. 城市电子商务

（2）“互联网+”为（　　）提供了可能。

A. 个性化定制商品　　B. 个性化理财
C. 食品追溯　　D. 远程诊疗

（3）“互联网+”协同制造主要包括（　　）。

A. 智能制造　　B. 个性化定制
C. 网络化协同制造　　D. 制造业服务化转型

（4）在手机APP上注册陆金所会员，必须要填的内容有（　　）。

A. 用户名　　B. 手机号码　　C. 登录密码　　D. 邮箱地址

（5）互联网+”现代农业中精准化生产方式是指（　　）。

A. 推广成熟可复制的农业物联网应用模式

B. 普及基于环境感知、实时监测、自动控制的网络化农业环境监测系统

C. 构建农副产品质量安全追溯公共服务平台

D. 实施智能节水灌溉、测土配方施肥、农机定位耕种等精准化作业

（6）“互联网+”电子商务主要包括（　　）。

A. 积极发展农村电子商务　　B. 积极发展城市电子商务

C. 大力发展行业电子商务　　D. 加强电子商务国际合作

（7）加强资源环境动态监测主要包括（　　）。

A. 充分利用多维地理信息系统、智慧地图等技术，结合互联网大数据分析，优化监测站点布局，扩大动态监控范围，构建资源环境承载能力立体监控系统

B. 依托现有互联网、云计算平台，逐步实现各级政府资源环境动态监测信息互联共享

C. 加强重点用能单位能耗在线监测和大数据分析

D. 建立环境信息数据共享机制，通过互联网实现面向公众的在线查询和定制推送

（8）机器人领域智能技术包括（　　）。

A. 智能感知　　B. 模式识别　　C. 智能分析　　D. 智能控制

（9）加速制造业服务化转型，鼓励企业基于互联网开展（　　）等在线增值服务。

A. 故障预警　　B. 远程维护　　C. 质量诊断　　D. 远程过程优化

（10）发展基于互联网的医疗卫生服务，支持第三方机构构建（　　）等医疗信息共享服务平台。

A. 医学影像　　B. 健康档案　　C. 检验报告　　D. 电子病历

拓展训练 >>>>

拓展训练 1

【目的】加深对“互联网+”益民服务的认识。

【内容】通过搜索引擎，搜索我国或自己生活所在地关于在线医疗卫生发展的情况。

【要求】以个人或小组形式整理我国或自己生活所在地医疗卫生领域在互联网上的应用，并在班上进行交流。

拓展训练 2

【目的】加深对“互联网+” 人工智能的认识。

【内容】2016年3月，谷歌围棋人工智能AlphaGo与韩国棋手李世石进行五番围棋较量，

最终 AlphaGo 以 4:1 战胜了李世石。请通过搜索引擎，了解我国家用机器人、智能汽车的发展情况。

【要求】以个人或小组形式上网搜索相关内容，并在班上进行交流。

拓展知识 ››››

1. 《中华人民共和国民法典》

《中华人民共和国民法典》被称为“社会生活百科全书”，是新中国第一部以法典命名的法律，在法律体系中居于基础性地位，也是市场经济的基本法。《中华人民共和国民法典》（以下简称《民法典》）共 7 编、1 260 条，各编依次为总则、物权、合同、人格权、婚姻家庭、继承、侵权责任，以及附则。通篇贯穿以人民为中心的发展思想，着眼满足人民对美好生活的需要，对公民的人身权、财产权、人格权等做出明确的规定，并规定侵权责任，明确权利受到削弱、减损、侵害时的请求权和救济权等，体现了对人民权利的充分保障。《民法典》自 2021 年 1 月 1 日起施行。

2. 《中华人民共和国民法通则》

《中华人民共和国民法通则》（以下简称《民法通则》）是我国对民事活动中一些共同性问题所做的法律规定。民事活动是指公民或者法人为了一定的目的设立、变更、终止民事权利和民事义务的行为，如买卖、运输、借贷、租赁等。进行民事活动时，应遵循自愿、公平、等价有偿、诚实信用、守法的原则。《民法通则》制定于 1986 年，1987 年 1 月 1 日起施行。它共分 9 章 156 条，主要内容包括民事主体、民事法律行为和代理、民事权利、民事责任、诉讼时效、涉外民事关系的法律适用等。

3. 《关于促进互联网金融健康发展的指导意见》

为鼓励金融创新，促进互联网金融健康发展，明确监管责任，规范市场秩序，经党中央、国务院同意，中国人民银行、工业和信息化部、公安部、财政部、国家工商总局、国务院法制办、中国银行业监督管理委员会、中国证券监督管理委员会、中国保险监督管理委员会、国家互联网信息办公室联合印发了《关于促进互联网金融健康发展的指导意见》（以下简称《指导意见》）。

《指导意见》按照“鼓励创新、防范风险、趋利避害、健康发展”的总体要求，提出了一系列鼓励创新、支持互联网金融稳步发展的政策措施，积极鼓励互联网金融平台、产品和服务创新，鼓励从业机构相互合作，拓宽从业机构融资渠道，坚持简政放权和落实、完善财税政策，推动信用基础设施建设和配套服务体系建设。

《指导意见》按照“依法监管、适度监管、分类监管、协同监管、创新监管”的原则，确立了互联网支付、网络借贷、股权众筹融资、互联网基金销售、互联网保险、互联网信托和互联网消费金融等互联网金融主要业态的监管职责分工，落实了监管责任，明确了业务边界。

《指导意见》坚持以市场为导向发展互联网金融，遵循服务好实体经济、服从宏观调控和维护金融稳定的总体目标，切实保障消费者合法权益，维护公平竞争的市场秩序，在互联网行业管理、客户资金第三方存管制度、信息披露、风险提示、合格投资者制度、消费者权益保护、网络与信息安全、反洗钱和防范金融犯罪、加强互联网金融行业自律以及监管协调与数据统计监测等方面提出了具体要求。

学习评价 ››››

序号	知识点和实践项目名称	能准确阐述或能独立完成（优）	能阐述或能合作完成（良）	能大致阐述或能基本完成（合格）	不能阐述或不能完成（不合格）	备注
1	互联网＋					
2	概念地图					
3	案例评析					
4	判断题					
5	单项选择题					
6	多项选择题					
7	填图表题					
8	拓展训练1					
9	拓展训练2					

教师评语：

教师签字：　　　　年　　月　　日

教师评分		学生签字	